CONCORSO 1230 ALLIEVI MARESCIALLI DELLA GUARDIA DI FINANZA

A CURA DI:
DR.SSA SARA TRAVAGLIONE
DR. NICOLA CUCCU
DR. DANIELE VIGNOLI PRATESI
DR. MATTEO MARINI

Dedicato a chi ha scelto l'uniforme per servire la patria, a chi tutti i giorni con onore, coraggio e serietà si impegna a difenderla, a chi quell'uniforme sogna di poterla un giorno indossare mettendosi al servizio della collettività in uno spirito di collaborazione, dedizione e senso dello stato.

Onore a voi.

SOMMARIO

STORIA ED EDUCAZIONE CIVICA

TESI N.1

a. *L'unificazione dell'Italia nel contesto europeo dal 1848 al 1870*
b. *Fine dell'isolazionismo statunitense e la crisi del 1929*
c. *La Costituzione della Repubblica Italiana: struttura e caratteristiche*
d. *Origini, evoluzione, organizzazione e funzionamento dell'Unione Europea come soggetto politico ed economico: i Trattati di Parigi e Roma, l'Atto unico europeo, il Trattato sull'Unione Europea, i Trattati di Amsterdam e di Nizza, il Trattato di Lisbona*
e. *Gli organismi internazionali e le altre organizzazioni e associazioni per la cooperazione europea: O.S.C.E*

a. L'unificazione dell'Italia nel contesto europeo dal 1848 al 1870

Il **1848** fu un anno di enormi **fermenti rivoluzionari** in tutta Europa. In **Italia** questo momento di rottura si inserì fra le due grandi questioni che caratterizzavano la penisola alla metà dell'Ottocento: la **lotta borghese** per ottenere gli **statuti** e la spinta risorgimentale antiaustriaca che prese le forme della **Prima guerra d'indipendenza**.

Diversi avvenimenti avevano stimolato speranze di cambiamento in tutto il territorio. A Roma il nuovo pontefice **Pio IX**, non appena eletto (1846), aveva dato prova di una notevole volontà di mutamento: la liberazione di numerosi prigionieri politici, la diminuzione dei controlli di polizia, la concessione di una parziale libertà di stampa. Fu definito un **Papa liberale**, che avrebbe potuto garantire l'avvio della **liberazione dagli austriaci**. Nei fatti, la questione era molto più complessa. Pio IX, di carattere certamente tollerante e contrario alla repressione delle idee e ai regimi di polizia, non era realmente un liberale, come non poteva essere considerato liberale il **granduca di Toscana Leopoldo II** che pure aveva realizzato alcune riforme in senso democratico. Solo il re piemontese, **Carlo Alberto**, che si dichiarava vicino alle posizioni liberali e ostile all'Austria, sembrava intenzionato ad impegnarsi per il processo di unificazione italiano.

Il cosiddetto **"48 italiano"** ebbe inizio a **Palermo**: dalla città siciliana partì la rivolta che si estese a tutta l'isola e che fu finalizzata alla concessione della Costituzione e all'elezione di un Parlamento. L'esempio di Palermo fu seguito da Napoli: qui, il re **Ferdinando II** fu costretto da insistenti sollevazioni di massa a **concedere la Costituzione**. L'iniziativa del re delle Due Sicilie provocò a sua volta una sorta di reazione a catena; infatti, furono concesse delle Costituzioni (più o meno liberali) da **Leopoldo II di Toscana, da Carlo Alberto** (dal suo nome la costituzione piemontese fu detta "**Statuto Albertino**") e dallo stesso papa **Pio IX**. Erano tutte **costituzioni "concesse"** dai sovrani e non votate dai cittadini, ma, in quella fase storica, costituirono in ogni caso un importante passo verso l'evoluzione in senso avanzato dei singoli governi della penisola.

La più importante di queste prime Carte costituzionali, lo **Statuto Albertino**, concesso nel **1848**, era diviso in due parti. Nella prima veniva definita **l'autorità della monarchia e della figura del re** riaffermando l'importanza della religione cattolica, considerata unica religione ufficiale dello Stato. Nella seconda parte era previsto, invece, un articolato sistema di **garanzie**, in particolare per quanto riguarda i diritti civili e le libertà già sancite dalle Costituzioni francese, inglese e americana.

Il governo austriaco non fece invece alcuna concessione. In questo clima **Venezia** insorse, formando un governo proprio guidato dai patrioti **Daniele Manin e Niccolò Tommaseo**. Anche **Milano** fu teatro di notevoli manifestazioni di piazza dei cittadini che, guidati da **Carlo Cattaneo**, per cinque giorni (cosiddette "**cinque giornate di Milano**"), diedero vita a duri combattimenti per le strade del capoluogo lombardo sino a determinare la ritirata degli Austriaci nelle quattro fortezze di Verona, Peschiera, Legnago e Mantova (il cosiddetto "**quadrilatero**"). A **Milano** si formò pertanto un **governo provvisorio**, come a Parma e a Modena. Il problema non risolto era tuttavia quello di eliminare definitivamente la presenza dell'esercito austriaco da tutto il Lombardo-Veneto. Non possedendo un esercito proprio, Milano e Venezia potevano limitarsi alla raccolta di volontari per poi aggregarli ad un esercito professionale già esistente.

L'unico sovrano in grado di gestire un esercito preparato era **Carlo Alberto**. Nonostante l'insurrezione di Milano avesse colto il Piemonte di sorpresa e l'esercito piemontese non fosse pronto alla guerra, **Carlo Alberto proclamò comunque la dichiarazione di guerra all'Austria il 23 marzo 1848**. L'esercito piemontese varcò il confine posto sul Ticino, adottando il tricolore come bandiera nazionale, al posto della bandiera del regno di Sardegna e, sulla scorta dell'entusiasmo popolare, altri sovrani si videro costretti a inviare proprie truppe in sostegno a quelle piemontesi. Gli Austriaci vennero battuti a **Goito**, dopo che i volontari toscani, in gran parte studenti universitari di Pisa e Siena, avevano opposto intensa resistenza a **Curtatone e Montanara** e i Governi provvisori di Milano, Venezia, Modena e Parma si risolsero allora per l'unione col Piemonte. Tale gesto provocò tuttavia immediatamente i sospetti degli altri sovrani italiani; temendo infatti un eccessivo rafforzamento del regno di Carlo Alberto, la Toscana e il Regno delle Due Sicilie ritirarono le loro truppe. Il Papa fece lo stesso, temendo che la cattolica Austria si volgesse contro la Chiesa di Roma. Questi elementi impedirono all'esercito piemontese di sfruttare la vittoria ottenuta. L'offensiva si fermò davanti alle fortezze del quadrilatero, mentre altre truppe austriache giungevano da Vienna. Riorganizzato l'esercito, il maresciallo Radetzky sferrò la controffensiva. Carlo Alberto, **sconfitto a Custoza in luglio**, fu costretto a firmare **l'armistizio di Salasco il 9 agosto** e a ritirarsi in Piemonte.

L'anno seguente, **nel marzo del 1949, Carlo Alberto riprese la guerra**, ma di nuovo l'esercito piemontese apparve impreparato e arrivò la **definitiva sconfitta a Novara**. Il sovrano rinunciò pertanto al trono a favore del figlio, **Vittorio Emanuele II**. Questi firmò **l'armistizio di Vignale** un vantaggioso **trattato di pace con gli Austriaci**, mantenendo, oltre ad alcune riforme, anche l'importante Statuto albertino. **La prima guerra d'indipendenza** si chiudeva dunque con una serie di fallimenti: emerse la grave debolezza di un Piemonte isolato e fu chiaro che il processo di indipendenza italiana doveva trovare il sostegno di altre potenze europee. Diversi politici italiani cominciarono dunque a convincersi della necessità di un programma politico finalizzato al raggiungimento **dell'indipendenza e dell'unità** attraverso la monarchia liberal-costituzionale di Vittorio Emanuele II.

Nel frattempo, a **Roma**, nel febbraio del 1949 si era costituita una **repubblica**: il governo era retto da un triumvirato composto da **Giuseppe Mazzini, Aurelio Saffi e Carlo Armellini** e a difenderla era accorso anche **Giuseppe Garibaldi**. Contro di loro si mosse **Luigi Napoleone**, che inviò una spedizione a Roma, in aiuto di Pio IX, sia per attrarre le simpatie dei cattolici francesi sia per contrastare il predominio austriaco in Italia. Dopo una iniziale resistenza, la città, assediata da truppe numerose e militarmente ben equipaggiate, cadde il 30 giugno 1849. Garibaldi, in fuga con duemila volontari e la moglie Anita, fu braccato e infine fatto arrestare ed esiliare dal governo piemontese, al fine di tranquillizzare l'Austria e le grandi potenze.

Anche a **Venezia** si era instaurato un **governo repubblicano**, costretto tuttavia ben presto alla resa dai bombardamenti, dal colera e dalle ristrettezze economiche (i responsabili della rivolta, Daniele Manin, Niccolò Tommaseo e il generale napoletano Guglielmo Pepe vennero condannati all'esilio). La vittoria dell'Austria in Italia fu quindi netta e profonda.

All'inizio degli anni Cinquanta, in un clima di vittoria generalizzata delle forze reazionarie in Europa, emerse la figura e la personalità di uno dei più abili uomini politici del tempo, già ministro nel regno di Vittorio Emanuele II: **Camillo Benso conte di Cavour**. Esponente di spicco del pensiero liberale e liberista, forte sostenitore della distinzione politica tra Stato e Chiesa ("libera Chiesa in libero Stato"), nominato presidente del Consiglio dei ministri del Regno di Sardegna nel 1852, Cavour procedette alla realizzazione del suo **progetto di indipendenza italiana**. In particolare, egli riteneva che **soltanto il Piemonte** potesse essere in grado di realizzare l'**unificazione nazionale**, in quanto non sottomesso all'Austria (come invece erano i Borboni di Napoli, il granduca di Toscana, i duchi di Modena e di Parma) e che solo il Piemonte potesse avere la forza di garantire alle monarchie europee che l'Italia non avrebbe abbracciato pericolose derive democratiche e radicali. Per realizzare la complessa strategia di **unificazione**, Cavour aveva necessità di essere riconosciuto politicamente dalle grandi potenze europee e, come la sconfitta nella prima guerra d'indipendenza aveva insegnato, era necessaria l'alleanza con una potenza europea per poter sconfiggere il vasto impero asburgico.

L'interlocutore giusto venne scorto nella **Francia** del **secondo Impero di Napoleone III** e l'occasione fu trovata nella **guerra di Crimea**, che si scatenò a seguito della dichiarazione di guerra della **Russia all'Impero Ottomano** nel **1854** e a cui Cavour decise di partecipare in aiuto dei turchi, insieme a Francia e Inghilterra. Le conseguenze della guerra furono durissime sul piano delle perdite umane, ma decisive sul **piano politico**: Vittorio Emanuele II fu acclamato come alleato a Londra e a Parigi e nel successivo **congresso di Parigi** del 1856 a Cavour fu concesso di esporre la grave questione **dell'indipendenza italiana**. Nel frattempo, si verificarono vari tentativi **insurrezionalisti dei mazziniani**, tutti con esito tragico. Anche in conseguenza di ciò, diversi esponenti repubblicani, tra cui lo stesso Garibaldi, si convinsero progressivamente che l'unica speranza di unità nazionale fosse legata alla monarchia Piemontese.

Nel gennaio del 1858 un drammatico episodio rischiò di smantellare la complessa azione diplomatica intrapresa da Cavour: un repubblicano italiano, **Felice Orsini, attentò alla**

vita di Napoleone III. Cavour riuscì a volgere il gesto di Orsini a vantaggio della causa italiana, facendo leva sul timore di un incipiente pericolo estremista in Italia. Dopo lunghe trattative diplomatiche tra Napoleone III e Cavour, si giunse nel luglio 1858 **all'accordo segreto di Plombières**, con cui Cavour ottenne l'impegno di un **immediato intervento militare francese** in caso di aggressione austriaca al Piemonte e Napoleone III, in cambio, la promessa della **cessione di Nizza e della Savoia alla Francia**. Cavour, inoltre, si impegnò con l'imperatore a dividere il territorio italiano in quattro Stati: Nord, Centro, Sud e Stato Pontificio.

Il problema era, a questo punto, come **provocare** la guerra con l'Austria. Nei primi mesi del 1859 il Piemonte radunò le sue truppe sul Ticino e, con la scusa di addestramenti militari, esercitava pressione sul confine austriaco. All'ennesima richiesta austriaca disattesa da Cavour, Vienna inviò un **ultimatum** al governo piemontese che, ovviamente, venne respinto e, conseguentemente, permise al Regno di Sardegna di essere attaccato dagli austriaci che fecero quindi scattare i contenuti di Plombières e l'intervento francese. Iniziava così, il 27 aprile 1859, la **Seconda guerra d'indipendenza**, evento che metteva fine al cosiddetto **decennio di preparazione (1849-1859)** e che spalancava le porte ai tre anni più incisivi del Risorgimento che avrebbero portato direttamente all'unità italiana.

I piemontesi si riunirono ai Francesi, comandati dallo stesso Napoleone III, e ottennero le prime vittorie a **Montebello e Palestro**. La vittoria a **Magenta** spalancò le porte di Milano, varcate dal Re piemontese e dall'Imperatore francese l'8 giugno; il generale **MacMahon** e i **Cacciatori delle Alpi di Garibaldi** furono decisivi nella battaglia di **San Martino e Solferino**. Sul più bello però, Napoleone III, preoccupato dal possibile allargamento del conflitto alla **Prussia**, l'11 luglio 1859 firmò un **armistizio a Villafranca** con l'imperatore austriaco Francesco Giuseppe, senza consultare gli alleati piemontesi, **mettendo fine unilateralmente** alla guerra prima di aver liberato il Veneto. L'accordo prevedeva la **cessione della Lombardia al regno di Sardegna con il Veneto che rimaneva sotto il governo austriaco**. Mentre Vittorio Emanuele II accettò, **Cavour si dimise**, per protesta. Richiamato tuttavia nel gennaio del 1860 a capo del governo, Cavour riprese l'iniziativa diplomatica con Napoleone III, cui offrì nuovamente Nizza e la Savoia in cambio di libertà politica nella gestione dei rapporti con Toscana, Emilia-Romagna, Parma e Modena. Da questo punto in poi, fu affidata all'istituto del **plebiscito popolare** la possibilità o meno di consentire l'annessione dei vari Stati al Regno di Sardegna. **L'Italia centrale approvò in blocco l'annessione al Regno di Sardegna nel marzo 1860**, mentre il 2 aprile 1860 apriva a Torino il nuovo Parlamento, con la presenza dei rappresentanti dell'Italia centrale, in Sicilia scoppiavano rivolte.

Ne approfittò **Garibaldi**, convinto dell'utilità di una **spedizione militare in Sicilia** cui anche Vittorio Emanuele II era segretamente favorevole. Cavour, inizialmente diffidente nei confronti dei democratici garibaldini e timoroso circa le possibili reazioni di Francia e l'Inghilterra, alla fine accettò il progetto. Nella notte tra il **5 e il 6 maggio 1860**, l'esercito garibaldino, i cosiddetti "**Mille**", si imbarcarono presso lo scoglio di **Quarto** (Genova), da cui giunsero nel porto di **Marsala**, dove sbarcarono il 12 maggio. Pochi giorni dopo Garibaldi sconfisse le truppe borboniche a **Calatafimi**, occupando successivamente

Palermo, Milazzo e Messina nel luglio.

La permanenza sull'isola dei garibaldini si è prestata a diverse controverse interpretazioni, giungendo a paragonare la gestione dell'ordine pubblico ad una **dittatura del Generale**. Significativo in tal senso rimase **l'eccidio del Bronte**, quando Nino Bixio fu costretto ad aprire il fuoco in occasione di una protesta di contadini. Dopo Messina, la spedizione continuò e il Generale sbarcò sul continente raggiungendo **Reggio Calabria** a fine agosto. Il 7 settembre 1860 **Garibaldi giunse trionfalmente a Napoli**.

Cavour decise in quel momento di assumere il controllo e il comando delle operazioni, per diverse ragioni. Temeva la proclamazione da parte di Garibaldi di una **repubblica nel Mezzogiorno**, intendeva cogliere l'occasione per annettere anche le **Marche e l'Umbria** e intendeva **evitare che Garibaldi attaccasse Roma**, al fine di evitare un possibile **intervento militare dei Francesi** a sostegno del pontefice. Alla Francia Cavour fece credere d'essere costretto all'intervento armato per evitare i pericoli di una rivoluzione democratica. In realtà riuscì abilmente a far penetrare le truppe nello Stato Pontificio: **l'esercito piemontese**, evitando Roma, si impadronì delle **Marche e dell'Umbria**, che coi plebisciti del novembre avrebbero poi deciso l'annessione al futuro Regno d'Italia. Nel frattempo, il 26 ottobre 1860, **Garibaldi** e **Vittorio Emanuele II** si incontrarono a **Teano** (Caserta). Qui Garibaldi accolse il sovrano come **re d'Italia**, affidandogli tutti i territori liberati. **Altri plebisciti, in Sicilia e nel regno di Napoli**, decretarono il sì **dell'annessione all'Italia**. L'impresa di Garibaldi fu riconosciuta come straordinaria in tutta Europa.

Il 17 marzo 1861 ci fu il primo atto del nuovo parlamento italiano, in cui avvenne la **proclamazione del regno d'Italia**, con capitale fissata a Torino. Il fenomeno della cosiddetta "**Piemontesizzazione**" trasferì in toto l'ordinamento sabaudo a tutto il Regno d'Italia, Statuto Albertino compreso. **Vittorio Emanuele II** assunse per sé e i suoi discendenti il titolo di "**re d'Italia**, per grazia di Dio e volontà della nazione". Nel giugno del 1861 **morì Camillo Cavour**, fu una improvvisa e gravissima perdita, che privò l'Italia di uno straordinario uomo politico proprio nel momento in cui appariva necessario dare avvio all'organizzazione del nuovo Stato unitario e risolvere spinose questioni come il **brigantaggio** al meridione e dare un **assetto stabile e uniforme** a tutta la penisola in termini economici e amministrativi.

Al completamento dell'unità del Paese mancavano soltanto **Roma e il Veneto**.

Nel 1866 l'alleanza con la **Prussia di Bismarck** impegnato nel processo di unificazione tedesca portò, in occasione della **Terza guerra d'indipendenza**, all'acquisizione del Veneto. La soluzione, invece, della cosiddetta "**questione romana**", cioè l'ipotesi di concludere l'unificazione facendo di Roma la capitale del regno d'Italia, comportò un lasso di tempo più lungo e degli ostacoli maggiori a livello politico e diplomatico. Le maggiori **resistenze** all'annessione di Roma e del Lazio venivano dalla **Francia**: i cattolici, tradizionalmente, chiedevano a Napoleone III di difendere lo Stato Pontificio. Per evitare scontri con la Francia, il capo del governo, **Urbano Rattazzi** fermò nel 1862 in Aspromonte con l'esercito un primo tentativo di **Garibaldi** che si era riunito in **Calabria** con circa tremila volontari al grido di "O Roma o morte!".

La successiva **Convenzione di settembre** del 1864 coi francesi richiese al governo italiano delle garanzie sulla integrità di Roma obbligando, pertanto, le autorità italiane a **scegliere un'altra città come capitale** rinunciando a Roma. La scelta ricadde su **Firenze**, che divenne **capitale d'Italia** fra il 1865 e il 1870.

Dopo i successi nella Terza guerra d'indipendenza coi Cacciatori delle Alpi e la conseguente popolarità alle stelle, Garibaldi, organizzò nel 1867 una **nuova spedizione su Roma** con un esercito di circa duemila volontari nel Lazio, venendo sconfitto a **Mentana** dalle **truppe francesi** accorse in difesa del Papa.

Solo nel 1870, nel momento in cui **Napoleone III, sconfitto dai Prussiani**, perse il potere, il governo italiano si sentì libero di agire: il 20 settembre 1870 il corpo dei bersaglieri cannoneggiò le mura di Roma (l'evento passò alla storia come la "**Breccia di Porta Pia**") e fece il suo ingresso in città. Si trattò di un'azione essenzialmente dimostrativa, senza eccessive violenze. Terminava in questo modo, dopo circa dodici secoli, il potere temporale dei papi. **Roma fu pertanto ordinata capitale del regno d'Italia.** Nel maggio 1871 il Parlamento regolò la questione romana secondo i principi già prefigurati da Cavour. Con la cosiddetta **legge delle Guarentigie**, cioè della "garanzie", il governo concesse al pontefice il territorio della Città del Vaticano, la piena libertà per la Chiesa cattolica nell'esercizio dell'apostolato, della propaganda di fede e nella gestione della propria organizzazione in tutto lo Stato italiano e una somma annuale di denaro finalizzata al mantenimento della Città del Vaticano. Il pontefice, ritenendosi "**prigioniero in Vaticano**", non accettò le risoluzioni del governo italiano: procedette pertanto alla **scomunica** del re, dei ministri e dei parlamentari, vietando contestualmente ai cattolici italiani di partecipare alla vita politica della nazione.

b. Fine dell'isolazionismo statunitense e la crisi del 1929

Gli **Stati Uniti** erano usciti dalla Prima guerra mondiale in una **posizione economica vantaggiosa**; infatti, essi potevano usufruire del rientro degli ingenti prestiti concessi agli alleati. Dopo la conclusione del conflitto il Presidente democratico Wilson cercò di creare le condizioni politiche che avrebbero potuto portare ad un'**egemonia statunitense** in ambito internazionale, ma la sua politica, basata sui principi della libertà commerciale e sulla piena adesione alla Società delle Nazioni, fu accolta con diffidenza dall'opinione pubblica americana. Di conseguenza, le elezioni del 1920 decretarono **la sconfitta dei democratici** e l'**affermazione dei repubblicani**, favorevoli ad una **politica isolazionista**. Quest'ultima portò ad una limitazione dell'immigrazione, alla diffusione del nazionalismo e della violenza xenofoba e razzista contro immigrati ed ebrei; riemerse il Ku Klux Klan, setta segreta nata nell'Ottocento per colpire i neri. Gli Americani ritennero anche necessario ristabilire un certo ordine sociale e le Amministrazioni repubblicane, cedendo alla pressione delle associazioni puritane, emanarono leggi che vietavano la produzione e il commercio di bevande alcoliche (**proibizionismo**), considerate la causa principale dell'immoralità che si riteneva avesse pervaso gli Stati Uniti. Effetto di questa crociata fu il **commercio clandestino dei liquori** e la **diffusione del gangsterismo**. Il proibizionismo fu abolito nel 1933. Nel 1924 vennero decisi più severi controlli per impedire l'ingresso di militanti socialisti e comunisti, portatori di idee considerate sovversive ed emblematico, in tal senso, risultò il caso di Sacco e Vanzetti, due anarchici italiani che nel 1927 vennero condannati a morte dopo un processo sommario.

Dal punto di vista economico gli Stati Uniti, nei primi dieci anni del dopoguerra, vissero un periodo di forte e rapido sviluppo; la diffusione di nuovi e più razionali **sistemi produttivi**, come la catena di montaggio e la divisione scientifica del lavoro incrementarono la realizzazione di prodotti di massa a costi contenuti. Già negli anni Venti erano largamente utilizzati gli elettrodomestici, mentre le automobili iniziarono a circolare con una frequenza sempre maggiore. Nel Paese si diffuse un sentimento di ottimismo e di fiducia verso il progresso inarrestabile. La politica isolazionista e protezionista non poteva durare a lungo.

Nel 1921 vi fu in America una **crisi di sovrapproduzione**. Il mercato interno non riusciva ad assorbire la massa di merci prodotte e quindi vennero riprese le esportazioni verso l'Europa e soprattutto verso quei paesi che, avendo partecipato alla Prima guerra mondiale, avevano contratto debiti con gli Stati Uniti ed ora avevano bisogno di risollevare la loro economia per poter pagare. Ebbe così origine il **piano Dawes**, (ideato da Charles Dawes) mediante il quale alla Germania poterono affluire capitali statunitensi necessari per poter pagare le riparazioni di guerra. Contribuendo alla ripresa dell'economia mondiale si sarebbe allontanato, in quei paesi, il pericolo di una **rivoluzione di stampo bolscevico**. Il piano ebbe successo, infatti permise alle nazioni vinte di estinguere i debiti contratti con gli Stati Uniti per le forniture belliche ed inoltre di importare merci di vario genere a prezzi molto convenienti. Questi scambi internazionali determinarono un enorme giro di affari che sfociò nel boom economico, connotato da un enorme incremento dei consumi: molti prodotti diventarono meno cari e i salari aumentarono. Tra il 1913 e il 1923 il numero delle automobili circolanti passò da 15 a 27 milioni. Si sviluppò il **settore terziario**, il che comportò un aumento degli impiegati e quindi della classe media.

Per tutti questi fattori di progresso gli anni Venti degli Stati Uniti vennero definiti "**anni ruggenti**", anni in cui i consumi erano molto alti, anche se a fronte di una ricchezza non ripartita in maniera uniforme tra la popolazione. Per il tempo libero nacque l'**industria dell'intrattenimento** (radio-cinema-sport-ballo-musica); si diffuse la **stampa periodica** che, insieme alla **radio**, divenne un importante veicolo pubblicitario. Si diffusero il **jazz** e la sua derivazione del **charleston** e si affermò l'**industria cinematografica** e ad Hollywood, un sobborgo di Los Angeles, nacquero i primi stabilimenti.

Convinti che lo stato di benessere potesse continuare all'infinito, vi fu una grande **produzione industriale ed agricola**, ma ciò creò un giro di prestiti e di speculazioni di gigantesche dimensioni. Le imprese iniziarono a spendere i loro guadagni non più in investimenti produttivi bensì in **speculazioni finanziarie**. Ormai anche i piccoli risparmiatori iniziarono a giocare in Borsa contribuendo alla diffusione della "**febbre speculativa**". Il prezzo dei titoli quotati in Borsa crebbe in modo vertiginoso ma poi, improvvisamente, si ruppe l'equilibrio del mercato. L'offerta rimase enorme, mentre la domanda iniziò a diminuire quando **in Europa si diffusero le politiche protezionistiche** per proteggere le economie nazionali. Ciò determinò una crisi di **sovrapproduzione** dovuta alla diminuzione delle esportazioni. Sui mercati si trovarono enormi masse di prodotti agricoli e industriali invenduti, nonostante l'ausilio della pubblicità e delle vendite rateali. I prezzi diminuirono drasticamente e molte fabbriche dovettero chiudere.

Nel settembre del 1929 i titoli raggiunsero quotazioni molto alte e gli speculatori decisero di vendere le azioni per realizzare i guadagni sperati. **La corsa alle vendite**, alimentata anche dalla **paura di un eccesso di offerta**, fece **scendere drasticamente il valore** dei titoli e il 24 ottobre (**giovedì nero**) si ebbe il **crollo verticale della Borsa di New York**, con sede in Wall Street. Molte imprese chiusero arrestando la grande macchina dell'economia americana e causando una disoccupazione di massa. **Da economica la crisi divenne sociale**. Milioni di persone persero il lavoro a causa del fallimento delle industrie, mentre tre quarti dei contadini furono ridotti alla fame. I piccoli risparmiatori persero il loro capitale.

Agli Anni ruggenti seguivano dunque gli anni della **"Grande depressione"** che si andarono delineando agli inizi degli anni Trenta). In Europa il ritiro dei capitali statunitensi e l'immissione sul mercato di prodotti a costi bassissimi frenarono la produzione e portarono ad un aumento della disoccupazione. Germania e Gran Bretagna furono tra i paesi europei quelli che soffrirono maggiormente. La crisi si fece sentire anche in **Italia** dove furono danneggiati sia il settore agricolo che industriale. Solo alcuni industriali riuscirono a sfuggire alle conseguenze della crisi e, favoriti dalla politica protezionistica voluta dal governo fascista, riuscirono ad accaparrarsi ampi mercati.

L'amministrazione repubblicana Hoover cercò di combattere la crisi con strumenti economici tradizionali e ne venne travolta. Alle presidenziali del 1932 trionfarono i democratici con l'elezione di **Roosevelt**, in carica fino al 1945 dopo che venne rieletto per altri tre mandati. Il nuovo Presidente affrontò di petto la grande depressione elaborando un piano legislativo **straordinario** che prese il nome di **New Deal** (nuovo corso) ed ebbe una **portata rivoluzionaria nella storia americana**. Esso prevedeva un energico intervento dello Stato nel settore economico, che per la prima volta nella storia degli Stati Uniti **si poneva in contrasto con il "dogma liberista"** elaborato nell'Ottocento dalla scuola neoclassica di Adam Smith e che da allora era il principio cardine del sistema capitalistico americano.

Roosevelt abbracciò le teorie **dell'interventismo statale nell'economia**, in quel momento unico principio capace di risollevare il sistema economico dalla crisi strutturale in cui era piombato dopo il '29.

Le misure economiche del New deal prevedevano **un'inflazione controllata**, affinché una maggiore quantità di moneta in circolazione finisse per favorire l'incremento degli investimenti e dei consumi. Al contrario, una politica deflattiva, basata sulla difesa del valore della moneta, avrebbe diminuito la disponibilità del contante e generato effetti negativi sulle imprese e sulle banche che avrebbero limitato i prestiti. Di conseguenza il dollaro fu svalutato del 40%, i prezzi furono rialzati e lo Stato iniziò a controllare il sistema bancario, le Borse e il mercato azionario.

A fianco dei provvedimenti economici furono attuati interventi di **politica sociale** attraverso la difesa dei salari minimi e dei contratti di lavoro, favorendo inoltre la presenza dei sindacati nelle aziende. A costo di aumentare il deficit dello Stato, venne realizzata una serie di grandi lavori pubblici, volano necessario per risollevare le aziende in crisi grazie ai capitali statali e combattendo la disoccupazione. Nel 1933 fu varato un piano di aiuti all'agricoltura con sussidi alle famiglie bisognose. Il governo, inoltre, attuò una **rigida politica fiscale** che andò a colpire maggiormente i ceti più abbienti. **Intorno al 1936 la "grande depressione" poteva considerarsi in buona parte superata**, tant'è che Roosevelt, grazie al consenso delle masse popolari e dei sindacati, venne trionfalmente rieletto Presidente e poté consolidare la propria politica, sostenuto dall'economista inglese **John Maynard Keynes**, il teorico dell'intervento statale in economia nei momenti di forte crisi. Malgrado gli sforzi, tuttavia, la piena ripresa economica degli Stati Uniti si ebbe solo allo scoppio della Seconda guerra mondiale, grazie alle commesse militari che ne scaturirono.

c. La Costituzione della Repubblica Italiana: struttura e caratteristiche

La Costituzione Italiana è la legge fondamentale del nostro Stato, che sancisce le regole della vita sociale e le norme dell'ordinamento dello Stato. La Costituzione Italiana è composta di 139 articoli, divisi in quattro sezioni:

- I Principi Fondamentali (art. 1-12),
- Diritti e doveri dei cittadini (13-54),
- Ordinamento della Repubblica (55-139),
- Disposizioni transitorie e finali.

La Costituzione Italiana nasce dal lavoro di una commissione di 75 saggi che il 31 gennaio 1947 sottoposero all'Assemblea Costituente un testo che, dopo l'esame di numerosi emendamenti, venne approvato il 22 dicembre 1947 ed entrò in vigore il 1° gennaio 1948. Fu firmata dal presidente della Repubblica Enrico De Nicola e controfirmata dal presidente del Consiglio Alcide De Gasperi e dal presidente dell'Assemblea Costituente, Umberto Terracini.

I primi 12 articoli esprimono i principi su cui poggia la vita dello stato, quindi i principi fondamentali; essi sono concordati da rappresentanti di tutti i partiti per indicare le caratteristiche dello stato.

Democrazia – art. 1, 1° comma
Sovranità popolare – art. 1, 2° comma
Inviolabilità dei diritti – art. 2
Uguaglianza formale ed uguaglianza sostanziale – art. 3
Diritto al lavoro – art. 4
Riconoscimento delle autonomie locali – art. 5

Tutela delle minoranze linguistiche – art. 6
Libertà religiosa – art. 8
Sviluppo della cultura, della tutela ambientale e del patrimonio storico ed artistico – art. 9
Riconoscimento di collaborazioni internazionali – art. 10
Ripudio della guerra come strumento di offesa a– art. 11
Struttura della bandiera italiana – art. 12

L'articolo 1 dichiara che l'Italia è una Repubblica democratica fondata sul lavoro; vi sono inoltre delle libertà che nessuno può violare ne limitare che sono i diritti umani: diritto dell'integrità fisica della persona, al nome, al cognome, alla privacy etc. I diritti sociali comprendono la libertà di parola, di pensiero, di religione, di stampa e di riunione. Tra i diritti politici sono fondamentali il diritto al voto e di partecipazione alle cariche pubbliche.
I princìpi fondamentali e la prima parte della Costituzione contengono, innanzitutto, un ampio riconoscimento dei diritti civili e politici essenziali, che vengono garantiti nella loro immodificabilità: l'uguaglianza davanti alla legge e l'inviolabilità dei diritti dell'uomo. Espressamente tutelate sono le minoranze linguistiche. Sono poi riconosciuti esplicitamente i diritti della famiglia, dei minori, il diritto alla salute, la libertà delle arti e delle scienze, il diritto all'istruzione.
La Costituzione è la principale fonte del diritto della Repubblica Italiana, cioè quella dalla quale dipendono gerarchicamente tutte le altre norme giuridiche dell'ordinamento dello Stato. La Costituzione Italiana è una costituzione scritta, rigida, lunga, votata, laica, compromissoria, democratica e programmatica.

d. Origini, evoluzione, organizzazione e funzionamento dell'Unione Europea come soggetto politico ed economico: i Trattati di Parigi e Roma, l'Atto unico europeo, il Trattato sull'Unione Europea, i Trattati di Amsterdam e di Nizza, il Trattato di Lisbona

L'Unione Europea (UE) è un'organizzazione internazionale e sovranazionale, fondata ufficialmente nel 1993 con il trattato di Maastricht, ma le cui origini risalgono agli anni '40, all'indomani dell'incubo dei totalitarismi e della Seconda Guerra Mondiale. La storia dell'UE inizia con una serie di accordi economici, ma i principi che ispirano l'organizzazione sono anche la promozione della pace, della prosperità e della democrazia in Europa e nel mondo.
Attualmente, la Comunità Europea riunisce 28 stati membri e ne determina alcune politiche comuni in campo sociale, economico, ed in politica estera. Inizialmente concentrata nell'Europa occidentale, nei primi anni del XXI secolo, l'UE si è progressivamente allargata, ammettendo al suo interno paesi dell'Europa centrale ed orientale.
Nel 1946, l'ormai ex primo ministro britannico Winston Churchill parlò in un discorso a Zurigo di 'Stati Uniti d'Europa', e negli anni successivi partecipò attivamente alla creazione del Consiglio d'Europa. Il 9 maggio del 1950 Robert Schuman, all'epoca

ministro degli Esteri (ed ex primo ministro) francese, presentò una dichiarazione programmatica, in cui si proponeva di costruire l'Europa unita attraverso un'integrazione progressiva, limitata essenzialmente all'economia, il cui primo passo sarebbe stato l'istituzione di una Comunità Europea del Carbone e dell'Acciaio: la dichiarazione Schuman fu il primo passo verso la futura istituzione dell'Unione Europea. La CECA, istituita ufficialmente con il trattato di Parigi (18 aprile 1951) contava sei paesi membri (Belgio, Francia, Germania Ovest, Italia, Lussemburgo, Paesi Bassi), che misero in comune la produzione e resero libera la circolazione del carbone e dell'acciaio. La proposta partiva dal presupposto che il carbone e l'acciaio, situati prevalentemente in due giacimenti (la Ruhr e la Saar) eternamente contesi tra Francia e Germania, erano stati alla base di moltissimi conflitti negli ultimi decenni.

Sei anni dopo, con la conferenza di Roma del 25 marzo 1957, gli stessi sei Stati daranno vita alla Comunità economica europea (CEE) e alla Comunità europea dell'energia atomica (EURATOM, o CEEA). Con la CEE, la più importante tra le tre comunità, il mercato comune continuò ad ampliarsi progressivamente, finché nel 1968 non sarebbero stati completamente aboliti i dazi tra i sei paesi, che negli stessi anni adotteranno politiche comuni in campo agricolo ed in campo commerciale.

Negli anni '70 la CEE inizia ad allargarsi, accogliendo nel 1973 Danimarca, Irlanda e Regno Unito tra gli Stati membri. Nel corso della decade, i paesi della CEE intraprendono nuove politiche estere comuni, e viene creato nel 1975 il Fondo europeo di sviluppo regionale. Nel frattempo, il parlamento europeo continua ad evolversi. La struttura era nata nel 1951, con sede a Strasburgo, come assemblea della CECA, e si era trasformata in Assemblea parlamentare europea (con 142 membri eletti) in seguito ai trattati di Roma. Soltanto dal 1962 l'Assemblea aveva cambiato nome in Parlamento europeo.

Dal 1° luglio del 1978, in seguito a decisioni prese dal Consiglio Europeo, le elezioni per il parlamento europeo diventano a suffragio universale: prima di allora, i membri del parlamento erano stati semplicemente dei delegati dei parlamenti nazionali. La prima elezione è nel giugno del 1979, e da allora si svolgeranno ogni 5 anni. Il parlamento si organizza in gruppi di partito transnazionali (verdi, socialisti, popolari, etc.).

Nel 1979 viene introdotto il Sistema Monetario Europeo (SME), con lo scopo di realizzare un mercato unico e stabile per le finanze e per la circolazione dei capitali, in un periodo contraddistinto da una forte instabilità finanziaria. La Comunità Economica Europea continua nel frattempo ad allargarsi, ammettendo tra i paesi membri la Grecia nel 1981, il Portogallo e la Spagna nel 1986.

Dall'Atto unico del 1986 al Trattato di Nizza del 2001

L'Atto Unico Europeo (AUE), entrato in vigore il 1° luglio del 1987, pose agli stati membri della Comunità Economica Europea l'importantissimo obiettivo di realizzare il mercato unico entro la fine del 1992. Il mercato unico avrebbe dovuto essere uno spazio senza frontiere interne, dove le merci, le persone, i capitali ed i servizi ('le 'quattro libertà') possono circolare liberamente. Per realizzare il mercato comune, una serie di barriere legali, tecniche, fiscali e fisiche andavano eliminate. Per velocizzare la realizzazione del mercato unico, l'AUE introdusse nelle regole delle istituzioni europee il voto a maggioranza qualificata: sulle questioni relative al mercato unico non sarebbe più servita l'unanimità dei voti dei singoli Paesi, ma sulla maggioranza dei voti singoli, ed ogni paese poteva disporre di un numero di voti in base alla propria popolazione. Il documento accresceva inoltre le competenze della Comunità Economica Europea e si impegnava per ridurre il divario economico tra i diversi paesi. All'inizio degli anni '90, la guerra fredda poteva dirsi definitivamente conclusa: il muro di Berlino era caduto (1989), la Germania era riunificata (1990), l'Unione Sovietica era definitivamente tracollata nel 1991, e di conseguenza i paesi del blocco sovietico si stavano aprendo alla democrazia. Dopo cambiamenti così radicali nell'assetto politico europeo, i paesi della Comunità Economica Europea sentirono il bisogno di cambiare l'assetto del continente: con il trattato di Maastricht, firmato dai rappresentanti dei paesi (ormai 12), nel febbraio del 1992, venne formalmente istituita l'Unione Europea (UE). Il nuovo trattato, in vigore dal 1° novembre del 1993, fu una tappa fondamentale nel percorso di integrazione dell'Europa, perché poneva le basi per una cooperazione più completa in settori come la politica estera e la sicurezza interna, ma soprattutto conteneva le regole della futura Unione Europea (UE). L'Unione Europea avrebbe assorbito le precedenti comunità europee (CEE, CECA e CEEA), stabilendo tra gli stati membri una politica estera comune, politiche per la sicurezza collettiva, e cooperazione in materia giudiziaria, penale e di polizia. Il trattato adottava inoltre il principio della sussidiarietà come base per stabilire le competenze degli Stati membri e dell'Unione Europea. Il Parlamento europeo venne rafforzato, e vennero poste le basi per l'Unione economica e monetaria (UEM): entro il 1999 l'Europa avrebbe avuto una moneta unica (l'Euro) ed una Banca centrale europea (la BCE). Per poter adottare l'Euro, ogni stato doveva raggiungere determinati parametri economici.

Nel 1995 l'Unione Europea si allarga ulteriormente con l'adesione di Austria, Finlandia e Svezia, che portano il numero complessivo di Stati membri a 15. Gli unici Stati europei occidentali a rimanere fuori dall'organizzazione rimanevano l'Islanda, la Norvegia e la Svizzera. Parallelamente, numerosi nuovi paesi iniziarono a presentare domanda dalla metà degli anni '90. Si trattava di due piccoli stati del mediterraneo (Cipro e Malta), degli stati precedentemente appartenenti al blocco sovietico (Bulgaria, Polonia, Repubblica Ceca, Romania, Slovacchia, Ungheria), di una repubblica che aveva fatto parte della Jugoslavia (la Slovenia), di tre stati baltici che avevano fatto parte dell'Unione Sovietica (Estonia, Lettonia e Lituania). L'Unione Europea accolse in modo favorevole queste candidature, aprendo i negoziati alla fine del 1997: si trattava di giovani democrazie che avrebbero tratto numerosi benefici dall'unificazione europea, garantendo maggiore stabilità al continente. Allo scopo di fortificare le economie di questi paesi, li si ammise soltanto in alcuni settori dell'integrazione economica prima dell'entrata ufficiale nell'Unione, che per dieci di loro avvenne il 1° maggio del 2004. Nel 2007 fu la volta di Bulgaria e Romania, e nel 2013 toccò alla Croazia: l'Unione Europea è attualmente composta da 28 Stati membri.

Una sorte diversa toccò alla Turchia, la cui entrata in Europa è in negoziazione dal 2005, ma che non è stata ancora ammessa per una serie di ragioni: i rapporti da sempre burrascosi con la Grecia (in particolare per via della questione di Cipro), alcune violazioni dei diritti umani di cui è stata accusata, e la prevalenza islamica nel paese.

Punti salienti della formazione Europea

Un'Europa libera ed unita venne immaginata nel 1941 con il manifesto di Ventotene.

Nel 1946, Winston Churchill auspicò la creazione degli 'Stati Uniti d'Europa'.

Con la dichiarazione Schuman del 9 maggio 1950 venne presentato il piano per la creazione della CECA: Comunità Europea del Carbone e dell'Acciaio.

L'istituzione della Comunità europea del carbone e dell'acciaio.

La CECA è istituita il 18 aprile del 1951 e conta 6 Stati membri: Belgio, Francia, Germania Ovest, Italia, Lussemburgo, Paesi Bassi. Gli Stati membri mettono in comune la produzione di carbone e acciaio, rendendone libera la circolazione.

Il controllo dei giacimenti di carbone ed acciaio era stato alla base di molti conflitti europei. I paesi della CECA rinunciavano alla propria sovranità nel settore carbon-siderurgico per evitare conflitti futuri.

A Roma nel 1957 vengono istituite tra i 6 Stati anche la CEE e la CEEA.

Parlamento europeo

Nel 1973 la CEE accoglie Danimarca, Irlanda e Regno Unito.

Nel 1975 viene creato il Fondo europeo di sviluppo regionale.

Nel giugno del 1979 prime elezioni per il Parlamento europeo a suffragio universale.

Sempre nel 1979 è introdotto il Sistema Monetario Europeo.

Allargamenti ulteriori nel 1981 (Grecia) e nel 1986 (Spagna e Portogallo).

Atto unico europeo e il Trattato di Maastricht. L'Atto Unico Europeo (1987) ha l'obiettivo di realizzare il mercato unico europeo. Lo scopo è la libera circolazione di merci, persone, capitali e servizi tra Stati membri. Per realizzare ciò, si inizia a lavorare per l'abbattimento di barriere (legali, tecniche, fisiche e fiscali).

L'AUE introduce il voto a maggioranza qualificata: i paesi singoli non hanno più diritto di veto.

I paesi della CEE istituiscono l'Unione Europea con il Trattato di Maastricht nel febbraio del 1992, in vigore dal novembre del 1993. Il trattato pone le basi per una cooperazione più completa e contiene le regole per l'istituzione dell'Unione Europea. L'Unione Europea assorbe le altre comunità (CEE, CECA, CEEA). Gli stati membri seguono politiche comuni per quanto riguarda la politica estera, la sicurezza collettiva, le materie giudiziarie. L'allargamento dell'Unione Europea e la crisi del 2009.

Nel 1995 Austria, Finlandia e Svezia entrano nell'Unione Europea.

Numerosi nuovi paesi (in prevalenza dell'Europa centrale e orientale) presentano domanda per entrare nell'UE. Nel 1997 vengono aperti i negoziati.

Nel 2004 entrano Cipro, Estonia, Lettonia, Lituania, Malta, Polonia, Repubblica Ceca, Slovacchia, Slovenia, Ungheria.

Nel 2007 entrano Bulgaria e Romania.

Nel 2013 entra la Croazia.

I Trattati di Parigi e Roma

I trattati istitutivi

Le conseguenze disastrose della seconda guerra mondiale e la minaccia costante di un confronto est-ovest ha fatto della riconciliazione franco-tedesca una priorità essenziale. La condivisione dell'industria del carbone e dell'acciaio da parte di sei paesi europei, sancita dal trattato di Parigi nel 1951, ha rappresentato il primo passo verso l'integrazione europea. I trattati di Roma del 1957 hanno rafforzato le fondamenta di tale integrazione, come anche l'idea di un futuro comune per i sei Stati europei coinvolti.

Base giuridica

Il trattato che istituisce la Comunità europea del carbone e dell'acciaio (CECA) o trattato di Parigi, è stato firmato il 18 aprile 1951 ed è entrato in vigore il 23 luglio 1952. Per la prima volta sei Stati europei accettavano di impegnarsi sulla via dell'integrazione. Il trattato ha permesso di gettare le basi dell'architettura comunitaria creando un esecutivo denominato «Alta autorità», un'Assemblea parlamentare, un Consiglio dei ministri, una Corte di Giustizia e un Comitato consultivo. Stipulato per una durata limitata di 50 anni, a norma del relativo articolo 97, il trattato CECA è giunto a scadenza il 23 luglio 2002. Conformemente al protocollo n. 37 allegato ai trattati (trattato sull'Unione Europea e trattato sul funzionamento dell'Unione Europea), il valore netto delle attività della CECA all'epoca della sua dissoluzione è stato destinato alla ricerca nei settori correlati all'industria carboniera e siderurgica attraverso il Fondo di ricerca carbone e acciaio.

I trattati che istituivano la Comunità economica europea (CEE) e la Comunità europea dell'energia atomica (CEEA o «EURATOM»), anche noti come trattati di Roma, sono stati firmati il 25 marzo 1957 e sono entrati in vigore il 1° gennaio 1958.

Contrariamente al trattato CECA, i trattati di Roma sono stati stipulati «per una durata illimitata» (articolo 240 del trattato CEE e articolo 208 del trattato CEEA) che ha conferito loro un carattere quasi costituzionale.

I sei paesi fondatori sono stati la Germania, il Belgio, la Francia, l'Italia, il Lussemburgo e i Paesi Bassi.

Obiettivi:

La creazione della CECA costituiva, nelle intenzioni dichiarate dei suoi promotori, solo una prima tappa sulla via che avrebbe condotto a una «federazione europea». Il mercato comune del carbone e dell'acciaio doveva consentire di sperimentare una formula suscettibile di essere progressivamente estesa ad altri settori economici, per sfociare successivamente in un'Europa politica.

La Comunità economica europea mirava a instaurare un mercato comune fondato sulle quattro libertà della circolazione dei beni, delle persone, dei capitali e dei servizi. L'obiettivo dell'Euratom era di coordinare l'approvvigionamento di materie fissili e i programmi di ricerca già lanciati o in procinto di essere lanciati dagli Stati membri nella prospettiva di un uso pacifico dell'energia nucleare.

I preamboli dei tre trattati rivelano l'unità ispiratrice da cui discende la creazione delle

Comunità, vale a dire la percezione della necessità di impegnare gli Stati europei nella creazione di un destino comune, l'unico che avrebbe consentito loro di gestire l'avvenire.

Principi fondamentali

Le Comunità europee (CECA, CEE e EURATOM) sono nate dalla lenta progressione dell'idea europea, inscindibile dagli avvenimenti che hanno sconvolto il continente. All'indomani della seconda guerra mondiale le industrie di base, in particolare quelle siderurgiche, necessitavano di una riorganizzazione. Il futuro dell'Europa, minacciato dal confronto est-ovest, passava per la riconciliazione franco-tedesca. L'appello lanciato il 9 maggio 1950 dal ministro degli Affari esteri francese Robert Schuman può essere considerato il punto di partenza dell'Europa comunitaria. All'epoca la scelta del carbone e dell'acciaio era altamente simbolica: all'inizio degli anni '50 l'industria carboniera e la siderurgia erano settori vitali su cui si fondava la potenza di un paese. Oltre all'evidente interesse economico, la messa in comune di risorse da parte di Francia e Germania doveva segnare la fine dell'antagonismo fra i due paesi. Il 9 maggio 1950 Robert Schuman dichiarò: «L'Europa non potrà farsi in una sola volta, né sarà costruita tutta insieme. Essa sorgerà da realizzazioni concrete, che creino anzitutto una solidarietà di fatto». È su questo principio che la Francia, l'Italia, la Germania e i paesi del Benelux (Belgio, Paesi Bassi e Lussemburgo) sottoscrissero il trattato di Parigi, che assicurava essenzialmente:

- la libertà di circolazione dei prodotti e il libero accesso alle fonti di produzione;
- la sorveglianza permanente del mercato per evitare disfunzioni che potessero rendere necessaria l'introduzione di contingenti di produzione;
- il rispetto delle regole di concorrenza e di trasparenza dei prezzi;
- il sostegno all'ammodernamento e alla riconversione dei settori del carbone e dell'acciaio.

All'indomani della firma del trattato di Parigi, quando la Francia si opponeva alla ricostituzione di una forza militare tedesca in ambito nazionale, René Pleven concepì un progetto di esercito europeo. La Comunità europea di difesa (CED), negoziata nel 1952, avrebbe dovuto essere accompagnata da una Comunità politica (CEP). I due progetti furono tuttavia abbandonati in seguito al rifiuto dell'Assemblea nazionale francese di autorizzare la ratifica del trattato il 30 agosto 1954. Gli sforzi per rilanciare il processo di integrazione europea in seguito al fallimento della CED si concretizzarono nella conferenza di Messina (giugno 1955) nell'ambito dell'unione doganale e dell'energia atomica. Tali sforzi portarono alla firma dei due trattati CEE e CEEA.

Tra le disposizioni del trattato che istituisce la Comunità economica europea (trattato CEE o trattato di Roma) figuravano:

- l'abolizione dei dazi doganali fra gli Stati membri;
- l'introduzione di una tariffa doganale comune verso l'esterno;
- l'instaurazione di una politica comune nei settori dell'agricoltura e dei trasporti;
- la creazione di un Fondo sociale europeo;

- l'istituzione di una Banca europea per gli investimenti;
- lo sviluppo di relazioni più strette tra gli Stati membri.

Per realizzare tali obiettivi il trattato CEE sanciva alcuni principi direttivi e definiva l'ambito dell'azione legislativa delle istituzioni comunitarie, che si concentrava sulle politiche comuni: la politica agricola comune (articoli da 38 a 43), la politica dei trasporti (articoli 74 e 75) e la politica commerciale comune (articoli da 110 a 113). Il mercato comune doveva consentire la libera circolazione delle merci e la mobilità dei fattori di produzione (libera circolazione dei lavoratori e delle imprese, libera prestazione dei servizi, libera circolazione dei capitali).

Atto Unico Europeo
L'Atto unico europeo è il trattato che ha emendato i trattati di Roma del 1957 con cui è stata istituita la Comunità economica europea. È stato firmato il 17 febbraio 1986 a Lussemburgo ed è entrato in vigore il 1° luglio 1987. Fu elaborato per andare incontro a due necessità improrogabili: completare la costruzione del mercato libero interno, ormai al palo dopo le crisi economiche degli anni Settanta e avviare un primo embrione di Unione politica

Trattato di Nizza
Il trattato di Nizza è uno dei trattati fondamentali dell'Unione Europea e riguarda le riforme istituzionali da attuare in vista dell'adesione di altri Stati. Il trattato di Nizza ha modificato il trattato di Maastricht (TUE) e i trattati di Roma (TCEE). È stato approvato al Consiglio Europeo di Nizza l'11 dicembre 2000 e firmato il 26 febbraio 2001. Dopo essere stato ratificato dagli allora 15 Stati membri dell'Unione Europea, è entrato in vigore il 1° febbraio 2003. L'obiettivo del trattato di Nizza è relativo alle dimensioni e alla composizione della commissione, alla ponderazione dei voti in consiglio e all'estensione del voto a maggioranza qualificata e infine alle cooperazioni rafforzate tra i paesi dell'Unione Europea.

Il trattato in particolare introduce:
- nuova ponderazione dei voti nel Consiglio dell'Unione Europea
- modifica della composizione della Commissione Europea
- estensione della procedura di codecisione e modifica del numero di deputati al Parlamento europeo per ogni Stato membro
- estensione del voto a maggioranza qualificata per una trentina di nuovi titoli
- riforma per rendere più flessibile il sistema delle cooperazioni rafforzate
- nuova ripartizione delle competenze tra Corte e Tribunale

Il Trattato di Lisbona

Il Trattato di Lisbona, noto anche come Trattato di riforma e ufficialmente Trattato di Lisbona che modifica il trattato sull'Unione Europea e il trattato che istituisce la Comunità europea, è uno dei trattati dell'Unione Europea, firmato il 13 dicembre 2007 ed entrato ufficialmente in vigore il 1° dicembre 2009, che ha apportato ampie modifiche al Trattato sull'Unione Europea e al Trattato che istituisce la Comunità europea. Rispetto al precedente Trattato, quello di Nizza, esso abolisce i cosiddetti "tre pilastri", provvede al riparto di competenze tra Unione e Stati membri, rafforza il principio democratico e la tutela dei diritti fondamentali, anche attraverso l'attribuzione alla Carta di Nizza del medesimo valore giuridico dei trattati.

Le novità del Trattato di Lisbona:
-Più democrazia e maggiore vicinanza alle cittadine e ai cittadini ed il rafforzamento dei diritti di codecisione del Parlamento europeo, che rappresenta le cittadine e i cittadini dell'UE.
-Iniziativa popolare: raccogliendo un milione di firme in almeno un quarto degli Stati membri è possibile presentare un'iniziativa popolare alla Commissione, esortandola a elaborare proposte legislative da sottoporre al Consiglio dell'UE.

• Carattere vincolante della Carta dei diritti fondamentali dell'Unione Europea.
• Capacità d'azione e trasparenza

L'obiettivo è una politica estera più coerente.
I tre pilastri dell'UE sono stati riuniti.
L'UE, dotata di personalità giuridica, può concludere accordi con Stati terzi come la Svizzera.
La ripartizione delle competenze tra UE e Stati membri è stata precisata e semplificata.
Il ruolo dei parlamenti nazionali nell'ambito della procedura legislativa dell'UE è stato potenziato.

e. Gli organismi internazionali e le altre organizzazioni e associazioni per la cooperazione europea: O.S.C.E

L'Organizzazione per la sicurezza e la cooperazione in Europa (OSCE) è la più grande organizzazione intergovernativa di sicurezza regionale per la promozione della pace, del dialogo politico, della giustizia e della cooperazione in Europa che conta, attualmente, cinquantasette paesi membri. L'OSCE nasce nel 1995 come evoluzione della Conferenza sulla sicurezza e sulla cooperazione in Europa (CSCE). Nel corso degli anni ha promosso una serie di missioni di peacekeeping e operazioni sul terreno, in Europa e nel mondo. L'OSCE adotta un approccio onnicomprensivo alla sicurezza articolato su tre dimensioni: politico-militare, economico-ambientale e umana.
A differenza di altre organizzazioni internazionali, l'OSCE non gode di personalità giuridica, poiché non è stata a creata a seguito della ratifica di un documento giuridicamente vincolante. L'Atto Finale di Helsinki rappresenta infatti solamente un

impegno politico dei Capi di Stato. Per questo motivo, l'OSCE ha cercato di costruire la propria personalità giuridica tramite accordi bilaterali tra l'Organizzazione e gli Stati membri. Ad oggi, questi accordi sono stati raggiunti solo da alcuni Stati partecipanti, di conseguenza, il quadro giuridico dell'OSCE non è chiaro per quanto riguarda la sua personalità giuridica, la capacità giuridica e un sistema uniforme di privilegi e immunità, provocando gravi ostacoli a livello operativo.

Per via di questo status giuridico, all'interno dell'Organizzazione i paesi che ne fanno parte vengono chiamati Stati partecipanti.

L'approccio dell'OSCE alla sicurezza è omnicomprensivo e si articola su tre dimensioni: dimensione politico-militare (prima), dimensione economico-ambientale (seconda) e dimensione umana (terza).

La prima dimensione politico-militare è basata su un sistema di scambi dati integrato dalla possibilità di verifiche reciproche sul campo, sia terrestri che aeree. Tale scambio è principalmente disciplinato dal Trattato sulle forze armate convenzionali in Europa (CFE), dal Documento di Vienna e dal Trattato sui Cieli Aperti e da misure di rafforzamento della fiducia e della sicurezza. Questa dimensione è soprattutto volta a promuovere una maggiore apertura, trasparenza e cooperazione attraverso il supporto agli Stati partecipanti. I principali settori di attività riguardano il controllo armamenti, la riforma del settore della sicurezza, il controllo dei confini, contrasto al terrorismo, la prevenzione dei conflitti, il contrasto al traffico illecito, stoccaggio e distruzione di armi leggere e munizioni convenzionali.

La seconda dimensione economico-ambientale si occupa degli aspetti relativi all'economia e all'ambiente, considerati quali ulteriori fattori chiave per il rafforzamento della sicurezza. In particolare, vede l'organizzazione promuovere i principi di buon governo, il contrasto alla corruzione, la promozione delle tematiche ambientali, la condivisione delle risorse naturali nonché la gestione del ciclo dei rifiuti.

La terza dimensione umana è incentrata sul rispetto dei diritti e delle libertà fondamentali, sulla promozione della democrazia e dello stato di diritto, elementi comunque fondamentali per la stabilità. L'OSCE assiste gli Stati partecipanti nel rafforzare le istituzioni democratiche, tenere libere consultazioni elettorali, garantire il rispetto dei diritti umani, la libertà di espressione dei media, i diritti delle minoranze, la tolleranza e la non discriminazione.

TESI N.2

a. *Problemi politici, economici e religiosi del Medio Oriente dal secondo dopoguerra ad oggi*
b. *Fasi della Seconda guerra mondiale, sotto il profilo militare e diplomatico*
c. *La Costituzione della Repubblica Italiana: gli organi costituzionali*
d. *Origini, evoluzione, organizzazione e funzionamento dell'Unione Europea come soggetto politico ed economico: il principio delle competenze di attribuzione. Competenze esclusive e competenze concorrenti*
e. *Gli organismi internazionali e le altre organizzazioni e associazioni per la cooperazione europea: Consiglio d'Europa*

a. Problemi politici, economici e religiosi del Medio Oriente dal secondo dopoguerra ad oggi

La questione del **Medio Oriente**, a partire dalla fine della Seconda guerra mondiale, si intreccia con il destino del popolo ebraico e dei suoi rapporti con le popolazioni arabe in Palestina. Gli ebrei dell'Europa Orientale, già dall'inizio del Novecento, avevano cominciato ad **emigrare in Palestina** per sfuggire ai gravi fenomeni di antisemitismo. La **Palestina** era allora abitata da una popolazione araba ed era controllata dagli Inglesi, i quali inizialmente agevolarono l'immigrazione ebraica.

Durante le due guerre mondiali, e soprattutto durante la seconda, l'arrivo in Palestina di ebrei da tutta Europa aumentò considerevolmente, anche grazie alle numerose terre acquistate con i contributi raccolti dagli ebrei di tutto il mondo.

Verso la fine del XIX secolo era nato il **movimento sionista**, il cui obiettivo era l'ottenimento di uno stato per l'etnia giudaica in Palestina e dopo la Seconda guerra mondiale e lo sterminio di sei milioni di ebrei anche la comunità internazionale non poteva tergiversare oltre nei riguardi di tali richieste. Nel 1947 le Nazioni Unite presentarono la risoluzione nr. 181 che proponeva un piano di partizione della Palestina in due stati fra arabi ed ebrei, ma la proposta venne respinta da ambo le parti.

Dopo diversi mesi di stallo, il 14 maggio 1948 il leader sionista David Ben Gurion proclamò unilateralmente la **nascita dello Stato di Israele,** suscitando la **reazione immediata dei paesi confinanti**: il 15 maggio una **coalizione di Stati arabi (Iraq, Giordania, Siria ed Egitto)** attaccò il nuovo stato dando inizio a quello che sarebbe stato definito il **primo conflitto arabo-israeliano**. La guerra si concluse nel maggio del 1949 con la sconfitta degli arabi a cui, tuttavia rimase il controllo di alcune zone limitrofe come la Cisgiordania, Gerusalemme est e la Striscia di Gaza; le prime due vennero amministrate dalla Giordania e la terza dall'Egitto.

Nel 1956 si scatenò il **secondo conflitto arabo-israeliano** che si inserì in quella che è stata definita **la crisi di Suez**, innescata dalla **nazionalizzazione del canale** da parte del **Presidente egiziano Nasser** e il conseguente intervento militare di **Francia e Inghilterra** cui si accodò **Israele** con l'obiettivo di un allargamento territoriale ai danni dell'Egitto. Dal punto di vista militare la vittoria della coalizione fu netta, con

l'occupazione israeliana della Penisola del Sinai e della **Striscia di Gaza**. Tuttavia, l'intervento della forza di emergenza delle **Nazioni Unite (UNEF)** obbligò Israele alla restituzione dei territori e al ripristino dello status quo ante.

Nel 1964 nacque l'**Organizzazione per la Liberazione della Palestina** (O.L.P.) con l'obiettivo di dare una **rappresentanza ai palestinesi nella lotta contro Israele**, liberandoli dalla dipendenza dai paesi arabi. Nel 1969 ne divenne Presidente **Yasser Arafat**, che la guidò fino alla sua morte nel 2004.

Nel 1967 scoppiò il **terzo conflitto arabo-israeliano**, la cosiddetta **guerra dei Sei Giorni,** blitz militare preventivo israeliano concluso in un così breve lasso di tempo che bastò per giungere alla occupazione da parte di Israele di territori egiziani come la **Penisola del Sinai e la Striscia di Gaza**, territori giordani come la **Cisgiordania e Gerusalemme est** e siriani come le **Alture del Golan**.

Nel 1973 **Egitto e Siria** attaccarono a sorpresa Israele nel giorno della **festività ebraica dello Yom Kippur**, dando vita al **quarto conflitto arabo-israeliano**, meglio conosciuto come **Guerra del Kippur**. Dopo sole tre settimane di guerra Israele riuscì a organizzare una difesa e a respingere gli attacchi delle potenze arabe. Le maggiori **conseguenze** del conflitto, tuttavia, non furono militari, bensì **economiche** e politiche e coinvolsero i rapporti fra il mondo arabo e la totalità dei paesi occidentali. In conseguenza della guerra del Kippur, infatti, l'**OPEC**, l'organizzazione dei paesi produttori ed esportatori di petrolio nata nel 1960, attuò per la prima volta una **politica decisamente restrittiva di estrazioni di barili di petrolio** a cui conseguì il cosiddetto **shock petrolifero** che, a partire dal 1975, ebbe ripercussioni serie nelle economie dei paesi occidentali, dipendenti in buona parte dal petrolio arabo. Veniva così segnata la fine dei "**trenta gloriosi**", ovvero il trentennio di crescita inarrestabile che dal 1945 aveva contraddistinto le economie dei paesi occidentali.

La rilevanza che le questioni mediorientali stavano assumendo per tutta la comunità internazionale venne così compresa a pieno dal nuovo Presidente americano **Jimmy Carter** che riportò i democratici alla Casa Bianca nel 1976 e che si impegnò, dall'anno seguente, in una politica tesa a trovare una conciliazione fra Israele ed Egitto. Gli sforzi di Carter fecero giungere agli **accordi di Camp David**, primi accordi di pace fra arabi e israeliani, firmati nel settembre del 1978 dal Premier israeliano Begin e dal Presidente egiziano Al-Sadat. Gli accordi portarono direttamente al trattato di pace arabo-israeliano del 1979, al mutuo riconoscimento diplomatico fra i due stati e alla restituzione della Penisola del Sinai all'Egitto.

Terminarono così **le guerre tra Israele e gli stati arabi che intraprendevano un primo tentativo di coesistenza nell'area mediorientale;** l'apertura a Israele, tuttavia, fu fatale al Presidente egiziano Al-Sadat che pagò il prezzo della pace nel 1981, anno in cui venne assassinato da estremisti contrari all'accordo con gli israeliani.

Dall'inizio degli anni Ottanta allo stato ebraico si contrappose solo l'**Organizzazione per la Liberazione della Palestina**. Nel 1982 Israele si insediò nella parte meridionale del **Libano** per distruggere le basi palestinesi, inserendosi di fatto in quella che era la guerra civile in Libano e la crisi durò fino al 1983. Dal 1987 al 1992 i palestinesi cominciarono una forma di **forte resistenza popolare** (la cosiddetta "Intifada") che consisteva in una **rivolta totale della popolazione palestinese** nei territori occupati e che prese il nome di "**intifada delle pietre**" dal dicembre del 1987 dato il carattere spontaneo dei suoi attori che usavano le sassaiole come forme rudimentale di lotta.

Nel 1993, grazie ancora alla mediazione americana stavolta esercitata dal Presidente Bill Clinton, vennero firmati gli **Accordi di Oslo** tra **israeliani e palestinesi**, che ebbero l'ennesima scia di sangue con l'**assassinio del Premier israeliano Yitzhak Rabin** da parte di uno studente oltranzista contrario al percorso di pace coi palestinesi. In quel momento sembrava che il conflitto potesse volgere al termine, in realtà rimasero irrisolti alcuni nodi di fondo, tra cui la nascita di uno Stato palestinese indipendente, il ritorno dei profughi palestinesi, il controllo delle risorse idriche e la questione di Gerusalemme.

Nel 1994 la Giordania firmò un accordo di pace con Israele e nelle zone che sarebbero dovute diventare il futuro stato palestinese cominciò una **forma di autogoverno** guidata **dall'Autorità Nazionale Palestinese**, presidente della quale venne eletto nel 1996 ancora Yasser Arafat. Dopo l'entusiasmo degli Accordi, la diplomazia internazionale arrestò la sua pressione e israeliani e palestinesi non riuscirono a proseguire in un vero cammino di pace e convivenza.

Successivamente, Israele si ritirò dal Libano, ma le tensioni in Medio Oriente non si placarono.

Nel settembre 2000 una visita del Premier israeliano **Ariel Sharon** alla Spianata delle Moschee a Gerusalemme provocò la reazione dei palestinesi che vedevano l'atto come una profanazione dei loro luoghi sacri. Iniziò così la cosiddetta "**seconda intifada**", che sembrò perdere intensità quando, l'11 novembre 2004, **morì Arafat**, ma che comunque tenne alta la tensione almeno fino al 2005.

Nel gennaio 2005 si tennero le elezioni presidenziali in Palestina e come **successore di Arafat venne nominato Mahmoud Abbas**. Il dialogo riprese quando il Governo Sharon decise di sgomberare la Striscia di Gaza, conquistata nel 1967, ad agosto 2005. L'esercito di Tel Aviv ritirò i coloni israeliani e lasciò l'amministrazione del territorio ai palestinesi.

Il 25 gennaio 2006, le elezioni politiche in Palestina sancirono **la vittoria del partito armato degli islamisti** di Hamas. Il nuovo Governo di Hamas ebbe, tuttavia, vita breve e fu immediatamente boicottato dalla comunità internazionale e da Israele. Nei mesi successivi, la crisi inter-palestinese continuò ad aggravarsi progressivamente, fino a quando, nel giugno del 2007, sfociò in scontri aperti che culminarono con la **conquista della Striscia di Gaza da parte di Hamas**. Israele, nei mesi successivi, dichiarò Gaza "entità nemica" e costrinse la Striscia ad un durissimo embargo, impedendo l'apertura dei confini tra la Striscia e l'Egitto.

b. Fasi della Seconda guerra mondiale, sotto il profilo militare e diplomatico
Fase 1 (1939-40) - La Guerra Lampo

Il 1° settembre 1939 scoppiò la **Seconda guerra mondiale** con l'invasione della **Polonia** da parte di Hitler.

Il 2 settembre 1939 **l'Italia** dichiarò la sua **non belligeranza**, il 3 settembre 1939 **Francia** e **Gran Bretagna** dichiarano guerra alla Germania in difesa della Polonia.

Sul **fronte orientale** la **guerra Lampo** ebbe pieno successo; infatti, il 25 settembre Varsavia cadde nelle mani dei tedeschi. I sovietici varcarono il confine polacco, assestandosi sulla linea stabilita dai protocolli segreti del patto **Molotov-Ribbentrop**. Il 28 settembre tali accordi vennero perfezionati, l'URSS ottenne la Lituania in cambio dell'avanzata tedesca in Polonia. Fu Hitler a fare questa proposta, perché credeva ancora possibile riaprire la strada del compromesso: utilizzare la Polonia come merce di scambio, pensando che **Chamberlain** avrebbe accettato più probabilmente una Polonia più piccola ma non per metà sovietica. In realtà l'offensiva di pace di Hitler trovò risposta negativa prima dalla Francia e subito dopo dalla Gran Bretagna, che vide l'ingresso nel governo di uomini come **Churchill** (fautore dell'intransigenza antigermanica). Nel frattempo, Stalin riscosse ciò che gli spettava, ovvero Estonia, Lettonia e Lituania che accettarono l'ingerenza dell'URSS, al contrario della **Finlandia** che oppose una fiera resistenza: si apriva la cosiddetta "**guerra d'inverno**" (1939-1940), mediocre prova delle armate sovietiche contro i finlandesi, aspetto che incoraggiò Hitler a persistere nella sua strategia occidentale, vista la presunta fragilità militare dell'URSS. In questa occasione la Società delle Nazioni ebbe un ultimo soffio di vita ed espulse l'Unione Sovietica.

Sul **fronte occidentale**, il 9 aprile 1940 Hitler occupò **Danimarca e Norvegia**, per poi rivolgersi verso la Francia. Dopo aver violato la neutralità di **Belgio e Olanda**, il **14 giugno 1940 le forze tedesche entrarono trionfalmente a Parigi**. La Germania occupò la parte **settentrionale della Francia**, comprensiva di Parigi, **annettendola al Terzo Reich**, mentre mantenne formalmente l'indipendenza dei francesi sulla parte centro-meridionale del paese, ove venne proclamata la **repubblica "collaborazionista" di Vichy** che metteva fine di fatto alla Terza Repubblica. Il governo francese infatti, stabilito a Vichy, venne affidato al **filonazista Philippe Pétain**, il quale **firmò l'armistizio** il 22 giugno 1940 a **Rethondes**, trasformando la Francia di Vichy in uno stato fantoccio nelle mani di Hitler. Ma non tutto l'esercito francese abbassò la testa: il **Generale Charles de Gaulle**, con alcune migliaia di fedelissimi fondò il movimento **France Libre** e volò a Londra continuando la guerra contro il nazismo **al fianco degli inglesi**.

Quando le operazioni contro la Francia misero in luce la netta supremazia tedesca e la prospettiva che entro la fine dell'estate la vittoria dell'alleato fosse definitiva, a **Mussolini** non restò che sacrificare "**un pugno di morti**" per prendere posto al tavolo dei vincitori; così il 10 giugno 1940 **l'Italia dichiarò guerra alla Francia e alla Gran Bretagna,** nonostante il parere contrario del Capo di Stato Maggiore Pietro Badoglio. L'entrata in guerra dell'Italia ebbe come conseguenza l'estensione del conflitto alle colonie italiane in Africa orientale.

Nell'estate del 1940 tutta l'Europa era sotto il controllo tedesco, ad eccezione della Gran Bretagna, dove il 9 maggio 1940 **Winston Churchill sostituì Chamberlain** alla carica di Primo ministro. Ad agosto Hitler dette il via all'operazione "**Leone marino**" e iniziò a bombardare sistematicamente la **Gran Bretagna** che, tuttavia, riuscì a organizzare una resistenza efficace grazie all'atteggiamento combattivo di Churchill, alla compattezza della società civile britannica e all'utilizzo dei radar; per lo Stato maggiore tedesco fu la fine dell'illusione della guerra lampo in occidente. Le sorti della Battaglia d'Inghilterra, che in ottobre si erano già prefigurate nefaste, misero nei guai non poco Benito Mussolini, poiché i suoi calcoli riguardo una fine imminente del conflitto si rivelarono errati e l'Italia, senza un'adeguata organizzazione militare, si trovò invischiata su più fronti: quello balcanico, quello in Africa Orientale e in Libia e, a partire dall'agosto del 1941 anche sul fronte russo.

Mentre i **tedeschi** incassavano la prima sconfitta dall'inizio della guerra e l'Inghilterra rimaneva da sola a fronteggiare i nazisti, il 28 ottobre 1940 Mussolini iniziò le **operazioni contro la Grecia**, lanciando quella che egli stesso definì la "**guerra parallela**" degli italiani rispetto ai tedeschi, ma gli esiti negativi sul campo costrinsero le truppe tedesche a venirgli in soccorso, e solo grazie alla campagna di occupazione tedesca i greci accettarono di firmare la resa con l'armistizio dell'aprile 1941.

Il 27 settembre 1940 **Germania, Giappone e Italia** avevano firmano il **Patto Tripartito**, o **asse Roma-Berlino-Tokyo** (RO-BER-TO in sigla italiana) un'alleanza economica, politica e militare, al fine di riconoscere le aree di influenza in Europa ed Asia e di offrirsi reciproca protezione rispetto alle mosse degli Stati Uniti.

Fase 2 (1941- 1942) - La guerra si allarga

Il 1941 e il 1942 sono considerati unanimemente i due anni di svolta nelle sorti della Seconda guerra mondiale.

Se nel '42 sarebbe arrivata la svolta sul campo grazie alle battaglie decisive, il 1941 fu l'anno dell'entrata in guerra di Stati Uniti e Unione Sovietica. Quest'ultima si trovò risucchiata nel conflitto con l'**Operazione Barbarossa,** nome in codice **dell'invasione dell'Unione Sovietica** da parte della Germania nazista avvenuta il 22 giugno 1941. Nei primi mesi le nette vittorie tedesche fecero credere a una possibile guerra lampo. Il successo iniziale tedesco convinse Stalin della necessità di elaborare una strategia difensiva efficace; organizzò segretamente la resistenza sovietica sia dal punto di vista militare sia da quello propagandistico; costituì un **Comitato di difesa nazionale** e chiamò tutto il paese a combattere quella che i sovietici chiamano "la grande guerra patriottica" per l'indipendenza e la libertà democratica dei popoli. Ciò trasformò l'**Armata rossa** in un grande **esercito di liberazione** dalle atrocità tedesche. L'8 dicembre, ormai a pochi chilometri dal centro di Mosca, l'impossibilità di ogni ulteriore avanzata costrinse Hitler a sospendere l'offensiva e la conseguente controffensiva sovietica causò un primo imprevisto allungamento dell'operazione.

Lo stato maggiore tedesco preparò una seconda grande offensiva verso il Don e il Volga dalla fine dell'estate del 1942, ma anche questa venne bloccata dall'Armata rossa a **Stalingrado**, città che venne cinta d'assedio dai tedeschi dall'estate del '42 fino al febbraio del '43. La gloriosa resistenza dei sovietici che fece salire enormemente le perdite tedesche e il "**Generale inverno**" (non era stato previsto un secondo inverno di guerra, caratterizzato da temperature particolarmente rigide) furono alla base della **sconfitta tedesca sul fronte orientale** e dalla primavera del 1943 iniziò una grandissima seconda controffensiva russa che, sostanzialmente, non si sarebbe più arrestata se non con l'arrivo a Berlino nel 1945.

Gli **Stati Uniti**, nel frattempo, iniziarono un processo lento e tortuoso di abbandono dell'**isolazionismo**. Il presidente Roosevelt, che definiva il suo paese "l'arsenale della democrazia", si adoperò dal marzo 1941 per concedere larghe forniture militari alla Gran Bretagna con l'approvazione della "legge affitti e prestiti" e nell'agosto 1941 incontrò il premier inglese Churchill per firmare la **Carta Atlantica**, una dichiarazione di principio contro il nazifascismo.

La primavera del 1941, con l'operazione Barbarossa, l'approvazione della legge Affitti e prestiti e con il trattato di neutralità Nippo-sovietico, segnò per Hitler **l'inizio della fine**. Se fino ad allora la guerra europea era stata scandita dalle sue decisioni, da qui in poi dovette restituire l'iniziativa ai nemici, mettendo in moto il formarsi di una coalizione che aveva come obbiettivo **un'Europa liberata dal dominio nazista**.

L'intervento americano fu accelerato alla fine del '41 da quello che venne considerato come il primo atto di violazione del suolo americano della storia: il 7 dicembre 1941 **l'aviazione giapponese** bombardò la base navale statunitense di **Pearl Harbour**, nelle isole Hawaii. L'8 dicembre 1941 il Congresso Statunitense **dichiarò guerra al Giappone**.

Fase 3 (1942-1943) - La svolta del conflitto

Il 1942 viene considerato l'anno di svolta del conflitto poiché, grazie a **tre vittorie strategiche**, gli **Alleati iniziano a prevalere sulle potenze dell'Asse**.

Nel mese di maggio gli Stati Uniti presero il sopravvento nel pacifico grazie alla vittoria nella battaglia al largo delle **Isole Midway** nel Mar dei Coralli. Nell'estate del '42, come abbiamo già visto, iniziò la **battaglia di Stalingrado** che costituì il vero **snodo sul fronte orientale**. Infine, fra la fine di ottobre e l'inizio di novembre la battaglia di **El Alamein in Egitto** segnò un vero spartiacque sul fronte dell'Africa orientale **a favore degli Inglesi**. Il Generale inglese Montgomery sconfisse gli **Africa Korps di Rommel** e, nonostante ricevessero l'onore delle armi dagli Inglesi per il valore dimostrato in combattimento, anche i paracadutisti della Folgore si dovettero arrendere.

A partire dal 1942 gli alleati iniziarono a darsi una **strategia comune** per giungere alla vittoria e lo strumento principale furono le **Conferenze interalleate** che, soprattutto dal 1943, costituirono il foro principale delle scelte strategiche che permisero di vincere la guerra.

Tra il 9 e il 10 luglio 1943 gli **Angloamericani** effettuarono **lo sbarco in Sicilia**, deciso alla conferenza di Casablanca del gennaio 1943, dando inizio all'avanzata verso nord. Lo sbarco alleato e i bombardamenti sempre più intensi determinarono in Italia una diffusa sfiducia nei confronti del regime fascista, accusato di aver condotto il paese in una guerra disastrosa. Il 25 luglio 1943 il Gran Consiglio del fascismo votò **la sfiducia a Mussolini**, che il giorno seguente venne fatto arrestare dal Re. L'incarico di primo ministro viene assegnato al **maresciallo Badoglio**. Quest'ultimo, il 3 settembre 1943, firmò a Cassibile **l'armistizio con cui all'Italia venne riconosciuto il ruolo di cobelligerante da Inglesi e Americani**. I tedeschi in tutta risposta occuparono gran parte della penisola e Mussolini dette vita alla **Repubblica sociale italiana di Salò**. Ebbero inizio gli anni della Resistenza italiana e della guerra di liberazione dal nazifascismo (Vedi tesi 3, punto b).

Fase 4 (1943-1944) - Verso la fine del conflitto

Durante la Conferenza del Québec dell'estate del 1943 venne pianificato per il '44 uno sbarco nel nord della Francia con l'obiettivo di liberare Parigi.

Il 6 giugno 1944, passato alla storia come il **D-day**, gli **Alleati sbarcarono**, con un impressionante dispiego di mezzi, **in Normandia** e avanzarono verso Parigi, dove entrarono il 24 agosto; in autunno raggiunsero e superarono il Reno, dove i Tedeschi tentarono un'ultima disperata resistenza. La Germania era ormai accerchiata e il suo crollo appariva prossimo. Nel tentativo di evitare la rovina totale, nel luglio del '44 alcuni alti ufficiali dell'esercito tedesco organizzarono **un attentato contro Hitler (operazione valchiria)**, che però fallì; furono pertanto giustiziati insieme ad altre persone accusate d'aver preso parte al complotto.

I Sovietici, nel '44, erano avanzati nei Balcani e verso il Baltico; entrati in Polonia, si erano fermati nei pressi di Varsavia. La città veniva intanto praticamente rasa al suolo dai Tedeschi, come rappresaglia per un'insurrezione avvenuta nell'agosto del '44, senza che l'esercito russo intervenisse in aiuto dei Polacchi.

Ormai certi della sconfitta hitleriana, dal 4 all'11 febbraio del 1945 **Churchill, Stalin e Roosevelt** (molto malato, morirà il 12 aprile) si incontrarono a **Yalta**, nella penisola di Crimea, sul Mar Nero, per discutere del futuro del mondo dopo la fine della guerra. In quella sede venne tra l'altro deciso che la Germania sarebbe stata smembrata tra i paesi vincitori. Intanto era iniziata la fase finale del conflitto. L'aviazione degli Alleati intensificò i bombardamenti sulle maggiori città tedesche (nel febbraio del '45 **Dresda fu letteralmente rasa al suolo**). Tra gennaio e aprile i Russi occuparono la Polonia, l'Ungheria, l'Austria, la Cecoslovacchia ed entrarono in Germania. Le forze anglo-americane, attraversato il Reno all'inizio di marzo, dilagarono in territorio tedesco e il 25 aprile si incontrarono sull'Elba con i Russi, che intanto avevano lanciato l'ultimo attacco contro Berlino. Il 30 aprile, **mentre l'esercito sovietico entrava nella città, Hitler si suicidò** all'interno del bunker dove era stata trasferita la sede del Governo nazista; il 7 maggio **la Germania firmò la resa**.

Il fascismo italiano era crollato fra lo sbarco alleato in Sicilia del luglio del 1943 e la vittoria della Resistenza nell'aprile del 1945; lo stesso Mussolini era stato ucciso e il cadavere vilipeso in Piazzale Loreto (Vedi tesi 3, punto b). Nelle file dell'Asse, pertanto, rimaneva in vita soltanto il Giappone che, tuttavia, all'inizio dell'estate del 1945 costituiva un vero e proprio problema per la nuova Amministrazione americana. **L'eccessivo patriottismo dei militari giapponesi** non avrebbe permesso di arrivare a una resa in tempi brevi. Pertanto, nell'ottica di evitare un ulteriore dispendioso sacrificio in termini di perdite di soldati, **Truman** optò per una soluzione diversa che avrebbe esercitato una pressione decisiva sul governo giapponese.

Grazie allo sviluppo del **Progetto Manhattan** iniziato nel 1942, gli Stati Uniti disponevano per primi di una nuova potente bomba che sfruttava **l'energia nucleare.** Un primo ordigno, denominato "the gadget" fu fatto esplodere come test nel deserto del New Mexico nel mese di luglio del 1945.

Gli ordini atomici colpirono **Hiroshima** (il 6 agosto venne sganciata "little boy") e

Nagasaki (il 9 agosto venne sganciata "fat man").

Sui terribili avvenimenti e sulle reali motivazioni da parte dei decisori americani vi sono varie interpretazioni storiche, che implicherebbero anche la volontà di mostrare ai sovietici, ormai prossimo nemico in quella che sarebbe diventata la **guerra fredda**, il potenziale distruttivo americano.

La resa incondizionata dei giapponesi arrivò il 2 settembre 1945 a bordo della portaerei americana USS Missouri e decretò la fine della Seconda guerra mondiale.

c. La Costituzione della Repubblica Italiana: gli organi costituzionali

Gli organi costituzionali italiani sono organi della Repubblica Italiana previsti dalla costituzione. Sono organi costituzionali:

- il Presidente della Repubblica
- il Parlamento, composto da Camera dei deputati e Senato della Repubblica
- la Corte costituzionale
- Il Governo della Repubblica Italiana

Il Presidente della Repubblica

Nel sistema politico italiano, è il capo dello Stato italiano, rappresentante dell'unità nazionale. Il Presidente della Repubblica si configura come un potere «neutro», ovvero posto al di fuori della tripartizione dei poteri (legislativo, esecutivo o giudiziario). Svolge una funzione di sorveglianza e coordinamento, secondo le norme stabilite dalla Costituzione Italiana, di cui è garante. Il Presidente della Repubblica è un organo costituzionale. È eletto dal Parlamento in seduta comune integrato dai delegati delle Regioni (tre consiglieri per regione, eletti dai Consigli regionali, con l'eccezione della Valle d'Aosta che ne elegge uno solo, per un totale di 58) e rimane in carica per sette anni (mandato presidenziale). La Costituzione stabilisce che può essere eletto presidente chiunque, con cittadinanza italiana, abbia compiuto i cinquanta anni di età e goda dei diritti civili e politici. La residenza ufficiale del presidente della Repubblica è il Palazzo del Quirinale (sull'omonimo colle di Roma) che per metonimia indica spesso la stessa presidenza. I requisiti di eleggibilità, contenuti nel primo comma dell'art. 84 della Costituzione, sono:

- l'avere cittadinanza italiana;
- aver compiuto i 50 anni d'età;
- godere dei diritti civili e politici.

La Costituzione prevede inoltre l'incompatibilità con qualsiasi altra carica. L'elezione del Presidente della Repubblica avviene su iniziativa del Presidente della Camera dei deputati e la Camera dei deputati è la sede per la votazione. Il Presidente della Camera convoca la seduta comune trenta giorni prima della scadenza naturale del mandato in corso. Nel caso di impedimento permanente, di morte o di dimissioni del presidente in carica, il Presidente della Camera convoca la seduta comune entro quindici giorni. Nel caso le camere siano sciolte o manchino meno di tre mesi alla loro cessazione, l'elezione del presidente della

Repubblica avrà luogo entro il quindicesimo giorno a partire dalla riunione delle nuove camere. Nel frattempo sono prorogati i poteri del presidente in carica. Quest'ultima previsione serve a svincolare l'elezione del nuovo presidente della Repubblica dalla conflittualità tipica del periodo pre-elettorale e a fare in modo che il nuovo presidente risulti eletto da un Parlamento completamente legittimato.

La previsione di una maggioranza qualificata per i primi tre scrutini e di una maggioranza assoluta per gli scrutini successivi serve a evitare che la carica sia ostaggio della maggioranza politica. La carica rinvia infatti a un ruolo indipendente dall'indirizzo della maggioranza politica e un mutamento dei quorum deliberativi (ipotizzato in sede di revisione costituzionale) è stato per questo oggetto di rilievi in dottrina.

Il presidente assume l'esercizio delle proprie funzioni solo dopo aver prestato giuramento innanzi al Parlamento in seduta comune (ma senza i delegati regionali), al quale si rivolge, per prassi, tramite un messaggio presidenziale.

Parlamento italiano

Nell'ordinamento della Repubblica Italiana, è l'organo costituzionale cui è attribuito l'esercizio della funzione legislativa. Ha una struttura di tipo bicamerale, componendosi della Camera dei deputati e del Senato della Repubblica, ed è contemplato dal Titolo I della parte seconda della Costituzione; nell'Italia monarchica si articolava, secondo quanto previsto dallo Statuto Albertino, in Camera dei deputati e Senato del Regno.

Alle due Camere spettano la funzione legislativa, di revisione costituzionale, di indirizzo, di controllo e di informazione nonché altre funzioni normalmente esercitate da altri poteri: ovvero la funzione giurisdizionale e la funzione amministrativa.

Il procedimento legislativo per le leggi e gli atti con forza di legge è quindi obbligatoriamente (o necessariamente) bicamerale, prevede che entrambe le camere rappresentative approvino lo stesso testo di legge, secondo le procedure richieste dal dettato costituzionale.

Il procedimento può essere così schematizzabile:

iniziativa → istruttoria → esame → approvazione (articolo per articolo e finale) → promulgazione → pubblicazione.

Il parlamento, oltre alla funzione legislativa, esercita anche **funzioni di controllo sul governo e funzioni di indirizzo politico**.

La funzione di controllo si esplica in interpellanze e interrogazioni. Le interrogazioni consistono in una domanda scritta dove si chiede al governo se un determinato fatto sia vero, se ne è a conoscenza e se saranno presi provvedimenti, la risposta può essere data dal ministro (relativo a quell'argomento), dal presidente del consiglio o da un sottosegretario per scritto o oralmente durante l'assemblea. L'interrogante può replicare per dichiarare se è soddisfatto o meno della risposta. Infine, nelle interpellanze il fatto è dato per noto, si chiedono i motivi della condotta del governo e gli intendimenti futuri, il tutto avviene per iscritto. Se l'interpellante non è soddisfatto della risposta, può presentare una mozione e promuovere una discussione.

La funzione di indirizzo politico, invece, si concretizza nel rapporto fiduciario che deve sussistere tra Parlamento e Governo, oggettivizzato nella mozione di fiducia, nella questione di fiducia e nella mozione di sfiducia (che può essere rivolta all'intero governo oppure anche a un singolo ministro). Altri strumenti di indirizzo politico sono le mozioni, le risoluzioni e gli ordini del giorno di istruzione al governo.

Una profonda integrazione tra funzione legislativa, funzione di controllo e funzione di indirizzo si registra, infine, negli atti che vengono svolti nella cosiddetta sessione di bilancio, e che vanno dall'approvazione DPEF del documento di programmazione economica e finanziaria all'approvazione della legge finanziaria e dei bilanci.

Funzione di inchiesta

A norma dell'art. 82 della Costituzione, «ciascuna Camera può disporre inchieste su materie di pubblico interesse. A tale scopo nomina fra i propri componenti una commissione formata in modo da rispecchiare la proporzione dei vari gruppi». Il Parlamento, ossia, per adempiere alla sua funzione di organo attraverso il quale si esercita in forma ordinaria la sovranità popolare, può adottare penetranti strumenti conoscitivi e coercitivi (gli stessi poteri dell'autorità giudiziaria) per sottoporre all'esame proprio - e di conseguenza del popolo sovrano - fatti e argomenti su cui sia particolarmente viva l'attenzione sociale.

Una profonda integrazione tra funzione legislativa, funzione di controllo e funzione di indirizzo si registra, infine, negli atti che vengono svolti nella cosiddetta sessione di bilancio, e che vanno dall'approvazione DPEF del documento di programmazione economica e finanziaria all'approvazione della legge finanziaria e dei bilanci.

Corte Costituzionale

La Corte costituzionale nell'ordinamento italiano, è il più importante organo di garanzia costituzionale.

I suoi compiti sono di:

verificare la conformità alla Costituzione delle leggi, statali e regionali, e degli atti aventi forza di legge (controllo di legittimità costituzionale);

dirimere conflitti di attribuzione tra i poteri dello Stato, tra lo Stato e le regioni e tra le Regioni stesse;

giudicare sulle accuse promosse nei confronti del Presidente della Repubblica;

verificare l'ammissibilità dei referendum abrogativi.

La Corte è costituita da quindici giudici, la cui elezione spetta a diversi organi: cinque sono scelti dal Parlamento, cinque dal Presidente della Repubblica e cinque da tre collegi di cui fanno parte le più importanti magistrature. Inizialmente il loro mandato durava dodici anni, poi ridotti a nove. In base all'articolo 134 della Costituzione, modificato dalla legge costituzionale n.1/1989, la Corte:

giudica sulle controversie relative alla legittimità costituzionale delle leggi e degli atti aventi forza di legge, dello Stato e delle Regioni;

risolve conflitti di attribuzione tra i poteri dello Stato, su quelli tra lo Stato e le Regioni e tra le Regioni;

Si esprime sulle accuse promosse contro il Presidente della Repubblica, a norma della Costituzione, unitamente a 16 cittadini che presentino i requisiti per l'eleggibilità a senatore che sono estratti da un apposito elenco compilato periodicamente dal parlamento;

la legge costituzionale n. 1/1953, all'articolo 2, estende le competenze della corte anche al giudizio di ammissibilità dei referendum abrogativi di leggi ordinarie esistenti.

Governo

Il Governo della Repubblica Italiana è un organo di tipo complesso del sistema politico italiano, composto dal Presidente del Consiglio dei ministri, capo del governo, e dai ministri, che formano il Consiglio dei ministri, e da viceministri e sottosegretari; esso costituisce il vertice del potere esecutivo.

Il Presidente del Consiglio ha la sua sede ufficiale a Palazzo Chigi in piazza Colonna a Roma, il Governo nel suo insieme utilizza come sedi di rappresentanza per alcune occasioni ufficiali Villa Doria Pamphilj, Villa Madama e il Palazzo della Farnesina, situati tutti a Roma. Il Governo è un organo costituzionale in quanto previsto dalla Costituzione Italiana negli articoli 92, 93, 94, 95 e 96 e in quanto concorre, in posizione d'indipendenza rispetto ad altri organi dello Stato, alla formulazione dell'indirizzo politico. Il titolo III, sezione II, della Costituzione ne determina la disciplina e le funzioni. In generale, fanno parte del governo anche dei sottosegretari di Stato, ad alcuni dei quali può essere conferito il titolo di viceministri. È presieduto dal Presidente del Consiglio dei ministri, che è al quarto posto nell'ordine di precedenza delle cariche italiane (dopo il Presidente della Repubblica, il Presidente del Senato, il Presidente della Camera dei deputati e prima del presidente della Corte Costituzionale), pur essendo, di fatto, quella di maggior visibilità nella vita politica ordinaria. Il governo è l'organo situato al vertice dell'amministrazione dello Stato. Esercita la funzione esecutiva, può richiedere il passaggio in aula di proposte di legge (art. 72 cost.), emana leggi delegate (art. 76) e decreti legge (art. 77) nelle forme e con i limiti determinati dalla Costituzione e dalle leggi ordinarie, presenta annualmente alle Camere, che lo devono approvare, il rendiconto dello Stato (art. 81 cost.), solleva la questione di legittimità rispetto alle leggi regionali (art. 123 cost. e art. 127 cost.) nel caso ritenga che un consiglio regionale abbia ecceduto nelle sue competenze.

d. Origini, evoluzione, organizzazione e funzionamento dell'Unione Europea come soggetto politico ed economico: il principio delle competenze di attribuzione. Competenze esclusive e competenze concorrenti

L'Unione Europea (UE) è un'organizzazione internazionale e sovranazionale, fondata ufficialmente nel 1993 con il trattato di Maastricht, ma le cui origini risalgono agli anni '40, all'indomani dell'incubo dei totalitarismi e della Seconda Guerra Mondiale. La storia dell'UE inizia con una serie di accordi economici, ma i principi che ispirano l'organizzazione sono anche la promozione della pace, della prosperità e della democrazia in Europa e nel mondo.

Attualmente, la Comunità Europea riunisce 28 stati membri e ne determina alcune politiche comuni in campo sociale, economico, ed in politica estera. Inizialmente concentrata nell'Europa occidentale, nei primi anni del XXI secolo, l'UE si è progressivamente allargata, ammettendo al suo interno paesi dell'Europa centrale ed orientale.

Nel 1946, l'ormai ex primo ministro britannico Winston Churchill parlò in un discorso a Zurigo di 'Stati Uniti d'Europa', e negli anni successivi partecipò attivamente alla creazione del Consiglio d'Europa. Il 9 maggio del 1950 Robert Schuman, all'epoca ministro degli Esteri (ed ex primo ministro) francese, presentò una dichiarazione programmatica, in cui si proponeva di costruire l'Europa unita attraverso un'integrazione progressiva, limitata essenzialmente all'economia, il cui primo passo sarebbe stato l'istituzione di una Comunità Europea del Carbone e dell'Acciaio: la dichiarazione Schuman fu il primo passo verso la futura istituzione dell'Unione Europea.

La CECA, istituita ufficialmente con il trattato di Parigi (18 aprile 1951) contava sei paesi membri (Belgio, Francia, Germania Ovest, Italia, Lussemburgo, Paesi Bassi), che misero in comune la produzione e resero libera la circolazione del carbone e dell'acciaio. La proposta partiva dal presupposto che il carbone e l'acciaio, situati prevalentemente in due giacimenti (la Ruhr e la Saar) eternamente contesi tra Francia e Germania, erano stati alla base di moltissimi conflitti negli ultimi decenni.

Sei anni dopo, con la conferenza di Roma del 25 marzo 1957, gli stessi sei Stati daranno vita alla Comunità economica europea (CEE) e alla Comunità europea dell'energia atomica (EURATOM, o CEEA). Con la CEE, la più importante tra le tre comunità, il mercato comune continuò ad ampliarsi progressivamente, finché nel 1968 non sarebbero stati completamente aboliti i dazi tra i sei paesi, che negli stessi anni adotteranno politiche comuni in campo agricolo ed in campo commerciale.

Negli anni '70 la CEE inizia ad allargarsi, accogliendo nel 1973 Danimarca, Irlanda e Regno Unito tra gli Stati membri. Nel corso della decade, i paesi della CEE intraprendono nuove politiche estere comuni, e viene creato nel 1975 il Fondo europeo di sviluppo regionale. Nel frattempo, il parlamento europeo continua ad evolversi. La struttura era nata nel 1951, con sede a Strasburgo, come assemblea della CECA, e si era trasformata in Assemblea parlamentare europea (con 142 membri eletti) in seguito ai trattati di Roma. Soltanto dal 1962 l'Assemblea aveva cambiato nome in Parlamento europeo.

Dal 1° luglio del 1978, in seguito a decisioni prese dal Consiglio Europeo, le elezioni per il parlamento europeo diventano a suffragio universale: prima di allora, i membri del parlamento erano stati semplicemente dei delegati dei parlamenti nazionali. La prima elezione è nel giugno del 1979, e da allora si svolgeranno ogni 5 anni. Il parlamento si organizza in gruppi di partito transnazionali (verdi, socialisti, popolari, etc.).

Nel 1979 viene introdotto il Sistema Monetario Europeo (SME), con lo scopo di realizzare un mercato unico e stabile per le finanze e per la circolazione dei capitali, in un periodo contraddistinto da una forte instabilità finanziaria. La Comunità Economica Europea continua nel frattempo ad allargarsi, ammettendo tra i paesi membri la Grecia nel 1981, il Portogallo e la Spagna nel 1986.

Principio di competenza di attribuzione, competenze esclusive e concorrenti

Il sistema delle competenze dell'Unione è fondato sul principio di attribuzione (art. 5, par. 1, TUE, art. 4, par. 1, TUE). Questo principio regola sia il riparto verticale delle competenze tra Stati membri ed Unione sia il rapporto orizzontale tra le istituzioni (art. 13, par. 2, TUE). La portata del principio è tuttavia ammorbidito grazie a istituti elaborati dalla giurisprudenza (interpretazione evolutiva e dottrina dei poteri impliciti) o previsti dal Trattato (clausola di flessibilità: art. 352 TFUE). Per quanto riguarda i tipi di competenze, i Trattati prevedono tre diverse categorie: competenze esclusive dell'Unione Europea, competenze concorrenti ed azioni di sostegno, coordinamento e completamento (art. 2 TFUE). L'esercizio delle competenze è governato dai principi di proporzionalità e di sussidiarietà, il cui controllo a livello politico coinvolge anche i parlamenti nazionali (Protocollo n. 2).

Il principio di attribuzione

Ai sensi dell'art. 5, par. 1 del Trattato sull'Unione Europea (TUE), il sistema delle competenze dell'Unione è imperniato sul principio di attribuzione. Come puntualizzato al par. 2 del medesimo articolo, tale principio limita l'azione dell'UE entro i confini fissati dai Trattati, che predeterminano sia i settori di intervento delle istituzioni europee sia gli obiettivi ai quali esse devono tendere. L'UE, pertanto, non gode di competenza generale, bensì è legittimata ad intervenire solo se e nella misura in cui gli Stati membri, mediante specifiche disposizioni dei Trattati, abbiano inteso conferirle una determinata competenza. In questa ottica, il principio di attribuzione assume un'importanza decisiva nel rapporto fra Stati membri ed Unione Europea, poiché ad ogni conferimento di competenza corrisponde una speculare cessione di sovranità nazionale.

Da questa impostazione deriva il carattere residuale delle attribuzioni europee, chiaramente espresso dall'art. 4, par. 1, TUE: da un lato, l'Unione è chiamata ad agire nel rispetto dei confini dettati dal diritto primario; dall'altro lato, si presume che ogni competenza ad essa non espressamente attribuita permanga nella sfera di intervento statale.

Il Trattato di Lisbona ha segnato un momento di profonda riflessione sulla portata del principio in esame e sull'esigenza di definirne con maggiore puntualità le implicazioni in merito al riparto di competenze fra Stati membri ed Unione. In tale prospettiva, la riforma dei Trattati del 2009 ha condotto ad una revisione della modalità con la quale sono identificati i settori di intervento delle istituzioni europee. Nel regime previgente, non privo di elementi di incertezza, essi risultavano dalla lettura combinata degli obiettivi generali dell'Unione e delle disposizioni relative alle singole politiche europee. Secondo l'attuale impostazione, invece, i Trattati propongono un'elencazione delle competenze conferite all'UE. Detta enumerazione ha il merito di orientare l'operato dell'Unione, sebbene persista, in tutta evidenza, la necessità di delimitare specificamente ciascun settore alla stregua della puntuale disciplina materiale di cui alla parte III del Trattato sul Funzionamento dell'Unione Europea (TFUE).

In definitiva, il principio di attribuzione funge da criterio regolatore del riparto verticale di competenze tra Stati membri ed Unione nelle molteplici sfere di intervento previste dai Trattati ed alla luce degli obiettivi che questi prospettano. Lo stesso principio si riflette nel rapporto orizzontale tra le istituzioni, come sancisce l'art. 13, par. 2, TUE. Esso va coniugato con la necessità di assicurare la coerenza complessiva del sistema delle competenze, potenzialmente posta a rischio dalla parcellizzazione delle politiche UE e delle loro rispettive finalità. Siffatta esigenza è manifestamente espressa all'art. 7 TFUE, a norma del quale l'Unione garantisce, appunto, «da coerenza tra le sue varie politiche e azioni, tenendo conto dell'insieme dei suoi obiettivi».

Le categorie di competenze dell'unione

Le competenze esclusive

Nel contesto ora brevemente delineato, i Trattati disciplinano tre diverse categorie di competenze. Questa classificazione verte sulla differente portata della cessione di sovranità operata dagli Stati e, di conseguenza, sul diverso grado di incisività dell'intervento delle istituzioni europee sugli ordinamenti nazionali. In particolare, si distingue fra competenze esclusive dell'Unione Europea, competenze concorrenti ed azioni di sostegno, coordinamento e completamento. Ciascuna categoria si caratterizza per un regime peculiare. Questa impostazione costituisce un'innovazione introdotta dal Trattato di Lisbona rispetto alla previgente sistematica dei Trattati. In passato, invero, pur sussistendo già quanto meno una *summa divisio* fra competenze esclusive e competenze concorrenti, non si rilevava alcuna indicazione circa le loro caratteristiche ed il loro contenuto. Occorre dunque analizzare le singole categorie di attribuzioni UE. La categoria delle competenze esclusive raggruppa i settori di intervento in toto attribuiti all'Unione. In questi ambiti, infatti, ai sensi dell'art. 2, par. 1, TFUE, solo l'UE è legittimata a adottare atti giuridicamente vincolanti, mentre tale potestà è esclusa per gli Stati membri. Questi ultimi, in particolare, possono legiferare solo ove espressamente autorizzati, oppure al fine di recepire o eseguire atti dell'Unione.

In ragione della delicatezza di questa classe di competenze per gli Stati membri, il TFUE, all'art. 3, elenca tassativamente i settori che vi rientrano: unione doganale, definizione delle regole di concorrenza necessarie al funzionamento del mercato interno, politica monetaria per gli Stati membri che abbiano adottato l'euro, conservazione delle risorse biologiche del mare e politica commerciale comune. In forza dell'art. 3, par. 2, TFUE, è annoverata altresì la conclusione di accordi internazionali, se prevista da un atto legislativo dell'Unione, se necessaria per l'esercizio di competenze interne dell'UE o se capace di incidere su norme comuni o di modificarne la portata.

Le competenze concorrenti

Le competenze concorrenti rappresentano, quanto meno sotto il profilo quantitativo, il principale corpus di materie nelle quali l'Unione può legiferare. Ciò è reso evidente da due elementi. In primo luogo, questa classe di competenze ha natura residuale: se una materia non è espressamente annoverata fra le attribuzioni esclusive e le azioni di sostegno, coordinamento e completamento, essa rientra nella categoria in esame (art. 4, par. 1, TFUE). In secondo luogo, l'art. 4, par. 2, TFUE enumera una lista di settori di competenza concorrente, peraltro priva di esaustività: mercato interno, politica sociale, coesione economica, sociale e territoriale, agricoltura e pesca, ambiente, protezione dei consumatori, trasporti, reti transeuropee, energia, spazio di libertà, sicurezza e giustizia, problemi comuni di sicurezza in materia di sanità pubblica. In tali settori, la dinamica fra intervento dell'Unione e competenze degli Stati membri appare più articolata. In linea di principio, infatti, entrambi hanno la possibilità di legiferare.

Onde scongiurare sovrapposizioni normative, il Trattato dispone che l'adozione di un atto da parte del legislatore europeo precluda agli Stati la possibilità di regolamentare la medesima materia. L'esercizio della competenza europea determina dunque una preclusione in capo alle autorità nazionali, cd. preemption, la quale discende dal primato del diritto UE sugli ordinamenti statali. Ne deriva la possibilità di una progressiva espansione delle prerogative delle istituzioni europee, a discapito degli Stati membri, nel formale rispetto del principio di attribuzione.

Allo stesso tempo, detto effetto preclusivo non opera necessariamente in via definitiva: l'art. 2, par. 2, TFUE sancisce infatti il principio di reversibilità delle competenze dell'Unione, di talché il legislatore nazionale riacquista la potestà perduta laddove l'Unione cessi di esercitare una determinata competenza (Dichiarazione n. 18 relativa alla delimitazione delle competenze allegata al Trattato di Lisbona).

e. Gli organismi internazionali e le altre organizzazioni e associazioni per la cooperazione europea: Consiglio d'Europa

Il Consiglio d'Europa (CdE) è un'organizzazione internazionale il cui scopo è promuovere la democrazia, i diritti umani, l'identità culturale europea e la ricerca di soluzioni ai problemi sociali in Europa: fu fondato il 5 maggio 1949 con il trattato di Londra, conta oggi 46 Stati membri e la sua sede istituzionale è a Strasburgo, in Francia, nel Palazzo d'Europa. Lo scopo della sua istituzione nel 1949 era quello di evitare che le atrocità della seconda guerra mondiale si ripetessero.

Il Consiglio d'Europa esercita la funzione di conseguire questo scopo, intervenendo sul rispetto dei diritti umani, la democrazia e lo Stato di diritto. Il 17 ottobre 1989 gli è stato riconosciuto lo status di osservatore dell'Assemblea generale delle Nazioni Unite.

Le principali funzioni sono:

- Tutela dei diritti dell'uomo, della democrazia parlamentare e garanzia del primato del diritto;
- Sviluppo dell'identità europea, basata su valori condivisi, che trascendono le diversità culturali;
- Conclusione di accordi europei per armonizzare le pratiche sociali e giuridiche degli Stati membri.

Dopo il 1989, il ruolo del Consiglio d'Europa è stato quello di:

- essere l'ispiratore di un modello politico e il custode dei diritti dell'uomo per le democrazie post-comuniste d'Europa;

- assistere i paesi dell'Europa centrale e orientale ad attuare e a consolidare le riforme politiche, legislative e costituzionali, parallelamente alle riforme economiche;
- fornire competenze in settori quali i diritti dell'uomo, la democrazia locale, l'educazione, la cultura, l'ambiente.

I principali organi del Consiglio sono: il Comitato dei Ministri del Consiglio d'Europa, il Segretario generale del Consiglio d'Europa, l'Assemblea parlamentare del Consiglio d'Europa e il Congresso dei poteri locali e regionali.

Lo strumento principale d'azione consiste nel predisporre e favorire la stipulazione di accordi o convenzioni internazionali tra gli Stati membri e, spesso, anche fra Stati terzi; le iniziative del Consiglio d'Europa non sono vincolanti e vanno ratificate dagli Stati membri.

Tra gli organi istituiti dagli strumenti pattizi, la Corte europea dei diritti dell'uomo è stata più volte definita il "gioiello della Corona" del Consiglio d'Europa: ciò perché appresta una tutela giurisdizionale alla Convenzione europea per la salvaguardia dei diritti dell'uomo e delle libertà fondamentali, la prima e l'ancora più attuale delle convenzioni che il Consiglio d'Europa ha elaborato, di cui ha propiziato la stipula e di cui controlla l'applicazione (mediante il Comitato dei ministri che chiede conto periodicamente dell'esecuzione data dagli Stati alle sentenze pronunciate dalla Corte).

TESI N.3

a. *Prima e seconda guerra del Golfo: implicazioni politico- economiche*
b. *Storia della Resistenza italiana*
c. *La Costituzione della Repubblica Italiana: principi fondamentali*
d. *Origini, evoluzione, organizzazione e funzionamento dell'Unione Europea come soggetto politico ed economico: i principi di sussidiarietà e proporzionalità: gli atti vincolanti, gli atti non vincolanti e gli atti atipici*
e. *Gli organismi internazionali e le altre organizzazioni e associazioni per la cooperazione europea: O.N.U.*

a. Prima e seconda guerra del Golfo: implicazioni politico-economiche

La **prima guerra del Golfo** (definita così dal 2003, anno in cui è scoppiato un nuovo conflitto in Iraq) durò poco più di un mese, fra il gennaio e il febbraio del 1991. Sotto l'egida **dell'ONU**, il contingente internazionale, con a capo gli Stati Uniti, costrinse **Saddam Hussein** a ritirare le truppe irachene dal **Kuwait**.

La **Guerra Fredda**, ormai, faceva parte del passato. L'URSS andava man mano sgretolandosi e un'altra minaccia allertava la Comunità Internazionale. Il Rais (dittatore) iracheno, a capo di un regime laico, di ispirazione socialista, rappresentava una minaccia per la stabilità di un'area geografica così importante come il **Golfo Persico**, ricco di giacimenti di petrolio. All'epoca il presidente USA era **George Bush senior**, che in passato aveva fatto fortuna soprattutto nel settore petrolifero e che, per sua stessa ammissione, si considerava molto più interessato alla politica estera che a quella interna.

Il 2 agosto 1990, **Saddam Hussein**, presidente iracheno, invase il vicino stato del **Kuwait**. Il Rais rivendicava i territori kuwaitiani come antichi possedimenti dell'Iraq, risalenti alla caduta del Sultanato ottomano. Inoltre, il Rais accusò il piccolo emirato di aver abbassato il prezzo del greggio estraendone più di quanto concordato in sede **OPEC** (Organizzazione dei Paesi esportatori di Petrolio). Subito dopo l'invasione, **l'ONU** riunì il proprio Consiglio di Sicurezza e approvò due **risoluzioni**: la **660** che condannava l'invasione e la **661** che approvava un pacchetto di **sanzioni economiche** ai danni dell'Iraq. Il 27 novembre 1990 le **Nazioni Unite** approvarono la **risoluzione numero 678**, che stabiliva per il 15 gennaio 1991 un **ultimatum** relativo al ritiro delle truppe irachene dal Kuwait. Nel frattempo, gli **Stati Uniti organizzarono una coalizione di 34 nazioni** (fra cui vi fu la partecipazione anche dell'Italia) che il 17 gennaio 1991, visto che l'ultimatum andò disatteso, fecero scattare **l'operazione "Desert storm"** e **dichiararono guerra a Saddam**. Le forze in campo erano del tutto sbilanciate in favore della **Coalizione** che in pochi giorni, dopo una serie di bombardamenti, avanzò con le forze di terra e **conquistò il suolo iracheno**, costringendo, il 26 febbraio 1991, il Rais ad ordinare il ritiro delle truppe dal Kuwait, che fu liberato definitivamente due giorni dopo. Dopo i primi scontri, l'esercito iracheno fu accusato di aver versato in mare 40 milioni di galloni di petrolio, per bloccare lo sbarco dei Marines. Anche se il governo di Saddam rigettò ogni accusa, la **guerra nel Golfo** ebbe ripercussioni devastanti **per tutto** l'ecosistema dell'intera area del Golfo Persico.

Gli accordi postbellici **restrinsero molto il raggio d'azione del Rais**. Le Nazioni Unite imposero a Baghdad di rinunciare alla costruzione delle famigerate **armi di distruzione di massa**, cioè armi chimiche, biologiche o nucleari. Dal 1991 al 1998, infatti, furono mandati i primi **ispettori ONU** per verificare **il disarmo iracheno**. Inoltre, i paesi del Golfo, confinanti con l'Iraq, acconsentirono ad ospitare basi statunitensi in cui aerei USA e britannici avevano il compito di sorvegliare le due no-fly zones, spazi aerei, uno al nord e uno al sud dell'Iraq, interdetti ai velivoli militari iracheni. Le **sanzioni** imposte nel 1990 subito dopo l'invasione del Kuwait non furono abrogate. In seguito alle devastanti conseguenze che queste stavano avendo sulla popolazione civile, però, le sanzioni furono trasformate nel programma **Oil for Food**, che permetteva all'Iraq di vendere petrolio in cambio di generi di prima necessità.

A partire dalla Prima Guerra del Golfo, gli Stati Uniti avevano inserito l'Iraq nella lista degli **"stati canaglia"**, paesi i cui regimi politici costituivano una minaccia per l'America e per la pace mondiale. **Gli attentati alle Torri Gemelle** di New York dell'11 settembre del 2001, che provocarono **la morte di circa 3000 cittadini americani**, costituirono uno spartiacque nella storia recente, facendo giungere il **nuovo Presidente americano, G. Bush Junior**, alla decisione di scatenare la "**Guerra al terrorismo internazionale**". Dopo l'intervento americano dell'ottobre 2002 in Afghanistan, un anno dopo gli occhi di Washington tornarono a posarsi sull'Iraq di Saddam Hussein, il dittatore che il padre del Presidente americano nel 1991 aveva deciso di non eliminare per una questione di stabilità dell'area mediorientale.

Tra il 2002 e il 2003, l'impegno maggiore dell'amministrazione **Bush** e del primo ministro britannico, **Tony Blair**, fu convincere la **Comunità Internazionale** che Saddam costituisse un serio pericolo per la pace mondiale poiché in possesso **di Armi di distruzione di massa** e a causa del legame con **l'organizzazione terroristica Al Qaeda**, collegata all'attentato alle Torri gemelle. Il braccio di ferro con il Consiglio di Sicurezza ONU durò per più di un anno, da cui l'America decise infine di svincolarsi. L'ultimo disperato tentativo di convincere le Nazioni Unite fu portato avanti dal Segretario di Stato, **Colin Powell**. Il 5 febbraio, Powell portò davanti al Consiglio di Sicurezza una dettagliata documentazione che avrebbe dimostrato il possesso iracheno delle **armi di distruzione di massa**. Senza l'approvazione dell'ONU, in particolare con i voti **contrari di Francia, Germania e Cina**, il governo americano e britannico, sostenuti all'interno del Consiglio di Sicurezza soltanto da Spagna e Bulgaria, stabilirono di **invadere comunque il paese**, decisione da molti ritenuta opinabile nell'ambito del diritto internazionale. Il 15 febbraio 2003 ci fu la più imponente **manifestazione pacifista** mai organizzata, alla quale presero parte più di 10 milioni di persone.

Il 22 marzo iniziarono **i bombardamenti dell'Iraq** e la presa di Baghdad fu piuttosto rapida. La **Coalizione**, composta da 49 paesi tra cu la Spagna dell'allora primo ministro Aznar, la Polonia, il Giappone, il Portogallo e l'Italia, coadiuvate da un gruppo di militari curdi, riuscirono a sconfiggere il regime in pochissimo tempo, costringendo alla fuga il Rais e i suoi uomini. Le **milizie irachene** erano **male armate** e ancor meno motivate. **Il**

9 aprile gli americani entrarono a Baghdad; il giorno dopo, contemporaneamente al famoso abbattimento della statua di Saddam, i curdi entrarono a Kirkuk, ed il 15 aprile cadde anche Tikrit, la città natale di Saddam. La missione sembrava ormai compiuta. Durante un discorso a bordo della portaerei Abraham Lincoln, che aveva partecipato alle operazioni in Iraq e stava rientrando presso le basi americane, il 1° maggio 2003, il presidente **Bush** aveva alle spalle uno striscione che recitava proprio "**Mission Accomplished**" ("Missione Compiuta").

L'ottimismo dei primi tempi fu via via rimpiazzato da un realismo necessario che mostrava un paese allo sbando, in balia di ogni forma di violenza. **Saddam Hussein venne catturato nel dicembre del 2003 e giustiziato nel 2006** da un tribunale iracheno che lo dichiarò colpevole di crimini contro l'umanità. La rimozione del Rais provocò un vuoto di potere e gettò l'Iraq e tutta l'area mediorientale nella **destabilizzazione e nel pericolo di guerre civili** a sfondo religioso.

La **permanenza** in Iraq dell'esercito degli **Stati Uniti fino al 2011** fu necessaria per dare stabilità ai nuovi governi filoccidentali in Iraq, ma non impedì l'inizio di una **nuova guerra civile a partire dal 2014** che ha portato alla costituzione dell'**Isis**, lo stato islamico di Iraq e Siria, responsabile dell'ondata terroristica che infiammò l'Europa a partire dal 2016.

b. Storia della resistenza italiana

All'interno del movimento di opposizione al nazifascismo che nacque in varie zone d'Europa durante la Seconda guerra mondiale, la **Resistenza italiana** si distinse per caratteristiche particolari. In Paesi come Francia, Belgio, Danimarca, Olanda, Norvegia, Grecia, Jugoslavia, Albania, sconfitti militarmente e occupati dai nazifascisti, la **Resistenza rappresentò in pratica una seconda fase della guerra** appena affrontata. L'Italia, alleata della Germania, fino all'8 settembre 1943 aveva partecipato alla guerra di aggressione hitleriana.

Una volta caduto il **Regime Fascista** il 25 luglio 1943 e **arrestato Mussolini**, il nuovo **Governo Badoglio** avviò trattative segrete con gli angloamericani per ottenere lo status di **cobelligerante** e sperare così di spuntare condizioni migliori con una pace separata alla fine della guerra. Il 3 settembre 1943 veniva sottoscritto **l'armistizio di Cassibile** e il conseguente annuncio pubblico dell'8 settembre gettava nello scompiglio i reparti dell'esercito dislocati nei vari fronti bellici. Diverse furono le rappresaglie tedesche ai danni dei soldati italiani e una delle contromosse dello Stato Maggiore tedesco fu l'occupazione militare della penisola italiana. Il 12 settembre 1943 un commando di **paracadutisti tedeschi liberava Mussolini dalle prigioni del Gran Sasso** e, insieme a Hitler, optò per la creazione di un nuovo stato: la **Repubblica Sociale Italiana** che dalla cittadina di Salò sul Garda avrebbe continuato la guerra a fianco dell'alleato tedesco.

Il 9 settembre venne costituito il primo **CLN**, ovvero il **Comitato di Liberazione Nazionale**, organo politico della Resistenza che aveva il compito di **coordinare le varie formazioni partigiane** che si andavano costituendo già dalla metà del mese di settembre. Per gli italiani la lotta contro il nazifascismo non rappresentava una guerra da continuare, bensì una guerra nuova di liberazione. All'interno del movimento di **Resistenza** vi erano **forze diverse**, con orientamento politico e impostazione ideologica dissimili, ma con lo stesso obiettivo di cacciare il nazifascismo e riconquistare la libertà. Il movimento era costituito da personalità di spicco dell'antifascismo affiancate da gente diversa per età, censo, sesso, religione. Anche i militari che durante la guerra avevano conosciuto l'assolutismo del Regime nutrirono le schiere della Resistenza, rifiutando l'arruolamento nel nuovo Fascismo repubblicano. L'identità del movimento, quindi, fu fortemente salda e le contrapposizioni iniziali vennero superate nel corso della guerra per favorire le larghe intese sugli obiettivi comuni e organizzare un coordinamento che fosse efficace e incisivo. Nel CLN confluirono i maggiori **partiti antifascisti** organizzati: il **Partito Comunista**, il **Partito Socialista**, la **Democrazia Cristiana**, il **Partito d'Azione**, il **Partito Democratico del Lavoro** e il **Partito Liberale**. Ovviamente non mancarono le difficoltà di uno sviluppo che non era certo favorito dalle azioni a volte frammentarie e spontanee, dalla clandestinità e segretezza nelle quali erano costretti a operare, dai contatti e dai collegamenti spesso difficili. Molti membri del movimento, inoltre, furono catturati e torturati dai nazifascisti, che piegarono diversi centri operativi e attuarono rastrellamenti lontano dai centri abitati, dove fiorivano i nuclei armati e le bande partigiane. Tuttavia, grazie al consenso e al sostegno della popolazione, il movimento di Resistenza seppe consolidarsi e diffondersi nel territorio, resistendo all'atroce repressione nazista. La presenza delle formazioni partigiane divenne più solida soprattutto nelle vallate e sulle montagne; le bande iniziali ben presto si organizzarono in vere e proprie **Brigate**; si ricordano le più importanti: le **Brigate Garibaldi**, le **Brigate Giustizia e Libertà**, le **Brigate Matteotti**, le **Brigate Mazzini** e le **Brigate Autonome**, mentre in città venivano costituiti le **SAP (Squadre di Azione Patriottica)** e i **GAP (Gruppi di Azione Patriottica)**, per il reclutamento, il sabotaggio e la guerriglia urbana.

I primi scontri si verificarono già dopo l'armistizio tra l'Italia e le potenze alleate dell'8 settembre 1943 a seguito dell'occupazione tedesca. I reparti tentarono di reagire e, sebbene le azioni fossero isolate e destinate al fallimento come il tentativo di difesa di Roma presso Porta San Paolo nelle ore successive all'annuncio dell'armistizio, esse testimoniavano lo stato d'animo e la volontà di riscatto della popolazione che crescevano con l'avanzata dell'esercito alleato verso Nord. Tra i primi gloriosi atti di ribellione all'occupante nazista, una spontanea rivolta da parte del popolo si ebbe a Napoli nei giorni 27-30 settembre 1943, passate alla storia come le **"Quattro Giornate di Napoli"**, quando la popolazione affrontò con successo le truppe tedesche e riuscì a liberare la città prima dell'intervento degli Alleati e spinse l'esercito tedesco ad assestarsi a nord sulla **linea Gustav**, approntata dai tedeschi il 4 ottobre 1943 sul confine fra Campania e Lazio.

A partire dall'inizio del 1944, le **rappresaglie** dei nazifascisti, che agivano attraverso le SS, ossia le formazioni paramilitari del regime, furono spietate e disumane e non si fecero certo scrupolo di colpire i civili inermi, che furono vittime di vere e proprie stragi. In particolare, i tedeschi decisero di usare la **rappresaglia come elemento di pressione sui partigiani**: per ogni soldato tedesco ucciso dai partigiani la rappresaglia si sarebbe abbattuta su dieci civili inermi. Tra i numerosi eccidi nazisti in Italia il primo in ordine cronologico fu quello presso le **Fosse Ardeatine** a Roma del 24 marzo 1944 in cui furono giustiziati 335 civili su decisione del Generale tedesco **Herbert Kappler** come rappresaglia dopo **l'attentato di via Rasella** dove il commando partigiano romano del GAP aveva ucciso 33 nazisti. Le SS allestirono luoghi di tortura in tutti i maggiori centri italiani, ed ebbero il supporto delle forze fasciste della Repubblica Sociale Italiana, in particolare delle "Brigate Nere" e della "X Mas".

Il movimento di Resistenza, nonostante tutto, non arrestò la propria crescita. A Milano nel gennaio 1944 si costituì il **Comitato di Liberazione Nazionale Alta Italia (CLNAI)**, operante nelle regioni occupate dai tedeschi, che assunse poteri di "Governo straordinario" e venne riconosciuto come governo dell'Italia settentrionale. Il "**Corpo Volontari della Libertà**" coordinò i gruppi militari partigiani istituendo comandi militari regionali a stretto contatto con i CLN regionali e i comandi zona. Nella primavera-estate del 1944 molti territori (Langhe, Val Trebbia, Carnia) furono liberati dal giogo tedesco e fascista e divennero "Zone Libere" con governi democratici provvisori, che ebbero però breve durata poiché i tedeschi riuscirono a mettere in fuga i partigiani sulle montagne.

Nel frattempo, i nuovi **sbarchi alleati di Anzio e Nettuno** dal gennaio del 1944 avevano favorito lo **sfondamento della linea Gustav** ed erano stati la condizione necessaria per arrivare alla **liberazione di Roma** fra il 4 e il 5 giugno 1944. Dopo la **liberazione di Firenze** dell'agosto del 1944 e il ritiro dei tedeschi sull'Appennino Tosco-emiliano, l'avanzata alleata si arrestò sulla **Linea Gotica** e i partigiani furono nuovamente messi sotto pressione con spietate operazioni di repressione e rappresaglia. Risalgono infatti a quel periodo **l'eccidio presso Sant'Anna di Stazzema (Lucca)** il 12 agosto 1944, in cui persero la vita 560 persone e la strage di **Marzabotto** sull'Appennino emiliano, dove fra il 29 settembre e il 5 ottobre del 1944 vennero uccisi 1830 civili, tutti donne, vecchi e bambini con l'obiettivo di stanare la brigata partigiana Stella Rossa. Tuttavia, fra il 25 agosto e il 10 settembre, diverse brigate partigiane erano entrate in azione in modo risoluto, contribuendo in modo determinante alla liberazione di Forlì.

L'inverno del 1944 fu molto difficile per i partigiani: le dure operazioni di repressione, le sconfitte, la mancanza di sostegno alleato, il tempo inclemente in montagna provocarono una **grave crisi del movimento**. Molte formazioni si sciolsero o di dispersero; anche i quadri dirigenti del movimento furono duramente colpiti dalla repressione nazifascista, che riuscì a smantellare numerose strutture di comando nelle città. Nonostante la profonda crisi nelle file della Resistenza in alta Italia, i partigiani riuscirono ancora a partecipare attivamente ai combattimenti autunnali: in particolare in Emilia, il 7 novembre, i gappisti bolognesi organizzarono una dura ed efficace resistenza contro le superiori forze fasciste e prepararono un piano di battaglia per la liberazione di Ravenna, in parte adottato dal comando alleato e i partigiani collaborarono attivamente alla liberazione della città.

Nei primi mesi del 1945 le forze nazifasciste sferrarono nuove operazioni di rastrellamento principalmente con piccoli reparti leggeri; le cosiddette "**escursioni antipartigiane**" del gennaio e febbraio 1945 non ottennero però risultati di rilievo e incontrarono la crescente opposizione delle forze partigiane in fase di crescita e rafforzamento. Ai primi di marzo, mentre su tutti i fronti europei erano in corso le grandi offensive finali degli Alleati e l'Armata Rossa marciava su Berlino, si assistette a un grande aumento di effettivi nelle file della Resistenza italiana che aveva raggiunto la consistenza di circa **80.000 combattenti**. Fu così che la ripresa della **Resistenza**, insieme al **piano insurrezionale attuato dal CLN**, portò alla liberazione di molte città del Nord ancor prima dell'arrivo di americani ed inglesi. L'offensiva finale alleata ebbe inizio il 9 aprile 1945 e si sviluppò rapidamente; le forze tedesche vennero rapidamente sconfitte. Il 10 aprile il Partito Comunista diramò la sua Direttiva riguardo l'insurrezione generale e il 16 aprile il CLNAI comunicò le direttive insurrezionali a tutte le forze della Resistenza, decretando anche la condanna a morte per Mussolini e tutti i gerarchi della RSI. Quindi il 19 aprile 1945, mentre gli Alleati dilagavano nella valle del Po, i partigiani diedero il via **all'insurrezione generale** con la parola d'ordine "Arrendersi o perire!". Il 21 aprile insorse Ferrara, il 22 Modena e così a seguire anche Reggio Emilia, Parma e Piacenza.

Il 25 aprile 1945 è il giorno in cui i partigiani entrarono a Milano e a Torino e per questo fu scelto come data convenzionale della **liberazione dal nazifascismo** e inserito fra le festività nazionali. Parallelamente **si consumò la fine per Mussolini**. Giunto a Como la sera del 25 aprile tentò la fuga in Svizzera camuffato da soldato tedesco. Il convoglio militare venne bloccato il 27 aprile da un posto di blocco della brigata Garibaldi e Mussolini, riconosciuto, fu fatto scendere dal mezzo. Venne fucilato il 28 aprile presso la località di Giulino di Mezzegra. Il suo corpo, quello dell'amante Claretta Petacci e di altri gerarchi fascisti furono, come è noto, vilipesi a **Piazzale Loreto a Milano** nei giorni seguenti.

c. La Costituzione della Repubblica Italiana: principi fondamentali

La Costituzione Italiana è la legge fondamentale del nostro Stato, che sancisce le regole della vita sociale e le norme dell'ordinamento dello Stato. La Costituzione Italiana è composta di 139 articoli, divisi in quattro sezioni:

- I Principi Fondamentali (art. 1-12),
- Diritti e doveri dei cittadini (13-54),
- Ordinamento della Repubblica (55-139),
- Disposizioni transitorie e finali.

La Costituzione Italiana nasce dal lavoro di una commissione di 75 saggi che il 31 gennaio 1947 sottoposero all'Assemblea Costituente un testo che, dopo l'esame di numerosi emendamenti, venne approvato il 22 dicembre 1947 ed entrò in vigore il 1° gennaio 1948. Fu firmata dal presidente della Repubblica Enrico De Nicola e controfirmata dal presidente del Consiglio Alcide De Gasperi e dal presidente dell'Assemblea Costituente, Umberto Terracini.

I primi 12 articoli esprimono i principi su cui poggia la vita dello stato, quindi i principi fondamentali; essi sono concordati da rappresentanti di tutti i partiti per indicare le caratteristiche dello stato.

Democrazia – art. 1, 1° comma
Sovranità popolare – art. 1, 2° comma
Inviolabilità dei diritti – art. 2
Uguaglianza formale ed uguaglianza sostanziale – art. 3
Diritto al lavoro – art. 4
Riconoscimento delle autonomie locali – art. 5
Tutela delle minoranze linguistiche – art. 6
Libertà religiosa – art. 8
Sviluppo della cultura, della tutela ambientale e del patrimonio storico ed artistico – art. 9
Riconoscimento di collaborazioni internazionali – art. 10
Ripudio della guerra come strumento di offesa a– art. 11
Struttura della bandiera italiana – art. 12

L'articolo 1 dichiara che l'Italia è una Repubblica democratica fondata sul lavoro; vi sono inoltre delle libertà che nessuno può violare ne limitare che sono i diritti umani: diritto dell'integrità fisica della persona, al nome, al cognome, alla privacy etc. I diritti sociali comprendono la libertà di parola, di pensiero, di religione, di stampa e di riunione. Tra i diritti politici sono fondamentali il diritto al voto e di partecipazione alle cariche pubbliche.

I princìpi fondamentali e la prima parte della Costituzione contengono, innanzitutto, un ampio riconoscimento dei diritti civili e politici essenziali, che vengono garantiti nella loro immodificabilità: l'uguaglianza davanti alla legge e l'inviolabilità dei diritti dell'uomo. Espressamente tutelate sono le minoranze linguistiche. Sono poi riconosciuti esplicitamente i diritti della famiglia, dei minori, il diritto alla salute, la libertà delle arti e delle scienze, il diritto all'istruzione.

Principio democratico

L'articolo 1 della Costituzione dichiara che l'Italia è una repubblica democratica e che la sovranità appartiene al popolo; quindi Repubblica democratica significa che tutti i cittadini hanno diritto alle libertà che nessuno può violare ne limitare; diritto dell'integrità fisica della persona, al nome, al cognome, alla privacy ecc. I diritti sociali comprendono la libertà di parola, di pensiero, di religione, di stampa e di riunione. Tra i diritti politici sono fondamentali, il diritto al voto e di partecipazione alle cariche pubbliche.

I principi fondamentali e la prima parte della Costituzione contengono, innanzitutto, un ampio riconoscimento dei diritti civili e politici essenziali, che sono garantiti nella loro immodificabilità: l'uguaglianza davanti alla legge e l'inviolabilità dei diritti dell'uomo Espressamente tutelate sono le minoranze linguistiche. Sono poi riconosciuti esplicitamente i diritti della famiglia, dei minori, il diritto alla salute, la libertà delle arti e delle scienze, il diritto all'istruzione.

Principio lavorista

L'art. 1 sostiene che l'Italia è una Repubblica fondata sul lavoro; in sostanza il sistema democratico ha attribuito al lavoro un valore primario che va a sostituire il principio quale sosteneva che il nostro sistema sociale era basato sul censo e condizioni sociali ereditate. L'art. 4 racchiude in sé il principio lavorista contenuto nell'art. 1, lo rafforza riconoscendo a tutti i cittadini tale diritto promuovendo le condizioni che rendano effettivo secondo le proprie possibilità.

Principio di libertà e diritti inviolabili
L'art. 2 riconosce le libertà civili, infatti, recita che:
La repubblica riconosce e garantisce i diritti inviolabili dell'uomo, sia come singolo sia nelle formazioni sociali ove si svolge la sua personalità.
In questo caso si tratta di diritti primari, quali il diritto alla vita e alla salute e delle libertà civili affermatesi come la libertà di religione, la libertà d'associazione e di espressione.

Principio di eguaglianza
Nell'art. 3 si afferma il principio di eguaglianza dei cittadini fondamentale per il raggiungimento della democrazia. L'eguaglianza si distingue tra eguaglianza formale e sostanziale.
L'eguaglianza formale si rende concreto quando l'art. 3 afferma che tutti i cittadini sono eguali davanti alla legge, quindi eguaglianza rispetto alla legge. Questo principio pone il divieto di operare discriminazioni irragionevoli ogni volta che situazioni uguali sono trattate in modo diverso diventando principio di ragionevolezza della legge.
L'eguaglianza sostanziale è affermata nel secondo comma dell'art. 3 in cui si recita che "è compito della Repubblica rimuovere ostacoli di ordine economico e sociale".

Principio di decentramento dello Stato
L'art. 5 sancisce che:
La Repubblica una e indivisibile, riconosce le autonomie locali
Unità e indivisibilità che nel loro interno trovano forme di decentramento poiché si riconoscono le autonomie locali e le si promuove.

Principio di libertà religiosa
Gli artt. 7-8 affermano la libertà religiosa poiché tutti sono liberi di professare liberamente la propria fede religiosa. L'art. 7 afferma:
Lo stato e la chiesa cattolica sono, ciascuno nel proprio ordine, indipendenti e sovrani.
Le regole delle chiese possono trovare contrasto con quelle dello stato pertanto si ha un atteggiamento aconfessionale, nel senso che non si riconosce nessuna religione di stato per cui tutte le chiese sono poste allo stesso livello, confessionale nel senso che lo stato eleva una religione di stato pertanto in situazione di privilegio rispetto le altre. Nonostante l'indipendenza tra stato e chiesa cattolica, grazie al nuovo concordato, accordo di modifica dei patti lateranensi, si sono mantenuti alcuni punti quali:
"i matrimoni tenuti con il rito cattolico continuano ad avere effetti civili;
l'insegnamento della religione nelle scuole non è più obbligatorio;

è stabilito un contributo finanziario a sostentamento del clero."

L'art. 8 c. 2 disciplina il rapporto tra stato e altre confessioni religiose affermando che hanno diritto di organizzarsi secondo loro statuti, in quanto non contrastino con l'ordinamento dello stato.

Principio di sviluppo della cultura e dell'ambiente

L'art. 9 promuove lo sviluppo della cultura e la ricerca scientifica e tecnica. In questo articolo si rileva l'importanza dello sviluppo attraverso la cultura e la scoperta di nuove tecnologie purché questo sia eseguito nel rispetto e la tutela del paesaggio e del patrimonio storico e artistico della Nazione. ARTICOLI 6, 10, 11 E 12 L'art. 6: La Repubblica tutela con apposite norme le minoranze linguistiche.

L'art. 10: Sancisce il principio secondo il quale si instaurano i rapporti tra l'ordinamento giuridico italiano e le norme di diritto internazionale. L'Italia si conforma alle regole internazionali rende l'effettiva libertà allo straniero che è privato dell'esercizio delle libertà democratiche garantite dalla Costituzione Italiana. L'art. 11: In questo articolo l'Italia ripudia la guerra come strumento di offesa e come mezzo di risoluzione delle controversie internazionali e s'impegna a promuovere iniziative volte ad assicurare la pace e la giustizia fra Nazioni.

L'art. 12: L'articolo 12 sancisce la norma costituzionale sul tricolore, l'origine storica e il valore simbolico della bandiera italiana.

d. Origini, evoluzione, organizzazione e funzionamento dell'Unione Europea come soggetto politico ed economico: i principi di sussidiarietà e proporzionalità: gli atti vincolanti, gli atti non vincolanti e gli atti atipici

L'Unione Europea (UE) è un'organizzazione internazionale e sovranazionale, fondata ufficialmente nel 1993 con il trattato di Maastricht, ma le cui origini risalgono agli anni '40, all'indomani dell'incubo dei totalitarismi e della Seconda Guerra Mondiale. La storia dell'UE inizia con una serie di accordi economici, ma i principi che ispirano l'organizzazione sono anche la promozione della pace, della prosperità e della democrazia in Europa e nel mondo.

Attualmente, la Comunità Europea riunisce 28 stati membri e ne determina alcune politiche comuni in campo sociale, economico, ed in politica estera. Inizialmente concentrata nell'Europa occidentale, nei primi anni del XXI secolo, l'UE si è progressivamente allargata, ammettendo al suo interno paesi dell'Europa centrale ed orientale.

Nel 1946, l'ormai ex primo ministro britannico Winston Churchill parlò in un discorso a Zurigo di 'Stati Uniti d'Europa', e negli anni successivi partecipò attivamente alla creazione del Consiglio d'Europa. Il 9 maggio del 1950 Robert Schuman, all'epoca ministro degli Esteri (ed ex primo ministro) francese, presentò una dichiarazione programmatica, in cui si proponeva di costruire l'Europa unita attraverso un'integrazione progressiva, limitata essenzialmente all'economia, il cui primo passo sarebbe stato l'istituzione di una Comunità Europea del Carbone e dell'Acciaio: la dichiarazione

Schuman fu il primo passo verso la futura istituzione dell'Unione Europea.

La CECA, istituita ufficialmente con il trattato di Parigi (18 aprile 1951) contava sei paesi membri (Belgio, Francia, Germania Ovest, Italia, Lussemburgo, Paesi Bassi), che misero in comune la produzione e resero libera la circolazione del carbone e dell'acciaio. La proposta partiva dal presupposto che il carbone e l'acciaio, situati prevalentemente in due giacimenti (la Ruhr e la Saar) eternamente contesi tra Francia e Germania, erano stati alla base di moltissimi conflitti negli ultimi decenni.

Sei anni dopo, con la conferenza di Roma del 25 marzo 1957, gli stessi sei Stati daranno vita alla Comunità economica europea (CEE) e alla Comunità europea dell'energia atomica (EURATOM, o CEEA). Con la CEE, la più importante tra le tre comunità, il mercato comune continuò ad ampliarsi progressivamente, finché nel 1968 non sarebbero stati completamente aboliti i dazi tra i sei paesi, che negli stessi anni adotteranno politiche comuni in campo agricolo ed in campo commerciale.

Negli anni '70 la CEE inizia ad allargarsi, accogliendo nel 1973 Danimarca, Irlanda e Regno Unito tra gli Stati membri. Nel corso della decade, i paesi della CEE intraprendono nuove politiche estere comuni, e viene creato nel 1975 il Fondo europeo di sviluppo regionale. Nel frattempo, il parlamento europeo continua ad evolversi. La struttura era nata nel 1951, con sede a Strasburgo, come assemblea della CECA, e si era trasformata in Assemblea parlamentare europea (con 142 membri eletti) in seguito ai trattati di Roma. Soltanto dal 1962 l'Assemblea aveva cambiato nome in Parlamento europeo.

Dal 1º luglio del 1978, in seguito a decisioni prese dal Consiglio Europeo, le elezioni per il parlamento europeo diventano a suffragio universale: prima di allora, i membri del parlamento erano stati semplicemente dei delegati dei parlamenti nazionali. La prima elezione è nel giugno del 1979, e da allora si svolgeranno ogni 5 anni. Il parlamento si organizza in gruppi di partito transnazionali (verdi, socialisti, popolari, etc.).

Nel 1979 viene introdotto il Sistema Monetario Europeo (SME), con lo scopo di realizzare un mercato unico e stabile per le finanze e per la circolazione dei capitali, in un periodo contraddistinto da una forte instabilità finanziaria. La Comunità Economica Europea continua nel frattempo ad allargarsi, ammettendo tra i paesi membri la Grecia nel 1981, il Portogallo e la Spagna nel 1986.

Principio di sussidiarietà

Il principio di sussidiarietà, in diritto, è il principio secondo il quale, se un ente inferiore è capace di svolgere bene un compito, l'ente superiore non deve intervenire, ma può eventualmente sostenerne l'azione. Esso si è progressivamente affermato all'interno di uno Stato di diritto e nei vari ambiti della società moderna e contemporanea, nei quali questa espressione possiede differenti valori semantici a seconda dell'ambito in cui viene utilizzata.

In via generale, la sussidiarietà può essere definita come quel principio regolatore secondo il quale, se un ente inferiore è capace di svolgere bene un compito, l'ente superiore non deve intervenire, ma può eventualmente sostenerne l'azione. Gli ambiti più frequenti in cui si realizza la sussidiarietà sono la scienza politica e l'ordinamento giuridico, tanto che lo stesso principio può essere assunto come un vero e proprio principio giuridico.

Nel diritto dell'Unione Europea, il trattato di Maastricht, siglato il 7 febbraio 1992, ha qualificato la sussidiarietà come principio cardine dell'Unione Europea. E viene esplicitamente sancito dall'Articolo 5 del Trattato CE che richiama la sussidiarietà come principio regolatore dei rapporti tra Unione e stati membri:

La Comunità agisce nei limiti delle competenze che le sono conferite e degli obiettivi che le sono assegnati dal presente trattato.

Nei settori che non sono di sua esclusiva competenza la Comunità interviene, secondo il principio della sussidiarietà, soltanto se e nella misura in cui gli obiettivi dell'azione prevista non possono essere sufficientemente realizzati dagli Stati membri e possono dunque, a motivo delle dimensioni o degli effetti dell'azione in questione, essere realizzati meglio a livello comunitario.

L'azione della Comunità non va al di là di quanto necessario per il raggiungimento degli obiettivi del presente trattato.

Tale principio è stato poi ulteriormente potenziato dal Trattato di Lisbona che, recependo molte delle disposizioni del defunto Trattato Costituzionale, ha introdotto un elenco di competenze e un meccanismo di controllo ex ante del principio stesso da parte dei parlamenti nazionali.

Principio di proporzionalità

La proporzionalità disciplina il modo in cui l'Unione Europea esercita i propri poteri. Funziona in maniera pressoché identica al principio di sussidiarietà. Il principio di proporzionalità prevede che, per raggiungere i propri scopi, l'UE debba intraprendere esclusivamente le azioni necessarie a seconda dei casi. Questo principio è sancito dall'articolo 5 del Trattato sull'Unione Europea, che recita: «il contenuto e la forma dell'azione dell'Unione devono limitarsi a quanto necessario per il conseguimento degli obiettivi dei trattati».

e. Gli organismi internazionali e le altre organizzazioni e associazioni per la cooperazione europea: O.N.U.

L'Organizzazione delle Nazioni Unite (ONU) è un'unione di Stati a competenza generale e a vocazione universale, fondata nel 1945. Suoi obiettivi, elencati all'art. 1 della Carta delle Nazioni Unite, sono: mantenere la pace e la sicurezza internazionale (Sicurezza collettiva); sviluppare relazioni amichevoli fra le nazioni, sulla base del rispetto dell'eguaglianza dei diritti e dell'autodeterminazione dei popoli; promuovere la cooperazione internazionale in materia economica, sociale e culturale (Cooperazione allo sviluppo), nonché il rispetto dei diritti dell'uomo e delle libertà fondamentali (Diritti umani. Diritto internazionale). Dell'ONU, operativa dal 1946 e con sede a New York, fanno parte 193 Stati. Nel 2001 è stato conferito all'ONU e al suo Segretario generale di allora K. Annan il premio Nobel per la pace.

Composizione e organi

L'art. 7 della Carta dell'ONU distingue tra organi principali e organi sussidiari. I primi, stabiliti direttamente dalla Carta, che ne regola la composizione e le funzioni quali organi permanenti, sono: l'Assemblea generale delle Nazioni Unite, il Consiglio di sicurezza delle Nazioni Unite, il Consiglio economico e sociale delle Nazioni Unite, il Segretariato (avente a capo il Segretario generale delle Nazioni Unite), il Consiglio d'amministrazione fiduciaria (che aveva la funzione di controllare l'amministrazione di determinati territori, già sottoposti a un regime di tipo coloniale da parte dello Stato cui erano affidati, e che ha cessato formalmente di funzionare nel 2005); la Corte internazionale di giustizia.

Gli organi sussidiari, istituiti dagli organi principali tramite una delibera ad hoc, non hanno carattere permanente e svolgono le funzioni loro attribuite dagli organi principali. Nel corso degli anni l'Assemblea ha istituito organi sussidiari per perseguire fini specifici, quali la Conferenza delle Nazioni Unite sul commercio e lo sviluppo; il Programma delle Nazioni Unite per lo sviluppo; il Fondo delle Nazioni Unite per l'infanzia; il Programma delle Nazioni Unite per l'ambiente. Tra gli organi sussidiari più rilevanti figura l'Alto Commissariato delle Nazioni Unite per i rifugiati, istituito dall'Assemblea generale con risoluzione 428 (V) del 14 dicembre 1950. Nel 2005 sono stati creati due nuovi organi sussidiari: il Consiglio per i diritti umani, anch'esso dipendente dall'Assemblea, che ha sostituito la preesistente Commissione dei diritti umani, e la Commissione per il peace-building, organo comune dell'Assemblea generale e del Consiglio di sicurezza.

L'Assemblea generale è la principale assemblea deliberativa delle Nazioni Unite.

È formata dai rappresentanti di tutti gli Stati membri, essa si riunisce in sessioni annuali regolari, ma è anche possibile convocarla per sessioni di emergenza. L'assemblea è guidata da un presidente, eletto tra gli Stati membri su base regionale rotante, e 21 vicepresidenti. La prima sessione si riunì il 10 gennaio 1946 nella Methodist Central Hall di Londra e comprendeva rappresentanti di 51 nazioni.

Quando l'Assemblea generale decide su questioni importanti, come quelle relative al mantenimento della pace e della sicurezza, dell'ammissione di nuovi membri e alle questioni di bilancio, è richiesta la maggioranza dei due terzi dei presenti, mentre tutti gli altri argomenti sono decisi a maggioranza.

Nel caso che il Consiglio di sicurezza non possa agire, l'Assemblea Generale può sostituirlo nella sua responsabilità primaria relativa alla violazione della pace, minaccia alla pace e atti di aggressione grazie ad una risoluzione del 1950. Ogni paese membro ha il diritto ad avere 5 rappresentanti nell'Assemblea ma dispone di un solo voto. L'Assemblea, secondo la Carta di San Francisco, non può fare uso della forza contro i Paesi ma può solo fare loro delle segnalazioni e raccomandazioni, ad eccezione della competenza prevista in caso di inerzia sopra menzionata del Consiglio di sicurezza. Inoltre, oltre all'approvazione delle questioni di bilancio, le risoluzioni non sono vincolanti per i membri. L'Assemblea può formulare raccomandazioni su qualsiasi questione che rientri nell'ambito di applicazione dell'organizzazione, ad eccezione delle questioni di pace e sicurezza che sono all'esame del Consiglio di sicurezza.

Il Consiglio di sicurezza delle Nazioni Unite è incaricato di mantenere la pace e la sicurezza tra i paesi, dovendo intervenire per evitare che i contrasti fra i Paesi degenerino in conflitti e, in caso di guerra, fare tutto il possibile per ristabilire la pace. Mentre altri organi delle Nazioni Unite possono solo formulare "raccomandazioni" agli Stati membri, il Consiglio di sicurezza ha il potere, ai sensi dell'articolo 25 della Carta, di prendere decisioni vincolanti. Le decisioni del Consiglio sono note come risoluzioni del Consiglio di sicurezza delle Nazioni Unite.

Il Consiglio di sicurezza è composto da quindici Stati membri, di cui cinque sono i membri permanenti: Cina, Francia, Russia, Regno Unito e Stati Uniti, e i restanti dieci non permanenti vengono eletti a rotazione ogni due anni dall'Assemblea generale. Ciascuno dei cinque membri permanenti detiene il potere di veto sulle risoluzioni, cioè la possibilità di impedire l'adozione di un provvedimento anche contro il parere degli altri 14 membri del Consiglio; tuttavia non è possibile evitare il dibattito. I 5 membri permanenti hanno dunque un ruolo dominante. In caso di mancato rispetto delle delibere, il Consiglio di sicurezza può decidere di sospendere le relazioni diplomatiche, e può applicare sanzioni economiche (tra cui i cosiddetti embarghi). I dieci seggi temporanei hanno una durata di due anni, con cinque Stati membri all'anno votati dall'Assemblea generale su base regionale. La presidenza del Consiglio di sicurezza ruota in ordine alfabetico ogni mese.

Il segretariato delle Nazioni Unite è guidato dal segretario generale, assistito dal vice segretario generale e da uno staff di funzionari pubblici internazionali provenienti da tutto il mondo. Questo fornisce studi, informazioni e servizi necessari agli organismi delle Nazioni Unite per le loro riunioni. Svolge inoltre alcuni incarichi, secondo le indicazioni emesse del Consiglio di sicurezza, dell'Assemblea generale, del Consiglio economico e sociale e di altri organi delle Nazioni Unite.

Il segretario generale funge da portavoce di fatto e leader dell'organizzazione e la sua posizione è definita nella Carta come "responsabile amministrativo". L'articolo 99 stabilisce che il segretario generale possa portare all'attenzione del Consiglio di sicurezza "qualsiasi questione che a suo avviso possa minacciare il mantenimento della pace e della sicurezza internazionale", una frase che i segretari generali successivi a Trygve Lie hanno interpretato nell'ottica di aumentare il margine di azione sulla scena mondiale.

Il segretario generale viene nominato dall'Assemblea generale, dopo essere stato raccomandato dal Consiglio di Sicurezza, dove i membri permanenti hanno potere di veto. Non vi sono criteri specifici per il rinnovo del mandato, ma nel corso degli anni è stato accettato che il segretario rimanesse in carico per uno o due mandati di cinque anni.

La Corte internazionale di giustizia, con sede all'Aia, nei Paesi Bassi, è il principale organo giudiziario delle Nazioni Unite. Istituita nel 1945 dalla Carta delle Nazioni Unite, la Corte iniziò a lavorare nel 1946 come successore della Corte permanente di giustizia internazionale. È composta da 15 giudici con un mandato di 9 anni e sono nominati dall'Assemblea generale; ogni giudice deve essere di una nazione diversa e non può avere altri incarichi né di natura politica né amministrativa. Nell'esercizio delle proprie funzioni, essi godono dell'immunità diplomatica secondo quanto previsto dall'Articolo 105 dello Statuto. La procedura di elezione dei giudici è la seguente: il Segretario generale propone una lista di candidati; successivamente, l'Assemblea generale e il Consiglio di sicurezza iniziano a votare indipendentemente uno dall'altro; i giudici eletti saranno coloro che avranno la maggioranza assoluta in entrambi gli organi amministrativi. Se dopo questa procedura vi sono ancora dei seggi da coprire, si procede a una votazione ulteriore.

La sua sede si trova nel Palazzo della Pace all'Aia, condividendo l'edificio con l'Accademia del diritto internazionale dell'Aia, un centro privato per lo studio del diritto internazionale. La funzione principale della Corte è di risolvere le dispute fra Stati membri delle Nazioni Unite che hanno accettato la sua giurisdizione. Essa esercita una funzione giurisdizionale riguardo all'applicazione e l'interpretazione del diritto internazionale. Il tribunale ha ascoltato casi relativi a crimini di guerra, interferenze statali illegali, pulizia etnica e altre questioni. La Corte può essere chiamata anche da altri organi delle Nazioni Unite per fornire pareri consultivi.

Il Consiglio economico e sociale (ECOSOC) è l'organo consultivo e di coordinamento dell'attività economica e sociale delle Nazioni Unite e delle varie organizzazioni a esse collegate. Conta 54 membri, eletti dall'Assemblea generale per un mandato di tre anni. Il presidente viene, invece, eletto per un mandato di un anno e scelto tra gli Stati piccoli o medi appartenenti all'ECOSOC. Il consiglio si riunisce annualmente a luglio, a New York o a Ginevra. Considerate separate dagli organismi specializzati che coordina, le funzioni dell'ECOSOC comprendono la raccolta di informazioni, la consulenza alle nazioni membri e la formulazione di raccomandazioni. A causa del suo ampio mandato che comprende il coordinamento di molte agenzie, esso è stato a volte criticato come scarsamente rilevante.

Gli organi sussidiari dell'ECOSOC includono il Forum permanente delle Nazioni Unite sulle questioni indigene, che fornisce consulenza alle agenzie dell'organizzazione relativamente alle popolazioni indigene; il Forum delle Nazioni Unite sulle foreste, che coordina e promuove la gestione sostenibile delle foreste; la Commissione statistica delle Nazioni Unite, che coordina gli sforzi di raccolta di informazioni tra agenzie; e la Commissione per lo sviluppo sostenibile, che coordina gli sforzi tra le agenzie delle Nazioni Unite e le Organizzazioni Non Governative impegnate nello sviluppo sostenibile. L'ECOSOC può inoltre concedere lo status consultivo alle organizzazioni non governative; entro il 2004, oltre 2 200 organizzazioni avevano ricevuto questo status.

TESI N.4

a. *La Guerra civile Spagnola*
b. *Situazione socio-economica e culturale nel secondo dopoguerra*
c. *La Costituzione: diritti e doveri dei cittadini*
d. *Origini, evoluzione, organizzazione e funzionamento dell'Unione Europea come soggetto politico ed economico: Istituzioni e Organi dell'Unione Europea: il Parlamento, il Consiglio Europeo e il Consiglio dell'Unione Europea, la Commissione Europea, la Corte di Giustizia, la Corte dei Conti*
e. *Gli organismi internazionali e le altre organizzazioni e associazioni per la cooperazione europea: N.A.T.O*

a. La guerra civile spagnola

L'avvio di una delle vicende politico-militari, **la guerra civile spagnola**, che più di ogni altra contraddistinse la spinta dell'Europa verso la Seconda guerra mondiale, è probabilmente da ricercare nel fallimento dell'esperimento politico del dittatore **Miguel Primo de Rivera**. Le opposizioni alla sua politica e il fallimento di tutti i suoi sforzi lo spinsero a lasciare il potere nel gennaio 1930, mentre anche il re **Alfonso XIII**, profondamente coinvolto nell'esperienza autoritaria di de Rivera, **fu costretto ad allontanarsi dalla Spagna** dopo la vittoria elettorale dei partiti Repubblicano e Socialista nel 1931.

Venne quindi proclamata la **repubblica** e si ebbe la formazione di un esecutivo di sinistra repubblicano-socialista, presieduto da **Manuel Azaña**. Il governo, proprio nella fase di maggiore incertezza economica poiché i settori più vitali del sistema economico furono colpiti dalla grande crisi economica del 1929, produsse il tentativo di introdurre riforme di tipo liberal-democratico che rafforzarono **la modernizzazione del Paese: una riforma agraria**, di carattere moderato e non punitivo per la proprietà, come invece volevano gli anarchici; **la laicizzazione del sistema scolastico**, che venne sottratto all'influenza della Chiesa; **il riconoscimento dell'autonomia catalana; un nuovo diritto di famiglia; l'introduzione del suffragio universale**. Le difficoltà per il governo Azaña nacquero sia per la resistenza dei ceti colpiti da quei provvedimenti, sia per l'insoddisfazione dei partiti rivoluzionari che li ritennero insufficienti.

La vita politica spagnola, mentre la crisi economica contribuiva a creare masse di sbandati e di disoccupati, iniziò a caratterizzarsi per gli scontri armati tra le milizie di partito delle due ali estreme. In particolare, all'**estrema destra** José Antonio Primo de Rivera, figlio del dittatore, fondò nel 1933 la **Falange spagnola**, un movimento che **richiamava i partiti nazional-fascisti europei**, mentre un forte **movimento cattolico-reazionario** fu guidato da José María Gil Robles (1898-1980). Alla fine di novembre 1933, le elezioni politiche segnarono **la vittoria dei partiti di centrodestra**, guidati proprio da Robles, i quali vanificarono immediatamente buona parte delle riforme del governo Azaña. Alla reazione dei partiti di estrema sinistra, il governo rispose con **una violenta repressione**. In una situazione così radicalizzata, agli inizi del 1936, ci fu **la nuova vittoria elettorale**

del fronte delle sinistre, di cui per la prima volta facevano parte anche **comunisti e anarchici**. La guida del governo toccò al socialista **Francisco Largo Caballero**. Questa vittorie delle sinistre spagnole era il frutto della nuova strategia di **Stalin** che, visti i fallimenti dei tentativi rivoluzionari in Europa fra il 1918 e il '20, aveva optato, attraverso la promozione all'interno del **Comintern**, per la formazione dei **Fronti Popolari**, ovvero **coalizioni di tutte le anime della sinistra** al fine di presentarsi uniti alle elezioni democratiche **e assumere così il controllo del governo dei vari stati europei**. Le **elezioni** del febbraio del **1936** avevano visto la vittoria del **Fronte Popolare** in **Spagna** e quelle di aprile il trionfo della stessa coalizione in **Francia**, con la formazione del **governo Blum** che presiedeva una coalizione di socialisti e radicali.

In Spagna, all'indomani dell'esito elettorale, si rinnovarono immediatamente le violenze degli estremisti di destra, che non accettavano il responso delle urne, a cui i gruppi armati delle sinistre risposero con attentati alle personalità guida dell'estrema destra. Il 3 luglio **venne assassinato il fondatore della Falange** spagnola, **De Rivera**, e l'episodio servì a fine luglio alle truppe del generale **Francisco Franco**, insediate in Marocco, per un nuovo "**pronunciamento**" (tentativo di colpo di stato) dell'esercito. L'esercito dei rivoltosi, che ebbe dalla propria parte i quadri militari, riuscì a passare nel continente, grazie anche all'assistenza militare dell'Italia e della Germania che **riconobbero subito il nuovo governo che Franco costituì** a Burgos, nella parte occidentale della Spagna, mentre l'esecutivo repubblicano riuscì a mobilitare la resistenza popolare e i quadri militari rimastigli fedeli e soprattutto a disporre delle forze di polizia e delle masse di volontari delle regioni industriali, ma risentì notevolmente dell'indisciplina delle milizie operaie imbevute di anarchismo.

Era iniziata così **la guerra civile spagnola**, che finì per coinvolgere tutta l'Europa **fra il 1936 e il 1939**. Per l'Italia e la Germania la guerra in Spagna costituì un primo banco di prova per la nuova alleanza consacrata **dall'asse Roma-Berlino**; dal lato repubblicano, invece, **l'URSS** inviò materiale bellico e aiuti finanziari, incomparabilmente minori di quelli offerti, prima segretamente e poi apertamente, dai governi italiano e tedesco a Franco.

Dal punto di vista militare la guerra di Spagna rappresentò **il banco di prova delle armi e delle tecnologie nuove**, che sarebbero state poi utilizzate nella Seconda guerra mondiale. Si formarono, con arruolamenti su base volontaria, le cosiddette "**brigate internazionali**", formate da schiere di democratici, socialisti, comunisti e anarchici che andarono a combattere nelle fila dei **repubblicani; intellettuali come Hemingway e Orwell si arruolarono per combattere in Spagna** e particolarmente significativa fu la presenza degli antifascisti italiani, tra i quali ricordiamo **Carlo Rosselli** che nel 1929 aveva fondato a Parigi il movimento **Giustizia e Libertà** dichiaratamente antifascista. In modo del tutto inaspettato, invece, vennero deluse le speranze che il governo repubblicano aveva riposto nella **Francia e nell'Inghilterra**, poiché entrambe adottarono una politica di **non intervento**. Clamoroso il fatto che la **Francia** aveva il governo "gemello" di fronte popolare, ma Leon Blum subì la linea di "**Appeasement**" nei confronti di Hitler che il governo conservatore britannico stava già portando avanti in tutta Europa.

L'esito della guerra civile non fu affatto scontato, malgrado il massiccio intervento a favore dei franchisti delle truppe italiane e della tecnologia bellica, soprattutto aviatoria, tedesca (nell'aprile 1937 sarà la **Luftwaffe** a radere al suolo la città di **Guernica**, simbolo della guerra).

Mentre la conduzione della guerra da parte dei franchisti fu sufficientemente coerente, dal lato repubblicano la guerra civile produsse una **forte spaccatura tra democratici e comunisti**, da una parte, e **anarchici e trozkisti** (i comunisti sostenitori delle teorie del grande rivoluzionario russo) dall'altra. Questi ultimi infatti ritenevano che la guerra civile dovesse trasformarsi immediatamente in **rivoluzione sociale**. La pericolosità dell'azione insurrezionale degli anarchici in un momento di scontro militare con il fascismo internazionale venne colta in particolare da **Stalin**, che fece pressione, tramite la **terza Internazionale** (Comintern) sul capo del governo repubblicano, **Caballero**, sottolineando **l'insostenibilità di un'azione difensiva della Repubblica**, che consegnava agli avversari **interi ceti sociali**, spaventati dagli esperimenti rivoluzionari degli estremisti. Di fronte alla debolezza del governo Caballero nei confronti delle iniziative degli anarchici e dei trozkisti, i comunisti sostenevano un nuovo ministero repubblicano, mentre le iniziative anarchiche vennero represse nel sangue. Intanto i franchisti diedero un'impronta fascista al loro movimento adottando, il 19 aprile 1937, **il progetto politico dei falangisti**, che raccolse in **un partito unico** la Falange spagnola tradizionalista e le giunte d'offensiva nazional-sindacalista. **Franco** aggiunse alle sue funzioni di generalissimo, dall'agosto 1937, quelle di **capo dello Stato**.

Dal punto di vista militare, inizialmente i nazionalisti, con la presa di Badajoz, riuscirono a riunire le loro forze dislocate a ovest e a sud del Paese, **minacciando Madrid, difesa eroicamente dai repubblicani e dalle brigate internazionali**, che riuscirono a fermare l'assalto dei franchisti. La resistenza di Madrid si prolungò per 28 mesi. Tuttavia, già alla fine del 1936 Franco controllava ormai **più di metà della Spagna**, con tutta la frontiera ispano-portoghese, che rappresentava un vantaggio per ricevere i suoi rifornimenti. L'ultima offensiva degli antifascisti fu del gennaio 1938, che portò alla conquista di Teruel, vittoria senza esito poiché la città venne ripresa dai nazionalisti dopo appena un mese. Questo successo effimero contribuì solo a ritardare la **grande offensiva progettata da Franco**, che cominciò il 23 dicembre 1938, sostenuta da potenti forze aeree e motorizzate. Venne sfondato rapidamente **il fronte della Catalogna** e il 26 gennaio 1939 venne presa **Barcellona**, retta dal maggio 1937 da un governo filocomunista, guidato da Juan Negrin, il quale, sempre appoggiato dai comunisti, cercò di continuare la resistenza a Valenza. Dopo aver infranto con parecchi giorni di combattimento l'opposizione dei comunisti, la giunta franchista si preparò a negoziare la **resa della capitale, che venne occupata** senza resistenza dalle truppe di Franco il 28 marzo 1939. Furono molti i profughi che decisero di passare il confine francese e il governo consentì l'entrata in Francia dei profughi civili. La guerra era da considerarsi **perduta per i repubblicani**, tanto che buona parte delle truppe italo-tedesche e degli aiuti militari sovietici lasciarono il Paese. **Il conflitto si concluse il 1° aprile 1939 con la vittoria dei nazionalisti di Franco** che trasformarono la Spagna in una **dittatura di stampo fascista** che avrebbe governato il paese **fino al 1975**, anno della morte di Franco, quando il ritorno della Monarchia avrebbe condotto il paese verso una transizione pacifica alla democrazia.

b. Situazione socio-economica e culturale nel secondo dopoguerra

La fine della Seconda guerra mondiale aprì per l'Europa ed il mondo intero anni bui conseguenti al **gravoso bilancio bellico**. I sistemi economici dei vari paesi erano fortemente provati, le risorse alimentari scarseggiavano, gli apparati industriali mostravano di essere stati gravemente colpiti. Era necessario dare inizio alla **ricostruzione** e porre le basi di **nuovi ordinamenti politici**.

Dal lato culturale, la sofferenza del popolo venne colta perfettamente dal filone cinematografico **neorealista italiano**: registi del calibro di Rossellini, De Sica, Visconti giravano prevalentemente in esterno le loro pellicole negli anni finali della guerra e nell'immediato dopoguerra, immortalando gli scenari apocalittici di devastazione. Pellicole come "**Roma città aperta**" o "**Germania anno zero**", oltre che rappresentare dei veri e propri capolavori cinematografici ci restituirono la dimensione storica di quello che era stato la Seconda guerra mondiale e gli anni immediatamente successivi.

Nella **Conferenza di Parigi**, svoltasi tra il luglio e l'ottobre del 1946, si decisero **le sorti dei Paesi ex alleati della Germania nazista, fra cui l'Italia**, che fu privata delle isole del Dodecaneso, restituite alla Grecia, di una parte della Venezia Giulia, passata alla Jugoslavia, della sovranità sull'Albania e sulle colonie africane. Nella **Conferenza di Potsdam**, che si tenne nell'agosto del 1945, si decise che **la Germania, fosse divisa in 4 zone**, poste sotto il controllo delle potenze vincitrici, che poi, dal 1947, si trasformarono in due zone di occupazione e dal 1949 in veri e propri Stati indipendenti con la creazione della **Repubblica Federale Tedesca**, parte integrante del blocco occidentale, e della **Repubblica Democratica Tedesca**, da subito inserita nella zona di influenza dell'Unione Sovietica.

Il Giappone, lasciato territorialmente integro, fu invece privato di ogni possedimento coloniale e del diritto di ricostituire un proprio esercito.

Dal punto di vista geopolitico, la Seconda guerra mondiale fu uno spartiacque incredibile della storia contemporanea. Da un mondo multipolare, prevalentemente eurocentrico, da cui emergeva un discreto numero di grandi potenze, la **guerra fredda**, che iniziò a consumarsi fra il 1945 e il '47, divise il mondo in due grandi **blocchi contrapposti**: da una parte gli Stati Uniti, modello di democrazia e libero mercato, dall'altra l'Unione Sovietica, stato totalitario socialista ad economia pianificata. Col **Piano Marshall** del 1947 **l'amministrazione Truman** si garantì l'appoggio dei paesi dell'Europa occidentale grazie a uno stanziamento di 12 miliardi di dollari in aiuti per la ricostruzione post-bellica. La **risposta sovietica** giunse nel 1949 con l'istituzione del **Comecon**, il consiglio di assistenza economica che fu estesa da Mosca ai paesi dell'Europa Orientale che formavano il **blocco comunista**.

Fra il 1949 e il 1955 le rispettive alleanze militari, il **Patto Atlantico e il Patto di Varsavia**, avrebbero cristallizzato i due blocchi e, col costante aumento degli arsenali nucleari, messo a repentaglio la sicurezza mondiale in quello che venne chiamato l'"equilibrio del terrore".

La lotta al comunismo in ogni angolo del pianeta e la crescita tecnologica in **Unione Sovietica** cui conseguirono **successi in campo aerospaziale**, portò progressivamente le amministrazioni americane a temere che i "rossi" si sarebbero infiltrati all'interno della società americana, fino a giungere, durante gli anni cinquanta, al paradosso del "**maccartismo**" (dal nome del senatore Joseph Mac Carthy), fenomeno politico che portò ad una campagna intimidatoria nei confronti degli esponenti dei movimenti di sinistra e mise sotto processo con una vera e propria epurazione esponenti di tutti gli ambiti: politico, economico e culturale.

Gli anni immediatamente seguenti alla Seconda guerra mondiale costituirono un momento di forte **rinascita spirituale e morale**, in contrapposizione alla crudeltà della guerra che in così pochi anni aveva provocato quanto di peggio il genere umano poteva raggiungere nel corso della sua storia: immani carneficine, bombardamenti a tappeto, il genocidio degli ebrei, gli ordigni nucleari sganciati sul Giappone.

Dopo l'istituzione del **Tribunale di Norimberga** e la conseguente condanna a morte di alti dirigenti nazisti fra cui Goring e Von Ribbentrop, prevalse il desiderio di voltare pagina e di far ripartire le relazioni internazionali su basi diverse che potessero preservare le generazioni future da altre immani tragedie. Nacquero alcune delle **costituzioni** più significative in tal senso, come quella **italiana**, e la **dichiarazione universale dei diritti dell'uomo** del 1948 fece da apripista al movimento per i **diritti umani** che alcune decadi dopo avrebbe condotto alla nascita dei **Tribunali penali internazionali**. Nel 1945, su impulso del defunto Presidente Roosevelt, nasceva l'**Organizzazione delle Nazioni Unite** che andava a soppiantare la Società delle Nazioni, incapace di realizzare quella sorta di governo mondiale inceppatosi negli anni Trenta del Novecento.

Gli orrori della guerra spinsero alla ripresa su larga scala di quei progetti ottocenteschi di Federazione Europea. **Il processo di integrazione europea** nacque proprio dall'esigenza di far cooperare gli stati europei nel tentativo di condurli a una coesistenza pacifica e fra il 1948 e il 1957 decollarono le istituzioni europee e il processo di integrazione.

In un quadro geopolitico nettamente **bipolare**, dalla metà degli anni Cinquanta, su impulso del Presidente jugoslavo **Tito** e di quello indiano **Nehru**, nacque il cosiddetto **Terzomondismo**, ovvero un gruppo di stati, soprattutto paesi in via di sviluppo, che si definirono "**non allineati**" né con Mosca né con Washington e che fu uno degli elementi che contribuirono al processo di **Decolonizzazione** degli anni Sessanta e Settanta.

c. La Costituzione: diritti e doveri dei cittadini

La Costituzione Italiana è la legge fondamentale del nostro Stato, che sancisce le regole della vita sociale e le norme dell'ordinamento dello Stato. La Costituzione Italiana è composta di 139 articoli, divisi in quattro sezioni:

- I Principi Fondamentali (art. 1-12),
- Diritti e doveri dei cittadini (13-54),

- Ordinamento della Repubblica (55-139),
- Disposizioni transitorie e finali.

La Costituzione Italiana nasce dal lavoro di una commissione di 75 saggi che il 31 gennaio 1947 sottoposero all'Assemblea Costituente un testo che, dopo l'esame di numerosi emendamenti, venne approvato il 22 dicembre 1947 ed entrò in vigore il 1° gennaio 1948. Fu firmata dal presidente della Repubblica Enrico De Nicola e controfirmata dal presidente del Consiglio Alcide De Gasperi e dal presidente dell'Assemblea Costituente, Umberto Terracini.

La Costituzione è la principale fonte del diritto della Repubblica Italiana, cioè quella dalla quale dipendono gerarchicamente tutte le altre norme giuridiche dell'ordinamento dello Stato. La Costituzione Italiana è una costituzione scritta, rigida, lunga, votata, laica, compromissoria, democratica e programmatica.

La parte prima è composta da 42 articoli e si occupa dei "Diritti e dei Doveri dei cittadini". Gli articoli dal 13 al 16 sono dedicati alle libertà individuali, in cui si afferma che la libertà è un valore sacro e, quindi, inviolabile (art. 13); che il domicilio è inviolabile (art. 14); che la corrispondenza è libera e segreta (art. 15); che ogni cittadino può soggiornare e circolare liberamente nel Paese (art. 16) - per le limitazioni di queste libertà la carta costituzionale prevede una riserva di legge assoluta - Le libertà collettive, affermate dagli articoli dal 17 al 21, garantiscono che i cittadini italiani hanno il diritto di riunirsi in luoghi pubblici (con obbligo di preavviso all'autorità di pubblica sicurezza), o in luoghi privati e aperti al pubblico (liberamente) (art. 17), di associarsi liberamente; e che le associazioni aventi uno scopo comune non devono andare contro il principio democratico e le norme del codice penale (art. 18); che ogni persona ha il diritto di professare liberamente il proprio credo (art. 19); che ogni individuo è libero di professare il proprio pensiero, con la parola, con lo scritto e con ogni altro mezzo di comunicazione (art. 21). Dall'articolo 22 al 28 si affermano i principi e i limiti dell'uso legittimo della forza (art. 23); il diritto attivo e passivo alla difesa in tribunale (art. 24); il principio di legalità della pena (art. 25); le limitazioni all'estradizione dei cittadini (art. 26); il principio di personalità nella responsabilità penale (art. 27, comma 1); il principio della presunzione di non colpevolezza (art. 27, comma 2); il principio di umanità e rieducatività della pena (art. 27, comma 3) e l'esclusione della pena di morte (art. 27, comma 4).

Infine la previsione della responsabilità individuale del dipendente e dei funzionari pubblici, organicamente estesa all'intero apparato, per violazione di leggi da parte di atto della pubblica amministrazione, a tutela della funzione sociale e dei consociati dagli illeciti, in materia civile (art. 28, comma 2), nonché amministrativa e penale (art. 28, comma 1).

La Repubblica italiana riconosce la famiglia come società naturale fondata sul matrimonio, e afferma anche che è dovere e diritto dei genitori mantenere, istruire ed educare i figli (dall'art. 29 al 31). L'articolo 32 della Costituzione afferma che la Repubblica tutela la salute come fondamentale diritto dell'individuo ed interesse della collettività. Afferma, inoltre, che "nessuno può essere obbligato a un determinato trattamento sanitario se non per disposizione di legge" e che la legge "non può in nessun caso violare i limiti imposti dal rispetto della persona umana". I due successivi articoli, il 33 e il 34, affermano che l'arte e la scienza sono libere e libero ne è l'insegnamento; inoltre la scuola deve essere aperta a tutti: quella statale è gratuita, mentre quella privata è libera e senza oneri per lo Stato.

Gli articoli dal 35 al 47 assicurano la tutela del lavoro e la libertà di emigrazione (art. 35), il diritto al giusto salario (art. 36, comma 1), la durata massima della giornata lavorativa (art. 36, comma 2), il diritto/dovere al riposo settimanale (art. 36, comma 3), il lavoro femminile e minorile (art. 37), i lavoratori invalidi, malati, anziani o disoccupati (art. 38), la libertà di organizzazione sindacale (art. 39), il diritto di sciopero (art. 40), la libertà di iniziativa economica e i suoi limiti (art. 41), la proprietà pubblica e privata, e la sua funzione sociale (art. 42), la possibilità ed i limiti all'espropriazione (art. 43), la proprietà terriera (art. 44), le cooperative e l'artigianato (art. 45), la collaborazione tra i lavoratori (art. 46) ed il risparmio (art. 47).

I diritti e doveri politici sono dichiarati dall'articolo 48 al 54. L'articolo 48 afferma che sono elettori tutti i cittadini, uomini e donne, che hanno raggiunto la maggiore età oltre anche che il diritto di voto è personale ed eguale, libero e segreto, e che il suo esercizio è dovere civico ma l'astensione non è sanzionata.

(Art. 48 della Costituzione della Repubblica Italiana)

«Sono elettori tutti i cittadini, uomini e donne, che hanno raggiunto la maggiore età. Il voto è personale ed eguale, libero e segreto. Il suo esercizio è dovere civico. La legge stabilisce requisiti e modalità per l'esercizio del diritto di voto dei cittadini residenti all'estero e ne assicura l'effettività. A tale fine è istituita una circoscrizione Estero per l'elezione delle Camere, alla quale sono assegnati seggi nel numero stabilito da norma costituzionale e secondo criteri determinati dalla legge. Il diritto di voto non può essere limitato se non per incapacità civile o per effetto di sentenza penale irrevocabile o nei casi di indegnità morale indicati dalla legge.»

Con l'articolo 49 si sancisce invece il principio della libertà di associarsi in partiti e del pluripartitismo politico:

(Art. 49 della Costituzione della Repubblica Italiana)

«Tutti i cittadini hanno diritto di associarsi liberamente in partiti per concorrere con metodo democratico a determinare la politica nazionale.» Secondo l'articolo 52, il cittadino ha il dovere nel concorrere alla difesa dello Stato, prevedendo l'obbligatorietà del servizio militare in Italia, ma solo nelle modalità e nelle limitazioni imposte dalla legge, affermando contestualmente il principio giuridico che l'ordinamento delle forze armate italiane deve essere organizzato in base allo spirito repubblicano:

(Art. 52 della Costituzione della Repubblica Italiana)

«La difesa della Patria è sacro dovere del cittadino. Il servizio militare è obbligatorio nei limiti e modi stabiliti dalla legge. Il suo adempimento non pregiudica la posizione di lavoro del cittadino, né l'esercizio dei diritti politici. L'ordinamento delle forze armate si informa allo spirito democratico della Repubblica.»

Gli articoli 53 e 54 identificano alcuni doveri dei cittadini, nello specifico il dovere di concorrere alle spese pubbliche pagando tasse e imposte (secondo il principio di progressività della tassazione), il dovere di essere fedeli alla Repubblica, alla Costituzione

ed alle leggi, ed il dovere per chi esercita funzioni pubbliche, di adempierle con disciplina ed onore, prestando giuramento nei casi previsti dalla legge:
(Art. 54 della Costituzione della Repubblica Italiana)
«Tutti i cittadini hanno il dovere di essere fedeli alla Repubblica e di osservarne la Costituzione e le leggi. I cittadini cui sono affidate funzioni pubbliche hanno il dovere di adempierle con disciplina ed onore, prestando giuramento nei casi stabiliti dalla legge.»

- Titolo III - Il Governo- artt. 92 - 100
- Titolo IV - La magistratura - artt. 101 - 113
- Titolo V - Le regioni, le province, i comuni - artt. 114 -133
- Titolo VI - Garanzie costituzionali - artt. 134 - 139
- Disposizioni transitorie e finali - I-XVIII

Parte I - diritti e doveri dei cittadini
Titolo I - rapporti civili
Art. 13.
La libertà personale è inviolabile.
Non è ammessa forma alcuna di detenzione, di ispezione o perquisizione personale, né qualsiasi altra restrizione della libertà personale, se non per atto motivato dell'autorità giudiziaria e nei soli casi e modi previsti dalla legge.
In casi eccezionali di necessità ed urgenza, indicati tassativamente dalla legge, l'autorità di pubblica sicurezza può adottare provvedimenti provvisori, che devono essere comunicati entro quarantotto ore all'autorità giudiziaria e, se questa non li convalida nelle successive quarantotto ore, si intendono revocati e restano privi di ogni effetto.
Viene punita ogni violenza fisica e morale sulle persone comunque sottoposte a restrizioni di libertà.
La legge stabilisce i limiti massimi della carcerazione preventiva.

Art. 14.
Il domicilio è inviolabile.
Non vi si possono eseguire ispezioni o perquisizioni o sequestri, se non nei casi e modi stabiliti dalla legge secondo le garanzie prescritte per la tutela della libertà personale.
Gli accertamenti e le ispezioni per motivi di sanità e di incolumità pubblica o a fini economici e fiscali sono regolati da leggi speciali.

Art. 15.
La libertà e la segretezza della corrispondenza e di ogni altra forma di comunicazione sono inviolabili.
La loro limitazione può avvenire soltanto per atto motivato dell'autorità giudiziaria con le garanzie stabilite dalla legge.

Art. 16.
Ogni cittadino può circolare e soggiornare liberamente in qualsiasi parte del territorio

nazionale, salvo le limitazioni che la legge stabilisce in via generale per motivi di sanità o di sicurezza. Nessuna restrizione può essere determinata da ragioni politiche.

Ogni cittadino è libero di uscire dal territorio della Repubblica e di rientrarvi, salvo gli obblighi di legge.

Art. 17.

I cittadini hanno diritto di riunirsi pacificamente e senz'armi.

Per le riunioni, anche in luogo aperto al pubblico, non è richiesto preavviso.

Delle riunioni in luogo pubblico deve essere dato preavviso alle autorità, che possono vietarle soltanto per comprovati motivi di sicurezza o di incolumità pubblica.

Art. 18.

I cittadini hanno diritto di associarsi liberamente, senza autorizzazione, per fini che non sono vietati ai singoli dalla legge penale.

Sono proibite le associazioni segrete e quelle che perseguono, anche indirettamente, scopi politici mediante organizzazioni di carattere militare.

Art. 19. Tutti hanno diritto di professare liberamente la propria fede religiosa in qualsiasi forma, individuale o associata, di farne propaganda e di esercitarne in privato o in pubblico il culto, purché' non si tratti di riti contrari al buon costume.

Art. 20.

Il carattere ecclesiastico e il fine di religione o di culto d'una associazione od istituzione non possono essere causa di speciali limitazioni legislative, né di speciali gravami fiscali per la sua costituzione, capacità giuridica e ogni forma di attività.

Art. 21.

Tutti hanno diritto di manifestare liberamente il proprio pensiero con la parola, lo scritto e ogni altro mezzo di diffusione.

La stampa non può essere soggetta ad autorizzazioni o censure.

Si può procedere a sequestro soltanto per atto motivato dell'autorità giudiziaria nel caso di delitti, per i quali la legge sulla stampa espressamente lo autorizzi, o nel caso di violazione delle norme che la legge stessa prescriva per l'indicazione dei responsabili.

In tali casi, quando vi sia assoluta urgenza e non sia possibile il tempestivo intervento dell'autorità giudiziaria, il sequestro della stampa periodica può essere eseguito da ufficiali di polizia giudiziaria, che devono immediatamente, e non mai oltre ventiquattro ore, fare denunzia all'autorità giudiziaria. Se questa non lo convalida nelle ventiquattro ore successive, il sequestro s'intende revocato e privo di ogni effetto.

La legge può stabilire, con norme di carattere generale, che siano resi noti i mezzi di finanziamento della stampa periodica. Sono vietate le pubblicazioni a stampa, gli spettacoli e tutte le altre manifestazioni contrarie al buon costume.

La legge stabilisce provvedimenti adeguati a prevenire e a reprimere le violazioni.

Art. 22.
Nessuno può essere privato, per motivi politici, della capacità giuridica, della cittadinanza, del nome.

Art. 23.
Nessuna prestazione personale o patrimoniale può essere imposta se non in base alla legge.

Art. 24.
Tutti possono agire in giudizio per la tutela dei propri diritti e interessi legittimi.
La difesa è diritto inviolabile in ogni stato e grado del procedimento.
Sono assicurati ai non abbienti, con appositi istituti, i mezzi per agire e difendersi davanti ad ogni giurisdizione.
La legge determina le condizioni e i modi per la riparazione degli errori giudiziari.

Art. 25.
Nessuno può essere distolto dal giudice naturale precostituito per legge.
Nessuno può essere punito se non in forza di una legge che sia entrata in vigore prima del fatto commesso.
Nessuno può essere sottoposto a misure di sicurezza se non nei casi previsti dalla legge.

Art. 26.
L'estradizione del cittadino può essere consentita soltanto ove sia espressamente prevista dalle convenzioni internazionali. Non può in alcun caso essere ammessa per reati politici.

Art. 27.
La responsabilità penale è personale.
L'imputato non è considerato colpevole sino alla condanna definitiva.
Le pene non possono consistere in trattamenti contrari al senso di umanità e devono tendere alla rieducazione del condannato.

Art. 28.
I funzionari e i dipendenti dello Stato e degli enti pubblici sono direttamente responsabili, secondo le leggi penali, civili e amministrative, degli atti compiuti in violazione di diritti. In tali casi la responsabilità civile si estende allo Stato e agli enti pubblici.

d. Origini, evoluzione, organizzazione e funzionamento dell'Unione Europea come soggetto politico ed economico: Istituzioni e Organi dell'Unione Europea: il Parlamento, il Consiglio Europeo e il Consiglio dell'Unione Europea, la Commissione Europea, la Corte di Giustizia, la Corte dei Conti

L'Unione Europea (UE) è un'organizzazione internazionale e sovranazionale, fondata ufficialmente nel 1993 con il trattato di Maastricht, ma le cui origini risalgono agli anni '40, all'indomani dell'incubo dei totalitarismi e della Seconda Guerra Mondiale. La storia dell'UE inizia con una serie di accordi economici, ma i principi che ispirano l'organizzazione sono anche la promozione della pace, della prosperità e della democrazia in Europa e nel mondo. Attualmente, la Comunità Europea riunisce 28 stati membri e ne determina alcune politiche comuni in campo sociale, economico, ed in politica estera. Inizialmente concentrata nell'Europa occidentale, nei primi anni del XXI secolo, l'UE si è progressivamente allargata, ammettendo al suo interno paesi dell'Europa centrale ed orientale.

Nel 1946, l'ormai ex primo ministro britannico Winston Churchill parlò in un discorso a Zurigo di 'Stati Uniti d'Europa', e negli anni successivi partecipò attivamente alla creazione del Consiglio d'Europa. Il 9 maggio del 1950 Robert Schuman, all'epoca ministro degli Esteri (ed ex primo ministro) francese, presentò una dichiarazione programmatica, in cui si proponeva di costruire l'Europa unita attraverso un'integrazione progressiva, limitata essenzialmente all'economia, il cui primo passo sarebbe stato l'istituzione di una Comunità Europea del Carbone e dell'Acciaio: la dichiarazione Schuman fu il primo passo verso la futura istituzione dell'Unione Europea.

La CECA, istituita ufficialmente con il trattato di Parigi (18 aprile 1951) contava sei paesi membri (Belgio, Francia, Germania Ovest, Italia, Lussemburgo, Paesi Bassi), che misero in comune la produzione e resero libera la circolazione del carbone e dell'acciaio. La proposta partiva dal presupposto che il carbone e l'acciaio, situati prevalentemente in due giacimenti (la Ruhr e la Saar) eternamente contesi tra Francia e Germania, erano stati alla base di moltissimi conflitti negli ultimi decenni.

Sei anni dopo, con la conferenza di Roma del 25 marzo 1957, gli stessi sei Stati daranno vita alla Comunità economica europea (CEE) e alla Comunità europea dell'energia atomica (EURATOM, o CEEA). Con la CEE, la più importante tra le tre comunità, il mercato comune continuò ad ampliarsi progressivamente, finché nel 1968 non sarebbero stati completamente aboliti i dazi tra i sei paesi, che negli stessi anni adotteranno politiche comuni in campo agricolo ed in campo commerciale.

Negli anni '70 la CEE inizia ad allargarsi, accogliendo nel 1973 Danimarca, Irlanda e Regno Unito tra gli Stati membri. Nel corso della decade, i paesi della CEE intraprendono nuove politiche estere comuni, e viene creato nel 1975 il Fondo europeo di sviluppo regionale. Nel frattempo, il Parlamento europeo continua ad evolversi. La struttura era nata nel 1951, con sede a Strasburgo, come assemblea della CECA, e si era trasformata in Assemblea parlamentare europea (con 142 membri eletti) in seguito ai trattati di Roma. Soltanto dal 1962 l'Assemblea aveva cambiato nome in Parlamento europeo.

Dal 1° luglio del 1978, in seguito a decisioni prese dal Consiglio Europeo, le elezioni per il parlamento europeo diventano a suffragio universale: prima di allora, i membri del parlamento erano stati semplicemente dei delegati dei parlamenti nazionali. La prima elezione è nel giugno del 1979, e da allora si svolgeranno ogni 5 anni. Il parlamento si organizza in gruppi di partito transnazionali (verdi, socialisti, popolari, etc.).

Nel 1979 viene introdotto il Sistema Monetario Europeo (SME), con lo scopo di realizzare un mercato unico e stabile per le finanze e per la circolazione dei capitali, in un periodo contraddistinto da una forte instabilità finanziaria. La Comunità Economica Europea continua nel frattempo ad allargarsi, ammettendo tra i paesi membri la Grecia nel 1981, il Portogallo e la Spagna nel 1986.

Il Parlamento europeo (anche noto come Europarlamento) è un'istituzione di tipo parlamentare che rappresenta i popoli dell'Unione Europea, ed è l'unica istituzione europea ad essere eletta direttamente dai cittadini dell'Unione. Esercita la funzione legislativa dell'Unione Europea assieme al Consiglio dell'Unione Europea e in alcuni casi stabiliti dai trattati ha il potere di iniziativa legislativa, che generalmente spetta alla Commissione Europea.

Dal 1979 viene eletto direttamente ogni cinque anni a suffragio universale; tuttavia, per lungo tempo alle sue elezioni l'affluenza alle urne è diminuita a ogni elezione, scendendo a meno del 50% dal 1999; nel 2014 i votanti sono stati il 42,54% di tutti gli aventi diritto; nel 2019, per la prima volta dopo 20 anni, si è avuta una partecipazione superiore al 50% (pari esattamente al 50,97%).

Dopo l'entrata in vigore del Trattato di Lisbona, l'organo è stato composto da 750 deputati più il Presidente (in precedenza i deputati erano 766). A seguito dell'uscita del Regno Unito dall'Unione Europea avvenuta il 31 gennaio 2020, il numero dei seggi è stato ridotto a 705 compreso il presidente; il corpo elettorale del Parlamento europeo costituisce inoltre il più grande elettorato democratico trans-nazionale nel mondo (circa 375 milioni di aventi diritto al voto nel 2009).

È la "prima istituzione" dell'UE (menzionata per prima nei trattati, avendo la precedenza cerimoniale su tutte le altre autorità a livello europeo),e condivide la funzione legislativa con il Consiglio (tranne che in alcune aree dove si applicano procedure legislative speciali), partecipa inoltre alla procedura di approvazione del bilancio dell'UE, elegge il Presidente della Commissione e approva (o respinge) la nomina della Commissione nel suo insieme, può anche forzare le dimissioni dell'intera Commissione attraverso l'adozione di una mozione di censura. In generale esercita un controllo politico sulla Commissione mediante l'approvazione di mozioni e dichiarazioni; ad esempio può sollecitare la Commissione a esercitare l'iniziativa legislativa in una determinata materia.

Ha la sua sede ufficiale a Strasburgo, dove si celebrano le sessioni plenarie, mentre le riunioni delle commissioni si svolgono a Bruxelles. A Lussemburgo c'è invece la sede del Segretariato generale del Parlamento europeo.

Il Parlamento europeo esercita il potere legislativo e il potere di bilancio - condivisi con il Consiglio dell'Unione Europea - e il potere di controllo democratico. Le principali funzioni del Parlamento europeo sono:

- l'esercizio del controllo politico sull'operato della Commissione tramite interrogazioni scritte e orali e lo strumento della mozione di censura;
- l'esame delle proposte legislative della Commissione, assieme al Consiglio dei Ministri dell'Unione Europea, nell'ambito della procedura legislativa ordinaria;
- l'approvazione del bilancio annuale dell'Unione, insieme al Consiglio dell'Unione Europea;

- la nomina del mediatore europeo;
- l'istituzione di commissioni d'inchiesta.

Il Parlamento e il Consiglio UE esercitano congiuntamente il potere legislativo e vengono spesso paragonati alle due camere di un sistema bicamerale.

Tra le differenze rispetto alle legislature nazionali è da notare però che né il Parlamento né il Consiglio hanno il potere di iniziativa legislativa, che è riservato esclusivamente alla Commissione Europea, organo esecutivo dell'Unione. Pertanto, mentre il Parlamento può modificare o respingere una proposta di legge, quest'ultima deve essere prima elaborata dalla Commissione. Questo rappresenta senz'altro uno dei punti critici per quanto riguarda il deficit democratico dell'Unione, anche se occorre notare che nei Parlamenti nazionali la stragrande maggioranza dei disegni di legge adottati è di iniziativa governativa. Il Parlamento vanta anche un importante potere di influenza indiretta, attraverso risoluzioni non vincolanti e audizioni della Commissione, incluso per ciò che riguarda la politica estera e di sicurezza comune; il Parlamento deve approvare tutte le sovvenzioni per lo sviluppo, comprese quelli per l'estero. Ad esempio, il supporto per la ricostruzione post-bellica in Iraq o gli incentivi per la cessazione dello sviluppo nucleare iraniano, sono azioni che hanno dovuto avere il sostegno da parte del Parlamento. Il sostegno parlamentare è stato anche richiesto per l'accordo di condivisione con gli Stati Uniti dei dati dei passeggeri in viaggio transatlantico. Infine, il Parlamento detiene il potere di esprimere un voto non vincolante sui nuovi trattati dell'Unione Europea, ma non può porre il veto.

Consiglio Europeo

Il Consiglio Europeo è un organismo collettivo che definisce "le priorità e gli indirizzi politici" generali dell'Unione Europea ed esamina i problemi del processo di integrazione. Comprende i capi di stato o di governo degli Stati membri dell'UE, con il presidente del Consiglio Europeo ed il presidente della Commissione Europea.

Il Consiglio Europeo ha il compito di dettare degli orientamenti generali ai quali gli organi dell'Unione Europea devono uniformarsi; a causa della generalità degli orientamenti, in genere vi è un ampio margine di discrezionalità nell'attuazione degli stessi.

Inoltre l'assenza di orientamenti in alcuni ambiti da parte del Consiglio Europeo non costituisce sempre ostacolo all'esercizio di attività delle istituzioni dell'Unione Europea, a patto che vengano rispettati i trattati comunitari. Le materie per le quali il Consiglio Europeo ha un'esclusiva competenza nella definizione degli orientamenti e delle strategie comuni sono la politica estera e la sicurezza comune (PESC); spetta poi al Consiglio dell'UE sviluppare nel dettaglio gli orientamenti e le strategie generali dettate dal Consiglio Europeo negli ambiti di cui sopra.

In altri ambiti, il Consiglio Europeo ha un ruolo assai marginale e gli orientamenti forniti in tali ambiti non risultano essere vincolanti o determinanti per l'attività delle istituzioni dell'Unione Europea. Tali ambiti risultano essere quelli della giustizia e degli affari interni (CGAI), e quelli della cooperazione di polizia e giudiziaria in materia penale.

Una funzione importante assegnata al Consiglio Europeo è data dall'art. 29 del Trattato sull'Unione Europea. In virtù di tale articolo, il Consiglio Europeo "adotta decisioni che definiscono la posizione dell'Unione su una questione particolare di natura geografica o tematica. Gli Stati membri provvedono affinché le loro politiche nazionali siano conformi alle posizioni dell'Unione". Le decisioni del Consiglio Europeo hanno in particolare vietato esportazioni, investimenti, finanziamenti o cooperazioni in alcuni campi e nei confronti di alcuni paesi.

Il Consiglio Europeo è composto dai capi di Stato o di governo dei paesi membri dell'Unione Europea e dal Presidente del Consiglio Europeo che ne presiede le sessioni; inoltre partecipa senza diritto di voto il Presidente della Commissione Europea. La scelta tra capo di Stato e di governo, quale rappresentante dello Stato membro nelle sedute del Consiglio Europeo, è definita dall'ordinamento del singolo Stato in relazione alle peculiarità del sistema istituzionale: per tale motivo, in rappresentanza dell'Italia prende parte alle riunioni il presidente del Consiglio dei ministri, capo di governo, mentre in rappresentanza della Francia il presidente della Repubblica, capo di Stato.

Consiglio dell'Unione Europea

Il Consiglio dell'Unione Europea (denominato in questo modo dal trattato di Lisbona del 2007), noto anche come Consiglio dei ministri europei, in precedenza come Consiglio speciale dei ministri, detiene - insieme al Parlamento europeo - il potere legislativo nell'Unione Europea.

In Consiglio sono rappresentati i governi dei 27 Stati membri dell'UE; esso è stato descritto da alcune fonti come una camera alta dell'organo legislativo dell'Unione, sebbene non sia questa la dicitura presente nei trattati. Ha sede principale a Bruxelles nel Palazzo Europa dal 2017 e sede secondaria nel Palazzo Justus Lipsius.

Consiglio è composto dai sensi dell'art. 16 del Trattato sull'Unione Europea, da un rappresentante di ciascuno Stato membro a livello ministeriale che possa impegnare il governo dello Stato membro, scelto in funzione della materia oggetto di trattazione. Tale ampia formulazione consente una maggiore flessibilità, e dunque una maggiore discrezionalità da parte degli Stati, rispetto alla previsione della necessaria partecipazione di un ministro: ordinamenti federali come quello tedesco, infatti, nelle materie di competenza dei singoli Länder, non hanno un unico ministro, ma un ministro per ogni Land, e la previsione della partecipazione di un "ministro" creerebbe difficoltà di individuazione.

Esso si riunisce in varie formazioni: a seconda della questione all'ordine del giorno, infatti, ciascuno Stato membro sarà rappresentato da un rappresentante a livello ministeriale responsabile di quell'argomento (affari esteri, affari sociali, trasporti, agricoltura, ecc.), più il commissario europeo responsabile del tema in esame.

La presidenza del Consiglio dei ministri è assunta a rotazione da uno Stato membro ogni sei mesi.

Il Consiglio, congiuntamente al Parlamento europeo, esercita la funzione legislativa e la funzione di bilancio; coordina le politiche economiche generali degli Stati membri;

definisce e implementa la politica estera e di sicurezza comune; conclude, a nome dell'Unione, accordi internazionali tra l'Unione e uno o più Stati o organizzazioni internazionali; coordina le azioni degli Stati membri e adotta misure nel settore della cooperazione di polizia e giudiziaria in materia penale.

La Corte di Giustizia

Garantisce che il diritto dell'UE venga interpretato e applicato allo stesso modo in ogni paese europeo, garantisce che i paesi e le istituzioni dell'Unione rispettino la normativa dell'UE. Composta da un giudice per ciascun paese dell'UE, più undici avvocati generali e due giudici per ciascun paese dell'UE.

Istituita nel 1952 con sede in Lussemburgo, interpreta il diritto dell'UE per garantire che sia applicato allo stesso modo in tutti gli Stati membri e dirime le controversie giuridiche tra governi nazionali e istituzioni dell'UE.

Può essere adita, in talune circostanze, anche da singoli cittadini, imprese o organizzazioni allo scopo di intraprendere un'azione legale contro un'istituzione dell'UE qualora ritengano che abbia in qualche modo violato i loro diritti.

La CGUE si pronuncia sui casi ad essa proposti. I tipi di casi più comuni sono:

interpretare il diritto (pronunce pregiudiziali). I tribunali nazionali degli Stati membri devono assicurare la corretta applicazione del diritto dell'UE, ma tribunali di paesi diversi potrebbero darne un'interpretazione differente. Se un giudice nazionale è in dubbio sull'interpretazione o sulla validità di una normativa dell'UE, può chiedere chiarimenti alla Corte. Lo stesso meccanismo può essere utilizzato per stabilire se una normativa o prassi nazionale sia compatibile con il diritto dell'UE;

assicurare il rispetto della legge (procedure d'infrazione). Misure di questo tipo vengono adottate nei confronti di un governo nazionale che non rispetti il diritto dell'UE. Possono essere avviate dalla Commissione Europea o da un altro paese dell'UE. Nel caso in cui il paese si dimostri inadempiente, è tenuto a porvi rimedio immediatamente, altrimenti rischia una seconda procedura, che potrebbe comportare una multa;

annullare atti giuridici dell'UE (ricorsi per annullamento). Se ritengono che un atto dell'UE violi i trattati o i diritti fondamentali, il governo di uno Stato membro, il Consiglio dell'UE, la Commissione Europea o, in taluni casi, il Parlamento europeo, possono chiedere alla Corte di annullarlo.

Anche i privati cittadini possono chiedere alla Corte di annullare un atto dell'UE che li riguardi direttamente assicurare l'intervento dell'UE (ricorsi per omissione). In talune circostanze, il Parlamento, il Consiglio e la Commissione devono prendere determinate decisioni. Se non lo fanno, i governi nazionali, altre istituzioni dell'UE e, a certe condizioni, anche i privati cittadini o le imprese possono rivolgersi alla Corte al fine di sanzionare le istituzioni dell'UE (azioni di risarcimento del danno). Qualsiasi cittadino o impresa i cui interessi siano stati lesi da un'azione o omissione dell'UE o del suo personale può citarli davanti alla Corte.

La CGUE è suddivisa in 2 sezioni:

- la Corte di Giustizia

tratta le richieste di pronuncia pregiudiziale presentate dai tribunali nazionali e alcuni ricorsi per annullamento e impugnazioni;

- il Tribunale

giudica sui ricorsi per annullamento presentati da privati cittadini, imprese e, in taluni casi, governi di paesi dell'UE. In pratica, ciò significa che questa sezione si occupa principalmente di diritto della concorrenza, aiuti di Stato, commercio, agricoltura e marchi.

Giudici e avvocati generali sono nominati congiuntamente dai governi nazionali per un mandato rinnovabile di 6 anni. I giudici di ogni sezione eleggono un presidente che resta in carica per un mandato rinnovabile di 3 anni.

Corte dei Conti Europea

Una delle sette istituzioni dell'Unione Europea, preposta all'esame dei conti di tutte le entrate e le uscite dell'Unione e dei suoi vari organi al fine di accertarne la sana gestione finanziaria.

La Corte dei Conti esamina tutte le entrate e le spese dell'Unione e dei suoi organi, controllandone la legittimità e la regolarità e accertandone la corretta gestione finanziaria. Annualmente redige una dichiarazione di affidabilità sui conti (DAS), ma può in ogni momento pubblicare relazioni speciali su problemi specifici. È consultata sulle proposte di misure nell'ambito della lotta contro le frodi fiscali e le irregolarità finanziarie. Assiste il Parlamento europeo e il Consiglio nella funzione del controllo dell'esecuzione del bilancio dell'UE. Essa non ha poteri giurisdizionali, e i suoi pareri non sono vincolanti, ma questo nulla toglie all'importanza primaria del suo compito. I membri della Corte dei Conti, uno per ciascuno Stato membro dell'Unione, sono nominati dal Consiglio tra le personalità che fanno o hanno fatto parte nei rispettivi Stati delle istituzioni di controllo esterno dei conti pubblici e che possiedono una qualifica per tale funzione. Il loro mandato è di 6 anni, rinnovabile. I membri si riuniscono in collegio, l'organo decisionale della Corte, e si esprimono a maggioranza in sedute a porte chiuse. I membri eleggono al loro interno un presidente, con mandato di 3 anni rinnovabile. Primus inter pares, il presidente della Corte ne coordina i lavori e ne garantisce il regolare funzionamento, rappresentandola nelle relazioni esterne. Inoltre i membri della Corte nominano al loro interno un segretario generale responsabile della gestione del personale e dell'amministrazione della Corte, compresa la formazione professionale, e del servizio della traduzione. La Corte si compone attualmente di 760 dipendenti. Essa è organizzata in gruppi di audit, ognuno dei quali si occupa della revisione dei conti di un determinato settore del bilancio dell'UE. I gruppi attuali sono:

- Gruppo I - Politiche agricole
- Gruppo II - Politiche strutturali e interne
- Gruppo III - Azioni esterne

- Gruppo IV - Risorse proprie, attività bancarie, spese di funzionamento, istituzioni e organismi comunitari
- Gruppo CEAD - Coordinamento, valutazione, affidabilità, sviluppo

La Commissione Europea è una delle principali istituzioni dell'Unione Europea, suo organo esecutivo e promotrice del processo legislativo. È composta da delegati (uno per ogni Stato membro dell'Unione Europea, detto Commissario), a ciascuno dei quali è richiesta la massima indipendenza decisionale dal governo nazionale che lo ha indicato. Ha la sua sede principale nel Palazzo Berlaymont a Bruxelles.

La Commissione è composta da 27 commissari (uno per stato membro compreso il presidente), scelti tra le personalità di spicco dello Stato membro di appartenenza. Tra i membri sono compresi il presidente e l'alto rappresentante dell'Unione per gli affari esteri e la politica di sicurezza (PESC) in veste di vicepresidente. Il presidente può nominare altri vicepresidenti.

I commissari non sono legati da alcun titolo di rappresentanza con lo Stato da cui provengono, in quanto i commissari devono agire nell'interesse generale dell'Unione; per tale motivo la Commissione viene definita come "organo di individui" a differenza del Consiglio qualificato come "organo di Stati". Questo principio viene sancito dall'art. 17 del Trattato sull'Unione Europea (TUE):

La durata del mandato dei membri è di 5 anni, che corrispondono alla durata delle legislature del Parlamento europeo. La procedura di nomina è disciplinata dall'art. 17 par. 7 del TUE e ha subito notevoli variazioni nel corso del tempo.

Con l'espressione "Commissione Europea" non si indica solo l'insieme dei 27 commissari, ma anche l'insieme delle strutture burocratiche che fanno loro riferimento e al personale da esse impiegato. La Commissione Europea è infatti strutturata in Direzioni Generali (DG), l'equivalente dei ministeri o dicasteri degli ordinamenti statuali, suddivisi a loro volta in direzioni e queste ultime in unità.

Ogni commissario europeo è a capo di una Direzione Generale, che prepara documenti e proposte di iniziative, ed è assistito nel suo lavoro da un gabinetto, che offre invece al commissario consigli e assistenza di tipo più strettamente politico.

e. Gli organismi internazionali e le altre organizzazioni e associazioni per la cooperazione europea: N.A.T.O

L'Organizzazione del Trattato dell'Atlantico Nord (NATO, dall'inglese North Atlantic Treaty Organization), nota anche come Alleanza atlantica, è un'organizzazione militare e politica internazionale fondata il 4 aprile 1949 con la firma del trattato di Washington, in risposta alla minaccia rappresentata dall'Unione Sovietica all'epoca della Guerra fredda.

L'Alleanza atlantica è composta da ventisette Stati membri, di cui venticinque dell'Unione Europea e due dell'America del Nord. Il Trattato di Washington è stato sottoscritto da Stati Uniti, Canada, Regno Unito, Francia, Danimarca, Islanda, Italia, Belgio, Paesi Bassi e Norvegia, e successivamente ratificato da altri quindici paesi europei e due nordamericani.

L'obiettivo principale dell'alleanza è la difesa collettiva dei suoi membri, ai quali viene garantita la difesa reciproca in caso di aggressione armata. L'articolo 5 del trattato prevede infatti che «l'aggressione armata contro uno o più degli Alleati in Europa o in America del Nord è considerata come un attacco contro tutti gli Alleati».

L'organizzazione è guidata da un Consiglio di Difesa, presieduto dal Segretario Generale dell'alleanza e composto dai ministri della Difesa dei paesi membri. L'organo decisionale dell'alleanza è invece il Comitato di rappresentanti permanenti, composto da ambasciatori o rappresentanti permanenti presso la sede dell'alleanza a Bruxelles.

L'alleanza si è sempre più allargata negli anni, coinvolgendo nuovi paesi nella sua area di azione. Dopo la fine della Guerra fredda, l'attenzione dell'alleanza si è concentrata sui conflitti regionali e sulla lotta al terrorismo internazionale, con operazioni in Bosnia, Kosovo e Afghanistan. L'11 settembre 2001 è stato un punto di svolta nella storia dell'alleanza, che ha visto l'invio di truppe NATO in Afghanistan per combattere i talebani e al-Qaeda.

I membri dell'alleanza si impegnano a consultarsi regolarmente sulla politica di difesa e a condividere le informazioni militari. L'alleanza si basa sulla solidarietà tra i suoi membri e sulla condivisione degli stessi obiettivi e valori, come la difesa della democrazia e dei diritti umani.

Come già detto, la NATO rappresenta non soltanto una mera iniziativa di cooperazione militare, ma si configura come fondamentale strumento di collaborazione politica tra i Paesi membri, soprattutto nell'ambito dei processi decisionali afferenti materie di politica estera.

Per questo motivo, la NATO ha una duplice struttura: politica e militare. In linea con quanto accade normalmente nell'ambito dei sistemi istituzionali democratici dei Paesi membri, anche in questo caso la parte militare ha una posizione subordinata rispetto a quella politica, che, nelle sue diverse articolazioni, è espressione diretta della volontà dei popoli dei Paesi membri.

Struttura politica

L'Alleanza è governata dai suoi trenta Stati membri, ognuno dei quali ha una delegazione presso la sede centrale della NATO a Bruxelles.

L'organizzazione politica della NATO è basata sulla regola del consenso unanime e comprende il Consiglio del Nord Atlantico (North Atlantic Council, NAC) o semplicemente Consiglio Atlantico: è formato dai Rappresentanti permanenti, ed è l'organismo con l'effettivo potere politico all'interno della NATO. Si riunisce almeno una volta a settimana e occasionalmente vengono realizzati con l'integrazione di Ministri degli esteri, Ministri della difesa o Capi di Stato e di governo: questi incontri sono quelli in cui solitamente l'alleanza prende le decisioni politiche più importanti;

l'Assemblea parlamentare (Parliamentary Assembly): è formata da legislatori dei parlamenti dei Paesi membri integrati da quelli di tredici paesi associati. È ufficialmente una struttura parallela, ma staccata dalla NATO: il suo scopo è quello di riunire deputati dei paesi NATO per discutere di temi relativi alla sicurezza e alla difesa;

il Segretario generale (Secretary General, NATO SG): proviene da uno dei Paesi membri europei, presiede il Consiglio e rappresenta la NATO a livello internazionale, ed è affiancato dal Vicesegretario generale (Deputy Secretary General, NATO DSC).

Struttura militare

L'organizzazione militare della NATO è articolata in vari comandi con sedi nei diversi paesi membri. Al vertice è costituita da:

Comitato militare (NMC), con sede a Bruxelles in Belgio.

È guidato da un presidente (un ufficiale generale) ed è formato dai rappresentanti militari dei Paesi membri e ha il compito di decidere le linee strategiche di politica militare della NATO. Provvede inoltre alla guida dei comandanti strategici, i cui rappresentanti partecipano alle sedute del Comitato, ed è responsabile per la conduzione degli affari militari dell'Alleanza. Il rappresentante militare è l'altra figura rilevante della delegazione permanente dei Paesi membri presso la NATO ed è un ufficiale con il grado di generale di corpo d'armata o corrispondente che proviene dalle forze armate di ciascun paese membro.

Dal Military Committee dipendono:

Stato maggiore militare internazionale (IMS), responsabile dell'amministrazione degli enti militari;

Comando alleato della trasformazione (ACT) con sede a Norfolk negli Stati Uniti, responsabile della redazione delle strategie future e dell'elaborazione della dottrina operativa, logistica e addestrativa NATO;

Comando alleato delle operazioni (ACO) con sede a Mons in Belgio, responsabile delle attività di comando sulle forze NATO impiegate in operazioni, nonché in capo agli enti territoriali dislocati in Europa.

TESI N.5

a. *L'Europa imperialista e coloniale dopo il 1878 (Congresso di Berlino)*
b. *La formazione dei blocchi contrapposti USA- URSS e le rispettive sfere d'influenza*
c. *La Costituzione: gli enti locali*
d. *Origini, evoluzione, organizzazione e funzionamento dell'Unione Europea come soggetto politico ed economico: le fonti del diritto: i principi generali, classificazione e adattamento del diritto interno al diritto dell'Unione*
e. *Gli organismi internazionali e le altre organizzazioni e associazioni per la cooperazione europea: W.T.O., E.F.T.A.*

a. L'Europa imperialista e coloniale dopo il 1878 (congresso di Berlino)

Il **Congresso di Berlino** si svolse dal 13 giugno al 13 luglio 1878. Promosso dall'Austria e accettato dalle altre potenze europee, fu organizzato dal **Cancelliere tedesco Bismarck** all'interno della sua politica di **"equilibrio europeo"** che mirava a scongiurare una guerra generalizzata in cui la Germania potesse perdere la sua unità, faticosamente raggiunta nel 1871.

Il congresso venne convocato per apportare delle modifiche al **trattato di Pace di Santo Stefano**, grazie al quale la **Russia** aveva accresciuto il suo potere nei **Balcani**. In particolare, il **Congresso di Berlino rettificò**, rispetto alla Pace di Santo Stefano, la destinazione dei territori **turchi** in Europa, riconfigurò il territorio della nascente **Bulgaria**, Stato satellite della Russia, ridefinì l'influenza austriaca sulla **Bosnia** e confermò l'indipendenza della **Romania**, della **Serbia** e del **Montenegro**.

A differenza delle azioni militari che a partire dal XVI secolo miravano semplicemente a occupare nuovi territori e dominare popolazioni considerate inferiori, **il colonialismo** degli anni 1870-1914 fu uno **strumento dell'imperialismo**, cioè della pretesa da parte delle potenze europee di imporre la propria supremazia, comportandosi come imperi egemoni. **L'imperialismo** ebbe come scopi principali il predominio politico sulle potenze rivali e il prestigio internazionale; il controllo delle materie prime e delle fonti energetiche dei paesi sottomessi; lo sfruttamento della loro manodopera locale; l'assorbimento del surplus demografico e la ricerca di nuovi mercati per la produzione europea. Pur ponendosi in continuità con l'espansione secolare dell'Occidente europeo, nutrito da ideologie **imperialiste** e **nazionaliste** il colonialismo raggiunse nell'Ottocento dimensioni inedite, globalizzando i legami economici e culturali. Al fascino per l'esotico si unì la **pretesa superiorità dell'Occidente**, alimentata da ideologie **nazionaliste**, **razziste** e improntate a un paternalismo che interpretava le invasioni come **missioni civilizzatrici**. Per i paesi colonizzati le **conseguenze dell'imperialismo** furono diverse: l'importazione di tecnologie; lo sfruttamento economico; la contaminazione culturale; la nascita di una profonda ostilità verso gli occidentali.

L'Africa, fino a quel momento inesplorata in gran parte, divenne l'**obiettivo prediletto degli stati europei**, ma questi si diressero anche verso l'**Asia**, intervenendo sugli equilibri di entrambi i continenti. Sin dal XVIII secolo la **Gran Bretagna** controllava il **più vasto impero coloniale del mondo** e, nonostante l'indipendenza degli Stati Uniti, il suo predominio era ancora saldo. Nella seconda metà dell'Ottocento, inoltre, si ampliò ulteriormente con l'acquisizione di nuovi territori in **Africa, in Asia e nel Pacifico**. Tra gli anni Ottanta e Novanta dell'Ottocento la Gran Bretagna istituì protettorati o domini diretti in Egitto e Sudan, in Kenya e Uganda, in Rhodesia e altri territori in Africa meridionale, in Afghanistan, nelle isole Fiji, Papua e Borneo. Alle quattro principali colonie (ossia Australia, Canada, Nuova Zelanda e Unione sudafricana) vennero concesse **forme di governo autonomo**. In **India**, sotto il controllo inglese dal Seicento, ci furono **principati formalmente autonomi** amministrati da dinastie locali, ma in realtà **sottoposti all'autorità britannica**. Dal 1876 i sovrani inglesi assunsero il titolo di **imperatori d'India**.

Il **secondo impero più grande** fu quello **francese**, che durante il XIX secolo allargò i suoi territori tentando di recuperare quelli persi nelle sconfitte belliche dei secoli precedenti. Nel 1830 la Francia occupò l'Algeria, nel 1881 la Tunisia e nel 1912 il Marocco, assicurandosi una posizione strategica in Nord Africa e nel Mediterraneo. Altre conquiste francesi riguardavano l'Africa equatoriale dove estendeva il suo dominio su Senegal, Sudan francese (Mali), Gabon e Costa d'Avorio, Mauritania, Burkina Faso, Niger, Gabon e Congo francese; inoltre, sul versante asiatico, la sovranità francese riguardava principalmente la Cocincina (Vietnam del sud), Cambogia, Laos, Madagascar, Polinesia francese, Nuova Caledonia.

Per regolamentare la crescente febbre imperialista, la **Conferenza di Berlino** del 1884 stabilì la **spartizione del continente** tra le varie potenze europee attraverso alcuni confini arbitrari, senza tenere in nessun conto le volontà delle varie etnie locali. La Conferenza fu voluta dal Cancelliere tedesco Otto von Bismarck e dalla Francia allo scopo di regolare le molteplici iniziative europee nell'area del Bacino del fiume Congo. Tuttavia, la conferenza consentì, seppure non negli atti ufficiali, alle potenze europee di **rivendicare possedimenti all'interno delle zone costiere occupate**, il che portò alla cosiddetta "**corsa all'Africa**".

Riguardo, infine, alle **potenze coloniali minori**, il continente africano vide anche la presenza **tedesca** fino alla Prima guerra mondiale sugli attuali stati del Togo, Camerun, Tanzania e Namibia, quella **italiana** in Eritrea, Somalia e, successivamente, in Libia e in Etiopia; il **Belgio** estese tradizionalmente la sua sovranità sul Congo, all'epoca chiamato appunto Congo belga e, infine, il colonialismo **portoghese** fu concentrato, fino agli anni Settanta, sull'Angola e il Mozambico.

Da notare, infine, come l'imperialismo venga generalmente fatto rientrare tra le **cause di avvicinamento degli stati europei al primo conflitto mondiale**, a causa degli attriti fra le varie potenze generati dalle frizioni derivanti dalla lotta ai possedimenti coloniali.

b. La formazione dei blocchi contrapposti USA-URSS e le rispettive sfere d'influenza

La **Guerra Fredda**, periodo che caratterizza le relazioni internazionali fra la fine della

Seconda Guerra Mondiale e il 1991, ha caratterizzato non solo la **politica internazionale**, ma anche **la politica interna** di numerosi Paesi. **Stati Uniti e Unione Sovietica si sono sfidati su tutti i livelli** e in quegli anni non c'era evento internazionale che non fosse influenzato, in modo più o meno diretto, dalla loro contrapposizione. Il confronto è terminato solo quando una delle due superpotenze, l'**URSS**, è crollata. La Guerra Fredda ha rappresentato un durissimo confronto **politico, economico, ideologico** e **militare** che ha condizionato la totalità della politica internazionale nella seconda metà del Novecento. Il termine "fredda", all'interno dell'espressione "Guerra fredda", fa riferimento al fatto che non **vi sia stato un vero e proprio scontro militare diretto tra le due parti**.

Dopo la Seconda Guerra Mondiale, USA e URSS, che avevano combattuto come alleati, emersero come i **due Paesi più potenti**: gli altri vincitori, Regno Unito e Francia, per varie ragioni persero la centralità nelle dinamiche geopolitiche che avevano avuto fino ad allora. USA e URSS erano Paesi **molto diversi tra loro**, ma entrambi desideravano affermare il proprio potere nelle dinamiche mondiali e ognuno temeva che l'altro potesse rafforzarsi troppo. Era pressoché inevitabile, pertanto, che si sviluppassero tensioni. A questo si aggiunse l'**ideologia**, dato che nei due Paesi erano in vigore sistemi politici ed economici completamente diversi: negli **Stati Uniti** vigevano **il liberismo economico e la democrazia politica**; in **Unione Sovietica il comunismo reale e lo statalismo** (regime di economia pianificata). Ognuno dei due era convinto della superiorità del proprio sistema e cercava di diffonderlo nel mondo, sia per ragioni ideologiche, quanto per avere alleati fidati. Dopo la Seconda Guerra Mondiale, l'Europa si trovò divisa in due blocchi: la **parte occidentale**, che era stata occupata dagli eserciti alleati, entrò nell'orbita degli Stati Uniti, formando la cosiddetta **alleanza atlantica**. Nel 1949, in particolare, nacque un'alleanza militare tutt'oggi in vita, la **NATO**. Nella parte **orientale**, invece, occupata dall'Armata rossa durante la guerra, furono fondate delle **repubbliche socialiste** che si avvicinarono a Mosca, il cosiddetto **blocco sovietico**, e nel 1955 costituirono l'alleanza militare nota come **Patto di Varsavia**. Tra le due parti d'Europa si creò una barriera politico-ideologica che fu definita **cortina di ferro**. La Guerra Fredda arrivò all'interno dei singoli Paesi, in molti dei quali vi erano partiti politici che sostenevano un blocco e partiti che ne sostenevano un altro, come avvenne anche in Italia. Il confronto, però, non interessò solo l'Europa, ma quasi tutto il mondo, perché USA e URSS cercavano di estendere la propria influenza su ogni area del pianeta. Nel 1949, inoltre, un altro grande Paese, la **Cina**, divenne comunista e si avvicinò a Mosca, sebbene i rapporti tra i due giganti "rossi" siano sempre rimasti complessi.

Uno dei **primi momenti di tensione** tra USA e URSS riguardò la crisi relativa al **blocco di Berlino** del 1948. La **Germania**, dopo la sconfitta, era stata divisa in **quattro zone di occupazione** (USA, Francia, Regno Unito e URSS, ma le prime tre furono unificate nel 1947) e **la città di Berlino**, che si trovava geograficamente nella zona di occupazione sovietica, era a sua volta divisa in quattro settori, i tre alleati occidentali a ovest e quello russo a est. Nel 1948 l'**URSS** decise di **chiudere tutte le strade di collegamento** fra Berlino Ovest e la Germania Occidentale. **Gli Usa** reagirono con forza, organizzando un gigantesco **ponte aereo** che rifornì la parte occidentale della città con centinaia di voli quotidiani, fino a quando, nel 1949, **Stalin accettò di rimuovere il blocco**. La crisi veniva vinta dagli occidentali grazie alla prova di forza americana, ma la vicenda convinse l'occidente che **l'URSS** rimaneva una **minaccia incombente** e vennero quindi accelerati i tempi per la realizzazione di una alleanza militare in chiave antisovietica, la **Nato**, che venne fondata il 4 aprile 1949.

La divisione in Europa si cristallizzò e **la Germania restò divisa in due parti** che nel **1949** divennero due veri e propri Stati: la **Repubblica federale tedesca**, legata agli USA, e la **Repubblica democratica tedesca**, inserita nel blocco sovietico. Riguardo Berlino, nel 1961, visto il numero sempre maggiore di cittadini che fuggiva dall'Est per raggiungere la parte Ovest, le autorità della Germania orientale e dell'URSS decisero di erigere il famigerato **muro** che avrebbe diviso fino al 1989 i berlinesi e che inevitabilmente finì per diventare il simbolo della Guerra Fredda.

Intanto, il confronto era proseguito nei primi anni '50 in Asia. **La Penisola coreana** nel 1945 era stata divisa in due stati: **il sud appoggiato dagli Stati Uniti** e la **Corea del nord sotto l'influenza sovietica** e, a partire dal 1949, dalla Repubblica popolare cinese. Fu proprio Pechino a fare pressioni sul governo nordcoreano che nel 1950 attaccò il sud, dando vita al **primo vero conflitto dopo la Seconda guerra mondiale**, la **Guerra di Corea**, che si concluse nel 1953 con l'intervento dell'ONU. Il confine venne nuovamente riportato lungo il trentottesimo parallelo, ma il rischio di un'escalation nucleare era stato davvero alto. La tensione, tuttavia, raggiunse l'apice nel 1962 con la **crisi dei missili di Cuba** che portò il mondo sull'orlo della **guerra nucleare.** Dal 1959 l'isola aveva un **governo comunista e filosovietico** e il suo Presidente, **Fidel Castro**, aveva accettato nel 1962 l'installazione di missili sovietici a poche centinaia di chilometri dalle coste degli Stati Uniti. Per fortuna la reazione del **Presidente Kennedy** fu molto razionale e in quell'occasione venne inaugurata una linea diretta di comunicazione con Mosca che le due superpotenze non avrebbero più abbandonato.

La Guerra Fredda comportò l'investimento di enormi risorse in **armamenti** da parte di entrambe le parti in causa. L'arma più importante fu la **bomba atomica**, costruita dagli Stati Uniti nel corso della Seconda Guerra Mondiale e dall'Unione Sovietica nel 1949. La corsa verso armi sempre più potenti fece sì che fossero costruiti **arsenali atomici** sufficienti a cancellare potenzialmente la vita dal Pianeta. Dagli anni '50, pertanto, la **guerra nucleare** entrò nell'immaginario collettivo, diventando una **preoccupazione diffusa** in tutto il mondo. Tra USA e URSS si instaurò un **equilibrio del terrore** che, paradossalmente, garantì che la Guerra Fredda non si trasformasse in uno scontro diretto: entrambi i contendenti divennero consci del fatto che un conflitto militare sarebbe stato troppo distruttivo anche per il vincitore.

Il confronto est-ovest si misurò anche nella corsa allo spazio: i due Paesi, sempre più avanzati sul piano tecnologico, promossero, a partire dagli anni Cinquanta, **l'esplorazione spaziale** sia per ragioni militari sia di prestigio e anche questo campo di confronto divenne momento di tensione e contrapposizione. Fra il 1957 e il 1962 furono i **sovietici a prevalere in campo spaziale** con il lancio del primo **satellite artificiale** (lo Sputnik), il lancio del primo **essere vivente nello spazio (la cagnetta Laika)**, il primo **uomo (Yuri Gagarin)** e la prima **donna (Valentina Tereskova)**. I conseguenti investimenti americani per reggere il passo portarono i frutti solo tardivamente, quando nel 1969 furono **gli Stati Uniti a sbarcare per primi sulla luna**.

I momenti di tensione si alternavano a momenti di distensione, ma per tutta la durata della Guerra Fredda nel mondo ebbero luogo conflitti nei quali **le due superpotenze erano coinvolte in maniera più o meno diretta**. L'URSS invase **l'Ungheria** nel 1956 e la **Cecoslovacchia** nel 1968, per evitare che i due Paesi allentassero il loro legame con il Patto di Varsavia. Gli USA sostennero in tutto il mondo i partiti più vicini alle loro posizioni, talvolta instaurando brutali dittature e in alcuni casi intervennero con le proprie forze armate, come in **Vietnam**, guerra nella quale rimasero impantanati fra il 1964 e il 1975, anno in cui vi fu la riunificazione dei due stati vietnamiti sotto un unico regime comunista. Washington usciva **sconfitta per la prima volta** da un conflitto bellico e la ferita non si sarebbe rimarginata così in fretta a causa del fardello politico e sociale che tale evento lasciò nella società americana degli anni Settanta e Ottanta. In molti casi ebbero luogo "**guerre per procura**": le due superpotenze non si combattevano direttamente, ma sostenevano i nemici dei loro avversari. Lo fecero, per esempio, i russi in **Vietnam** e gli americani in **Afghanistan**, dopo che questo fu invaso dall'URSS nel 1979.

Non tutti i Paesi del mondo, però, aderirono a uno dei due blocchi: nel 1955 fu fondato il **Movimento dei paesi non allineati**, composto da India, Indonesia, Jugoslavia, da quasi tutta l'Africa e da vari altri Stati, che intendeva mantenersi equidistante fra i due poli. Nei fatti, però, tutti i Paesi subirono in qualche modo le ingerenze delle due superpotenze. L'inizio degli '80 fu un periodo di forte tensione e nel 1983 **un'esercitazione della NATO in Europa**, l'operazione Able Archer, fece temere ai sovietici che stesse per essere lanciato un attacco nucleare contro di loro. Il mondo fu di nuovo sull'orlo della guerra atomica anche se, a differenza della crisi di Cuba, le notizie non divennero di pubblico dominio e pertanto non si diffuse il panico. La situazione cambiò dopo il 1985, quando alla guida dell'URSS giunse **Michail Gorbačëv**, il più giovane dirigente politico della storia sovietica di sensibilità liberale, che avviò una politica di grandi riforme economiche e politiche all'interno del paese e avviò una fase distensiva nei rapporti con l'Occidente. Il sistema sovietico per molti aspetti si era dimostrato arretrato rispetto al rivale americano, in particolare a causa dello scarso tenore di vita dei cittadini e della mancanza di libertà civili. Paradossalmente quindi, fu proprio **l'esigenza di riformare la complessa macchina sovietica** che, come conseguenza maggiore, ebbe **l'allentamento della tensione e del controllo** di Mosca sui paesi del **blocco orientale**. Così, a partire dal 1989 i regimi comunisti dell'Europa orientale caddero uno dopo l'altro e nel novembre del 1989 **il Muro di Berlino fu abbattuto**, aprendo la strada alla riunificazione della Germania. Nel 1991 la stessa **URSS si dissolse** e le **repubbliche** che la componevano divennero **Stati indipendenti**. La Guerra Fredda si andò così esaurendo e il mondo tornò ad essere multipolare, anche se **condizionato in gran parte dall'unica vera superpotenza rimasta: gli Stati Uniti**.

c. La Costituzione: gli enti locali

Un ente locale è un ente pubblico di governo o amministrazione locale la cui competenza è limitata entro un determinato ambito territoriale (ad esempio una circoscrizione).

Tali organi perseguono interessi pubblici propri di tale circoscrizione. Agli enti locali si contrappongono gli enti nazionali che hanno organi la cui competenza si estende su tutto il territorio statale o che, pur essendo destinati ad operare in un ambito territoriale limitato, perseguono nondimeno interessi pubblici di portata nazionale.

In quanto enti pubblici, gli enti locali possono essere dotati di potestà amministrative (autarchia) e normative (autonomia). L'attribuzione di funzioni agli enti locali realizza il cosiddetto decentramento autarchico, che si contrappone al decentramento burocratico nel quale, invece, le funzioni sono attribuite ad organi periferici di dicasteri statali (o di un ente locale più ampio).

Nell'ordinamento italiano il termine ente locale è usato, oltre che con il significato più generale di cui si è detto, con un significato più specifico, derivato dall'uso che ne fa il legislatore, per riferirsi alle autonomie territoriali diverse dalla regione: comuni, province e città metropolitane, previsti dall'art. 114 della Costituzione, nonché comunità montane, comunità isolane, unioni di comuni.

«La Repubblica è costituita dai Comuni, dalle Province, dalle Città metropolitane, dalle Regioni e dallo Stato. I Comuni, le Province, le Città metropolitane e le Regioni sono enti autonomi con propri statuti, poteri e funzioni secondo i principi fissati dalla Costituzione.»

(Art. 114 della Costituzione (dopo la riforma del 2001))

Il territorio nazionale è diviso in Comuni; questi a loro volta sono raggruppati in Province, ulteriormente raggruppate in Regioni. Fa eccezione la Valle d'Aosta, dove la provincia è stata soppressa e la regione è direttamente suddivisa in comuni; formalmente anche la Sicilia ha soppresso le province, sostituendole con altrettante province regionali che hanno natura di liberi consorzi di comuni. Le province di Torino, Milano, Venezia, Genova, Bologna, Firenze, Roma, Bari, Napoli, Palermo, Reggio Calabria, Catania, Messina, Trieste, Cagliari e Sassari sono state sostituite dalle corrispettive città metropolitane, che alle funzioni delle ex province aggiungono alcune funzioni spettanti ai comuni a livello sovracomunale.

Le regioni trovano la loro disciplina nella Costituzione e nei rispettivi statuti che, in armonia con la Costituzione, ne determinano la forma di governo e i principi fondamentali di organizzazione e funzionamento. Le regioni sono dotate di autonomia statutaria, legislativa e regolamentare. Il Friuli-Venezia Giulia, la Sardegna, la Sicilia, il Trentino-Alto Adige e la Valle d'Aosta dispongono di forme e condizioni particolari di autonomia, secondo i rispettivi statuti speciali adottati con legge costituzionale (sono le cosiddette regioni a statuto speciale).

Le città metropolitane, le province e i comuni, sono invece disciplinati dalla Costituzione e, per quanto attiene la legislazione elettorale, gli organi di governo e le funzioni fondamentali, dalla legge statale (attualmente il D.lgs. 18 agosto 2000, n. 267, Testo unico delle leggi sull'ordinamento degli enti locali - TUEL), nonché dai rispettivi statuti, che, nell'ambito dei principi fissati dal predetto testo unico, stabiliscono le norme fondamentali dell'organizzazione dell'ente. Tali enti sono dotati di autonomia statutaria e regolamentare. Fanno eccezione le province autonome di Trento e Bolzano che hanno la loro disciplina nello statuto regionale del Trentino-Alto Adige e dispongono di particolare autonomia, anche legislativa.

Da quanto detto emerge la contrapposizione tra le regioni (e le province autonome di Trento e Bolzano), da una parte, e gli altri enti territoriali dall'altra, giacché solo le prime sono dotate di autonomia legislativa. Va peraltro rilevato che anche comuni, province e città metropolitane, pur mancando di autonomia legislativa, dispongono di una rilevante autonomia nel definire il proprio indirizzo politico (cosiddetta autonomia politica), che può quindi divergere da quello dello stato (o della regione); anch'essi, pertanto, come le regioni, appartengono alla categoria degli enti autonomi.

Un comune, nell'ordinamento giuridico della Repubblica Italiana, è un ente locale territoriale autonomo. Formatosi praeter legem secondo i princìpi consolidatisi nei comuni medievali, è previsto dall'art. 114 della costituzione della Repubblica Italiana. Può essere suddiviso in frazioni, le quali possono a loro volta avere un limitato potere grazie a delle apposite assemblee elettive. Un comune può altresì avere il titolo di città. La disciplina generale è contenuta nel decreto legislativo 18 agosto 2000, n. 267 e ha come organi politici il consiglio comunale, la giunta comunale e il sindaco. Ogni comune appartiene a una provincia, ma la provincia non fa da tramite nei rapporti con la regione e questa in quelli con lo Stato a livello gerarchico, poiché esso, essendo dotato di personalità giuridica, può avere rapporti diretti con la regione e con lo Stato. Tutti gli enti locali sopra citati disciplinano, con proprio regolamento, in conformità allo statuto, l'ordinamento generale degli uffici e dei servizi, in base a criteri di autonomia, funzionalità ed economicità di gestione e secondo i principi di professionalità e responsabilità.

I comuni devono avere un proprio statuto comunale e possono ripartire il proprio territorio in circoscrizioni al fine di assicurare alla popolazione una più diretta partecipazione all'amministrazione. Alla circoscrizione sono delegati poteri che vanno di là dalla mera funzione consultiva (per la quale possono essere previsti nello statuto del comune, appositi comitati o consulte di quartiere). La legge finanziaria per l'anno 2007 ha modificato i termini per la costituzione delle circoscrizioni, rendendole obbligatorie in comuni con una popolazione superiore a 250 000 abitanti (non più 100 000) e opzionali, invece, ove la popolazione è compresa tra 100 000 e 250 000 abitanti (prima l'intervallo era 30000–100000 abitanti).

Un comune può avere una, nessuna o più frazioni, essere un comune sparso, essere suddiviso in circoscrizioni o avere un'exclave a livello territoriale. I comuni possiedono inoltre una classificazione climatica e sismica del proprio territorio ai fini di prevenzione e protezione civile. Appartengono al comune e sono da esso gestite tutte le strutture cosiddette comunali ovvero scuole, strutture sportive e culturali quali biblioteche comunali, teatri, ecc.

L'organizzazione amministrativa di un comune è fissata dal Decreto legislativo 18 agosto 2000, n. 267 (TUEL) assieme a quello degli altri enti locali.

A capo del comune vi è il sindaco, democraticamente eletto tramite elezioni comunali a suffragio universale tra tutti i cittadini comunali aventi diritto al voto (età maggiore di 18 anni), con poteri esecutivi assieme alla giunta comunale, organo collegiale composto da un numero variabile di assessori comunali da lui nominati in rappresentanza delle forze politiche che lo appoggiano (equivalente del consiglio dei ministri e del capo del governo a livello statale). Il sindaco risiede nel municipio durante il suo operato con un mandato che dura 5 anni a meno di dimissioni o decesso.

A supervisione di tutto vi è il consiglio comunale, organo collegiale equivalente del Parlamento a livello statale, composto da consiglieri comunali in rappresentanza di tutte le forze politiche del territorio con funzioni di approvazione del bilancio comunale, delle delibere e provvedimenti emessi dal sindaco/giunta (es. ordinanze). Oltre alla figura di assessore e consigliere, altra figura chiave a livello amministrativo è quella del segretario comunale. L'attività amministrativa si svolge tipicamente nel Palazzo del Municipio che funge anche da luogo con le relazioni dirette con i cittadini.

Spesso i comuni appartengono a unioni di comuni quali comunità collinari, comunità montane e comunità isolane, oppure rientrano in aree di città metropolitane. Storicamente a livello locale sono nati movimenti politici apartitici dette Liste civiche. Al comune, o in forma associata, fanno capo gli organi di Polizia municipale (vigili) per il controllo del rispetto delle norme del Codice della Strada e le forze addette alla pulizia delle strade e dello smaltimento dei rifiuti. Un comune con i suoi organi di amministrazione può essere commissariato per cattiva amministrazione. La promozione del territorio è affidata invece a enti di promozione e associazioni culturali locali come le Pro Loco. La gestione dei rifiuti è una delle funzioni di amministrazione di un Comune.

In quanto dotato di autonomia amministrativa e finanziaria nei limiti fissati da Costituzione e TUEL, il comune è responsabile dell'amministrazione del territorio per quanto riguarda:

- definizione e rispetto del bilancio comunale annuale
- definizione e rispetto del piano regolatore generale comunale
- ordine pubblico e pubblica sicurezza
- gestione viabilità strade comunali
- gestione edifici pubblici
- smaltimento dei rifiuti
- gestione criticità legate a maltempo e calamità naturali

Qualora alcune di queste funzioni vengano meno per effetto ad esempio di calamità naturali, il sindaco può chiedere l'intervento della prefettura. Per tutte le sue funzioni amministrative ogni comune dispone di un budget finanziario annuale da parte dello Stato. Le modalità di ripartizione dei fondi del bilancio comunale sono oggetto di discussione e approvazione da parte del consiglio comunale dopo le richieste di avanzamento da parte della giunta comunale sotto forma di deliberazione.

La provincia, in Italia, è un ente locale territoriale di area vasta il cui territorio è per estensione inferiore a quello della regione della quale fa parte, ed è superiore a quello dei comuni che sono compresi nella sua circoscrizione.

La disciplina delle province è contenuta nel titolo V della parte II della Costituzione e in fonti primarie e secondarie che attuano il disposto costituzionale. Tutte le province, tranne quelle autonome di Trento e di Bolzano che godono di autonomia speciale, e la Valle d'Aosta dove le funzioni provinciali sono svolte dalla Regione, fanno parte dell'UPI, l'Unione delle province d'Italia, associazione cui aderiscono anche le città metropolitane. Molte province collocano sopra il proprio stemma una corona costituita da un cerchio d'oro gemmato con le cordonature lisce ai margini e racchiudente due rami al naturale, uno di alloro e uno di quercia, uscenti decussati dalla corona e ricadenti all'infuori. Tale usanza non è tuttavia obbligatoria, essendo in diversi casi sostituita da coronature principesche o da drappi sovrastati da corone turrite o del tutto assente.

La città metropolitana è uno degli enti locali territoriali presenti nella Costituzione Italiana, all'articolo 114, dopo la riforma del 2001 (legge costituzionale n° 3/2001). La legge del 7 aprile 2014, n° 56 recante "Disposizioni sulle città metropolitane, sulle province, sulle unioni e fusioni di comuni" ne disciplina l'istituzione in sostituzione alle province come ente di area vasta, nelle regioni a statuto ordinario.

Gli organi della città metropolitana

il sindaco metropolitano: è di diritto il sindaco del comune capoluogo. Ha la rappresentanza dell'ente, convoca e presiede il consiglio metropolitano e la conferenza metropolitana, sovrintende al funzionamento dei servizi e degli uffici e all'esecuzione degli atti ed esercita le funzioni attribuite dallo statuto; ha potere di proposta per ciò che attiene al bilancio dell'ente;

il consiglio metropolitano: è composto dal sindaco metropolitano e da un numero di consiglieri variabile in base alla popolazione residente (minimo 14 e massimo 24 consiglieri). È un organo elettivo di secondo grado, scelto con un sistema proporzionale per liste: hanno diritto di elettorato attivo e passivo i sindaci e i consiglieri dei comuni della città metropolitana. La cessazione dalla carica comunale comporta la decadenza da consigliere metropolitano. Il Consiglio dura in carica cinque anni: tuttavia, in caso di rinnovo del consiglio del comune capoluogo, si procede comunque a nuove elezioni del consiglio metropolitano entro sessanta giorni dalla proclamazione del sindaco. È l'organo di indirizzo e controllo, approva regolamenti, piani, programmi e approva o adotta ogni altro atto ad esso sottoposto dal sindaco metropolitano ed esercita le altre funzioni attribuite dallo statuto; ha altresì potere di proposta sullo statuto e sulle sue modifiche e poteri decisori finali per l'approvazione del bilancio.

la conferenza metropolitana: è composta dal sindaco metropolitano, che la convoca e presiede, e dai sindaci dei comuni della città metropolitana. È competente per l'adozione dello statuto e ha potere consultivo per l'approvazione dei bilanci; lo statuto può attribuirle altri poteri propositivi e consultivi Roma Capitale è l'ente territoriale speciale, dotato di particolare autonomia, che amministra il territorio comunale della città di Roma in quanto capitale della Repubblica Italiana.

Istituito nel 2010 in attuazione dell'articolo 114 comma 3 della Costituzione, l'ente ha soppiantato il preesistente comune di Roma, lasciando comunque invariati i confini amministrativi e il livello di governo.

Titolo V
Le regioni, le provincie, i comuni.

Art. 114
La Repubblica è costituita dai Comuni, dalle Province, dalle Città metropolitane, dalle Regioni e dallo Stato.

I Comuni, le Province, le Città metropolitane e le Regioni sono enti autonomi con propri statuti, poteri e funzioni secondo i princìpi fissati dalla Costituzione. Roma è la capitale della Repubblica. La legge dello Stato disciplina il suo ordinamento.

Art.115 è abrogato

Art. 116
Il Friuli Venezia Giulia, la Sardegna, la Sicilia, il Trentino-Alto Adige/Südtirol e la Valle d'Aosta/Vallée d'Aoste dispongono di forme e condizioni particolari di autonomia, secondo i rispettivi statuti speciali adottati con legge costituzionale. La Regione Trentino-Alto Adige/Südtirol è costituita dalle Province autonome di Trento e di Bolzano.

Ulteriori forme e condizioni particolari di autonomia, concernenti le materie di cui al terzo comma dell'articolo 117 e le materie indicate dal secondo comma del medesimo articolo alle lettere l), limitatamente all'organizzazione della giustizia di pace, n) e s), possono essere attribuite ad altre Regioni, con legge dello Stato, su iniziativa della Regione interessata, sentiti gli enti locali, nel rispetto dei princìpi di cui all'articolo 119.

La legge è approvata dalle Camere a maggioranza assoluta dei componenti, sulla base di intesa fra lo Stato e la Regione interessata.

Art. 117
La potestà legislativa è esercitata dallo Stato e dalle Regioni nel rispetto della Costituzione, nonché dei vincoli derivanti dall'ordinamento comunitario e dagli obblighi internazionali.

Lo Stato ha legislazione esclusiva nelle seguenti materie:

a) politica estera e rapporti internazionali dello Stato; rapporti dello Stato con l'Unione Europea; diritto di asilo e condizione giuridica dei cittadini di Stati non appartenenti all'Unione Europea;

b) immigrazione;

c) rapporti tra la Repubblica e le confessioni religiose;

d) difesa e Forze armate; sicurezza dello Stato; armi, munizioni ed esplosivi;

e) moneta, tutela del risparmio e mercati finanziari; tutela della concorrenza; sistema valutario; sistema tributario e contabile dello Stato; armonizzazione dei bilanci pubblici; perequazione delle risorse finanziarie;

f) organi dello Stato e relative leggi elettorali; referendum statali; elezione del Parlamento europeo;

g) ordinamento e organizzazione amministrativa dello Stato e degli enti pubblici nazionali;

h) ordine pubblico e sicurezza, ad esclusione della polizia amministrativa locale;

i) cittadinanza, stato civile e anagrafi;

l) giurisdizione e norme processuali; ordinamento civile e penale; giustizia amministrativa;

m) determinazione dei livelli essenziali delle prestazioni concernenti i diritti civili e sociali che devono essere garantiti su tutto il territorio nazionale;

n) norme generali sull'istruzione;

o) previdenza sociale;

p) legislazione elettorale, organi di governo e funzioni fondamentali di Comuni, Province e Città metropolitane;

q) dogane, protezione dei confini nazionali e profilassi internazionale;

r) pesi, misure e determinazione del tempo; coordinamento informativo statistico e informatico dei dati dell'amministrazione statale, regionale e locale; opere dell'ingegno;

s) tutela dell'ambiente, dell'ecosistema e dei beni culturali.

Sono materie di legislazione concorrente quelle relative a:

rapporti internazionali e con l'Unione Europea delle Regioni;

commercio con l'estero;

tutela e sicurezza del lavoro;

istruzione, salva l'autonomia delle istituzioni scolastiche e con esclusione della istruzione e della formazione professionale;

professioni;

ricerca scientifica e tecnologica e sostegno all'innovazione per i settori produttivi;

tutela della salute;

alimentazione;

ordinamento sportivo;

protezione civile;

governo del territorio;

porti e aeroporti civili;

grandi reti di trasporto e di navigazione;

ordinamento della comunicazione;

produzione, trasporto e distribuzione nazionale dell'energia;

previdenza complementare e integrativa;

coordinamento della finanza pubblica e del sistema tributario;

valorizzazione dei beni culturali e ambientali e promozione e organizzazione di attività culturali;

casse di risparmio, casse rurali, aziende di credito a carattere regionale;

enti di credito fondiario e agrario a carattere regionale.

Nelle materie di legislazione concorrente spetta alle Regioni la potestà legislativa, salvo che per la determinazione dei princìpi fondamentali, riservata alla legislazione dello Stato. Spetta alle Regioni la potestà legislativa in riferimento ad ogni materia non espressamente riservata alla legislazione dello Stato.

Le Regioni e le Province autonome di Trento e di Bolzano, nelle materie di loro competenza, partecipano alle decisioni dirette alla formazione degli atti normativi comunitari e provvedono all'attuazione e all'esecuzione degli accordi internazionali e degli atti dell'Unione Europea, nel rispetto delle norme di procedura stabilite da legge dello Stato, che disciplina le modalità di esercizio del potere sostitutivo in caso di inadempienza.

La potestà regolamentare spetta allo Stato nelle materie di legislazione esclusiva, salva delega alle Regioni.

La potestà regolamentare spetta alle Regioni in ogni altra materia.

I Comuni, le Province e le Città metropolitane hanno potestà regolamentare in ordine alla disciplina dell'organizzazione e dello svolgimento delle funzioni loro attribuite.

Le leggi regionali rimuovono ogni ostacolo che impedisce la piena parità degli uomini e delle donne nella vita sociale, culturale ed economica e promuovono la parità di accesso tra donne e uomini alle cariche elettive.

La legge regionale ratifica le intese della Regione con altre Regioni per il migliore esercizio delle proprie funzioni, anche con individuazione di organi comuni.

Nelle materie di sua competenza la Regione può concludere accordi con Stati e intese con enti territoriali interni ad altro Stato, nei casi e con le forme disciplinati da leggi dello Stato.

Art. 118

Le funzioni amministrative sono attribuite ai Comuni salvo che, per assicurarne l'esercizio unitario, siano conferite a Province, Città metropolitane, Regioni e Stato, sulla base dei princìpi di sussidiarietà, differenziazione ed adeguatezza.

I Comuni, le Province e le Città metropolitane sono titolari di funzioni amministrative proprie e di quelle conferite con legge statale o regionale, secondo le rispettive competenze.

La legge statale disciplina forme di coordinamento fra Stato e Regioni nelle materie di cui alle lettere b) e h) del secondo comma dell'articolo 117, e disciplina inoltre forme di intesa e coordinamento nella materia della tutela dei beni culturali.

Stato, Regioni, Città metropolitane, Province e Comuni favoriscono l'autonoma iniziativa dei cittadini, singoli e associati, per lo svolgimento di attività di interesse generale, sulla base del principio di sussidiarietà.

Art. 119

I Comuni, le Province, le Città metropolitane e le Regioni hanno autonomia finanziaria di entrata e di spesa, nel rispetto dell'equilibrio dei relativi bilanci, e concorrono ad assicurare l'osservanza dei vincoli economici e finanziari derivanti dall'ordinamento dell'Unione Europea.

I Comuni, le Province, le Città metropolitane e le Regioni hanno risorse autonome. Stabiliscono e applicano tributi ed entrate propri, in armonia con la Costituzione e secondo i princìpi di coordinamento della finanza pubblica e del sistema tributario.

Dispongono di compartecipazioni al gettito di tributi erariali riferibile al loro territorio.

La legge dello Stato istituisce un fondo perequativo, senza vincoli di destinazione, per i territori con minore capacità fiscale per abitante.

Le risorse derivanti dalle fonti di cui ai commi precedenti consentono ai Comuni, alle Province, alle Città metropolitane e alle Regioni di finanziare integralmente le funzioni pubbliche loro attribuite.

Per promuovere lo sviluppo economico, la coesione e la solidarietà sociale, per rimuovere gli squilibri economici e sociali, per favorire l'effettivo esercizio dei diritti della persona, o per provvedere a scopi diversi dal normale esercizio delle loro funzioni, lo Stato destina risorse aggiuntive ed effettua interventi speciali in favore di determinati Comuni, Province, Città metropolitane e Regioni, con la contestuale definizione di piani di ammortamento e a condizione che per il complesso degli enti di ciascuna Regione sia rispettato l'equilibrio di bilancio.

I Comuni, le Province, le Città metropolitane e le Regioni hanno un proprio patrimonio, attribuito secondo i princìpi generali determinati dalla legge dello Stato. Possono ricorrere all'indebitamento solo per finanziare spese di investimento. È esclusa ogni garanzia dello Stato sui prestiti dagli stessi contratti.

Art. 120

La Regione non può istituire dazi di importazione o esportazione o transito tra le Regioni, né adottare provvedimenti che ostacolino in qualsiasi modo la libera circolazione delle persone e delle cose tra le Regioni, né limitare l'esercizio del diritto al lavoro in qualunque parte del territorio nazionale.

Il Governo può sostituirsi a organi delle Regioni, delle Città metropolitane, delle Province e dei Comuni nel caso di mancato rispetto di norme e trattati internazionali o della normativa comunitaria oppure di pericolo grave per l'incolumità e la sicurezza pubblica, ovvero quando lo richiedono la tutela dell'unità giuridica o dell'unità economica e in particolare la tutela dei livelli essenziali delle prestazioni concernenti i diritti civili e sociali, prescindendo dai confini territoriali dei governi locali.

La legge definisce le procedure atte a garantire che i poteri sostitutivi siano esercitati nel rispetto del principio di sussidiarietà e del principio di leale collaborazione.

Art. 121

Sono organi della Regione: il Consiglio regionale, la Giunta e il suo Presidente.

Il Consiglio regionale esercita le potestà legislative attribuite alla Regione e le altre funzioni conferitegli dalla Costituzione e dalle leggi. Può fare proposte di legge alle Camere.

La Giunta regionale è l'organo esecutivo delle Regioni.

Il Presidente della Giunta rappresenta la Regione; dirige la politica della Giunta e ne è responsabile; promulga le leggi ed emana i regolamenti regionali; dirige le funzioni amministrative delegate dallo Stato alla Regione, conformandosi alle istruzioni del Governo della Repubblica.

Art. 122

Il sistema di elezione e i casi di ineleggibilità e di incompatibilità del Presidente e degli altri componenti della Giunta regionale nonché dei consiglieri regionali sono disciplinati con legge della Regione nei limiti dei princìpi fondamentali stabiliti con legge della Repubblica, che stabilisce anche la durata degli organi elettivi.

Nessuno può appartenere contemporaneamente a un Consiglio o a una Giunta regionale e ad una delle Camere del Parlamento, ad un altro Consiglio o ad altra Giunta regionale, ovvero al Parlamento europeo.

Il Consiglio elegge tra i suoi componenti un Presidente e un ufficio di presidenza.

I consiglieri regionali non possono essere chiamati a rispondere delle opinioni espresse e dei voti dati nell'esercizio delle loro funzioni.

Il Presidente della Giunta regionale, salvo che lo statuto regionale disponga diversamente, è eletto a suffragio universale e diretto. Il Presidente eletto nomina e revoca i componenti della Giunta.

Art. 123

Ciascuna Regione ha uno statuto che, in armonia con la Costituzione, ne determina la forma di governo e i principi fondamentali di organizzazione e funzionamento. Lo statuto regola l'esercizio del diritto di iniziativa e del referendum su leggi e provvedimenti amministrativi della Regione e la pubblicazione delle leggi e dei regolamenti regionali.

Lo statuto è approvato e modificato dal Consiglio regionale con legge approvata a maggioranza assoluta dei suoi componenti, con due deliberazioni successive adottate ad intervallo non minore di due mesi. Per tale legge non è richiesta l'apposizione del visto da parte del Commissario del Governo. Il Governo della Repubblica può promuovere la questione di legittimità costituzionale sugli statuti regionali dinanzi alla Corte costituzionale entro trenta giorni dalla loro pubblicazione.

Lo statuto è sottoposto a referendum popolare qualora entro tre mesi dalla sua pubblicazione ne faccia richiesta un cinquantesimo degli elettori della Regione o un quinto dei componenti il Consiglio regionale. Lo statuto sottoposto a referendum non è promulgato se non è approvato dalla maggioranza dei voti validi.

In ogni Regione, lo statuto disciplina il Consiglio delle autonomie locali, quale organo di consultazione fra la Regione e gli enti locali.

L'articolo 124 è abrogato

L'articolo 125 è abrogato

Art. 126

Con decreto motivato del Presidente della Repubblica sono disposti lo scioglimento del

Consiglio regionale e la rimozione del Presidente della Giunta che abbiano compiuto atti contrari alla Costituzione o gravi violazioni di legge. Lo scioglimento e la rimozione possono altresì essere disposti per ragioni di sicurezza nazionale. Il decreto è adottato sentita una Commissione di deputati e senatori costituita, per le questioni regionali, nei modi stabiliti con legge della Repubblica.

Il Consiglio regionale può esprimere la sfiducia nei confronti del Presidente della Giunta mediante mozione motivata, sottoscritta da almeno un quinto dei suoi componenti e approvata per appello nominale a maggioranza assoluta dei componenti. La mozione non può essere messa in discussione prima di tre giorni dalla presentazione.

L'approvazione della mozione di sfiducia nei confronti del Presidente della Giunta eletto a suffragio universale e diretto, nonché la rimozione, l'impedimento permanente, la morte o le dimissioni volontarie dello stesso comportano le dimissioni della Giunta e lo scioglimento del Consiglio. In ogni caso i medesimi effetti conseguono alle dimissioni contestuali della maggioranza dei componenti il Consiglio.

Art. 127
Il Governo, quando ritenga che una legge regionale ecceda la competenza della Regione, può promuovere la questione di legittimità costituzionale dinanzi alla Corte costituzionale entro sessanta giorni dalla sua pubblicazione.

La Regione, quando ritenga che una legge o un atto avente valore di legge dello Stato o di un'altra Regione leda la sua sfera di competenza, può promuovere la questione di legittimità costituzionale dinanzi alla Corte costituzionale entro sessanta giorni dalla pubblicazione della legge o dell'atto avente valore di legge.

L'articolo 128 è abrogato

L'articolo 129 è abrogato

L'articolo 130 è abrogato

Art. 131
Sono costituite le seguenti Regioni:
Piemonte;
Valle d'Aosta;
Lombardia;
Trentino-Alto Adige;
Veneto;
Friuli-Venezia Giulia;
Liguria;
Emilia-Romagna;
Toscana;
Umbria;

Marche;

Lazio;

Abruzzi;

Molise;

Campania;

Puglia;

Basilicata;

Calabria;

Sicilia;

Sardegna.

Art. 132

Si può, con legge costituzionale, sentiti i Consigli regionali, disporre la fusione di Regioni esistenti o la creazione di nuove Regioni con un minimo di un milione di abitanti, quando ne facciano richiesta tanti Consigli comunali che rappresentino almeno un terzo delle popolazioni interessate, e la proposta sia approvata con referendum dalla maggioranza delle popolazioni stesse.

Si può, con l'approvazione della maggioranza delle popolazioni della Provincia o delle Province interessate e del Comune o dei Comuni interessati espressa mediante referendum e con legge della repubblica, sentiti i Consigli regionali, consentire che Province e Comuni, che ne facciano richiesta, siano staccati da una Regione e aggregati ad un'altra.

Art. 133

Il mutamento delle circoscrizioni provinciali e la istituzione di nuove Province nell'ambito di una Regione sono stabiliti con leggi della Repubblica, su iniziative dei Comuni, sentita la stessa Regione e sentite le popolazioni interessate, può con sue leggi istituire nel proprio territorio nuovi comuni e modificare le loro circoscrizioni e denominazioni.

d. Origini, evoluzione, organizzazione e funzionamento dell'Unione Europea come soggetto politico ed economico: le fonti del diritto: i principi generali, classificazione e adattamento del diritto interno al diritto dell'Unione

L'Unione Europea (UE) è un'organizzazione internazionale e sovranazionale, fondata ufficialmente nel 1993 con il trattato di Maastricht, ma le cui origini risalgono agli anni '40, all'indomani dell'incubo dei totalitarismi e della Seconda Guerra Mondiale. La storia dell'UE inizia con una serie di accordi economici, ma i principi che ispirano l'organizzazione sono anche la promozione della pace, della prosperità e della democrazia in Europa e nel mondo.

Attualmente, la Comunità Europea riunisce 28 stati membri e ne determina alcune politiche comuni in campo sociale, economico, ed in politica estera. Inizialmente concentrata nell'Europa occidentale, nei primi anni del XXI secolo, l'UE si è progressivamente allargata, ammettendo al suo interno paesi dell'Europa centrale ed orientale.

Nel 1946, l'ormai ex primo ministro britannico Winston Churchill parlò in un discorso a Zurigo di 'Stati Uniti d'Europa', e negli anni successivi partecipò attivamente alla creazione del Consiglio d'Europa. Il 9 maggio del 1950 Robert Schuman, all'epoca ministro degli Esteri (ed ex primo ministro) francese, presentò una dichiarazione programmatica, in cui si proponeva di costruire l'Europa unita attraverso un'integrazione progressiva, limitata essenzialmente all'economia, il cui primo passo sarebbe stato l'istituzione di una Comunità Europea del Carbone e dell'Acciaio: la dichiarazione Schuman fu il primo passo verso la futura istituzione dell'Unione Europea.

La CECA, istituita ufficialmente con il trattato di Parigi (18 aprile 1951) contava sei paesi membri (Belgio, Francia, Germania Ovest, Italia, Lussemburgo, Paesi Bassi), che misero in comune la produzione e resero libera la circolazione del carbone e dell'acciaio. La proposta partiva dal presupposto che il carbone e l'acciaio, situati prevalentemente in due giacimenti (la Ruhr e la Saar) eternamente contesi tra Francia e Germania, erano stati alla base di moltissimi conflitti negli ultimi decenni.

Sei anni dopo, con la conferenza di Roma del 25 marzo 1957, gli stessi sei Stati daranno vita alla Comunità economica europea (CEE) e alla Comunità europea dell'energia atomica (EURATOM, o CEEA). Con la CEE, la più importante tra le tre comunità, il mercato comune continuò ad ampliarsi progressivamente, finché nel 1968 non sarebbero stati completamente aboliti i dazi tra i sei paesi, che negli stessi anni adotteranno politiche comuni in campo agricolo ed in campo commerciale.

Negli anni '70 la CEE inizia ad allargarsi, accogliendo nel 1973 Danimarca, Irlanda e Regno Unito tra gli Stati membri. Nel corso della decade, i paesi della CEE intraprendono nuove politiche estere comuni, e viene creato nel 1975 il Fondo europeo di sviluppo regionale. Nel frattempo, il parlamento europeo continua ad evolversi. La struttura era nata nel 1951, con sede a Strasburgo, come assemblea della CECA, e si era trasformata in Assemblea parlamentare europea (con 142 membri eletti) in seguito ai trattati di Roma. Soltanto dal 1962 l'Assemblea aveva cambiato nome in Parlamento europeo.

Dal 1° luglio del 1978, in seguito a decisioni prese dal Consiglio Europeo, le elezioni per il parlamento europeo diventano a suffragio universale: prima di allora, i membri del parlamento erano stati semplicemente dei delegati dei parlamenti nazionali. La prima elezione è nel giugno del 1979, e da allora si svolgeranno ogni 5 anni. Il parlamento si organizza in gruppi di partito transnazionali (verdi, socialisti, popolari, etc.).

Nel 1979 viene introdotto il Sistema Monetario Europeo (SME), con lo scopo di realizzare un mercato unico e stabile per le finanze e per la circolazione dei capitali, in un periodo contraddistinto da una forte instabilità finanziaria. La Comunità Economica Europea continua nel frattempo ad allargarsi, ammettendo tra i paesi membri la Grecia nel 1981, il Portogallo e la Spagna nel 1986.

Fonti del diritto: principi generali, classificazione e adattamento del diritto interno al diritto dell'Unione Europea

L'Unione Europea dispone di personalità giuridica e, in quanto tale, del proprio ordinamento giuridico a sé stante, distinto dall'ordinamento internazionale. Inoltre, il diritto UE ha un effetto diretto o indiretto sulle disposizioni legislative dei suoi Stati membri ed entra a far parte del sistema giuridico di ciascuno Stato membro. L'Unione Europea è in sé fonte di diritto. L'ordinamento giuridico è normalmente suddiviso in diritto primario (trattati e principi generali del diritto), diritto derivato (sulla base dei trattati) e diritto complementare.

Fonti del diritto dell'Unione e loro gerarchia:

- Trattato sull'Unione Europea (TUE), trattato sul funzionamento dell'Unione Europea (TFUE), e relativi protocolli (vi sono 37 protocolli, 2 allegati e 65 dichiarazioni, che sono allegati ai trattati per specificare i dettagli, senza figurare nel testo giuridico completo);
- Carta dei diritti fondamentali dell'Unione Europea;
- Trattato che stabilisce la Comunità europea dell'energia atomica (EURATOM), ancora in vigore come trattato a sé stante;
- Accordi internazionali;
- Principi generali del diritto dell'Unione.

Diritto derivato

L'Unione Europea è un'Unione di diritto che ha istituito un sistema completo di rimedi giuridici e di procedimenti inteso ad affidare alla Corte di Giustizia dell'Unione Europea (la Corte di Giustizia) il controllo della legittimità degli atti delle istituzioni dell'UE (articolo 263 TFUE). I trattati, così come i principi generali, si trovano al vertice della gerarchia delle norme e sono considerati diritto primario. A seguito dell'entrata in vigore del trattato di Lisbona il 1° dicembre 2009, lo stesso valore è riconosciuto alla Carta dei diritti fondamentali. Gli accordi internazionali conclusi dall'Unione Europea sono subordinati al diritto primario. Il diritto derivato o secondario si colloca a un livello immediatamente inferiore della gerarchia, ossia è valido solo se è conforme agli atti e agli accordi di livello superiore. La dottrina del primato del diritto dell'Unione è un pilastro fondamentale dell'ordinamento giuridico dell'UE e mira a garantire l'unità e la coerenza del diritto dell'Unione. La Corte di Giustizia ribadisce formalmente che il diritto dell'UE ha il primato assoluto sul diritto nazionale degli Stati membri e ha sempre rivendicato l'autorità ultima nella definizione della relazione tra il diritto dell'Unione e quello nazionale. Nelle cause esemplari Van Gend & Loos/Nederlandse Administratie der Belastingen e Costa/E.N.E.L., la Corte di Giustizia ha elaborato le dottrine fondamentali dell'effetto diretto e del primato del diritto dell'UE. In base a tali dottrine, il diritto unionale ha il primato assoluto sul diritto nazionale e ciò deve essere tenuto in considerazione dai tribunali nazionali nelle loro decisioni. La Corte di Giustizia ha confermato tali dottrine in cause successive. In particolare, nella causa Internationale Handelsgesellschaft ha sostenuto che il diritto dell'Unione gode del primato anche per quanto riguarda i diritti fondamentali garantiti nelle costituzioni nazionali.

Gli atti giuridici dell'Unione figurano all'articolo 288 del TFUE. Si tratta di regolamenti, direttive, decisioni, raccomandazioni e pareri. Le istituzioni dell'UE possono adottare atti giuridici di questo tipo solo se i trattati conferiscono loro la dovuta competenza. Il principio di attribuzione, su cui si fonda la delimitazione delle competenze dell'Unione, è esplicitamente sancito all'articolo 5, paragrafo 1, TUE. Il TFUE precisa la portata delle competenze dell'Unione, suddividendole in tre categorie: competenze esclusive (articolo 3), competenze concorrenti (articolo 4) e competenze di sostegno (articolo 6), in base alle quali l'UE adotta misure a sostegno o a complemento delle politiche degli Stati membri. I settori oggetto di questi tre tipi di competenza sono elencati chiaramente agli articoli 3, 4 e 6 del TFUE. In mancanza dei poteri di azione necessari per realizzare uno degli obiettivi previsti dai trattati, le istituzioni possono fare ricorso alle disposizioni dell'articolo 352 TFUE e adottare quindi le «disposizioni appropriate».

Le istituzioni adottano esclusivamente gli strumenti giuridici elencati all'articolo 288 TFUE. Fanno unicamente eccezione le politiche estera, di sicurezza e di difesa comune, che continuano a essere soggette al metodo intergovernativo. In questo ambito, le strategie comuni, le azioni comuni e le posizioni comuni sono sostituite dagli «orientamenti generali» e dalle «decisioni che definiscono» le azioni e le posizioni che l'Unione deve adottare, come pure le relative modalità di attuazione (articolo 25 TUE).

Esistono ugualmente varie forme d'azione, quali le raccomandazioni, le comunicazioni e gli atti che concernono l'organizzazione e il funzionamento delle istituzioni (compresi gli accordi interistituzionali), la cui qualificazione, struttura ed effetto giuridico derivano da varie disposizioni dei trattati o da norme adottate in applicazione di questi ultimi.

Gerarchie norme diritto Unione Europea

Gli articoli 289, 290 e 291 TFUE instaurano una gerarchia delle norme di diritto derivato tra atti legislativi, atti delegati e atti di esecuzione. Si definiscono atti legislativi gli atti giuridici adottati mediante la procedura legislativa ordinaria o speciale. Per contro, gli atti delegati sono atti non legislativi di portata generale che integrano o modificano determinati elementi non essenziali dell'atto legislativo. Il legislatore (Parlamento e Consiglio) può delegare alla Commissione il potere di adottare tali atti. L'atto legislativo definisce gli obiettivi, il contenuto, la portata e la durata della delega di potere come pure, all'occorrenza, i procedimenti d'urgenza. Il legislatore fissa inoltre le condizioni cui è soggetta la delega, che possono essere il diritto di revoca della delega, da un lato, e il diritto di sollevare obiezioni, dall'altro.

Gli atti di esecuzione sono generalmente adottati dalla Commissione, che è competente a farlo nei casi in cui siano necessarie condizioni uniformi di esecuzione degli atti giuridicamente vincolanti. Gli atti di esecuzione sono adottati dal Consiglio soltanto in casi specifici debitamente motivati e in settori della politica estera e di sicurezza comune. Nel caso in cui l'atto di base sia adottato secondo la procedura legislativa ordinaria, il Parlamento europeo o il Consiglio possono, in qualsiasi momento, comunicare alla Commissione che, a loro avviso, un progetto di atto di esecuzione eccede le competenze di esecuzione previste nell'atto di base. In questo caso, la Commissione deve rivedere il progetto di atto in questione.

I regolamenti

I regolamenti hanno portata generale, sono obbligatori in tutti i loro elementi e direttamente applicabili. Essi devono essere pienamente rispettati dai destinatari (privati, Stati membri, istituzioni dell'Unione). I regolamenti sono direttamente applicabili in tutti gli Stati membri a partire dalla loro entrata in vigore (alla data specificata o, in assenza di indicazione, venti giorni dopo la loro pubblicazione nella Gazzetta ufficiale dell'Unione Europea), senza necessità di recepimento nel diritto nazionale.

I regolamenti sono volti a garantire l'applicazione uniforme del diritto dell'Unione in tutti gli Stati membri. Ne consegue che le norme nazionali incompatibili con le clausole sostanziali contenute nei regolamenti sono rese inapplicabili dagli stessi.

Le direttive

Le direttive vincolano lo Stato membro o gli Stati membri cui sono rivolte per quanto riguarda il risultato da raggiungere, salva restando la competenza degli organi nazionali in merito alla forma e ai mezzi. Il legislatore nazionale deve adottare un atto di recepimento ossia una «misura nazionale di esecuzione» nel diritto interno che adatta la legislazione nazionale rispetto agli obiettivi definiti nella direttiva. In sostanza, ai singoli cittadini vengono attribuiti diritti e imposti obblighi solo una volta adottato l'atto di recepimento. Gli Stati membri dispongono di un certo margine di manovra per il recepimento che permette loro di tenere conto di specifiche circostanze nazionali. Il recepimento deve avvenire entro il termine stabilito nella direttiva. Nel recepire le direttive gli Stati membri sono tenuti ad assicurare l'efficacia del diritto dell'Unione, in virtù del principio di leale cooperazione di cui all'articolo 4, paragrafo 3 TUE.

In linea di principio, le direttive non sono direttamente applicabili. La Corte di Giustizia ha statuito che alcune disposizioni di una direttiva possono, in via eccezionale, produrre effetti diretti in uno Stato membro senza che quest'ultimo abbia in precedenza adottato un atto di recepimento se: a) la direttiva non è stata recepita o è stata recepita in modo errato nell'ordinamento nazionale; b) le disposizioni della direttiva sono, da un punto di vista sostanziale, incondizionate e sufficientemente chiare e precise; c) le disposizioni della direttiva conferiscono diritti ai singoli.

Qualora sussistano tali presupposti, i singoli possono invocare le disposizioni della direttiva dinanzi alle autorità pubbliche. Le autorità degli Stati membri hanno l'obbligo di tener conto della direttiva non recepita anche qualora la disposizione in questione non accordi alcun diritto al privato e sussistano solo il primo e il secondo presupposto di cui sopra. Detta giurisprudenza si fonda soprattutto sui principi dell'effetto utile, della prevenzione delle violazioni del trattato e della tutela giurisdizionale. Per contro, il privato non può invocare direttamente nei confronti di un altro privato l'effetto diretto di una direttiva non recepita (il cosiddetto «effetto orizzontale»; causa Faccini Dori, C-91/92, Racc., pag. I-3325 e seg., punto 25).

Secondo la giurisprudenza della Corte di Giustizia (causa Francovich, cause riunite C-6/90 e C-9/90), il privato è autorizzato a chiedere a uno Stato membro il risarcimento dei danni subiti a causa del mancato rispetto del diritto dell'Unione da parte di quest'ultimo. Se si tratta di una direttiva non recepita o recepita in modo insufficiente, tale ricorso è possibile se: a) la direttiva mira a conferire diritti ai singoli, b) il contenuto dei diritti è desumibile dalla direttiva stessa; c) esiste un legame di causa ed effetto tra la violazione dell'obbligo di recepimento da parte dello Stato e il danno subito dal privato. In tal caso è possibile stabilire la responsabilità dello Stato membro senza dover dimostrare una colpa a suo carico.

Decisioni, raccomandazioni e pareri

Le decisioni sono obbligatorie in tutti i loro elementi. Se designano i destinatari (Stati membri, persone fisiche o persone giuridiche), sono obbligatorie soltanto nei confronti di essi e trattano situazioni specifiche a detti Stati membri o a dette persone. Il privato può far valere diritti attribuiti mediante una decisione destinata a uno Stato membro solo se quest'ultimo ha adottato un atto di recepimento. Le decisioni possono essere direttamente applicabili alle stesse condizioni previste per le direttive.

Le raccomandazioni e i pareri non creano alcun diritto o obbligo per i rispettivi destinatari, ma possono fornire indicazioni sull'interpretazione e il contenuto del diritto dell'Unione. Poiché i ricorsi proposti contro gli Stati membri ai sensi dell'articolo 263 TFUE devono riguardare atti adottati da istituzioni, organi o organismi dell'UE, la Corte di Giustizia non è competente a pronunciarsi sulle decisioni dei rappresentanti degli Stati membri, ad esempio per quanto riguarda la fissazione della sede delle agenzie dell'UE. Gli atti adottati dai rappresentanti degli Stati membri che agiscono non in qualità di membri del Consiglio, ma in qualità di rappresentanti dei loro governi, e che esercitano in tal modo collettivamente i poteri degli Stati membri, non sono soggetti al sindacato di legittimità esercitato dai giudici dell'Unione (conclusioni dell'avvocato generale del 6 ottobre 2021).

Competenza normativa, diritto d'iniziativa e procedure legislative

Il Parlamento, il Consiglio e la Commissione partecipano all'adozione del diritto dell'Unione a vari livelli, a seconda della singola base giuridica. Il Parlamento può chiedere alla Commissione di presentare proposte legislative a sé stesso e al Consiglio.

Esecuzione della legislazione dell'Unione

Il diritto primario attribuisce all'UE poteri esecutivi limitati, delegando in generale agli Stati membri l'esecuzione del diritto dell'UE. Inoltre l'articolo 291, paragrafo 1 TFUE precisa che «gli Stati membri sono tenuti ad adottare tutte le misure di diritto interno necessarie per l'attuazione degli atti giuridicamente vincolanti dell'Unione». Allorché sono necessarie condizioni uniformi di esecuzione degli atti giuridicamente vincolanti dell'Unione, la Commissione esercita le proprie competenze di esecuzione (articolo 291, paragrafo 2 TFUE).

Scelta del tipo di atto giuridico

In molti casi sono i trattati a imporre la forma dell'atto da adottare. Molto spesso, tuttavia, le disposizioni non specificano alcun tipo di atto giuridico. In questi casi l'articolo 296, primo comma, del TFUE indica che spetta alle istituzioni decidere di volta in volta il tipo di atto da adottare «nel rispetto delle procedure applicabili e del principio di proporzionalità».

Principi generali e diritti fondamentali

I principi generali del diritto dell'Unione sono menzionati di rado nei trattati. Tali principi sono stati prevalentemente sviluppati attraverso la giurisprudenza della Corte di Giustizia (certezza del diritto, equilibrio istituzionale, legittimo affidamento, ecc.) che è altresì la base del riconoscimento dei diritti fondamentali quali principi generali del diritto dell'Unione. Tali principi sono ormai sanciti dall'articolo 6, paragrafo 3 TUE, che fa riferimento ai diritti fondamentali garantiti dalla Convenzione europea per la salvaguardia dei diritti dell'uomo e delle libertà fondamentali e risultanti dalle tradizioni costituzionali comuni agli Stati membri, come pure dalla Carta dei diritti fondamentali dell'Unione Europea.

L'Unione può concludere, nell'ambito delle sue competenze, accordi internazionali con paesi terzi o altre organizzazioni internazionali (articolo 216, paragrafo 1 TFUE). Tali accordi sono vincolanti per l'Unione e gli Stati membri e formano parte integrante del diritto dell'Unione (articolo 216, paragrafo 2 TFUE).

A norma dell'articolo 217 TFUE l'UE può altresì concludere accordi che istituiscano un'associazione caratterizzata da diritti ed obblighi reciproci, da azioni in comune e da procedure particolari. L'accordo sugli scambi commerciali e la cooperazione tra l'Unione Europea e la Comunità europea dell'energia atomica, da una parte, e il Regno Unito di Gran Bretagna e Irlanda del nord, dall'altra, è stato concluso conformemente a tale disposizione. Il 28 aprile 2021 il Parlamento ha dato la sua approvazione a norma dell'articolo 218, paragrafo 6 bis, TFUE.

Secondo la giurisprudenza della Corte di Giustizia il diritto internazionale prevale sul diritto (secondario) dell'Unione; «Occorre altresì ricordare che, a norma dell'art. 216, n. 2, TFUE, allorché l'Unione conclude accordi internazionali, questi ultimi vincolano le sue istituzioni e, di conseguenza, prevalgono sugli atti dell'Unione stessa».

e. Gli organismi internazionali e le altre organizzazioni e associazioni per la cooperazione europea: W.T.O., E.F.T.A.

L'Organizzazione mondiale del commercio, abbreviato in OMC (in inglese: World Trade Organization, WTO), è un'organizzazione internazionale creata allo scopo di supervisionare numerosi accordi commerciali tra gli stati membri. Vi aderiscono 164 Paesi e altri 26 paesi stanno negoziando l'adesione all'Organizzazione comprendendo così oltre il 97% del commercio mondiale di beni e servizi. La sede si trova, dal 1995, presso il Centro William Rappard a Ginevra, Svizzera.

L'obiettivo generale dell'OMC è l'abolizione o la riduzione delle barriere tariffarie al commercio internazionale; a differenza di quanto avveniva in ambito GATT, oggetto della normativa dell'OMC sono, però, non solo i beni commerciali, ma anche i servizi e le proprietà intellettuali.

Tutti i membri dell'OMC sono tenuti a garantire verso gli altri membri dell'organizzazione lo "status" di "nazione più favorita" (most favoured nation): le condizioni applicate al paese più favorito (vale a dire quello cui vengono applicate il minor numero di restrizioni) sono applicate (salvo alcune eccezioni minori) a tutti gli altri Stati.

L'OMC rappresenta un meccanismo di enforcement degli accordi molto sviluppato rispetto alle organizzazioni internazionali tradizionali. Nel caso in cui dovesse riscontrare che una misura nazionale viola gli accordi, infatti, l'OMC, pur non avendo potere esecutivo, deve raccomandare che la misura sia resa compatibile con gli accordi e deve vigilare affinché siano rispettate le sue raccomandazioni.

Dopo la Conferenza ministeriale di Seattle nel 1999, che avrebbe lanciato il cosiddetto 'Millennium Round', ma che è fallita a causa del mancato accordo tra paesi industrializzati e Paesi in via di sviluppo e per le proteste da parte del movimento 'no global', è stato lanciato a Doha nel 2001, a due mesi dall'11 settembre, il 'round sullo sviluppò. Tale esigenza riflette il fatto che la maggioranza dei membri dell'OMC è composta oggi da paesi scarsamente sviluppati, per i quali il commercio internazionale rappresenta la possibile via d'uscita da una condizione di povertà.

Tuttavia, a causa delle profonde divergenze tra i membri, in particolare tra paesi industrializzati – Unione Europea, Stati Uniti e Giappone – e paesi emergenti e in via di sviluppo – rappresentati soprattutto da Brasile, India, Cina, Sudafrica –, il negoziato è ancora in fase di stallo e, al fine di sbloccare la situazione, il National Foreign Trade Council ha proposto la negoziazione separata di alcune parti del programma. A norma dell'Articolo III dell'Accordo di Marrakech le funzioni dell'OMC sono le seguenti:

L'OMC favorisce l'attuazione, l'amministrazione e il funzionamento del presente accordo e degli accordi commerciali multilaterali, ne persegue gli obiettivi e funge da quadro per l'attuazione, l'amministrazione e il funzionamento degli accordi commerciali plurilaterali.

L'OMC fornisce un contesto nel cui ambito si possono svolgere negoziati tra i suoi membri per quanto riguarda le loro relazioni commerciali multilaterali nei settori contemplati dagli accordi riportati in allegato al presente accordo. Può inoltre fungere da ambito per ulteriori negoziati tra i suoi membri per quanto riguarda le loro relazioni commerciali multilaterali e da contesto per l'applicazione dei risultati di tali negoziati, secondo le modalità eventualmente decise da una Conferenza dei ministri.

Amministra l'intesa sulle norme e sulle procedure che disciplinano la risoluzione delle controversie.

Al fine di rendere più coerente la determinazione delle politiche economiche a livello globale, l'OMC coopera, se è il caso, con il Fondo Monetario Internazionale e con la Banca Mondiale e con le agenzie a essa affiliate.

Le due funzioni principali dell'OMC possono, dunque, essere identificate nelle seguenti:

- quella di forum negoziale per la discussione sulla normativa del commercio internazionale
- quella di organismo per la risoluzione delle dispute internazionali sul commercio.

EFTA

L'Associazione europea di libero scambio (in italiano AELS; in inglese: EFTA, European Free Trade Association; in francese: AELE, Association européenne de libre-échange) è un'organizzazione interstatale che promuove il libero scambio e l'integrazione economica tra gli stati membri.

L'accordo per la sua istituzione è stato stipulato il 3 maggio 1960, comprendendo vari di quegli stati europei che non desideravano o non potevano ancora entrare nella Comunità Economica Europea (poi divenuta Unione Europea). Lo scopo dell'associazione è la soppressione delle imposte doganali sull'import-export e la promozione degli scambi commerciali fra gli stati membri. La sede dell'AELS è a Ginevra, ma l'associazione ha uffici a Bruxelles e nel Lussemburgo.

L'AELS aderisce allo Spazio economico europeo sin dal 1992. Il mercato AELS e quello della UE, a seguito di un accordo del 1994, è riunito in un unico «mercato interno», di cui fanno parte gli stati membri dello Spazio economico europeo e quelli dell'Unione Europea.

La Svizzera è l'unico paese ad aver deciso, a seguito di referendum popolare (1992), di non entrare a far parte dello spazio economico europeo, ed è quindi l'unico stato AELS a non far parte del "mercato interno". Negli anni successivi ha negoziato specifici accordi bilaterali con l'Unione.

Per quanto concerne l'eventualità di un ingresso nell'Unione Europea, la Norvegia ha rifiutato di entrarvi in due occasioni, in seguito a referendum: la prima nel 1973, quando invece aderirono Regno Unito e Danimarca; la seconda, nel 1995, quando entrarono nell'UE Finlandia e Svezia. In Islanda e in Liechtenstein la questione non è mai stata sottoposta a votazione popolare.

TESI N.6

a. *Fasi della prima guerra mondiale sotto il profilo militare e diplomatico*
b. *La caduta dei regimi comunisti europei*
c. *La Costituzione della Repubblica Italiana: gli organi costituzionali*
d. *Origini, evoluzione, organizzazione e funzionamento dell'Unione Europea come soggetto politico ed economico: le fonti del diritto: i principi generali, classificazione e adattamento del diritto interno al diritto dell'Unione*
e. *Gli organismi internazionali e le altre organizzazioni e associazioni per la cooperazione europea: O.N.U.*

a. Fasi della prima guerra mondiale sotto il profilo militare e diplomatico

La **Prima Guerra Mondiale** è stato un conflitto di dimensioni intercontinentali che ha coinvolto le principali potenze, così come molte di quelle minori, tra il 28 luglio 1914 e l'11 novembre 1918. Il casus belli della Prima Guerra Mondiale fu l'uccisione dell'arciduca **Francesco Ferdinando d'Asburgo**: l'erede al trono austro-ungarico venne ucciso a Sarajevo il 28 giugno 1914, dove si trovava con la moglie Sofia in visita ufficiale, da un giovane nazionalista serbo, **Gavrilo Princip**, appartenente a un'organizzazione patriottica e nazionalista serba, la **Mano nera**. A seguito dell'attentato di Sarajevo, il 28 luglio 2014 **l'Austria-Ungheria** (con il benestare della Germania) **dichiarò guerra alla Serbia**, ritenendola responsabile diretta dell'accaduto. Dopo la mobilitazione dell'esercito russo, la **Germania dichiarò guerra alla Russia** e successivamente **alla Francia**. La violazione da parte dei tedeschi della neutralità belga e lussemburghese costrinse anche l'Impero britannico a entrare in guerra. Con la Triplice Intesa e gli Imperi Centrali entrati in guerra, **il conflitto via via si allargò**, coinvolgendo altri Paesi. A Germania e Austria-Ungheria si unì l'Impero Ottomano, mentre il Portogallo si schierò con l'Intesa. In questa prima fase **l'Italia rimase neutrale** grazie al pretesto del carattere difensivo della Triplice Alleanza, aprendo da subito un **dibattito** interno alla classe politica fra **neutralisti** (il mondo cattolico, i socialisti riformisti e i liberali giolittiani) e **interventisti** (nazionalisti, irredentisti, socialisti rivoluzionari).

PRIMA FASE (1914-1915) dal Piano Schlieffen alla guerra di posizione.

All'inizio la guerra venne combattuta soprattutto sul fronte occidentale, lungo la frontiera tra Francia e Belgio. Su quello orientale la strategia dello Stato Maggiore tedesco (Piano Schlieffen) ebbe successo: **la Germania riportò le prime importanti vittorie sulla Russia a Tannenberg e presso i Laghi Masuri**. La guerra sul fronte occidentale, al contrario, mutò ben presto in una fase di stallo, dove i soldati stazionavano per lungo tempo in trincea, con scarsissimi guadagni territoriali, come dimostrò l'offensiva tedesca bloccata dai francesi sulla Marna nel settembre 1914 (prima battaglia della Marna). Il 22 aprile 1915, con la **seconda battaglia di Ypres**, iniziò l'unica azione offensiva tedesca su vasta scala a occidente, nel corso della quale la Germania utilizzò per la prima volta **armi chimiche**. Negli stessi giorni, gli Ottomani respinsero le forze dell'Intesa nel corso del principale assalto anfibio della guerra, intrapreso nella penisola di Gallipoli per poter così forzare lo stretto dei Dardanelli e, eventualmente, **occupare Costantinopoli**. Sul fronte del Caucaso prese il via il **genocidio armeno**, perpetrato dai turchi ai danni della popolazione armena, sospettata di aver favorito l'avanzata russa. A seguito del blocco navale imposto dai britannici, la Germania dette il via a **una guerra sottomarina**: a maggio un sommergibile U-20 silurò e affondò il transatlantico statunitense **Lusitania**. Il 1915 vide poi **l'ingresso nel conflitto dell'Italia**, che a conclusione di lunghe trattative abbandonò lo schieramento della **Triplice Alleanza** (patto militare difensivo siglato nel 1882) e **dichiarò guerra all'Austria-Ungheria il 24 maggio** con l'obiettivo primario di riprendersi le **terre irredenti** (il Trentino-Alto Adige, la Venezia Giulia e l'Istria) ancora in mano austriaca e completare così il suo processo di unificazione. Lo Stato italiano entrò nel conflitto avendo sottoscritto segretamente il **Patto di Londra** nell'aprile del 1915 con le potenze dell'Intesa. L'accordo prevedeva, in caso di vittoria, oltre alle terre irredenti, l'acquisizione della **Dalmazia settentrionale** (a esclusione di Fiume), la conferma del **Dodecaneso** e compensi non meglio precisati in **Africa ed Asia minore**.

SECONDA FASE (1916) il fallimento delle grandi offensive degli Imperi Centrali Il 1916 fu l'anno delle grandi offensive tentate dagli Imperi Centrali, tutte destinate a fallire. A febbraio inizia la **battaglia di Verdun**, che per dieci mesi vide contrapporsi gli eserciti di Germania e Francia: si rivelerà la più cruenta della storia poiché costerà la vita a circa 700 mila soldati. Nella primavera del '16 fu la volta della **Strafexpedition (spedizione punitiva)** austriaca nei confronti del "traditore" italiano. L'offensiva si concluse con una **vittoria difensiva italiana** che riuscì a bloccare l'avanzata austro-ungarica sull'altopiano di Asiago, ma le conseguenze si fecero comunque sentire sul piano politico con il **Presidente del Consiglio Salandra che fu sostituito dal liberale Paolo Boselli**. Tra luglio e novembre venne combattuta anche la battaglia della Somme con il contrattacco francese sui tedeschi per cercare un alleggerimento all'assedio di Verdun.

Sul versante degli **scontri navali fra inglesi e tedeschi,** nel maggio del 1916 fu combattuta la battaglia dello Jutland, al largo delle coste danesi, con la vittoria strategica della Grand Fleet inglese sulla Kaiser Marina tedesca.

TERZA FASE (1917) La caduta della Russia e l'entrata in guerra degli Stati Uniti Il 1917 fu l'anno in cui **la Russia venne scossa dalla rivoluzione**; quella di febbraio portò alla fine dello zarismo, mentre quella di ottobre condusse i socialisti di **Lenin al governo** e alla conseguente **uscita dal conflitto col trattato di Brest-Litovsk** del marzo 1918, che sancì la fine dei combattimenti sul fronte orientale.

Sempre nel 1917 **entrarono in guerra gli Stati Uniti**: a lungo neutrali a causa **dell'opinione pubblica piuttosto isolazionista**, l'avvio della guerra sottomarina indiscriminata tedesca consentì al Presidente Wilson di far leva sul sentimento di indignazione popolare e di entrare nel conflitto ad aprile al fianco dell'Intesa.

Sul fronte italiano, il 24 ottobre iniziò **la battaglia di Caporetto**. Si rivelò la più grave disfatta nella storia dell'esercito italiano, costretto dalle forze congiunte di Austria-Ungheria e Germania a ripiegare fino al Piave; "Caporetto" entrerà nell'uso comune della lingua italiana per indicare in ogni settore una pesante sconfitta. Le conseguenze della "rotta di Caporetto" furono di rilievo sia sul versante politico che su quello militare: il governo Boselli entrò in una forte crisi e il **Presidente del Consiglio venne rimpiazzato da Vittorio Emanuele Orlando**, mentre allo Stato Maggiore **il Generale Cadorna fu sostituito da Armando Diaz**. Cadorna passò alla storia come un uomo molto duro, imputando la sconfitta di Caporetto alla viltà dei soldati italiani e al "disfattismo dei socialisti". Veniva rimpiazzato da Diaz, la cui personalità risultò decisiva per le sorti finali della guerra; grazie a un'esperienza diretta di vita in trincea, fu più sensibile alle problematiche dei soldati al fronte e curò molto di più il sostegno morale e la motivazione, facendo leva su una forte propaganda e sulla retorica di guerra che alla fine risultò vincente.

QUARTA FASE (1918) le offensive finali dell'Intesa e il crollo del fronte interno negli Imperi Centrali

Il 1918 vide le ultime offensive austro-tedesche, come **la seconda battaglia della Marna**, lanciata a luglio nel tentativo di uscire dalla situazione di stallo della guerra di logoramento. Esaurita la spinta offensiva degli austro-tedeschi, le potenze dell'Intesa ripresero l'iniziativa: a **Vittorio Veneto** arrivò una decisiva vittoria italiana che portò il 3 novembre alla firma **dell'armistizio di Villa Giusti** con l'Austria. Ma fu la cosiddetta **"offensiva dei cento giorni"** che gli stati dell'Intesa condussero fra l'8 agosto e l'11 novembre a decretare la fine della Grande Guerra. Decisive in tal senso furono la **battaglia di Amiens** dell'agosto e l'offensiva sulla **Somme** condotta dal Generale francese Ferdinand Foch che condusse direttamente allo sfondamento della **linea difensiva tedesca Hindenburg** da parte degli inglesi nel mese di ottobre.

L'armistizio tra l'Impero tedesco e le potenze dell'Intesa venne siglato l'11 novembre 1918, in un vagone ferroviario nei boschi vicino a **Compiègne**, in Francia. A **vincere** la Prima Guerra Mondiale **fu la Triplice Intesa**: Impero Britannico, Russia e Francia, a cui si aggiunsero successivamente anche Italia, Stati Uniti e alcuni stati minori come il Giappone. Ne uscirono **sconfitti gli Imperi centrali** che fra l'ottobre e il novembre del 1918 videro un vero e proprio crollo del fronte interno a causa dell'economia di guerra che aveva decretato una pesante situazione di crescente indigenza e carestie alimentari. In quei frangenti convulsi, sia a Berlino che a Vienna vennero proclamate le Repubbliche e a Berlino, dopo l'abdicazione di Guglielmo II, vi fu addirittura un tentativo rivoluzionario degli spartachisti Rosa Luxemburg e Karl Liebknecht, la cosiddetta "rivoluzione di novembre" che si concluse con una dura repressione del governo repubblicano e la morte degli organizzatori.

b. La caduta dei regimi comunisti europei

Le riforme di **Gorbačëv**, nominato **Segretario del Partito Comunista sovietico** nel 1985, ebbero il merito di scuotere un sistema economico e politico, quello sovietico, destinato al collasso. Tuttavia, le conseguenze più importanti che la **Perestroika** e la **Glasnost** ebbero non riguardarono direttamente l'Unione Sovietica, bensì i paesi del **blocco orientale europeo**, sulle cui leadership il neosegretario sovietico fece pressione affinché fossero adottate nei rispettivi paesi riforme analoghe. Questo nuovo corso della politica sovietica determinò l'inizio di una **reazione a catena** che nel giro di pochi mesi, tra l'89 e il '90 **avrebbe rovesciato gli equilibri politici e strategici** di tutta l'Europa dell'est, sottraendo gli stati del blocco comunista alla quarantennale influenza sovietica.

Nel dicembre del 1981, in **Polonia**, il **generale Jaruzelski**, già segretario del partito operaio polacco, aveva attuato un vero e proprio **colpo di stato militare**, assumendo i pieni poteri e mettendo ai margini **Solidarnosc**, il **sindacato polacco** di matrice cattolica e anticomunista guidato da **Lech Walesa**. In seguito, tuttavia, lo stesso Jaruzelski aveva allentato, dietro pressione di Gorbačëv, le misure repressive e aveva riallacciato il dialogo con la chiesa e con lo stesso sindacato, dialogo culminato negli **accordi di Danzica** dell'88 coi quali il capo dello stato si impegnava a una **riforma costituzionale** che avrebbe consentito lo svolgimento nel giugno del 1989 delle **prime libere elezioni in un paese del blocco comunista** e la formazione di un governo presieduto dall'economista cattolico Tadeusz Mazowiecki.

Il primo paese a seguire la Polonia sulla via del cambiamento fu l'**Ungheria**, il cui governo intraprese una serie di riforme in senso democratico che culminarono con la decisione più importante e piena di conseguenze tra quelle assunte dai nuovi dirigenti ungheresi, ovvero la **rimozione dei controlli polizieschi e delle barriere di filo spinato al confine con l'Austria**. La conseguenza di tutto ciò fu che, a partire dall'estate '89, **migliaia di cittadini della Germania orientale abbandonarono il loro paese** per raggiungere la Repubblica Federale Tedesca attraverso l'Ungheria e l'Austria.

La fuga di massa mise in crisi il regime comunista della **Germania dell'Est**, costringendo alle dimissioni il vecchio segretario del partito **Erik Honecker**. I nuovi dirigenti, con l'avvallo di Gorbačëv, avviarono un processo di riforme interne e quindi liberalizzarono la concessione dei visti di uscita e i permessi di espatrio. L'inizio del mese di novembre del 1989 vide **l'apertura dei confini tra le due Germanie**, compresi i passaggi attraverso il **muro di Berlino**. A grandi masse i cittadini tedesco-orientali si recarono verso l'Ovest in un'atmosfera di festa e riconciliazione che rilanciava il tema **dell'unità tedesca**. **La caduta del muro il 9 novembre 1989** rappresentò un evento epocale e assurse a simbolo della fine delle divisioni che avevano spaccato in due l'Europa ed il mondo intero all'indomani del secondo conflitto mondiale.

Gli avvenimenti tedeschi accelerarono ulteriormente il ritmo delle trasformazioni nell'Europa dell'Est. In **Cecoslovacchia** una serie di imponenti manifestazioni popolari, la cosiddetta "**Rivoluzione di velluto**" determinò la caduta del gruppo dirigente comunista legato alla "normalizzazione" del dopo '68 e l'apertura di un processo di democratizzazione. A dicembre il Parlamento elesse alla presidenza della Repubblica lo scrittore **Vaclav Havel**. La rivoluzione di velluto condusse poi al "**divorzio di velluto**", ovvero alla proclamazione il 1° gennaio 1993 della divisione della Cecoslovacchia in due nuovi stati: **Repubblica Ceca e Repubblica Slovacca**.

In **Romania** il mutamento di regime ebbe sviluppi drammatici per la resistenza opposta dalla dittatura personale di **Nicolae Ceausescu**. Incalzato nel dicembre '89 da un'insurrezione popolare dopo un sanguinoso tentativo di repressione, Ceausescu fu **catturato, sommariamente processato** da un **Tribunale Militare Eccezionale** e, alcuni minuti dopo la lettura della sentenza, **brutalmente ucciso insieme alla moglie**

Elena.

Al termine del 1989 anche in **Bulgaria** fu avviato un graduale processo di liberalizzazione dopo l'uscita di scena del dittatore comunista **Zivkov**. La folla riunitosi a Sofia portò alla rinuncia del potere da parte del Partito Comunista all'inizio del 1990 e nel giugno dello stesso anno si tennero le prime libere elezioni. Un anno dopo il vento delle riforme toccò anche l'**Albania**, l'ultima roccaforte dell'ortodossia marxista-leninista in Europa. In Ungheria le prime elezioni libere segnarono l'affermazione di un partito di centrodestra e la sconfitta degli ex-comunisti. In **Polonia** le elezioni presidenziali del '90 videro la divisione del movimento Solidarnosc che comunque portò **alla guida dello stato il suo leader storico Walesa**. In **Bulgaria e Albania** gli eredi dei partiti comunisti mantennero il potere nella fase di transizione ma furono sconfitti nelle successive consultazioni politiche. Nella **Germania dell'Est** le elezioni del '90 punirono non solo gli ex-comunisti ma anche i socialdemocratici e gli altri gruppi di sinistra. La vittoria andò così ai cristiano-democratici di Helmut Kohl che accelerarono i tempi per la liquidazione di una entità statuale, **la Repubblica Democratica Tedesca**, ormai privata di ogni legittimità e svuotata di qualsiasi funzione storica. In questa situazione si inserì con grande efficacia **l'azione del governo Koll**, che riuscì a preparare in pochi mesi l'assorbimento della Germania orientale nelle strutture istituzionali ed economiche della Repubblica Federale Tedesca. A maggio i due governi firmarono un trattato per l'unificazione economica e monetaria; il 3 ottobre 1990, dopo che il leader sovietico Gorbačëv aveva dato il suo assenso alla riunificazione, entrò in vigore il vero e proprio **trattato di unificazione** e la **Germania** tornò ad essere uno **stato unitario**. Un discorso a parte va fatto per la **Jugoslavia**, stato che grazie al ruolo della **resistenza** durante la fase finale della **Seconda guerra mondiale** si era sempre sottratto al dominio sovietico, rifiutandosi di entrare a far parte del Patto di Varsavia. Tuttavia, la dittatura comunista del **Maresciallo Tito** aveva permesso di tenere unite le varie etnie che andavano a comporre la federazione jugoslava. Già dall'80, dopo la morte di Tito, era in atto una grave crisi economica e istituzionale. L'esito delle prime elezioni libere del '90 accentuò le spinte centrifughe già operanti all'interno dello Stato: mentre, infatti, le più sviluppate repubbliche di Slovenia e Croazia videro la vittoria dei partiti autonomisti, in Serbia prevalse il neo-comunismo nazionalista di Slobodan Milosevic, deciso a riaffermare il ruolo egemone dei Serbi in una Jugoslavia unita. **La spirale dei nazionalismi** ebbe il sopravvento e trascinò il paese in una **lunga e cruenta guerra civile** che si trascinò per tutta la decade dei Novanta.

c. La Costituzione della Repubblica Italiana: gli organi costituzionali
Vedi tesi n.2, punto c.

d. Origini, evoluzione, organizzazione e funzionamento dell'Unione Europea come soggetto politico ed economico: le fonti del diritto: i principi generali, classificazione e adattamento del diritto interno al diritto dell'Unione
Vedi tesi n.5, punto d.

e. Gli organismi internazionali e le altre organizzazioni e associazioni per la cooperazione europea: O.N.U.

Vedi tesi n.3, punto e.

TESI N.7

a. *Situazione socio-economica e culturale europea durante il primo conflitto mondiale*
b. *Processo di decolonizzazione e la nascita del neocolonialismo*
c. *La Costituzione della Repubblica Italiana: i principi fondamentali*
d. *Origini, evoluzione, organizzazione e funzionamento dell'Unione Europea come soggetto politico ed economico: Istituzioni e Organi dell'Unione Europea: il Parlamento, il Consiglio Europeo e il Consiglio dell'Unione Europea, la Commissione Europea, la Corte di Giustizia, la Corte dei Conti*
e. *Gli organismi internazionali e le altre organizzazioni e associazioni per la cooperazione europea: N.A.T.O*

a. Situazione socio-economica e culturale europea durante il primo conflitto mondiale

Se allo scoppio del primo conflitto mondiale la superiorità e la preparazione militare degli Imperi Centrali era indiscutibile, la **resistenza opposta dall'Intesa** e la conseguente **guerra di trincea** giocò, coi suoi tempi lunghi, a sfavore degli Alleati. Circondate per mare e per terra, **Germania e Austria-Ungheria** videro via via esaurirsi i viveri e spegnersi le loro produzioni per mancanza di materie prime, mentre **Francia e Inghilterra**, grazie ai propri imperi coloniali e all'appoggio degli Stati Uniti, poterono al contrario gettare sui campi di battaglia risorse sempre maggiori. Fu così che nell'autunno del 1918 il collasso economico obbligò alla **resa gli Imperi Centrali** a dispetto di eserciti, sulla carta, ancora poderosi.

L'Italia, il 3 agosto 1914, dichiarò ufficialmente la propria **neutralità**, ma lo stesso giorno le notizie del moltiplicarsi delle mobilitazioni generali e delle dichiarazioni di guerra tra le potenze europee fecero esplodere il panico, generando una corsa agli sportelli bancari di dimensioni così preoccupanti da obbligare il governo a emanare il giorno seguente una moratoria che vietava alle banche di credito (eccezion fatta per quelle di emissione: Banca d'Italia, Banco di Napoli e Banco di Sicilia) di pagare più del 5% dell'importo dei depositi e 50 lire per i depositi inferiori a 1000 lire. Il decreto, pur criticato come **un ostacolo al libero mercato**, rimase in vigore fino al 31 marzo 1915, perché si riteneva probabile una futura entrata in guerra dell'Italia. Nel frattempo i partiti politici, la stampa e l'opinione pubblica si divisero tra **sostenitori del neutralismo** e **ferventi interventisti** a fianco o contro gli Imperi Centrali. Tra i primi, insieme a cattolici, socialisti e liberali, la voce più importante era quella dell'ex Presidente del Consiglio Giolitti, il quale era perfettamente al corrente dell'impreparazione delle nostre forze armate e ammoniva che i conti delle Stato sarebbero saltati nel tentativo di adeguare e sostenere i nostri reparti in una guerra di tipo moderno; inoltre capiva che il nostro modesto apparato industriale e la penuria di materie prime ci avrebbero fatto dipendere dall'estero, generando un grande debito pubblico, cosa che poi puntualmente avvenne. Viceversa, tra gli interventisti più agguerriti vi erano i dirigenti di alcuni comparti dell'industria pesante, che ritenevano che profitti concreti sarebbero arrivati solo con l'entrata in guerra e per questo appoggiavano l'eterogeneo insieme di forze, fra loro anche ostili, che reclamavano l'intervento:

nazionalisti, liberali di destra antigiolittiani, irredentisti, interventisti democratici e socialisti rivoluzionari.

Nonostante la dichiarazione di neutralità il governo ritenne opportuno procedere in tempi brevi al **rafforzamento di esercito e marina**, e ciò mentre un costoso contingente doveva essere mantenuto in Libia. Per reperire fondi esorbitanti il governo intraprese **la via del debito pubblico** e delle **anticipazioni da parte degli istituti di emissione**, onde evitare ulteriori inasprimenti fiscali. Nel gennaio del 1915 venne aperta la sottoscrizione pubblica del primo dei sei prestiti nazionali ai quali si ricorrerà durante la guerra. Per la loro emissione venne scelta la **Banca d'Italia**, il più importante dei tre istituti autorizzati allora a emettere banconote, la quale per i compiti straordinari di carattere economico che svolse durante il conflitto, vedrà iniziare la sua trasformazione da **istituto di natura privata** con funzioni pubbliche a **banca centrale pubblica** del nostro paese, cosa che avverrà pienamente nel 1936. Il 26 aprile 1915 il governo italiano firmò segretamente a Londra il **patto di alleanza con l'Intesa**. L'accordo non prevedeva alcuna assegnazione all'Italia di materie prime e materiale bellico, bensì solo **l'impegno da parte dell'Inghilterra a concedere un prestito al nuovo alleato** di non meno di 50 milioni di sterline. A novembre un accordo supplementare prevedeva un ulteriore prestito di 122 milioni di sterline. Roma accettava di trasferire in oro la decima parte di questo ulteriore credito e s'impegnava a spendere 57 milioni del prestito sul mercato britannico; quest'ultima obbligazione rappresentava una notevole limitazione agli approvvigionamenti delle nostre truppe, dato che l'industria britannica poteva soddisfare solo in parte le necessità dei paesi alleati.

L'inizio delle **ostilità**, come calcolato dagli interventisti, produsse un **rilancio delle attività** più direttamente collegate al conflitto. Le procedure degli appalti per le forniture delle forze armate vennero snellite e i relativi pagamenti da parte dello Stato divennero piuttosto rapidi e spesso la pubblica amministrazione accordava addirittura anticipi. L'urgenza di rifornimenti non consentiva **un controllo dei prezzi** e della **qualità dei prodotti**, per cui i profitti di imprenditori e speculatori furono enormi e immediati. La spesa per le forniture militari, già raddoppiata in termini reali tra il 1915 e il 1916, aumentò ancora di un terzo circa nel 1917. Beneficiati da questo fiume di denaro furono anche imprese straniere: basti pensare che nemmeno la produzione agricola nazionale era sufficiente a coprire i bisogni bellici, tanto che nel '17 a Torino scoppierà una rivolta popolare, repressa nel sangue, contro la mancanza di viveri. Il denaro necessario all'acquisto di una così grande massa di equipaggiamenti bellici venne coperta per i due terzi, indebitandosi sia all'interno sia all'estero. All'interno lo Stato riuscì a spingere i privati cittadini a **sottoscrivere i titoli del debito pubblico** sia offrendo un buon tasso d'interesse, sia facendo appello ai sentimenti patriottici, mentre le imprese furono stimolate da incentivi economici: fu così che il passivo totale venne coperto per il 72% da debito interno. Intanto la divisa italiana si deprezzò costantemente, soprattutto per il continuo ampliarsi dello squilibrio tra importazioni ed esportazioni. Il 24 ottobre 1917 la disfatta di Caporetto aggravò ulteriormente la situazione economica e partorì il governo Orlando.

Il nuovo ministro del tesoro, Nitti, cercò di ridurre i guadagni dei fornitori e le manovre speculative delle banche, ritenute responsabili della **svalutazione monetaria**. Così l'11 dicembre 1917 venne creato **l'Istituto Nazionale per i Cambi con l'Estero**, un vero e proprio monopolio di stato per i cambi, servito dagli istituti di emissione e dalle maggiori banche di credito ordinario, obbligate a prestare allo Stato, in cambio di una ricompensa, uffici e personale. Tuttavia, l'INCE (Istituto Nazionale per i cambi con l'estero) non riuscì a frenare la caduta della lira.

A livello europeo, le conseguenze del conflitto furono devastanti: il vecchio continente usciva dalla guerra in uno stato di **rovina generale** e di **forte dipendenza economica e finanziaria** dalla nuova potenza mondiale, gli **Stati Uniti d'America**. Il **commercio intraeuropeo era crollato**. Sulle ceneri degli Imperi centrali erano nati nuovi Stati determinando nuove monete e barriere doganali. I macchinari industriali erano ormai logori, dopo quattro anni impiegati a lavorare senza soste e revisioni. Gli innumerevoli invalidi di guerra, inservibili alla produzione, erano un ulteriore peso per la collettività.

La necessità di continuare a importare, soprattutto dall'America, molto più di quanto non si riuscisse a pagare con le esportazioni, produsse in ogni paese il **rialzo continuo dei prezzi** e dunque un'inflazione galoppante. Su questo punto gli USA avrebbero potuto venire incontro agli ex alleati, ma, insieme al conflitto, Washington considerava terminata anche la solidarietà finanziaria. Infine gli iniqui trattati di pace non mirarono a una **ripresa economica europea**, ma furono dettati esclusivamente dalla **volontà punitiva dei vincitori**, condannando il vecchio continente a una prolungata crisi produttiva, sociale e politica, che sfocerà in una nuova e ancor più distruttiva guerra. Caso emblematico furono le esose **riparazioni di guerra pretese dalla Francia ai danni della Germania** per una cifra talmente astronomica che ebbe come conseguenza la crisi della Repubblica di Weimar e la conseguente crescita e affermazione del nazionalsocialismo.

La guerra sottrasse manodopera all'agricoltura e il **crollo della produttività agricola** portò ovunque una **crisi alimentare**. In tutti i paesi le donne furono impiegate per lavori di ogni genere al posto degli uomini, sia in agricoltura che nell'industria e ciò portò importanti sviluppi nel processo di **emancipazione femminile**. In Austria-Ungheria, se nel 1913 solo il 17,5% degli operai dell'industria era donna, nel 1916 questa percentuale salì al 42,5%, mentre nella Germania del 1918 la quota della manodopera femminile nelle industrie di tutti i tipi raggiunse il 55%, con orari e condizioni di lavoro pari a quelli degli uomini. In **Russia** la difficile situazione militare al fronte e le sofferenze causate al popolo dall'economia di guerra portarono alle **rivoluzioni borghese e socialista** e alla nascita **dell'URSS**. Analogamente, il crollo nel 1918 del fronte interno in **Germania** e l'imminenza della sconfitta nella guerra condussero alla **Rivoluzione di novembre**, un tentativo rivoluzionario organizzato dalla Lega di Spartaco, il comunismo tedesco, che condusse alla abdicazione dell'Imperatore e alla proclamazione della repubblica.

Nel 1918, un nuovo ceppo del virus **dell'influenza spagnola** emerse negli Stati Uniti e portò a una **pandemia globale**. In maggio, i soldati americani furono inviati in Europa e portarono il virus dell'influenza oltreoceano. Circa 500 milioni di persone in tutto il mondo contrassero l'influenza e **50 milioni di persone morirono**. Si registrarono più decessi di soldati americani per l'influenza che per i combattimenti della Prima Guerra Mondiale.

L'Italia, dal canto suo, aveva dovuto sostenere uno sforzo gigantesco in rapporto alle proprie possibilità: è stato calcolato che il **costo della guerra ammontò a ben un terzo del Pil** dell'intero periodo '15-'18. Così il nostro paese, pur vincitore, si trovò nelle condizioni economiche, politiche, sociali e morali tipiche delle **nazioni sconfitte**. Nel '18 si registrò in Italia il più alto **tasso di inflazione**, toccando punte del 20%, i prezzi quindi salirono alle stelle, polverizzando i capitali dei piccoli risparmiatori, mentre i salari non riuscivano a tener testa al carovita e all'aumentata pressione fiscale. Il bilancio statale aveva un deficit di 23.345 milioni di lire nell'esercizio '18-'19, contro i 214 del '13-'14. Nel 1920 la lira subì un'ulteriore svalutazione del 100% su dollaro e sterlina.

L'indebitamento estero raggiunse una cifra pari a **cinque volte il valore delle nostre esportazioni**. Ancora **dopo l'armistizio**, l'impellente bisogno di valuta per poter continuare a importare generi fondamentali aveva spinto il Governatore della Banca d'Italia, Bonaldo Stringher, a chiedere un ulteriore prestito agli inglesi, riuscendo a ottenere un'ultima apertura di credito di 50 milioni di sterline, parte dei quali destinati però al pagamento degli interessi maturati sui prestiti precedenti.

La guerra infine aveva accentuato la già alta **concentrazione monopolistica** della grande industria e favorito la sua compenetrazione col capitale bancario. In breve, la situazione sociopolitica del nostro paese, caratterizzata da disoccupazione e scioperi, occupazione delle fabbriche, minaccia della rivoluzione sociale e crisi dello stato liberale, fu il terreno fertile su cui **il fascismo** avrebbe presto insediato il proprio potere.

Sul **versante culturale**, infine, la **Grande guerra** ebbe una profonda **influenza sul mondo della letteratura e delle arti figurative.** Le esigenze della propaganda stimolarono la produzione artistica: tutti i principali eserciti belligeranti non solo inviarono al fronte fotografi ufficiali e unità cinematografiche militari per riprendere (pur sotto i rigidi vincoli della censura) i combattimenti, ma patrocinarono anche le opere di "pittori di guerra" inviati a documentare le attività belliche e disegnatori impegnati nella realizzazione di manifesti e **illustrazioni propagandistiche** (celebri, in tal senso, le opere del francese Jean-Jacques Waltz, meglio noto come "Hansi").

Il conflitto ispirò una copiosa produzione letteraria, sia di **poesia sia di narrativa**: un gran numero di poesie e raccolte di poesie composte dagli stessi militari al fronte furono pubblicate già durante la guerra (tra le altre, quelle dei britannici Wilfred Owen e Isaac Rosenberg e dell'italiano Giuseppe Ungaretti), spesso **critiche nei confronti della propaganda e concentrate sulle sofferenze dei soldati** in trincea, sebbene non mancassero artisti e **movimenti artistici favorevoli alla guerra** (celebre il caso del **futurismo italiano**).

La profonda devastazione della Prima Guerra Mondiale ispirò molte risposte artistiche **incentrate sulla futilità della guerra e sull'insensatezza della morte.** Nel film francese *J'Accuse*, i caduti in guerra si alzano dalle loro tombe, feriti e mutilati, per tornare ai loro villaggi e vedere se i loro sacrifici sono stati vani. Il regista Abel Gance girò queste scene nel 1918 su veri e propri campi di battaglia, utilizzando come attori i soldati francesi.

Molti di questi soldati furono successivamente uccisi sul campo prima della fine della guerra.

b. Processo di decolonizzazione e la nascita del neocolonialismo

La **decolonizzazione** è il processo politico, raramente pacifico e spesso conflittuale, attraverso il quale una nazione, precedentemente sottoposta a un regime coloniale, ottiene o riottiene la propria indipendenza. La decolonizzazione politica ebbe inizio nel secondo dopoguerra, con l'indipendenza dell'India nel 1947, e si concluse nel 1999, con la restituzione di Macao (ultimo dominio coloniale portoghese ed europeo in Asia) alla Cina. Il termine "decolonizzazione" indica il **processo storico attraverso cui raggiunsero l'indipendenza la totalità dei possedimenti coloniali europei, in Africa e in Asia**. La decolonizzazione si realizzò in un arco di tempo molto breve, se confrontato al lungo periodo che interessò il processo opposto di colonizzazione. Fu infatti il risultato di una contingenza storica che da una parte persuase le potenze coloniali a ritenere **troppo oneroso, economicamente e politicamente, il possesso delle colonie**, dall'altra favorì **movimenti di resistenza armata** nei Paesi colonizzati capaci di coinvolgere l'opinione pubblica indigena e convincerla a sostenere la causa dell'indipendenza. È indubbio che nel mondo occidentale, fino alla Seconda guerra mondiale, prevale **nell'opinione pubblica un diffuso appoggio all'ideologia della colonizzazione**; l'opposizione alla pratica imperialistica, i cui principali argomenti vertevano sullo sfruttamento brutale cui veniva sottoposta la manodopera indigena, rimase espressione di una minoranza, incapace di condizionare le decisioni politiche nazionali.

L'accusa al **colonialismo** di essere **lesivo dei diritti umani** venne formulata da una parte minoritaria dell'opinione pubblica liberale e dalla quasi totalità delle organizzazioni socialiste; in particolare, dopo la fondazione dell'Unione Sovietica, venne condivisa dal movimento comunista internazionale **la critica all'imperialismo formulata da Lenin**, che sostenne la sostanziale identità della lotta anticoloniale con quella anticapitalista. Nelle colonie, all'inizio del XX secolo, si formano delle élite, esponenti delle più prestigiose famiglie indigene, le quali, dopo avere sostenuto studi nella madrepatria e avere verificato la positività del sistema politico parlamentare, si fecero portavoce di istanze indipendentistiche, verificando la contraddizione esistente tra i principi etico-politici sostenuti dai Paesi colonizzatori e il trattamento riservato alle colonie.

Il colonialismo cominciò ad entrare in crisi all'inizio del '900 prima di tutto sul terreno culturale. La coscienza europea cambiò a favore dei **diritti delle altre civiltà** e questo portò ad un superamento del pensiero eurocentrico, fino ad allora dominante. Si svilupparono scienze sociali come l'antropologia e l'etnologia, che diffusero una nuova visione, meno pregiudiziale, delle società indigene. Altro fattore di rivoluzione fu **il diffondersi di associazioni umanitarie, del pensiero Leninista e delle lotte socialiste**, che tolsero credibilità alle ideologie colonialistiche. Nel periodo delle guerre mondiali il fenomeno del colonialismo perse ogni residua giustificazione ideologico-culturale e cominciò a dissolversi.

Dopo il secondo conflitto mondiale **il crollo degli imperi coloniali** fu registrato senza troppe proteste o spargimenti di sangue, almeno nella maggior parte dei casi. Accanto a quelle culturali, le cause della decolonizzazione furono:

- la **volontà di emancipazione** delle colonie: le spinte verso l'indipendenza si rafforzarono anche grazie al ruolo fondamentale che questi paesi ebbero nella guerra mondiale; ciò portava i popoli coloniali ad affermare di aver conquistato i diritti sociali e politici che prima non avevano;
- la **perdita di prestigio e l'indebolimento delle potenze coloniali**: infatti i paesi europei colonizzatori persero molto prestigio durante la Seconda guerra mondiale;
- la **posizione degli U.S.A e dell'URSS contro il colonialismo**: questi grandi paesi, i veri vincitori del conflitto mondiale, delegittimarono l'esistenza di imperi coloniali e contribuirono alla proclamazione degli stati indipendenti. L'URSS, per il suo pensiero anti-imperialistico, si posizionò come alleato naturale dei paesi colonizzati; d'altra parte gli USA sostennero a loro volta l'emancipazione delle colonie, ma con il principale obiettivo di evitare che in questi paesi si formassero dei governi filosovietici;
- il **sostegno dell'ONU al diritto dei popoli all'indipendenza** che si basava sul principio di **Autodeterminazione dei popoli**.

I **due stati coloniali più importanti, Gran Bretagna e Francia**, nel secondo dopoguerra ebbero due **atteggiamenti antitetici** riguardo a questo grande cambiamento storico. Mentre **l'impero britannico** accettò di concedere una **progressiva autonomia** alle colonie e finì per usare il **Commonwealth of England** come strumento per mantenere un **legame economico e culturale con gli ex "dominions"** ancora oggi esistente, la **Francia** al contrario non accettò di vedere ridimensionata la propria **"grandeur"** internazionale in larga parte alimentata proprio dal sistema coloniale. Se da un lato avviò il processo di emancipazione in tante colonie, nei casi del **Vietnam** e **dell'Algeria** si dimostrò **recalcitrante**, trovandosi invischiata in **due lunghe guerre fra il 1948 e il 1962** che aprirono una violenta crisi politica e istituzionale e portarono il paese alla proclamazione nel 1958 della **Quinta Repubblica**, il sistema semipresidenziale che caratterizza tutt'oggi le istituzioni francesi.

Il processo di decolonizzazione si realizzò in **due tappe fondamentali**: la prima tra il 1945 e il 1957 che riguardò buona parte dell'**Africa settentrionale, il Medio Oriente e l'Asia**; la seconda tra il 1957 e il 1971 e riguardò prevalentemente l'**Africa Nera**, ma anche parte del **Medio Oriente** e il restante **Nord Africa**. Dopo gli anni '70 ottennero l'indipendenza anche le **colonie portoghesi** (Angola e Mozambico).

Purtroppo il sentimento eurocentrico non cessò comunque di esistere e su questo posero l'accento i paesi ex-coloniali, vittime del **neocolonialismo**. I paesi colonizzati dalle grandi potenze europee credevano che una volta raggiunta l'indipendenza sarebbero scomparsi tutti i vecchi mali di cui soffrivano e avrebbe avuto inizio un'era di prosperità e giustizia. La realtà risultò diversa. Lo sviluppo economico e sociale era infatti subordinato all'**industrializzazione**, per la quale mancavano le condizioni essenziali: capitali, manodopera e infrastrutture. Occorrevano pertanto grossi finanziamenti che non potevano venire che dai paesi ad economia avanzata. Perciò i governi che si trovarono alla testa dei "paesi nuovi" (gli stati africani e asiatici) dovettero ricorrere alla collaborazione delle ex-potenze coloniali e stringere con esse accordi. Si ricreava così la **"soggezione ai vecchi padroni"** nel **campo finanziario, tecnico e culturale**. Si è coniato pertanto il termine di **"neocolonialismo"** per indicare quei rapporti politici ed economici volti a ristabilire il controllo e lo sfruttamento da parte di una grande potenza su quei territori che in passato erano stati sotto il suo dominio. Con la fine della Seconda guerra mondiale **gli ultimi grandi imperi coloniali europei** cominciavano a dissolversi e divenne progressivamente predominante il **neocolonialismo**, fenomeno attualmente noto per l'assenza di sistemi istituzionali di controllo. Ne sono esempio gli Stati Uniti d'America che possono influenzare la politica economica di molti stati del Terzo Mondo, grazie al proprio potere economico e al controllo esercitato su organismi internazionali come la Banca Mondiale o il Fondo Monetario Internazionale.

All'origine del neocolonialismo, dunque, vi sono principalmente ragioni economiche, politiche e ideologiche. La **motivazione economica** è la più importante: uno stato cerca di dominarne altri per reperire materie prime, forza lavoro e trovare mercati per la propria produzione. Secondo tale politica, la volontà di espandere la propria influenza può nascere dal desiderio di acquisire potere e prestigio, dalla ricerca della sicurezza nazionale o di vantaggi diplomatici. Il parametro con cui normalmente si misurano gli effetti del neocolonialismo, però, rimane sempre quello economico: gli investimenti occidentali, i prestiti, le politiche commerciali e i programmi di "aiuto" hanno lo scopo di proteggere gli interessi politici e strategici dei paesi ricchi e di mantenere economicamente deboli i paesi in via di sviluppo e quindi farli dipendere dai primi in un'ottica neocoloniale. Questa situazione generalmente si aggrava quando il governo locale è formato da esponenti della piccola e media borghesia, per lo più corrotta, i quali preferiscono, in nome del proprio interesse, che il loro paese resti una **debole dipendenza delle potenze capitalistiche**, piuttosto che avviarsi verso una vera emancipazione.

c. La Costituzione della Repubblica Italiana: i principi fondamentali
Vedi tesi n.3, punto c.

d. Origini, evoluzione, organizzazione e funzionamento dell'Unione Europea come soggetto politico ed economico: Istituzioni e Organi dell'Unione Europea: il Parlamento, il Consiglio Europeo e il Consiglio dell'Unione Europea, la Commissione Europea, la Corte di Giustizia, la Corte dei Conti
Vedi tesi n.4, punto d.

e. Gli organismi internazionali e le altre organizzazioni e associazioni per la cooperazione europea: N.A.T.O
Vedi tesi n.4, punto e.

TESI N.8

a. *La rivoluzione sociale in Russia e la nascita dell'Unione Sovietica: dallo zarismo a Stalin*

b. *Problemi politici, economici e religiosi del Medio Oriente dal secondo dopoguerra ad oggi*

c. *La Costituzione della Repubblica Italiana: struttura e caratteristiche*

d. *Origini, evoluzione, organizzazione e funzionamento dell'Unione Europea come soggetto politico ed economico: i principi di sussidiarietà e proporzionalità: gli atti vincolanti, gli atti non vincolanti e gli atti atipici*

e. *Gli organismi internazionali e le altre organizzazioni e associazioni per la cooperazione europea: W.T.O., E.F.T.A.*

a. La rivoluzione sociale in Russia e la nascita dell'Unione Sovietica: dallo zarismo a Stalin

La **Rivoluzione russa** è stata un evento socio-politico che ha influenzato la storia mondiale di tutto il XX secolo. Agli inizi del Novecento la **Russia era un impero arretrato e assolutista**; aveva un **governo autocratico**, concentrato nelle mani dello **zar** ed era una monarchia caratterizzata da sistemi amministrativi e giudiziari antiquati, un'industria quasi assente ed una popolazione numerosa ma povera, costituita prevalentemente da contadini che rivendicavano il possesso delle terre e chiedevano una riforma agraria, e gli operai, i quali chiedevano condizioni economiche più giuste. Nel 1898 nacque il **partito operaio social-democratico russo**, di ispirazione marxista. Esso mirava a **una rivoluzione borghese- liberale democratica** come presupposto alla rivoluzione proletaria; nel 1903, nel corso del secondo congresso, il partito si divise in due correnti: i **bolscevichi** (maggioritari), guidati da Lenin, volevano risolvere le questioni sociali con la rivoluzione; i **menscevichi** (minoritari), guidati da Martov, credevano nella riorganizzazione del Paese attraverso una graduale serie di riforme e consideravano anche la possibilità di una collaborazione politica con i partiti borghesi. Nel 1905, dopo la sconfitta russa nella guerra contro il Giappone, **a Pietroburgo nacque una prima rivoluzione**, dove si formarono i primi **soviet**, ovvero i "consigli dei rappresentanti degli operai e dei soldati", che guideranno la rivoluzione, in cui i cittadini reclamavano un miglioramento delle condizioni lavorative, ma tutto venne represso nel sangue dalla Polizia Zarista. Ad ogni modo, una importante conseguenza della rivoluzione del 1905 fu la concessione da parte dello Zar del primo Parlamento russo: la **Duma**.

La partecipazione del paese alla **Prima guerra mondiale** non fece altro che peggiorare la situazione, in quanto oltre agli intensi sforzi bellici che stava sostenendo da ben tre anni, il paese aveva subito anche una grave serie di sconfitte a causa della impreparazione militare per una guerra totale. Vi furono enormi perdite umane ed una grave crisi agricola, poiché la mancanza di manodopera a causa della guerra aveva ridotto in modo sensibile la produzione agricola generando fame, miseria e mancanza dei beni di prima necessità.

Il **regime zarista** aveva ormai perso del tutto il contatto con la realtà della Russia al punto da non accorgersi che anche i più conservatori (tradizionalmente alleati del regime) stavano prendendo coscienza che solo un'uscita di scena di Nicola II e dello stesso zarismo avrebbe loro permesso di mantenere il controllo dello Stato. Fu così che il malcontento popolare diede il via, il 23 febbraio 1917, ad uno **sciopero generale a Pietroburgo**, la capitale del Paese. Lo zar Nicola II ordinò immediatamente di reprimere queste manifestazioni, ma accadde che quasi tutte le forze militari si unirono agli scioperanti, distribuendo armi e liberando prigionieri. La rivolta, conosciuta come "**rivoluzione di febbraio**", in poco tempo si estese a tutto l'impero. Dinnanzi a ciò lo **zar Nicola II** si rese conto di non essere più in grado di governare il Paese, dunque **abdicò** e, successivamente, venne arrestato insieme a tutta la sua famiglia, ponendo fine dopo secoli alla dinastia **Romanov** e allo zarismo in Russia.

Con la caduta dello zar, si affermarono due centri di potere, contrastanti tra loro: **il governo provvisorio e il soviet di Pietrogrado**. Il governo provvisorio, istituito dalla **Duma** (parlamento russo), era guidato dal **principe L'Vov** e costituito dai liberali moderati e dai social rivoluzionari di **Kerenskj**, che a luglio sostituì L'Vov come capo dell'esecutivo; il governo, sostenuto dal **Partito dei Cadetti** e, successivamente, dai **Menscevichi** (socialisti riformisti che presero progressivamente le distanze dai Bolscevichi), mirava alla creazione di una **assemblea costituente** col compito di scegliere la forma di governo e scrivere una costituzione; era, inoltre, propenso a **proseguire la guerra a fianco dell'Intesa** e a promuovere una progressiva "occidentalizzazione" politico-economica del Paese. Il **soviet**, invece, che si era ricostituito spontaneamente, era formato da una maggioranza di socialisti delle diverse correnti che includeva i **bolscevichi** e, in un primo momento, i **menscevichi**. Questi ultimi erano, inizialmente, lo schieramento di **maggior peso**, poiché le loro posizioni moderate erano ben accolte anche dalla classe dirigente russa. Le cose però cambiarono con il ritorno in patria di **Lenin**, dopo l'esilio in Svizzera. Lenin era un carismatico intellettuale che aveva fatto proprie **le idee di Karl Marx** ed era in contrasto con tutti i gruppi rivoluzionari presenti, che miravano a sviluppare il capitalismo, mentre lui teorizzava la **dittatura del proletariato** e professava l'avvento di un **nuovo ordine comunista**, in cui tutto il potere sarebbe andato al popolo ed ai lavoratori, e non più ai pochi ricchi e nobili. Di rientro a Pietrogrado enunciò le famose "**Tesi di aprile**", una serie di direttive politiche dai **contenuti socialisti e rivoluzionari**. In esse sosteneva che la guerra scoppiata nel 1914 derivasse proprio da una **crisi del sistema capitalistico** ed esponeva in esse il suo **programma rivoluzionario**, in cui prevedeva l'abbattimento del governo provvisorio, ancora in mano ai borghesi, e l'attribuzione del **potere ai soviet**; la **nazionalizzazione delle banche** e della produzione industriale, la **collettivizzazione** delle terre, e l'accettazione della pace con gli Imperi Centrali a qualunque condizione. Propose quindi di **uscire subito dalla guerra** e di trasformare la guerra esterna in una **rivoluzione interna**, con lo scopo di giungere ad una **società socialista**.

Riuscì nel suo intento quando nella notte tra il 24 e il 25 ottobre 1917, i **Bolscevichi** occuparono Pietrogrado dando vita alla **Rivoluzione d'Ottobre**. Kerenskj fu costretto alla fuga, e l'assalto al Palazzo d'Inverno incontrò solo una debole resistenza da parte dell'esercito. Il giorno successivo il tumulto divampò a Mosca e in tutte le grandi città russe. Lenin costituì un **nuovo governo rivoluzionario Bolscevico** ed iniziarono i primi provvedimenti rivoluzionari come la **nazionalizzazione** delle banche, delle fabbriche e delle proprietà agricole. Il controllo delle fabbriche passò agli operai, fu riconosciuta l'uguaglianza di tutti i popoli che componevano la Russia, la stampa contraria al nuovo regime fu soppressa e si costituì una **potente polizia politica** (la **Ceka**) incaricata di individuare ed arrestare gli oppositori del nuovo regime. Lenin proclamò come **unici centri di potere** del nuovo ordine socialista i **soviet ed il partito bolscevico,** che assunse il nome di **partito comunista.** La Russia uscì dalla Prima guerra mondiale con il **Trattato di Brest-Litovsk del marzo 1918**, con il quale però perdeva Polonia, Lettonia, Estonia e Lituania e una parte della Bielorussia.

Un nuovo conflitto con effetti altrettanto devastanti scoppiò a quel punto nel Paese: **la guerra civile russa,** in cui si fronteggiarono **l'Armata Bianca,** ovvero le truppe fedeli al regime zarista, sostenuta militarmente e finanziariamente dagli Stati dell'Intesa (che temevano l'avanzata rivoluzionaria e avevano visto l'uscita della Russia dalla guerra come un tradimento) e **l'Armata Rossa,** l'esercito rivoluzionario, composto da ufficiali bolscevichi. La guerra determinò un **periodo di terrore**, durante il quale moltissime furono le condanne a morte (lo stesso zar Nicola II venne giustiziato insieme a tutta la famiglia). La guerra civile fiaccò il paese dal 1918 al 1921 e terminò con la **vittoria dell'Armata Rossa e della Rivoluzione**.

A causa della difficile situazione economica provocata dalla guerra civile, il governo attuò **drastiche misure di ordine militare, economico e politico** (dette "**comunismo di guerra**"), che portarono ad un massiccio accentramento dell'economia nelle mani dello Stato e giunsero, nella fase più acuta, alla **eliminazione di ogni forma di proprietà privata**.

Nel 1921, terminata la guerra civile, venne introdotta da **Lenin** una "**Nuova Politica Economica" (Nep)**, che mirò a migliorare la situazione del Paese ponendo fine all'economia di guerra, con la cessazione delle requisizioni obbligatorie del grano, la concessione ai cittadini della possibilità di vendere l'eccedenza, la promozione dello sviluppo della piccola industria e la formazione di un nuovo strato sociale di commercianti e piccoli industriali detti nepmen.

In agricoltura la NEP portò ad una vera **ridistribuzione delle terre fra i Kulaki**, una classe media di imprenditori agricoli che ricevettero un quantitativo di terra da gestire direttamente in proprio.

Nel dicembre 1922 nacque **l'Unione delle Repubbliche socialiste sovietiche** (URSS), ossia una federazione inizialmente di quattro Stati, poi ampliatasi nel corso dei decenni successivi.

Alla **morte di Lenin**, nel 1924, in Urss si apre la **lotta per la successione** che contrappone **Trockj**, capo dell'armata rossa, fautore della teoria di una "**rivoluzione permanente**" e **Stalin**, che gli contrapponeva la dottrina "**del socialismo in un solo Paese**". Trockj sosteneva che il compito dell'Urss fosse quello di fomentare, finanziare ed armare la rivoluzione permanente, in Europa e nel resto del mondo, diffondendo dunque la rivoluzione sovietica al di fuori dei confini nazionali e giungere ad una distruzione del capitalismo e all'affermazione globale del comunismo. Stalin, al contrario, sosteneva che il governo avrebbe dovuto concentrarsi sul consolidamento del comunismo russo e all'implemento economico e industriale e valutare solo in un secondo momento la possibilità di esportare la rivoluzione nell'Occidente capitalistico.

In poche parole, per Stalin, il comunismo avrebbe dovuto trovare in Russia la sua culla e fondare una civiltà in opposizione a quella capitalista europea. Tra i due riuscì ad avere la meglio **Stalin** e Trockj fu costretto all'esilio per sfuggire alla persecuzione dell'avversario. Nei primi anni di potere **Stalin** mantenne la NEP, poi, in seguito alla grave crisi del 1927/28, dove i contadini si rifiutarono di consegnare il grano, assunse un atteggiamento più duro: **chiuse la NEP** (accusata di aver penalizzato la grande industria), impose i **piani quinquennali** per l'industria pesante per **trasformare l'economia sovietica da agricola a industriale**, avviò ad una **collettivizzazione** forzata per trasformare l'agricoltura, espropriando terre per creare **aziende agricole statali** (i Sovchoz) e **cooperative agricole di contadini** (i Kolchoz) e i **Kulaki** (piccoli proprietari ricchi) che cercarono di difendere le proprie proprietà, vennero trasferiti nei **gulag** (campi d lavoro forzati). Il regime organizzò un'abile operazione di propaganda per motivare e mobilitare gli operai, istaurando l'ideologia dello **Stachanovismo**, ovvero il culto dell'uomo che lavora il più possibile per il bene della società. In pochi anni l'**URSS** si trasformò in una **potenza industriale fra le prime a livello mondiale,** l'industria passò fra il 1928 e il 1940 dal 28% al 45% del comparto economico.

Con Stalin lo Stato assunse i tratti tipici del **totalitarismo**: presenza di un solo partito, culto del capo, controllo dello Stato sulla società e sulla vita dei cittadini (dall'economia, alla polizia, al commercio, fino al pensiero del singolo che deve avere le stesse idee dello Stato). Gli **anni Trenta** furono il periodo delle **grandi purghe staliniane**, una vasta opera di repressione voluta e diretta da Stalin per epurare il partito comunista da presunti cospiratori grazie a processi sommari e internamento degli oppositori, anche presunti, nei gulag. Le vittime furono milioni e questi eccessi vennero alla luce a partire dal 1956, quando l'allora Segretario del Partito Comunista Sovietico, Nikita Kruscev, varò la cosiddetta politica di destalinizzazione.

Il resoconto più dettagliato e radicali sulle atrocità commesse nei campi di lavoro fu redatto da Aleksandr Solzenicyn, che scrisse il volume Arcipelago Gulag fra il 1958 e il 1968, pubblicato in occidente solo del 1973.

b. Problemi politici, economici e religiosi del Medio Oriente dal secondo dopoguerra ad oggi
Vedi tesi n.2, punto a.

c. La Costituzione della Repubblica Italiana: struttura e caratteristiche
Vedi tesi n.1, punto c.

d. Origini, evoluzione, organizzazione e funzionamento dell'Unione Europea

come soggetto politico ed economico: i principi di sussidiarietà e proporzionalità: gli atti vincolanti, gli atti non vincolanti e gli atti atipici

Vedi tesi n.3, punto d.

e. Gli organismi internazionali e le altre organizzazioni e associazioni per la cooperazione europea: W.T.O., E.F.T.A.

Vedi tesi n.5, punto e.

TESI N.9

a. *La crisi del dopoguerra in Italia: affermazione del Fascismo*
b. *Prima e seconda guerra del golfo: implicazioni politico- economiche*
c. *La Costituzione: gli enti locali*
d. *Origini, evoluzione, organizzazione e funzionamento dell'Unione Europea come soggetto politico ed economico: il principio delle competenze di attribuzione. Competenze esclusive e competenze concorrenti*
e. *Gli organismi internazionali e le altre organizzazioni e associazioni per la cooperazione europea: O.S.C.E*

a. La crisi del dopoguerra in Italia: affermazione del Fascismo

Per l'Italia il dopoguerra fu caratterizzato da un diffuso senso di delusione per gli esiti del conflitto. Pur rientrando tra le nazioni vincitrici, alla **Conferenza di Parigi** del 1919 l'Italia non vide mantenute tutte le promesse, in termini di annessioni territoriali, del Patto di Londra. In particolare, non ottenne **Fiume** (in realtà esclusa dal patto di Londra) né la **Dalmazia settentrionale**; al momento, poi, di discutere sulle ricompense territoriali in **Africa e Asia minore** il Presidente americano **Wilson** si dichiarò contrario alle acquisizioni, opponendovi il principio di **autodeterminazione dei popoli** che rientrava fra i suoi "**14 punti**". Si diffuse pertanto quel sentimento di frustrazione che accese gli animi e divise gli italiani tra chi era deciso ad ottenere i territori e chi invece era ormai rassegnato alla sconfitta. Tra la prima categoria c'era appunto **Gabriele d'Annunzio**, portavoce del sentimento **nazionalista**, che per rappresentare al meglio l'umiliazione patita alla Conferenza di Parigi coniò l'espressione "**vittoria mutilata**"; lo stesso poeta passò poi, nel 1919, dalle parole ai fatti compiendo la più ardita delle sue famose prodezze **occupando alla testa di qualche migliaio di legionari la città di Fiume** e instaurando uno stato di occupazione denominato **Reggenza italiana del Carnaro**. Il 12 novembre 1920 il **Governo Giolitti** siglava il **Trattato di Rapallo** che, fissando i confini fra Italia e Jugoslavia, creava lo **stato libero di Fiume** e, pertanto il 25 dicembre 1920, il cosiddetto "**Natale di sangue**", fu l'esercito italiano a entrare nella città istriana e a **sgomberarne gli occupanti**.

Ma oltre alla questione nazionalista, nell'immediato dopoguerra tornò a divampare la **questione sociale**, poiché le conseguenze negative del conflitto ricaddero in prevalenza sui ceti proletari e piccolo borghesi. In particolare, vi fu il problema del reinserimento dei combattenti, reso difficile dall'esigenza di riconvertire l'industria bellica alla produzione civile, quello delle terre incolte e della **promessa non mantenuta di una riforma agraria che finalmente distribuisse la terra ai contadini**. La piccola borghesia risentì maggiormente dell'inflazione e della crisi di bilancio dello stato, mentre la grande borghesia si avvantaggiò grazie alle commesse statali che durante la guerra avevano drenato ingenti risorse finanziarie a favore delle grandi industrie. Nel **1919** le elezioni politiche, tenutesi con il nuovo sistema elettorale proporzionale, videro l'affermazione dei grandi partiti di massa, in particolare il **Partito socialista** e il **Partito Popolare**, fondato nello stesso 1919 dal sacerdote cattolico **don Luigi Sturzo**, dopo che nello stesso anno **Benedetto XV** aveva ufficialmente considerato decaduto il **Non Expedit**. Il **trionfo socialista** era il segno del grande malessere sociale e della forza delle rivendicazioni che esplosero nei mesi successivi con un'ondata di **scioperi, occupazioni delle terre e delle fabbriche**, tanto che il periodo fra il **1919 e il 1920** viene ricordato come **biennio rosso**. Queste manifestazioni furono più marcate nel nord Italia, centro dello sviluppo industriale nazionale e dell'organizzazione sindacale operaia e contadina. Nelle terre della pianura padana i contadini rivendicavano l'imponibile di manodopera contro lo sfruttamento padronale, mentre nelle fabbriche del triangolo industriale si tentò di organizzare dei Consigli di fabbrica sul modello dei soviet russi. Quest'ultimo episodio, nell'estate del 1920, vide su fronti contrapposti due importanti figure della storia politica nazionale: **Antonio Gramsci**, leader di **Ordine Nuovo**, che fu l'organizzatore dell'occupazione operaia a Torino, e **Giovanni Giolitti**, tornato al governo a fine primavera dello stesso anno, che mediò quest'ennesimo conflitto che si concluse col fallimento dell'ipotesi rivoluzionaria. Nel gennaio 1921 al **Congresso di Livorno** il partito socialista subirà una decisiva scissione. Nascerà in quella sede il **Partito Comunista Italiano**, fondato da **Amedeo Bordiga e Antonio Gramsci**, che ispirerà la sua azione alle direttive della **Terza Internazionale Comunista**, nata nel 1919 a Mosca e divenuto organismo permanente di raccordo di tutte le forze di sinistra internazionali che prese il nome di **Comintern**.

La scissione di Livorno era segno dell'indebolimento delle forze socialiste e del riflusso dell'ondata rivoluzionaria del biennio rosso. Iniziava la reazione, il **biennio nero**. **Benito Mussolini** aveva fondato il 23 Marzo 1919 a Milano, in piazza Sansepolcro, i **Fasci di combattimento**, un movimento politico composto da arditi, trinceristi, dannunziani e futuristi, il cui programma era marcatamente anticlericale e connotato da forti rivendicazioni sociali. Durante il biennio rosso il movimento aveva iniziato a darsi una **organizzazione paramilitare**, con la costituzione di una **milizia armata (le camicie nere)** e aveva messo al centro del suo programma l'esigenza di garantire l'ordine nel paese, ottenendo così **l'appoggio degli industriali padani**. Alle elezioni del 1919 tuttavia non aveva ottenuto seggi. Nel 1921 **Mussolini** cambiò politica e si riavvicinò alla Chiesa, alla monarchia e all'esercito, stringendo un **patto con i possidenti agrari e gli industriali del nord**, connotandola con un marcato anticomunismo e trovando anche nel **governo Giolitti una certa accondiscendenza opportunista**. Quest'ultimo credeva infatti di poter controllare Mussolini e sfruttare le sue milizie per contrastare i movimenti rivendicativi delle forze socialiste e sindacali. **Alle elezioni del maggio 1921 Mussolini** si presentò con il blocco nazionale dei liberali, riuscendo stavolta a **far eleggere 35 deputati**. Nei mesi successivi fondò il **Partito Nazionale Fascista**, mentre proseguirono per tutto il biennio le **spedizioni punitive delle squadre fasciste**, indirizzate contro le sedi dei partiti, dei sindacati e dei giornali socialisti e comunisti.

La situazione politica era tuttavia molto instabile e i partiti al governo (liberali e popolari) con i governi Bonomi e Facta non riuscirono a normalizzare la vita del paese. La **fragilità del sistema liberale** del primo dopoguerra era provata dalla **successione di cinque**

governi fra il 1919 e il 1922, in un momento delicatissimo della vita nazionale in cui l'eredità della Prima guerra mondiale stava stringendo il paese fra una **deriva nazionalista** e un clima di **disordine sociale** alimentato dalle forze comuniste e rivoluzionarie. Fu in questo momento di forte crisi sociale e politica che **Mussolini** riuscì a inserirsi in modo astuto, conquistando il **consenso della grande borghesia e dei poteri forti**, ponendosi come baluardo contro gli scioperi e i disordini sociali e contro le forze politiche rivoluzionarie.

Nell'autunno del 1922 Mussolini ritenne matura la situazione per **tentare il colpo di stato**, organizzando per il 28 e il 29 ottobre una manifestazione delle sue milizie a Roma, quando circa **15.000 facinorosi marciarono sulla capitale** guidati dal **quadrumvirato fascista** composto da Balbo, De Vecchi, De Bono e Bianchi (Mussolini rimase a Milano pronto a scappare in Svizzera se le cose si fossero messe male). Quella che è passata alla storia come la **Marcia su Roma** non venne contrastata dall'esercito per espressa volontà del re, nonostante la richiesta di proclamazione dello **stato d'assedio** del presidente del Consiglio Luigi Facta, che per questo rassegnò le dimissioni. **Lo stesso sovrano subì la pressione degli eventi** e chiamò il giorno dopo a Roma Benito Mussolini, per offrirgli **l'incarico di formare il nuovo governo**, che si realizzò il 31 ottobre 1922.

Nei primi anni di governo Mussolini cercò di realizzare il programma di **normalizzazione** del paese, assorbendo le camicie nere nella **Milizia Volontaria per la sicurezza nazionale**. In politica economica fu **liberista** e contrastò l'inflazione con una stretta sui salari e una politica deflazionistica. Ma più importante fu l'azione progressiva di svuotamento delle funzioni democratiche del Parlamento e l'istituzione del **Gran Consiglio del Fascismo**, vero organo di governo destinato a far valere in Parlamento le esigenze del partito. In questa prima esperienza di governo si ebbe anche, nel 1923, la **riforma della scuola** ad opera del ministro, filosofo e ideologo del partito **Giovanni Gentile**, il quale realizzò un impianto formativo fondato sul primato del sapere umanistico e sulla subordinazione di quello tecnico e scientifico. Nonostante questa **prima fase di basso profilo** tesa a far accettare agli italiani il cambio di regime, Mussolini stava già pianificando la svolta dittatoriale, il cui presupposto essenziale era il controllo del parlamento. A tal fine nel 1923 fece rapidamente approvare una **nuova legge elettorale**, la **Legge Acerbo** dal nome del suo estensore, che prevedeva un **premio di maggioranza dei due terzi dei seggi** alla lista o alla coalizione di partiti che avesse raggiunto il 25% dei voti. Si preparava così a fare il pieno di consensi nelle **elezioni** che si tennero, in un clima di violenza e intimidazione da parte delle camicie nere, nella primavera del **1924** e che videro la vittoria del "**listone**" fascista che andò addirittura oltre il 60% dei suffragi e si aggiudicò 355 seggi su 535 alla Camera dei deputati, ottenendone di fatto il controllo.

L'irregolarità del voto fu denunziata nelle prime sedute parlamentari dal deputato socialista **Giacomo Matteotti**, che per tutta risposta fu fatto **sequestrare e assassinare dai miliziani** per ordine dello stesso Mussolini. La reazione del paese fu forte sul piano emotivo ma inefficace su quello politico. La scelta dei principali partiti d'opposizione, con l'eccezione del partito comunista, di abbandonare il Parlamento per **ritirarsi** sull'Aventino (come era accaduto nell'antichità al Senato romano) fece il gioco di Mussolini, il quale sospese per alcuni mesi i lavori parlamentari e si ripresentò alla Camera, superata l'emozione del fatto, il 3 gennaio, dove in un discorso violento assunse su di sé tutte le responsabilità e dichiarò l'intento di porre fine ai tentativi di opposizione.

Nei mesi successivi, tra il 1925 e il 1926, Mussolini promulgò una serie di leggi, le **Leggi fascistissime,** che distruggevano ogni forma di libertà politica. Subì alcuni attentati e fece di conseguenza reintrodurre **la pena di morte** per il reato di attentato alla sua vita. Dichiarò **sciolti tutti i partiti** ad eccezione del suo, istituì una **polizia segreta di stato (OVRA)** e il **Tribunale speciale** per la difesa dello stato. Infine, istituì per i dissidenti politici il **confino** di polizia, una misura repressiva che stabiliva l'allontanamento dalla residenza e la rigida sorveglianza di chiunque si opponesse al regime. In breve, il fascismo realizzò un **controllo pieno e totale** su ogni potere pubblico e sulla società, instaurando una dittatura e organizzando un apparato di controllo e una macchina della propaganda tesa a irregimentare la società italiana a ogni livello per fare dell'Italia uno stato economicamente efficiente e una potenza imperiale destinata al **revisionismo** del trattato di Saint Germain conseguente alla Prima guerra mondiale. Con l'approvazione della **Carta del Lavoro** (1927) Mussolini introduceva il **regime delle corporazioni** che andava a regolare i rapporti di diritto del lavoro in modo statico, eliminando lo strumento della contrattazione sindacale. Nel 1929 furono firmati i **Patti Lateranensi** con la **Chiesa cattolica**, il cui concordato le concedeva diversi privilegi e creava lo Stato del Vaticano. L'obiettivo di Mussolini era quello di incassare il **sostegno della Chiesa di Roma** in cambio di concessioni eclatanti che in qualche modo andarono a risolvere un rapporto difficile fra lo stato e il mondo cattolico che andava avanti dal 1870. La politica fascista di **aggressione in Africa degli anni Trenta** e la difficile congiuntura internazionale di quel periodo avrebbero finito per condurre la politica estera di Roma verso la **Germania nazista** e le conseguenti vicende belliche fra il 1940 e il 1943 avrebbero trascinato il paese nel suo momento più buio e il regime fascista alla disfatta.

b. **Prima e seconda guerra del Golfo: implicazioni politico-economiche**
Vedi tesi n.3, punto a.

c. **La Costituzione: gli enti locali**
Vedi tesi n.5, punto c.

d. **Origini, evoluzione, organizzazione e funzionamento dell'Unione Europea come soggetto politico ed economico: il principio delle competenze di attribuzione. Competenze esclusive e competenze concorrenti**
Vedi tesi n.2, punto d.

e. **Gli organismi internazionali e le altre organizzazioni e associazioni per la cooperazione europea: O.S.C.E**
Vedi tesi n.1, punto a.

TESI N.10

a. *La Germania nazista*
b. *La guerra civile nella ex- Jugoslavia: da Tito alla formazione delle Repubbliche balcaniche*
c. *La Costituzione: diritti e doveri dei cittadini*
d. *Origini, evoluzione, organizzazione e funzionamento dell'Unione Europea come soggetto politico ed economico: i Trattati di Parigi e Roma, l'Atto unico europeo, il Trattato sull'Unione Europea, i Trattati di Amsterdam e di Nizza, il Trattato di Lisbona*
e. *Gli organismi internazionali e le altre organizzazioni e associazioni per la cooperazione europea: Consiglio d'Europa*

a. La Germania Nazista

L'ascesa al potere dei Nazisti pose fine alla **Repubblica di Weimar**, la democrazia parlamentare costituita nel novembre del 1918 in Germania alla fine della Prima Guerra Mondiale. I primi passi della neonata repubblica erano stati resi difficili dalla situazione economica ereditata dal **trattato di Versailles** del 1919 che aveva inflitto delle pesanti riparazioni di guerra alla Germania e aveva reso così estremamente fragili le istituzioni economiche e finanziarie del nuovo stato tedesco. Di questa debolezza aveva approfittato il **Partito Nazionalsocialista dei lavoratori tedesco (NSDAP)**, fondato da **Hitler** e **Drexler** nel 1920 sul modello del fascismo italiano e che da subito, anche grazie alla creazione delle **SA** (le squadre di assalto chiamate anche camicie brune) si pose come una forza politica **revisionista del trattato di Versailles** in contrasto col governo di Weimar. Durante gli anni Venti la **cronica debolezza economica** e una **spirale inflazionistica**, che dalla metà del decennio rese il marco debolissimo, determinarono la crescita progressiva del partito nazionalfascista e gli effetti della **crisi di Wall street del 1929** sull'economia tedesca furono il **fattore decisivo** che portò i nazisti e Hitler al governo del paese. Sconfitto da **Hindenburg** alle **Presidenziali** del 1932, **Hitler** fece il pieno di voti alle **elezioni politiche** del 1933 in cui la **NSDAP** sfiorò il 44% dei voti. Dopo la nomina di **Adolf Hitler a Cancelliere**, avvenuta il 30 gennaio 1933, l'obiettivo di Hitler divenne quello di trasformare la Germania in un **regime totalitario** a partito unico e per far questo aveva bisogno di un decreto che gli concedesse i **pieni poteri**. In seguito a un **incendio** molto sospetto avvenuto nel **Reichstag** (il Parlamento tedesco) il 28 febbraio 1933, il governo emanò un decreto con il quale venivano **sospesi i diritti civili costituzionali dei cittadini**, stabilendo uno **stato d'emergenza** che permetteva l'approvazione di decreti governativi, senza la conferma del Parlamento.

Intanto, la cultura, l'economia, l'educazione e la legge vennero interamente poste sotto il controllo Nazista. Il regime cercò anche di "coordinare" le chiese tedesche e, nonostante il risultato non fosse totalmente un successo, riuscì ad assicurarsi l'appoggio della maggior parte del clero, sia cattolico che protestante. Un'intensa propaganda venne attuata per diffondere gli ideali e gli obiettivi del regime. Alla morte del Presidente tedesco, Paul von Hindenburg, Hitler assunse anche i poteri legati a quella carica; finiva così l'era repubblicana con la **proclamazione del nuovo Impero tedesco, il famigerato Terzo Reich**, e Hitler ne diveniva la guida indiscussa, il "**Fuhrer**". Vennero create le **SS**, ovvero delle particolari guardie del corpo del Fuhrer, che negli anni a seguire avrebbero conquistato sempre più potere, regolando i conti con le SA i cui dirigenti furono uccisi nel 1934 in occasione della **notte dei lunghi coltelli**.

La dittatura di Hitler si reggeva sull'unione delle cariche di Presidente del Reich (capo di Stato), di Cancelliere (capo del Governo) e di Führer (capo del partito nazista). Inoltre, sulla base del cosiddetto "principio del capo", Hitler si poneva al di fuori del sistema legale e decideva da solo le politiche del governo. Hitler aveva l'ultima parola sia in politica interna che in politica estera. Qualunque manifestazione di aperta critica nei confronti del Regime venne soppressa dalla **Gestapo** (la polizia segreta di stato) e dal Servizio di Sicurezza del partito nazista (**SD**).

L'ideologia e il credo politico di Hitler erano stati fissati da lui stesso nel **Mein Kampf**, il libro che aveva steso nei mesi di reclusione a seguito del tentato colpo di stato del 1923. Il punto principale riguardava la convinzione che la Germania doveva tornare ad essere il potente impero del passato e che quella ariana fosse l'etnia **biologicamente superiore a tutte le altre**. La Germania, pertanto, era predestinata a **espandersi verso est**, sfruttando la propria potenza militare; secondo questa visione, la vasta popolazione tedesca, considerata una razza superiore, doveva stabilire il proprio definitivo dominio **nell'Europa Orientale e in Unione Sovietica**.

In tale prospettiva, le donne assumevano un ruolo fondamentale: l'aggressiva politica di colonizzazione del Terzo Reich, infatti, incoraggiava le donne di "sangue puro" a generare il maggior numero possibile di figli "ariani". Inoltre, i popoli considerati di "razza inferiore", come gli Ebrei e gli Zingari, avrebbero dovuto essere totalmente eliminati dalla nazione. La politica estera dei Nazisti puntò, fin dal principio, a provocare una guerra, il cui obiettivo principale era **l'annientamento dell'Unione Sovietica**; il periodo di pace del regime nazista fu in effetti impiegato nella preparazione del popolo tedesco al conflitto. Nel contesto di questa guerra ideologica, i Nazisti misero in atto una progressiva **persecuzione degli ebrei** che iniziò nel 1935 con l'approvazione delle **leggi di Norimberga**, con le quali vi fu il tentativo di "**arianizzare**" la società tedesca proibendo i matrimoni misti e allontanando i bambini ebrei dalla scuola. Con la **Notte dei cristalli** del 1938 le SS andarono a infrangere le vetrine e incendiare i negozi di migliaia di commercianti ebrei, con l'obiettivo di estromettere l'etnia semita dal tessuto economico tedesco. Vennero inoltre creati, a partire dal 1933, i **campi di lavoro**, destinati inizialmente agli oppositori politici ma che via via si trasformarono in luogo di reclusione per le cosiddette razze inferiori, in primis quella semita. Dal 1942, con la decisione di passare alla "**soluzione finale**" i campi di lavoro si sarebbero trasformati in **campi di sterminio**; nasceva **l'Olocausto**, ovvero il genocidio degli Ebrei, la cui cifra finale di morti si avvicinerà nel 1945 ai sei milioni.

A partire dal 1936 la politica estera tedesca subì una brusca accelerata sul lato **dell'espansionismo** e del **riarmo**. Nel 1936 vi fu la **rimilitarizzazione della Renania** violando apertamente il trattato di Versailles; nel marzo del 1938 con l'**Anschluss** venne annessa al reich l'Austria e nel settembre dello stesso anno la regione ceca dei **Sudeti**. La conseguente convocazione della **conferenza di Monaco** e l'illusione che la politica di **Appeasement** del Primo ministro inglese **Chamberlain** potesse scongiurare una nuova guerra mondiale si infranse definitivamente nel marzo del 1939 quando Hitler, in barba alle garanzie di Monaco, occupò il resto della **Cecoslovacchia**. Era la prova incontrovertibile che il Fuhrer non avrebbe più fermato l'avanzata verso est e il prossimo obiettivo, in tal senso, sarebbe stata la **Polonia**, con l'obiettivo di riprendersi il **corridoio di Danzica** creato a Versailles per smembrare la Prussia orientale dal resto della Germania.

L'alleanza con Roma e Tokyo e il **patto di non aggressione con l'Unione Sovietica** dell'agosto del 1939 costituivano parte della strategia tedesca per arrivare a mettere prima fuori gioco Francia e Gran Bretagna per poi invadere la stessa Unione Sovietica e garantire così al popolo tedesco il necessario **Lebensraum** (spazio vitale) per la nuova Germania. E così con **l'invasione della Polonia** del 1° settembre 1939 Hitler trascinava l'Europa nel secondo conflitto mondiale. Il fallimento della guerra lampo, la resistenza sovietica e il successivo ingresso degli Stati Uniti nel conflitto avrebbero vanificato i piani del dittatore e portato alla **sconfitta della Germania** e al **suicidio** proprio e dei suoi più alti collaboratori nel **bunker sotto Berlino** ai primi di maggio del 1945.

b. La guerra civile nella ex-Jugoslavia: da Tito alla formazione delle Repubbliche balcaniche

La figura del **Maresciallo Tito** assunse notorietà e peso politico grazie al movimento di **resistenza**, di cui fu fra i fondatori, nella **Jugoslavia** durante la **Seconda guerra mondiale**. Nella primavera del 1941, il **Principe Paolo,** reggente del Regno di Jugoslavia, si convinse a firmare il **Patto tripartito** con le potenze **dell'Asse** nella speranza di salvaguardare l'integrità territoriale del regno, ma pochi giorni dopo il governo fu rovesciato da un nuovo colpo di stato di ufficiali contrari a patteggiare con Hitler. Quest'ultimo reagì rabbiosamente e ordinò l'invasione della Jugoslavia, mentre la società civile iniziò ad organizzare la **resistenza** sull'onda delle proteste popolari guidate dal nascente **Partito comunista**. Ben presto **Tito divenne il leader dei partigiani jugoslavi** e fra il 1941 e il 1945 contribuì a renderli fra le forze di resistenza più organizzate ed efficaci, insieme ai partigiani italiani e ai maquis francesi.

La lotta della resistenza jugoslava non fu rivolta solo all'occupante nazista, ma anche ad un aspro confronto con i filonazisti **ustaša** croati e con il movimento nazionalista serbo dei **četnici**, che formalmente combatteva l'occupante tedesco, ma di fatto contrastava anche i movimenti comunisti e partigiani essendo filomonarchico.

Tito si trovò ad affrontare una guerra dal triplice carattere: di liberazione dall'occupazione, di scontro etnico, di scontro civile sulle prospettive politico-istituzionali del dopoguerra. Nonostante le offensive tedesche del 1942 e 1943, la resistenza fu efficace e grazie all'azione incessante dei partigiani, l'intervento **dell'Armata rossa** fu reso ancor più efficace nella liberazione delle maggiori città slave: Zagabria nel maggio e Belgrado nel novembre 1944. La liberazione di Sarajevo nell'aprile del 1945 fu l'ultimo atto eroico dei partigiani di Tito che ebbero un ruolo da protagonisti nel favorire l'entrata dell'Armata rossa nella capitale bosniaca.

Verso la fine della guerra Tito si rese responsabile dei massacri delle **Foibe**, veri e propri eccidi nei confronti **dell'etnia italiana in Istria**, ed ebbe un ruolo fondamentale nella "**questione di Trieste**", avendo occupato la città nel maggio del 1945 e considerandola jugoslava fino al 1954, anno in cui con il **memorandum di Londra tornò definitivamente all'Italia**.

Il 31 gennaio 1946 il nuovo Parlamento jugoslavo, che aveva abolito la monarchia e proclamato la nascita di una **Repubblica popolare federale**, adottò una nuova **Costituzione**. Sul modello di quella **sovietica** del 1936, essa stabiliva un potere centrale, mentre alle sei repubbliche (Bosnia-Erzegovina, Croazia, Macedonia del Nord, Montenegro, Serbia, Slovenia) e alle due regioni autonome (Kosovo e Vojvodina, costituite entrambe nell'ambito della Repubblica serba) venivano assegnate competenze assai limitate. **Aveva così inizio l'era della Jugoslavia di Tito**. Il leader jugoslavo riuscì a costruire un attore regionale in grado di distinguersi non solo nella propria politica interna, ma anche in politica estera. Il peso che la resistenza aveva avuto nella liberazione dai nazisti consentì al Presidente jugoslavo di mantenere sempre **un certo distacco da Mosca** e di costituire quindi un unicum fra i paesi dell'Europa orientale nel dopoguerra. Il dinamismo e l'autonomia di Tito portarono alla drastica rottura con Stalin nel 1948, facendo cadere il Paese in profonda crisi e offrendo al blocco occidentale una possibilità di accrescere la propria influenza nei Balcani. L'iniziale riavvicinamento con il Cremlino, in seguito alla morte di Stalin, si spezzò nuovamente dopo la **crisi ungherese** nell'ottobre del 1956, che vide Tito condannare l'uso della forza e l'inferenza straniera negli affari interni di uno Stato. Tra gli anni Cinquanta e Sessanta, la Jugoslavia attraversò una fase di riforme. Da un lato quelle costituzionali, con la proclamazione della **Repubblica socialista federale jugoslava** nel 1963, dall'altro quelle economiche e finanziarie, che miravano alla democratizzazione della società, a favorire lo sviluppo e ad inserire la Jugoslavia nel mercato internazionale, mutando la fisionomia del Paese che da prevalentemente agrario divenne industriale e commerciale. Al tempo stesso ciò innescò l'accrescimento del divario tra un Nord economicamente sviluppato e un Sud arretrato, uno dei fattori che mise più in crisi il Paese nei decenni successivi. In politica estera, Tito seppe cogliere le potenzialità del processo di **decolonizzazione** nella contrapposizione tra Stati Uniti e Unione Sovietica durante la Guerra Fredda. L'attivismo titoista portò alla nascita del **Movimento dei paesi non allineati** (o semplicemente "Movimento dei non allineati") nel 1961, insieme a India ed Egitto, che inviò un appello alle due superpotenze perché riducessero i contrasti reciproci. Nonostante i risultati si fossero dimostrati al di sotto delle aspettative di creazione di un movimento globale, il prestigio di Tito nei paesi del Terzo Mondo si diffuse notevolmente e il suo equilibrio diplomatico fu preso sempre ad esempio.

Dal 1980, **anno della morte del Dittatore comunista**, la Jugoslavia visse sino al 1986 un periodo di relativa serenità e sembrava che il sistema costruito e rivisto nei decenni da Tito potesse continuare a funzionare nonostante la progressiva scomparsa del suo leader e dei protagonisti della resistenza. Dalla fine degli anni Ottanta, in realtà, iniziarono a emergere le **spinte centrifughe e i contrasti etnici e religiosi** mai del tutto sopiti fra i vari stati, ma tenuti insieme grazie al **comunismo** di Tito che aveva avuto per più di trent'anni il ruolo di "**cemento**" per tenere insieme i vari stati slavi. In particolare, affiorarono la montante insofferenza **slovena** (un Paese storicamente e tradizionalmente legato alla Mitteleuropa, che considerava la sua vera patria culturale) e gli attriti tra i **Serbi e gli Albanesi del Kosovo** che chiedevano a gran voce una certa autonomia da Belgrado. In un clima sempre più teso ed esacerbato da una forte crisi economica che aveva provocato una grande svalutazione del dinaro, nel gennaio del 1990 per la prima volta nella storia del paese i governi di Serbia e Croazia ritirarono i propri delegati dal congresso comunista della Jugoslavia e a quel punto fu chiaro che il paese stava viaggiando a diverse velocità che avrebbero condotto verso una **disgregazione** della **repubblica federale di Jugoslavia**. Gli eventi internazionali, il crollo del muro di Berlino, la conseguente dissoluzione dell'Urss e la fine della guerra fredda accelerarono i tempi per la caduta della Jugoslavia.

Fu in questo contesto di totale instabilità, interna e diffusa nell'ex blocco sovietico, che maturarono le condizioni per le **guerre jugoslave degli anni Novanta**, che gettarono gli stati slavi in una lunga e cruenta **guerra civile fra il 1991 e il 1999**.

Il primo conflitto fu la **guerra d'indipendenza slovena** che scoppiò ad inizio 1991 con la dichiarazione d'indipendenza del paese dopo il voto popolare nel referendum del dicembre 1990 per il distacco dalla Jugoslavia. La reazione del governo federale fu l'invio di truppe a Lubiana e la conseguente "**guerra dei dieci giorni**" fra il giugno e il luglio del 1991 portò alla dichiarazione d'indipendenza slovena.

Ben più lunga fu la **guerra in Croazia**, paese che venne devastato dai combattimenti fra il 1991 e il 1995 e dove i croati entrarono prima in conflitto con la **Repubblica serba della Kraijna**, minoranza serba nella regione croata della Kraijna appoggiata dalla Serbia di Milosevic, e poi, dal 1993, furono pienamente coinvolti nella guerra in Bosnia ed Erzegovina che era iniziata nel 1992. Nel 1994 il governo croato lanciò le operazioni militari **Lampo e Tempesta**, con l'obiettivo di riprendere il controllo del territorio nelle repubbliche serbe secessioniste. Le operazioni, appoggiate e finanziate anche dall'Amministrazione americana Clinton e dal governo tedesco di Helmut Kohl, ebbero il successo sperato e la guerra si concluse alcuni mesi dopo con gli **Accordi di Dayton** del dicembre 1995.

La **guerra in Bosnia-Erzegovina** fu provocata dalle grandi tensioni etniche e religiose fra i tre principali gruppi che abitavano il paese: i bosniaci musulmani, i serbi e i croati. La scintilla venne dal referendum che si tenne nel febbraio del 1992 e che vide i bosniaci a favore della secessione dalla Jugoslavia. Subito dopo il referendum **l'armata popolare jugoslava** inviò le sue truppe a Sarajevo, facilitata anche dalla presenza nel panorama politico bosniaco del **partito democratico serbo di Radovan Karadzic**, che si opponeva espressamente all'indipendenza bosniaca. La guerra che ne derivò fu la più complessa, caotica e sanguinosa in Europa dalla fine della seconda guerra mondiale. Vennero firmati dalle diverse parti in causa diversi accordi di cessate il fuoco, inizialmente accettati, per essere stracciati solo poco tempo dopo. Le Nazioni Unite tentarono più volte di far cessare le ostilità, con la stesura di piani di pace che si rivelarono fallimentari. A seguito del perdurare dell'**assedio di Sarajevo** e delle atrocità connesse, il 30 agosto 1995 la **NATO** scatenò l'**Operazione Deliberate Force** contro le forze della **Repubblica Serba in Bosnia di Karadzic**. La campagna militare aerea della NATO, data l'evidente superiorità, inflisse gravi danni alle truppe serbo-bosniache e si concluse il 20 settembre 1995. L'intervento alleato fu fondamentale per ricondurre i Serbi al tavolo delle trattative di pace e ai **colloqui di Dayton del dicembre 1995**. L'accordo prevedeva la creazione di due entità interne allo Stato di Bosnia ed Erzegovina: **la Federazione Croato-Musulmana** e la **Repubblica Serba**. La guerra nella Bosnia-Erzegovina fu la più cruenta fra le guerre civile jugoslave. Basti ricordare che il solo assedio a Sarajevo da parte delle truppe serbo-bosniache durò 43 mesi; inoltre ciascuno dei tre gruppi nazionali si rese protagonista di crimini di guerra e di operazioni di pulizia etnica, causando moltissime perdite tra i civili. Uno degli atti più efferati fu il **massacro di Srebrenica** avvenuto fra il 6 e il 25 luglio del 1995, in cui circa ottomila uomini e ragazzi bosniaci musulmani furono sterminati dalle unità dell'Esercito della Repubblica serba di Bosnia ed Erzegovina guidate dal **Generale Ratko Mladic**, configurandosi come un vero e proprio genocidio ai danni dell'etnia bosniaca musulmana.

Le guerre civili nella Ex Jugoslavia ebbero **una importante appendice nella guerra in Kosovo** fra il 1998 e il 1999. Nel 1997 Slobodan Milosevic divenne Presidente della Federazione Jugoslava che estendeva la sua sovranità su Serbia, Kosovo e Montenegro. Milosevic adottò progressivamente una politica di repressione in Kosovo, con l'obiettivo di soffocare ogni aspirazione indipendentistica e perseguitare la **minoranza albanese**. A partire dal 1996 **l'esercito di liberazione del Kosovo (UCK)** aveva iniziato i primi attacchi contro i serbi, ma la guerra si intensificò dal 1998. Fra la metà del 1998 e l'inizio del 1999 la comunità internazionale iniziò ad occuparsi della situazione in Kosovo e, progressivamente, gli **Stati Uniti e la NATO** si presero sempre più carico della situazione. Il flusso dei profughi kosovari verso l'Albania diede luogo a una crisi umanitaria alla quale **l'ONU** rispose dando mandato alla **NATO** per una operazione di assistenza umanitaria. I **colloqui di Rambouillet** del febbraio 1999 fra il **Segretario della Nato, Javier Solana**, e una **delegazione di leader serbi** non portarono a nessun risultato concreto e il 24 marzo successivo la **NATO** iniziò una **campagna di bombardamenti** contro la Jugoslavia di Milosevic. La campagna durò fino all'11 giugno e i jet NATO si alzavano soprattutto dalle basi italiane. Il 12 giugno **Milosevic si dimise** dalla carica di Presidente e le **forze NATO terrestri di peacekeeping (KFOR)** entrarono in azione.

Le forze jugoslave e serbe causarono lo sfollamento di un numero compreso tra 1,2 milioni e 1,45 milioni di albanesi del Kosovo. Dopo la fine della guerra nel giugno 1999, numerosi rifugiati albanesi iniziarono a tornare a casa dai paesi vicini. Nel novembre 1999, secondo l'Alto Commissario delle Nazioni Unite per i rifugiati, 848.100 su 1.108.913 avevano fatto ritorno in patria.

Il **Tribunale penale internazionale per l'ex Jugoslavia** è stato un organo giudiziario delle Nazioni Unite a cui è stato affidato il compito di perseguire i crimini commessi nell'ex Jugoslavia negli anni successivi al 1991. Il tribunale è una corte ad hoc istituita il 25 maggio 1993 con la risoluzione 827 del Consiglio di sicurezza dell'ONU, ed è situata all'Aia, nei Paesi Bassi. È la **prima corte per crimini di guerra costituita in Europa** dalla seconda guerra mondiale ed è chiamata a giudicare gli eventi avvenuti in 4 differenti conflitti:

in Croazia (1991-95),   in Bosnia-Erzegovina (1992-95),   in Kosovo (1998-99)   e in Macedonia (2001).

Fra i molti imputati per il conflitto nella ex Jugoslavia, quelli di maggior rilievo risultarono: Slobodan Milosevic presidente della Serbia e della Federazione Jugoslava, accusato di crimini in Croazia, Kosovo e Bosnia Erzegovina; Radovan Karadzic capo politico dei serbo-bosniaci e Ratko Mladić comandante dell'esercito serbo-bosniaco. Gli imputati e i condannati sono detenuti nel carcere sito nello stadsdeel di Scheveningen. Il procedimento a carico di Milosevic è terminato nel 2006 senza sentenza in quanto l'imputato è morto d'infarto in carcere nella notte dell'11 marzo 2006.

c. La Costituzione: diritti e doveri dei cittadini

Vedi tesi n.4, punto c.

d. Origini, evoluzione, organizzazione e funzionamento dell'Unione Europea come soggetto politico ed economico: i Trattati di Parigi e Roma, l'Atto unico europeo, il Trattato sull'Unione Europea, i Trattati di Amsterdam e di Nizza, il Trattato di Lisbona

Vedi tesi n.1, punto d.

e. Gli organismi internazionali e le altre organizzazioni e associazioni per la cooperazione europea: Consiglio d'Europa

Vedi tesi n.2, punto e.

GEOGRAFIA

TESI N.1

a. *l'Italia*
(1) confini, territorio, popolazione, religione, regioni, province e comuni
(2) i trasporti e il turismo: caratteristiche strutturali, tipologie, fattori di sviluppo e localizzazione; relazioni con l'ambiente
b. *l'Europa*
(1) aspetti economici e politici degli Stati e territori appartenenti alla Penisola iberica

a. l'Italia

(1) confini, territorio, popolazione, religione, regioni, province e comuni
L'Italia è una penisola situata nella **zona meridionale dell'Europa** al centro del **Mar Mediterraneo** e si connette al tronco centrale del Continente attraverso la catena delle Alpi che si estendono per 1200 km dal Passo di Cadibona al Passo di Vrata e la **separano**, partendo da Ovest verso Est, da Francia, Svizzera, Austria e Slovenia. I restanti tre lati sono bagnati dal Mar Mediterraneo che in prossimità delle coste – partendo da Nord-Ovest e arrivando a Nord-Est – assume denominazioni diverse, quali: Mar Ligure, Mar Tirreno, Mar Ionio e Mar Adriatico. La penisola italiana presenta una superficie complessiva di 322.000 kmq, distinti tra 260.000 kmq di terraferma e 64.000 kmq di isole, di cui quelle di maggiori dimensioni sono Sicilia e Sardegna, ma si contano numerosi arcipelaghi di isole più piccole.

Si tenga conto che la **superficie** complessiva conteggia anche territori geograficamente appartenenti alla Penisola, ma amministrativamente afferenti ad altri Stati, quali il Nizzardo e la Savoia, l'Istria e la Dalmazia, Malta, la Valle dei Grigioni, il Principato di Monaco e la Corsica; inoltre all'interno del territorio italiano sono presenti due enclave: San Marino, collocata tra Emilia–Romagna e Marche, e Città del Vaticano, che rappresenta il cuore della Chiesa cattolica al centro di Roma.

L'Italia si estende per 1.300 km dalla Vetta d'Italia, tra le Alpi Aurine, e punta Pesce Spada nell'isola di Lampedusa, mentre presenta una larghezza massima di 500 km nella zona continentale e 240 km nella zona peninsulare, con punto estremo Ovest la Rocca di Chardonnet e punto estremo Est il Faro di Capo d'Otranto; per quanto riguarda il centro geometrico, alcuni geografi lo collocano a Rieti, mentre altri a 2km a sud-est di Narni.

Per la sua conformazione orografica, il Paese presenta un **territorio** prevalentemente collinare (42%), seguito poi da quello montuoso (35%) e, infine, pianeggiante per il 23%. Tale configurazione determina, di fatto, una distribuzione demografica disomogenea (circa 200 abitanti per chilometro quadrato), con aree a maggiore densità abitativa – prevalentemente lungo le coste e nei centri urbani di Roma, Napoli e Milano – e aree meno popolate, quali le zone interne-appenniniche e quelle alpine. L'Italia, stando all'ultimo censimento ISTAT del 2011, presenta una **popolazione** di circa 59 mln di abitanti, classificandosi come terzo Paese dell'Unione Europea per popolazione, numeri che possono cambiare in vista dell'elaborazione dei dati campionati nel Censimento 2022, partito il 10 marzo e che si concluderà a fine settembre.

Nello studio diacronico della demografia italiana, in un arco cronologico dal 1861 ad oggi, dobbiamo prendere in considerazione il rapporto tra due indici: il saldo naturale, ossia il rapporto in percentuale tra nascite e morti, e il saldo migratorio, ovvero il rapporto in percentuale tra emigrazioni e immigrazioni. Ad esempio, nell'ultimo quarantennio del 1800 il tasso di natalità si aggirava intorno al 40 per mille annuo, con un tasso di mortalità del 30 per mille, sceso intorno al 20 per mille intorno agli anni '80, con un saldo migratorio negativo di circa il 2% della popolazione residente che da Piemonte, Lombardia, Veneto e regioni del Mezzogiorno si dirigeva verso le Americhe o verso i Paesi dell'Europa centrale.

La Prima guerra mondiale segna, poi, una discontinuità importante con un tasso di natalità sotto il 20 per mille e un tasso di mortalità intorno al 40 per mille, anche per effetto della pandemia della febbre spagnola. Nel periodo tra le due guerre la popolazione torna a crescere per effetto di una serie di provvedimenti: la promozione della natalità perseguita dal regime fascista, la tassa sul celibato e le leggi statunitensi che limitavano i flussi in entrata dall'Italia. La Seconda guerra mondiale, come la precedente, determina un brusco calo della natalità e un'inflazione del tasso di mortalità.

Gli anni '50 e '60 del secolo scorso vedono un calo della mortalità, che raggiunge circa il 10 per mille, mantenuto fino ai giorni nostri, e un aumento delle nascite: in questo periodo si registra un'impennata di migrazioni interne, con trasferimenti ed inurbamenti di massa dalle zone rurali del Mezzogiorno o appenniniche verso il triangolo industriale o verso la Capitale.

Dagli anni '80 il tasso di crescita naturale diventa strutturalmente negativo, mentre si inverte la tendenza dalla emigrazione all'immigrazione: il nostro Paese, infatti, è divenuto meta immigratoria prima negli anni '90 per i profughi albanesi e bosniaci e poi dopo l'allargamento a Est dell'UE, tra il 2004 e il 2007, con popolazioni in ingresso prevalentemente provenienti da Romania e Bulgaria. Infine, alle ondate immigratorie provenienti da Africa sahelo-sahariana e medio-oriente dell'ultimo decennio fa da contraltare un saldo migratorio di giovani italiani negativo di circa 400 mila unità.

Il numero di immigrati o residenti stranieri regolare in Italia invece, come già detto, è aumentato notevolmente dai primi anni Novanta fino a raggiungere, nel 2017, l'8,3% dell'intera popolazione italiana.

L'origine degli stranieri residenti in Italia è prevalentemente europea. Le nazionalità più rappresentate sono Romania (1,2 milioni) e Albania (440mila), seguite da Marocco (420mila), Cina (290mila) e Ucraina (240mila): questi cinque Paesi insieme costituiscono la metà del totale. Le donne sono il 52% dei residenti stranieri, con differenze importanti tra le aree di provenienza, che si intrecciano con gli sbocchi occupazionali prevalenti per genere nelle singole comunità di immigrati.

La **religione** italiana più diffusa risulta essere il Cristianesimo, presente fin dai tempi apostolici, e in particolare il cristianesimo cattolico. Tra i cristiani vi sono anche cristiani ortodossi, principalmente stranieri provenienti dai Paesi dell'Europa Orientale, Protestanti, Testimoni di Geova e Mormoni. Secondo i dati DOXA del 2019 e quelli forniti dall'istituto di ricerca Gallup i non credenti – tra atei e agnostici – costituiscono il 15,3% della popolazione, mentre i cristiani cattolici rappresentano circa 79% della popolazione attiva.

Anche la religione islamica ha delle radici antiche ancorate nel territorio italiano: risulta infatti risalente al dominio arabo sulla Sicilia tra l'827 e il 1090 anche se la presenza musulmana è sparita per poi riemergere negli ultimi decenni a seguito dell'immigrazione proveniente dai Paesi islamici. L'Islam è la terza principale confessione religiosa dopo il cattolicesimo e l'ortodossia; il numero dei musulmani, per la quasi totalità sunniti, si aggira infatti attorno a 1.200.000 persone.

La religione più antica presente in Italia è l'ebraismo, con radicamento di comunità ebraiche sostanziose a Roma, Livorno, Milano, Venezia e Trieste.

L'Italia tutela le minoranze religiose e permette loro la libertà di professione come sancito nell'articolo 19 della Costituzione dove si afferma che "tutti hanno diritto di professare liberamente la propria fede religiosa in qualsiasi forma, individuale o associata, di farne propaganda e di esercitarne in privato o in pubblico il culto, purché non si tratti di riti contrari al buon costume".

Per quanto attiene alle **Regioni, alle Province e ai Comuni** il loro funzionamento è disciplinato dal Titolo V della Parte seconda della Costituzione, in ottemperanza a quanto stabilito dall'art. 5 in cui è sancito che "la Repubblica, una e indivisibile, riconosce e promuove le autonomie locali; attua nei servizi che dipendono dallo Stato il più ampio decentramento amministrativo".

Nell'ordinamento italiano l'ente pubblico territoriale e rappresentativo di base è il Comune che gode di autonomia statutaria, normativa, organizzativo-amministrativa, impositivo-finanziaria; ne sono elementi costitutivi la popolazione, il territorio (che è lo spazio entro il quale il Comune esercita la sua sovranità) e il patrimonio. Inerentemente alle competenze, al Comune è conferita potestà amministrativa sulle attività produttive, fiere locali, protezione civile, servizi sociali, polizia amministrativa, valorizzazione dei beni culturali e prevenzione della dispersione scolastica. Sono organi del Comune il Consiglio, la Giunta e il Sindaco. Dal 20 febbraio 2021, con l'istituzione del comune di Misiliscemi (TP), il numero dei comuni italiani è pari a 7.904 unità. Il comune più popoloso è Roma con circa 2,8 milioni di residenti, mentre quello più piccolo è Morterone con 30 abitanti.

In una posizione intermedia tra il comune e la regione, troviamo 107 province, divise tra: 76 province attive come enti locali di area vasta nelle regioni a statuto ordinario, 4 province nella regione a statuto speciale della Sardegna, 14 città metropolitane, 6 liberi consorzi comunali in Sicilia, 4 enti di decentramento regionale in Friuli–Venezia Giulia, 2 province autonome di Trento e Bolzano e la Valle d'Aosta dove la regione autonoma espleta anche le competenze dell'amministrazione provinciale. Con la riforma Delrio del

2014 le 76 province sono diventate organi elettivi di secondo livello per cui i Sindaci dei comuni afferenti alla provincia fanno di diritto parte dell'Assemblea dei Sindaci, il consiglio provinciale viene eletto da e tra i consiglieri comunali, mentre il presidente della Provincia è eletto dai Consiglieri comunali ogni 4 anni. Nelle città metropolitane l'equivalente del presidente della provincia è il sindaco del capoluogo, detto sindaco metropolitano. Per quanto riguarda le altre tipologie di enti affini precedentemente citati, questi vengono retti da commissari straordinari eletti dalle amministrazioni regionali, eccetto le province di Trento e Bolzano che presentano un presidente e la Valle d'Aosta in cui le funzioni sono espletate dal presidente regionale. In base alla legge precedentemente citata, la 56/2014, rimangono alla provincia funzioni di polizia provinciale in ambito ittico, venatorio, demaniale, stradale e di protezione civile, controllo dei fenomeni discriminatori, gestione dell'edilizia scolastica, pianificazione del trasporto provinciale e cura dello sviluppo strategico del territorio.

Infine, le regioni costituiscono il primo livello di suddivisione territoriale dello Stato italiano nonché un ente pubblico dotato di autonomia politica e amministrativa, secondo quanto stabilito dagli artt. 114-133 della Costituzione italiana. Nonostante fossero già previste nel testo costituzionale, l'istituzione delle regioni come ente attivo si è avuta solo con L.281/1970. Gli organi della regione sono indicati nell'art. 121 della Costituzione e sono il consiglio regionale, la giunta e il presidente della giunta che è anche presidente della regione. Le regioni godono di autonomia statutaria, legislativa, regolamentare, amministrativa, finanziaria e fiscale. In base allo statuto è possibile distinguere 15 regioni a statuto ordinario e 5 a statuto speciale, quali Sicilia, Sardegna, Friuli–Venezia Giulia, Valle d'Aosta e le 2 province autonome di Trento e Bolzano: lo statuto speciale garantisce loro una particolare forma di autonomia.

a. l'Italia
(2) i trasporti e il turismo: caratteristiche strutturali, tipologie, fattori di sviluppo e localizzazione; relazioni con l'ambiente

Il **sistema dei trasporti** può essere diviso in tre subsistemi che, interagendo, consentono il trasferimento di persone o merci da un luogo all'altro: le infrastrutture, che comprendono tutta la rete di trasporto, la loro gestione, di competenza dell'ingegneria dei trasporti e dell'economia, e i veicoli.

La rete dei trasporti in Italia comprende 156 porti, una rete ferroviaria di circa 25.000 km, una rete stradale di 837.493 km, una rete autostradale di 6.966 km e 98 aeroporti.

L'Italia risulta essere tra i Paesi del Mondo con la più alta dotazione di **automezzi**, indice del ruolo preminente che ha il trasporto su gomma e ciò è dovuto all'intreccio di una serie di fattori: innanzitutto, il trasporto su gomma è estremamente personalizzabile e flessibile, i costi di trasporto sono più bassi rispetto ad altri mezzi e, infine, può avvalersi della capillarità del sistema viario, strutturato tra autostrade, strade statali, strade regionali, strade provinciali e strade comunali.

Nonostante la rete stradale italiana serva quasi 900.000 km di territorio, va tenuta in considerazione la disomogeneità di distribuzione dovuta sia alla conformazione orografica del Paese sia ai piani di investimenti succedutisi nell'arco del tempo: la rete autostradale, ad esempio, risulta particolarmente fitta nell'area padana, ma carente nel Mezzogiorno e nelle Isole. Ulteriori elementi critici sono da riscontrare nel fatto che solo il 4,2% del parco circolante è dotato dei più avanzati sistemi di sicurezza, nel tasso di incidentalità, nella congestione stradale e nel fatto che il trasporto su gomma contribuisce per circa il 30% alle emissioni di CO_2 prodotte ogni anno dall'Italia. Quest'ultimo tema, in particolare, è stato posto al centro degli obiettivi di Governo, anche in virtù della sottoscrizione dell'Agenda 2030 e dell'adesione ai programmi europei di adozione di uno sviluppo sostenibile: ne sono esempio il "buono mobilità" stanziato nel 2019 per finanziare la rottamazione e sostituzione degli automezzi più inquinanti e il PNRR che prevede un intervento di 300 milioni di euro per l'introduzione di autobus elettrici.

La storia delle **ferrovie**, invece, in Italia inizia con l'unificazione nel 1861, quando nella nostra Penisola, l'utilizzo di treni era assente. La divisione dell'Italia in diversi Stati e la presenza di diversi sistemi montuosi avevano infatti creato notevoli ostacoli per il superamento del problema dei trasporti e delle vie di comunicazione. Successivamente, tra la fine dell'Ottocento e i primi del Novecento, in forte ritardo rispetto agli altri stati europei, si provvede a realizzare una rete ferroviaria di circa 20.000 km che avrebbe messo in comunicazione tutto il territorio italiano. Attualmente la rete ferroviaria è estesa per circa 16.000 km a causa di successivi tagli avvenuti negli anni Sessanta e Settanta.
La rete ferroviaria si sviluppa soprattutto lungo il litorale adriatico e quello tirrenico collegando l'Italia settentrionale con quella meridionale. A Sud del Paese le linee ferroviarie sono meno fitte rispetto al Nord dove la maggior parte dei treni sono a trazione elettrica e a doppio binario. Molto modesta è la rete ferroviaria nelle due isole principali, Sicilia e Sardegna. Il sistema ferroviario permette inoltre la comunicazione e lo scambio con i paesi Europei e Orientali. In particolare, da diverse città situate nel Nord della penisola esiste un collegamento diretto per raggiungere alcune capitali europee come Monaco, Vienna, Budapest o Bucarest.

Il sistema delle **comunicazioni aeree** è diviso principalmente in due grandi settori, a Nord con l'aeroporto di Milano Malpensa e in Centro Italia con l'aeroporto di Roma Fiumicino. Sul territorio italiano si contano 126 aeroporti, divisi tra civili (46) e militari, ma ogni anno si vede l'apertura di nuovi centri aeroportuali. Infatti, dal 2013 ad oggi ne sono stati inaugurati oltre 20 con un incremento di oltre il 6% dei traffici aerei con partenza dall'Italia nel solo ultimo anno, a riprova della continua espansione di questo settore.
Gli aeroporti sono ampiamente distribuiti su tutta la Penisola, anche se non tutte le regioni ne vantano uno. Il Molise e la Basilicata, infatti, non dispongono di un aeroporto internazionale per il traffico aereo, ma possono contare sulle regioni confinanti. Nella regione pugliese sono presenti, infatti, quattro aeroporti distribuiti per i maggiori centri

cittadini: Brindisi, Taranto, Foggia e Bari. La regione che conta più aeroscali nei suoi confini è la Sicilia, ve ne sono 6 considerando quelli delle isole, gli aeroporti di Pantelleria e di Lampedusa. Al secondo posto si colloca la Toscana con Firenze, Pisa, Grosseto e Marina di Campo.

Per dimensionare un aeroporto non si tiene conto solamente della sua effettiva estensione ma, soprattutto, del numero di passeggeri registrati in un anno e, per questo motivo, il primato spetta a Roma con oltre 40 milioni di utenti annui seguito da Milano Malpensa e Orio al Serio con meno della metà di passeggeri ogni anno.

Un ulteriore importante mezzo di comunicazione è quello **marittimo**: infatti, l'Italia, circondata dal Mar Mediterraneo per una lunghezza complessiva di oltre 9 mila chilometri di costa, ha sempre rappresentato un crocevia per gli scambi tra Oriente e Occidente. Questo trasporto vanta infatti una storia millenaria e, in particolare, nel periodo immediatamente successivo alle crociate lungo la penisola emergevano le quattro Repubbliche Marinare di Genova, Venezia, Amalfi e Pisa. I porti del Mediterraneo rappresentavano un punto di arrivo delle merci provenienti dalla Via della Seta, che dalla Cina, attraversando l'Asia centrale e la Persia, terminava il proprio percorso in Asia Minore e in Siria. A partire da ciò è stato possibile uno sviluppo fiorente in questo ramo fino alla realizzazione attuale di oltre 200 scali marittimi in tutto il territorio, anche se non tutti collegati in modo funzionale con strade e ferrovie.

I principali porti italiani per traffico di merci sono quelli di, Genova, Cagliari, Livorno e Trieste – quest'ultimo destinato all'ampliamento in quanto entrato nel progetto della Via della Seta, siglato nel 2019 – sebbene in stand-by per via della pandemia da Covid 19 – e finalizzato allo sviluppo delle relazioni commerciali con l'Oriente; mentre i principali porti per traffico di passeggeri sono Messina, Napoli, Piombino, Olbia e Civitavecchia. Il nostro permane il Paese dell'Unione Europea leader nel trasporto marittimo a corto raggio nel Mediterraneo con 473 milioni di tonnellate di merci, mentre si candida al terzo posto per traffico di merci complessivo. Risulta inoltre primo al mondo per flotta Ro-Ro (Roll on - Roll off, trasporto autoveicoli e automezzi gommati) con oltre 5 milioni di tonnellate di stazza lorda.

Di notevole importanza sono inoltre i dati riguardanti i passeggeri nei porti italiani: negli ultimi anni sono stati sempre oltre 30 milioni e in continua crescita. Per le regioni costiere non è sempre facile cogliere i benefici economici generati dal turismo di crociera, mentre aumentano le pressioni per investire in infrastrutture portuali e per la tutela dell'ambiente. Per quanto concerne l'impatto ambientale, è doveroso sottolineare che le navi rappresentano i mezzi che inquinano meno in confronto agli altri mezzi di locomozione.

La navigazione interna sul nostro territorio non ha avuto modo di svilupparsi in maniera preponderante a causa della conformazione dei fiumi: questi, infatti, risultano di scarsa portata, con un regime irregolare e di breve sviluppo, inadatto quindi alla navigazione a lungo o medio raggio. Solamente il fiume Po, il più lungo fiume italiano che attraversa la Pianura Padana da Ovest ad Est per sfociare nel Mar Mediterraneo, ha delle caratteristiche tali da renderlo navigabile anche se la scarsa profondità delle acque costituiscono un ostacolo per le grandi imbarcazioni. Risulta modesta anche la navigazione di laghi o lagune, se non come attrazione turistica soprattutto nella città di Venezia.

Strettamente correlato al sistema dei trasporti è il **turismo,** con cui si intende l'insieme delle attività e dei sevizi che si riferiscono al trasferimento di persone dalla località di abituale residenza ad altre località per fini ricreativi o di istruzione. Il turismo rappresenta un fenomeno che ha assunto una rilevanza fondamentale negli ultimi decenni, essendo uno dei settori economici con il più alto tasso di crescita ed essendo strettamente connesso ad altri settori con una dinamica di crescita simile, come i trasporti, le telecomunicazioni e l'informatica.

Il turismo, inoltre, ha profonde implicazioni socioculturali e il suo impatto, a livello territoriale, coinvolge molti aspetti e diversi attori: da un lato vi è infatti il turismo attivo, ossia coloro che decidono di spostarsi, mentre dall'altro vi è il turismo passivo, costituito dalle strutture tecniche e dagli operatori dell'accoglienza. Nel turismo contemporaneo, inoltre, sta assumendo sempre più rilievo la figura degli agenti dell'intermediazione (quali agenzie di viaggio, tour operator, vettori ecc.) che svolgono un ruolo essenziale di collegamento tra la domanda e l'offerta di turismo.

Dal punto di vista economico, il turismo risulta essere interconnesso con altri tre settori, quali: i trasporti, l'alloggio e la ristorazione nelle diverse forme di ricettività alberghiera ed extra-alberghiera, e le attività commerciali. Il turismo costituisce una fetta importante dell'economia italiana, infatti durante la loro permanenza i turisti consumano prodotti alimentari ed energetici, acquistano articoli industriali e artigianali, usufruiscono di servizi di trasporto, bancari, sanitari e richiedono anche numerosi altri servizi per l'uso del tempo libero.

In modo particolare, in base alle motivazioni che determinano la scelta di intraprendere un viaggio turistico gli studiosi hanno proposto una suddivisione tra **turismo proprio** e **turismo improprio**. Il primo sarebbe da ricondurre a motivi legati all'intrattenimento e alla cultura, il secondo da riportare ad altri ordini di fattori.

È possibile dunque stilare una catalogazione che tenga conto delle motivazioni alla base dei flussi turistici e distinguere quali possano rientrare nel primo e quali nel secondo caso, pur conservando un certo margine di incontro tra i due orizzonti in casi che possono essere inseriti in entrambe le categorie. Nel primo orizzonte, dunque, in base a un'ulteriore suddivisione che coinvolga altri elementi, il periodo stagionale, le motivazioni in senso stretto, i costi e le modalità di svolgimento del viaggio, è possibile inserire il turismo naturalistico, balneare, rurale, sportivo, culturale, religioso, enogastronomico che trovano corrispondenza nelle 'vocazioni' dei vari luoghi turistici. A questo primo elenco generico si aggiungono i viaggi di nozze; il turismo industriale favorito e promosso dalle aziende;

il turismo commerciale che si concentra nei luoghi ospitanti importanti eventi internazionali come mercati e fiere che richiamano larghe masse di visitatori che colgono l'occasione lavorativa per fare anche un viaggio di piacere; il turismo di esplorazione, molto comune soprattutto tra i giovani; il turismo ludico, il cui fulcro sono i grandi parchi di divertimento.

In base alla durata, si distingue un **turismo di breve periodo** dalla vera e propria **vacanza**. In particolare, quando il numero dei pernottamenti si allunga, si parla di turismo di soggiorno o stanziale. In questo contesto un'ulteriore differenziazione si basa sul periodo considerato, contrapponendo un turismo feriale a un turismo festivo. In rapporto con l'accresciuta velocità degli spostamenti garantita da un sistema infrastrutturale globale sempre più avanzato è il turismo di transito, che comporta una sosta massima, nel centro ricettivo, di uno-due giorni. I viaggi compiuti dal singolo individuo, o da questi con la propria famiglia o con un limitato numero di persone amiche, sono manifestazioni del turismo individuale, solitamente autorganizzato, perché l'interessato sceglie autonomamente gli itinerari, i mezzi di trasporto e le attrezzature di cui servirsi. Questo tipo di turismo si contrappone, perciò, a quello collettivo, o di gruppo, solitamente organizzato da parte di speciali agenzie.

Talvolta viaggi a fini d'incentivo sono anche programmati da aziende industriali o di servizi, per gratificare i propri concessionari, rappresentanti, dipendenti. Tenendo conto, poi, del livello reddituale e culturale delle categorie di persone che attivano i flussi turistici, si registra la contrapposizione tra un **turismo elitario** a un **turismo di massa**, mentre per **turismo sociale** s'intende quel tipo di turismo in cui, attraverso un'adeguata politica dei prezzi, si realizzano intenti sociali, o in cui i partecipanti appartengono a strati di popolazione economicamente debole e perciò alla ricerca di un turismo agevolato o assistito.

Al turismo improprio afferiscono il turismo per motivi di salute, quello congressuale e seminariale, il turismo d'affari, di servizio e doganale, il diplomatico. Infine, alcune delle tipologie che avevamo visto per quello proprio, grazie alle loro caratteristiche, possono essere ugualmente adatte alla categoria del turismo improprio, quale il turismo di famiglia ascrivibile ad entrambe, o il turismo di studio e culturale, così come il turismo per affari e commerciale.

Di più recente formulazione, invece, è il concetto di **turismo sostenibile**, ovvero la necessità di sviluppare e anche incrementare il fenomeno turistico senza che esso apporti danni alla comunità locale e all'ecosistema. Il turismo sostenibile, secondo la definizione data dal UNWTO (l'Organizzazione Mondiale per il Turismo) più che una tipologia particolare di turismo, come può essere quello culturale, definisce un approccio diverso che sia gli attori dell'offerta, sia quelli della domanda dovrebbero applicare per rispettare e salvaguardare l'ambiente e il patrimonio culturale. La necessità di un turismo responsabile e sostenibile, in linea con gli obiettivi dell'Agenda 2030 e con la promozione di uno sviluppo green al centro dei piani europei, è stata evidenziata a partire dai dati forniti dall'UNWTO e dell'ITF, che hanno rilevato che solo nel 2005 il turismo ha contribuito per il 5% alle emissioni totali di CO2, emissioni prodotte dai mezzi di trasporto e dal consumo energetico delle strutture alberghiere. Il turismo responsabile si basa su tre principi essenziali:

Ambiente, nel senso che il turismo sostenibile non pregiudica l'ambiente a livello globale e locale, ma al contrario assicura la conservazione della diversità biologica; vengono promosse attività turistiche low carbon, soluzioni di mobilità ecologica, l'efficienza energetica e l'uso delle fonti rinnovabili nei servizi turistici, la protezione delle risorse naturali e un approccio plastic free;

Etica: il turismo sostenibile garantisce una migliore integrazione sociale tra i visitatori e gli abitanti

Economica: nel senso che, pur rappresentando un potenziale enorme per l'economia dei Paesi, tuttavia i flussi turistici non devono penalizzare le comunità locali.

b. l'Europa
(1) aspetti economici e politici degli Stati e territori appartenenti alla Penisola Iberica

La regione iberica si trova all'estremità sud- occidentale dell'Europa, occupa una superficie di circa 595000 km2 ed è separata dal resto del continente dalla catena montuosa dei Pirenei, mentre a sud viene divisa dalle coste africane dallo stretto di Gibilterra, largo appena 14 km.

La penisola si compone di quattro stati: Spagna, Portogallo, Principato di Andorra e Gibilterra.

la **Spagna** rappresenta uno dei Paesi più estesi d'Europa, con una superficie quasi doppia rispetto a quella italiana. Confina con la Francia e il piccolo Stato di Andorra a nord-est e con il Portogallo a ovest; è bagnata dall'oceano Atlantico a nord-ovest e a sud-ovest e dal Mar Mediterraneo a sud e a est. Il territorio spagnolo comprende anche gli arcipelaghi delle Baleari (nel Mediterraneo) e delle Canarie (nell'Oceano Atlantico) e due città autonome sulla costa mediterranea del Marocco: Ceuta e Melilla.

La Spagna non è caratterizzata da un'alta densità di popolazione e le aree maggiormente popolate sono le coste e le aree limitrofe alla capitale, Madrid. La seconda città più popolata della Spagna è Barcellona, che ricopre, inoltre, un ruolo importante anche per l'economia e la cultura del paese. Entrambe le città sono ambite mete turistiche e contribuiscono così ad ampliare i guadagni del settore trainante l'economia interna, ovvero il terziario. Il settore primario e secondario, invece, è nettamente più arretrato, questo in particolar modo, in seguito alla crisi economico-finanziaria scoppiata a livello mondiale nel 2008. L'agricoltura, nello specifico, è il settore che più fatica a riprendersi per l'aridità del territorio e la mancanza di organizzazione.

Per quanto riguarda la forma di governo, la Spagna è una **monarchia parlamentare**, questo significa che il re è il Capo dello Stato, mentre il potere legislativo ed esecutivo spettano rispettivamente al parlamento e al governo. Pur non essendo uno Stato federale, la Spagna lascia grande autonomia alle regioni: esistono nella penisola ben diciassette comunità autonome, che godono di considerevoli privilegi. Nonostante ciò, sono presenti nella penisola movimenti indipendentisti, il più importante fra i quali si è sviluppato tra il popolo basco, che abita il territorio tra la Francia e la Spagna. Negli ultimi decenni, in particolare, un duro scontro ha opposto i baschi al Governo di Madrid: il loro braccio armato, L'ETA, ha fatto anche ricorso al terrorismo, in reazione al quale il Governo centrale ha messo in atto dure misure repressive e preventive, portando il gruppo terroristico a cessare ufficialmente ogni tipo di attività armata il 20 ottobre 2011.

Alla presenza di numerose autonomie locali, corrisponde un altrettanto numerosa varietà di lingue parlate: quella ufficiale è lo spagnolo, oltre al catalano, basco, gallego ed altri idiomi minori.

Il **Portogallo** si trova nella parte occidentale della penisola iberica e si affaccia per intero sull'oceano Atlantico andando a costituire il paese più a ovest dell'Europa. Confina con la Spagna a nord e a est, mentre è bagnato dall'oceano Atlantico a ovest e a sud. Al Paese appartengono anche gli arcipelaghi delle Azzorre e di Madeira, gruppi insulari di origine vulcanica che si trovano nell'Oceano Atlantico, molto distanti dalla penisola iberica. Rimasto a lungo fra i Paesi economicamente meno sviluppati dell'Europa occidentale, successivamente alla fine della dittatura e all'ingresso nell'Unione Europea, il Portogallo si è rapidamente modernizzato e sviluppato. Un arresto evidente, si è avuto, anche in questo caso, successivamente alla crisi del 2008, che ha prodotto effetti negativi soprattutto nel campo dell'agricoltura, incidendo con minor efficacia, invece, i settori relativi all'allevamento e alla pesca, rimasti competitivi.

Per quanto riguarda le industrie, esse, si sono sviluppate attorno alle città più importanti, in particolare Lisbona che è la capitale della nazione e Porto che invece rappresenta la seconda città del paese. Entrambe le città sorgono sulle foci di un fiume, rispettivamente il Tago e il Duero, favorendo così le suddette industrie ad utilizzare fonti di energia rinnovabili, come l'acqua ed il vento.

Settore, vistosamente in crescita, è quello del turismo, in particolare artistico e religioso.

Dal punto di vista politico, il Portogallo è una **Repubblica semipresidenziale**, per cui il primo ministro, una volta nominato dal Presidente della Repubblica necessita, anche, della fiducia parlamentare. A loro volta parlamento monocamerale e Presidente della Repubblica vengono eletti dai cittadini, rispettivamente ogni quattro e cinque anni. Nel suo complesso, la Repubblica portoghese è costituita da diciotto distretti e due regioni autonome, corrispondenti alle isole Azzorre e Madeira.

Andorra è un piccolo Stato incuneato nella parte orientale dei Pirenei, chiuso fra la Francia e la Spagna. La sua superficie è di appena 468 kmq ed è sottoposto alla **sovranità congiunta** del presidente della Repubblica francese e del vescovo di Urgell, in Spagna. Andorra la Vella è la capitale dello stato ed è allo stesso tempo il luogo dove si concentra la maggioranza della popolazione. Dal punto di vista economico, lo stato viene ritenuto "paradiso fiscale" in quanto le banche interne accolgono grandi capitali esteri, attraendo gli investitori grazie ad un regime di beni molto favorevole. Accanto a questa attività la maggior forza di Andorra è rappresentata dal turismo: la regione vanta, infatti, la presenza di ottimi centri termali.

Gibilterra è un promontorio della costa meridionale della penisola iberica, a ridosso dello stretto omonimo, dove l'Europa dista solo 12 km dall'Africa. Ha un'estensione di 6,5 kmq e ha una posizione strategica e di controllo del traffico navale tra l'oceano Atlantico e il Mediterraneo. Gibilterra, occupata dalle truppe inglesi nel 1704, è tutt'ora un **dominio britannico**. Secondo le stime del 2018 la popolazione è di circa 33 mila abitanti per la maggior parte impiegata nel turismo che costituisce la principale risorsa della zona.

TESI N.2

a. l'Italia
(1) le Alpi e gli Appennini: suddivisione tradizionale, cime e valichi importanti
(2) il commercio: caratteristiche strutturali, tipologie, fattori di sviluppo e localizzazione;
relazioni con l'ambiente e bilancia commerciale
b. l'Europa
(1) aspetti economici e politici degli Stati e territori appartenenti alla regione Carpatico-
Danubiana

a. l'Italia

(1) le Alpi e gli Appennini: suddivisione tradizionale, cime e valichi importanti

La regione italiana è prevalentemente montuosa: le montagne, infatti, occupano circa il 35% del territorio tra il sistema delle Alpi, che costituisce il confine nord della Penisola e la connette al tronco centrale dell'Europa, quello degli Appennini, che si snodano lungo tutta la Penisola per un totale di 1200 km, e quello Sardo-Corso.

Le **Alpi** hanno una formazione morfologicamente recente, tra 65 e 1,5 mln di anni fa, quando la placca africana, spostandosi, si è scontrata con quella eurasiatica causando il sollevamento di strati rocciosi e masse cristalline, che costituiscono l'attuale sistema alpino. Quest'ultimo si estende ad arco per circa 1200 dal Colle di Cadibona al Passo di Vrata.

In base all'altezza si distinguono:
Alpi basse: fino a 1600 metri;
Alpi medie: da 1600 a 2700 metri;
Alpi alte: oltre i 2700 metri

In base alla lunghezza, invece, il sistema alpino viene convenzionalmente diviso in:
Alpi occidentali, dal Colle di Cadibona al Col di Ferret;
Alpi centrali, dal Col di Ferret al Passo del Brennero;
Alpi orientali, dal Passo del Brennero al Monte Nevoso.

Le **Alpi occidentali** si dividono in:

Alpi Marittime, dal Passo di Cadibona al Colle della Maddalena. Queste interessano Liguria e Piemonte e i monti principali sono l'Argentera, di 3297 m, il Gelas, di 3143 metri, e il monte Matto di 3088 metri. I valichi sono 9, di cui i principali sono il colle della Maddalena e il Col di Tenda;
Alpi Cozie, dal Colle di Cadibona al Moncenisio, i cui monti principali sono il Monviso, di 3841 m, il Rocciamelone, di 3538 m, e Chambeyron, di 3389 metri, mentre i valichi principali sono quelli del Monginevro e del Moncenisio che racchiudono la Val di Susa e

la galleria del Frejus;

Alpi Graie, che vanno dal Moncenisio al Col di Ferret. Queste ospitano le famose vette dei 4000, ossia Monte Bianco di 4810 m, Maudit di 4468 m, Grandes Jorasses di 4205 metri e il Gran Paradiso di 4061 metri. Tra i passi da ricordare vi sono il Ferret e il Piccolo San Bernardo; inoltre, dal 1965 è stato aperto al traffico il Traforo del Monte Bianco di oltre 11 km che connette l'Italia con la Francia.

Le **Alpi centrali** si dividono in:

Alpi Pennine, che si estendono dal Col di Ferret al Passo del Sempione e i cui monti principali sono il Monte Rosa (4634 m), il Dom (4554 m) e il Cervino di 4478 metri. I passi principali sono quello del Gran San Bernardo e del Sempione; inoltre, in questo tratto troviamo la galleria del Sempione e il traforo del Gran San Bernardo che connettono l'Italia con la Svizzera;

Alpi Lepontine o Leponzie che interessano Piemonte e Lombardia e si estendono dal Passo del Sempione a quello dello Spluga e i cui monti principali sono il Leone (3552m), Adula (3406 metri) e Basodino (3277 metri). In questo tratto troviamo la galleria del San Gottardo che mette in comunicazione l'Italia con la Svizzera;

Alpi Retiche o Giudicarie vanno dal passo dello Spluga a quello del Brennero, interessando Lombardia e Trentino. I monti principali sono il Pizzo Bernina, l'Ortles e il Cevedale, mentre i passi più significativi sono quello dello Stelvio, del Tonale e del Brennero.

Dalle Lepontine e dalle Retiche, in direzione della Pianura Padana, prendono forma le Prealpi Lombarde, suddivise in Alture Luganesi, della Brianza e del Varesotto, le Prealpi Orobie e le Prealpi Bresciane.

Le Alpi orientali, infine, si suddividono in:

Alpi Atesine, dal Passo del Brennero al Monte Croce Comelico. Queste interessano il Trentino con i rilievi delle Dolomiti e del Brenta. I monti principali sono il Gran Pilastro, il Collalto e la Marmolada, mentre il passo principale è quello di Pordoi;

Alpi Carniche, dal Monte Croce Comelico al Passo di Camporosso. I monti principali, tutti rientranti nel Friuli, sono il Coglians, la Cima dei Preti e il Peralba;

Alpi Giulie, dal Passo di Camporosso al Passo di Vrata i cui monti principali sono il Tricorno, il Mangart e il Nevoso.

Dalle Alpi orientali, in direzione della Pianura Padana, si estende la fascia delle Prealpi Venete comprendenti i Monti Lessini, le Prealpi Bellunesi, le Prealpi Carniche, le Prealpi Giulie e il Carso.

La seconda catena montuosa italiana è la catena degli **Appennini** che attraversa l'Italia in lunghezza e la percorrono come una spina dorsale per un totale di 1200km. Caratterizzano il rilievo e il paesaggio di gran parte del Paese, interessando ben quindici regioni: quattro della sua parte continentale, tutte le regioni della penisola nonché la parte settentrionale della Sicilia. Rispetto alle Alpi, i rilievi degli Appennini sono molto più bassi: raramente le loro vette superano i 2500 metri. Le valli sono meno aspre e i versanti sono talvolta brulli perché soggetti a frane. Sul versante orientale, prima di giungere al mar Adriatico gli Appennini digradano in una lunga fascia di colline. Verso il Tirreno, invece, tra la montagna e il mare, si dispongono altre catene e gruppi isolati. Spesso in quest'area vi sono antichissimi rilievi vulcanici, ormai spenti, e i crateri sono oggi occupati da laghi. Gli appennini hanno inizio dal colle di Cadibona, che li divide dalle Alpi Marittime, e giungono fino alla Calabria, allungandosi poi fino alla Sicilia nord-occidentale. Si suddividono in tre parti:

Appennino settentrionale: Ligure e Tosco-Emiliano - dal passo di Cadibona al passo di Bocca Trabaria;

Appennino centrale: Umbro-Marchigiano e Abruzzese- dal passo di Bocca Trabaria al passo di Vinchiaturo;

Appennino meridionale: Campano, Lucano e Calabro - dal passo di Vinchiaturo al Capo d'Armi.

L'Appennino settentrionale si divide in:

Ligure- Piemontese, dal Passo di Cadibona al Passo della Cisa, i cui monti principali sono il Maggiorasca di 1803 metri, il Penna, di 1735 metri e il Lesima di 1724 metri;

Tosco- Emiliano, dal Passo della Cisa alla Bocca Trabaria. In questa parte dell'Appennino si distinguono: le Alpi Apuane con i monti Pisanino e Pania della Croce, rispettivamente di 1945 metri e 1858 metri; il Preappennino Toscano; i Monti Metalliferi. I monti principali sono il Cimone, il Cusna, Alpe di Succiso, Falterona e Fumaiolo, mentre i passi più importante sono Abetone, Futa e Piastre.

L'Appennino centrale si divide in:

Umbro-marchigiano, dalla Bocca Trabaria alla Gola d'Arquata, in cui emerge come catena principale quella dei Monti Sibillini; i monti principali sono il Vettore di 2478 metri, il Priora e il Porche di 2235, mentre tra i passi principali troviamo la Bocca Trabaria e la Bocca Serriola;

Abruzzese-molisano, dalla Gola d'Arquata al passo di Vinchiaturo. I monti principali sono il Gran Sasso con le vette del Corno e del Corvo, la Maiella con le vette dell'Amaro e di Acquaviva; inoltre troviamo il gruppo della Meta, della Maielletta e del Velino. I passi principali sono quelli del Diavolo, di Gioia e delle Capannelle.

A ridosso degli Appennini si trova il Preappennino Laziale con i monti Sabini, i monti Sabatini, i monti Ernici e i Reatini con la vetta più alta che è il Terminillo di 2213 metri.

L'Appennino meridionale comprende tutti i monti che si trovano a sud della linea di congiunzione tra la foce del Volturno e quella del Fortore e si articola in:

Campano-Sannita che va dal Passo di Vinchiaturo al Passo di Sella di Conza i cui monti principali sono il Matese, con le cime del Miletto e del Mutria, il Cilento con le cime del

150

Cervati e del Motola;

Lucano che va dal Passo di Sella di Conza al Passo dello Scalone con i monti Pollino e Sirino;

Calabrese dal Passo dello Scalone al Capo dell'Armi, i cui monti principali sono la Sila Greca con i monti Paleparto, Sila Grande e Sila Piccola, e l'Aspromonte con il Montalto e Pecoraro.

Per quanto riguarda la Sicilia, questa è separata dalla Calabria attraverso lo Stretto di Messina, largo circa 3 km e presenta come monti principali i Peloritani, i Nebrodi e le Madonie e l'Etna che con i suoi 3340 m è il vulcano attivo più alto d'Europa. I monti della Sardegna e della Corsica formano un sistema distinto da quello appenninico e i principali sono Gallura, Iglesiente, Barbagia con il Gennargentu, la cui vetta più alta è Punta la Marmora.

a. l'Italia
(2) il commercio: caratteristiche strutturali, tipologie, fattori di sviluppo e localizzazione; relazioni con l'ambiente e bilancia commerciale

Il **commercio** consiste in quel complesso di operazioni poste in essere dagli intermediari allo scopo di far pervenire le merci dai produttori ai consumatori. L'attività commerciale si fonda sul principio della libera iniziativa economica privata secondo quanto stabilito dall'art. 41 della Costituzione ed è esercitata nel rispetto dei principi contenuti nella L. n.287/1990 recente norme per la tutela della concorrenza e del mercato.

La prima macro-distinzione va effettuata tra **commercio internazionale** e **commercio nazionale**, dove con commercio internazionale si intende lo scambio di capitale, merce o servizi che si effettua attraverso i confini internazionali e costituisce una quota significativa del PIL. Il commercio internazionale fornisce globalmente ai consumatori la possibilità di essere esposti a nuovi mercati e prodotti: il prodotto che viene venduto nel mercato globale rappresenta l'esportazione, mentre quello che viene acquistato costituisce l'importazione. Sia le esportazioni che le importazioni vengono contabilizzate nel bilancio dello Stato nella forma della *bilancia commerciale*.

L'economia italiana è un'economia fortemente orientata verso il commercio estero, con la maggior parte del movimento commerciale che riguarda manufatti e si svolge con i Paesi industrializzati. I principali corrispondenti commerciali dell'Italia sono innanzitutto i Paesi dell'Unione europea, i Paesi asiatici - soprattutto Giappone, Cina e Turchia – America settentrionale e Africa. Nell'insieme, per l'importazione le voci più consistenti sono rappresentate da prodotti metalmeccanici, chimici, mezzi di trasporto e materie energetiche; per le esportazioni, invece, sono rappresentate da prodotti metalmeccanici, tessili, di abbigliamento, alimentati e altri prodotti di consumo.

Ad oggi, l'Italia si conferma il secondo Paese più competitivo nel commercio mondiale dopo la Germania. Dall'inizio degli anni '90 sono aumentate le importazioni, ma a prezzi decrescenti; tra il 2005 e il 2008 le esportazioni italiane sono aumentate del 16,6%, mentre le importazioni del 22,9%. Nel 2009, a causa della crisi, si è avuto un forte crollo dei volumi commerciali scambiati con l'estero, mentre nel 2012 la bilancia commerciale italiana è tornata attiva. Nel 2019 il surplus della bilancia commerciale ha toccato un nuovo massimo storico con una crescita delle esportazioni del 2% e un calo delle importazioni dello 0.7%. Il 2020 a causa della pandemia da COVID-19 si è chiuso con una contrazione delle esportazioni italiane di quasi il 10%, mentre il 2021 è stato l'anno in cui le esportazioni italiane hanno raggiunto un nuovo massimo storico, il che ha permesso all'Italia di diventare l'8° esportatore mondiale, con un export cresciuto complessivamente del 18% e, probabilmente, destinato ad aumentare qualora il progetto della via della Seta, sottoscritto dall'Italia nel 2019 con l'obiettivo di ampliare le esportazioni nei mercati orientali, venga effettivamente concretizzato.

Una seconda distinzione va fatta tra la macroarea del **commercio al dettaglio** e quella del **commercio all'ingrosso**, dove con commercio all'ingrosso si intende l'attività svolta da chiunque che professionalmente acquista merci in nome e per conto proprio e le rivende ad altri commercianti, all'ingrosso o al dettaglio, o ad utilizzatori professionali. Diversamente dal commercio al dettaglio, in quello all'ingrosso viene data maggiore enfasi alla quantità del prodotto, assume uno scarso rilievo la pubblicità e il prezzo della merce è più basso, in quanto non vi gravano spese di trasporto, di consumi, inerenti al personale o alla pubblicità.

Il commercio al dettaglio, invece, in Italia, è disciplinato dal D. Lgs 114 del 1998 che ne individua tre tipi sostanziali: quello in **sede fissa**, le **forme speciali di vendita** – come gli spacci interni, per corrispondenza, televisione, commercio elettronico e a domicilio –, e **quello su area pubblica**, come mercati rionali e fiere.

Per commercio in sede fissa si intende l'attività di vendita di merci al dettaglio, esercitata in appositi locali con destinazione commerciale. I settori merceologici sono due: il settore alimentare e quello non alimentare. A seconda della superficie di vendita, invece, si distinguono in questa categoria gli esercizi di vicinato, le medie strutture di vendita e le grandi strutture di vendita.

> Gli *esercizi di vicinato* sono punti vendita al dettaglio con superficie di vendita non superiore ai 150 mq o 250 mq a seconda del fatto che il comune di riferimento superi o meno i 10.000 abitanti; rientrano in questa categoria anche negozi affiliati a un'insegna della grande distribuzione organizzata.
> Le *medie strutture di vendita* sono esercizi commerciali con una superficie variabile, sempre in base al numero di abitanti, tra 150-1500 mq e 250 -2500 mq. Queste strutture possono essere singole – come ipermercati o mobilifici – o assumere una struttura complessa nel caso di centri commerciali.
> Infine, **le *grandi strutture di vendita*** sono quegli esercizi commerciali in cui si effettua la vendita al consumatore finale con una superficie di vendita superiore ai 1500-2500 mq.

Sia le medie strutture sia le grandi strutture di vendita possono costituirsi nella struttura complessa del *centro commerciale*, che è una struttura a destinazione specifica con infrastrutture comuni e spazi di servizio gestiti unitariamente. Il centro commerciale può comprendere anche pubblici esercizi e attività para commerciali come servizi bancari, servizi alla persona ecc.

In Italia ci sono circa 735.528 attività commerciali al dettaglio, numero ridotto di circa 11000 unità a causa sia dell'avanzare dei centri commerciali che dell'e-commerce: questo implica una maggior standardizzazione della distribuzione che si adatta alle regole delle grandi catene da cui dipende ed un progressivo abbandono, da parte dei commercianti, dei piccoli centri urbani dove i servizi vanno diminuendo vertiginosamente.

Per quanto riguarda la localizzazione delle attività al dettaglio, al primo posto si colloca la Campania, seguita da Lombardia, Lazio, Sicilia e Puglia.

Per quanto riguarda, invece, la **relazione del commercio con l'ambiente** dobbiamo tenere in considerazione che già nella Conferenza di Rio del 1992 era stato osservato che per promuovere uno sviluppo sostenibile fosse necessaria una maggiore coerenza tra commercio e politiche ambientali e che già nel 1995 all'interno dell'OMC era stato costituito un Comitato per il commercio e l'ambiente.

Il problema centrale che le diverse organizzazioni internazionali si pongono è come e in che misura la pressione sull'ambiente cambia con il progresso delle economie. Una spiegazione in questo senso è rappresentata dalla Curva di Kuznets, secondo cui il deterioramento dell'ambiente o l'uso di risorse dapprima crescono al crescere del PIL, per poi tornare a scendere nel momento in cui il PIL pro-capite aumenta. Sebbene ad oggi non vi sia una robusta evidenza empirica circa i benefici derivanti dal commercio estero sull'ambiente né per quanto riguarda la correlazione tra regolamentazione ambientale e commercio, vi sono analisi dettagliate sugli effetti che l'aumento del commercio mondiale esercita sull'inquinamento dei diversi Paesi. Confrontando economie aperte (quelle con elevate quote di esportazioni e importazioni) e chiuse (Paesi con poco commercio mondiale), l'analisi statistica mostra che le prime sono caratterizzate da un minore rapporto tra inquinamento e PIL e, allo stesso tempo, che tendono ad acquisire tecnologie pulite più rapidamente. Tuttavia, se le nazioni ricche tendono ad avere standards ambientali più elevati, è anche vero che possono produrre bene e servizi ad alta intensità inquinante: un esempio lampante è caratterizzato dai dispositivi elettronici ad obsolescenza programmata che pongono serie problematiche relativamente allo smaltimento.

Ulteriore elemento critico è che alcuni tipi di inquinanti o l'uso di determinate materie prime rimangono non regolamentati. L'aumento del commercio mondiale, inoltre, è strettamente legato ai trasporti che sono pesantemente energivori e responsabili di un alto tasso di emissione di gas climalteranti; inoltre, ai trasporti è legato il problema dell'introduzione intenzionale o involontaria di specie di animali e piante non indigene che possono alterare gli ecosistemi locali.

b. l'Europa
(1) aspetti economici e politici degli Stati e territori appartenenti alla Regione Carpatico-Danubiana

Con l'espressione regione Carpatico-Danubiana si fa riferimento alla regione centro-orientale dell'Europa, dove trova spazio l'articolata catena montuosa dei **Carpazi**, che si sviluppa per 1500 chilometri dalla Repubblica Ceca alla Romania e il **bacino del Danubio**, il secondo fiume europeo per lunghezza. Questa zona si colloca tra la regione germanica, l'area balcanica e la regione russa; non presenta confini naturali, salvo un breve tratto delimitato dal Mar Nero, che è anche l'unico sbocco sul mare. I Paesi che fanno parte della regione sono: **Repubblica Ceca, Slovacchia, Ungheria e Romania.** Essi sono stati un crocevia di popoli e culture diverse: dalla dominazione romana alle grandi migrazioni dei popoli nordici delle tribù slave, all'espiazione dell'Impero turco; ogni civiltà ha lasciato le sue tracce profonde in questo territorio, che presenta perciò una grande varietà di culture e tradizioni.

Dopo la Seconda Guerra Mondiale tutti questi Stati sono entrati nell'area di influenza dell'Unione Sovietica e soltanto dopo il crollo del regime comunista dell'URSS, nell'ultimo decennio del XX secolo, hanno subito una trasformazione politica, con l'affermarsi dei governi democratici. Nello specifico possiamo dire che:

La **Repubblica Ceca,** che si trova nel cuore dell'Europa, è priva di sbocchi sul mare: la distanza tra la capitale, **Praga**, e il Mar Baltico è di oltre 600 chilometri, mentre la distanza con il Mare del Nord e con l'Adriatico è di più di 700. Il territorio presenta due regioni distinte:

La **Boemia**, formata da un altopiano racchiuso da quattro catene di monti di modesta altitudine: la Selva Boema, i Monti Metalliferi, i Sudeti e la Alture Morave;
La **Moravia**, delimitata a nord dai Monti Jesenik e a est dai Carpazi Bianchi. Il territorio è in gran parte pianeggiante e attraversato da colline, ed è formato dal bacino del fiume Morava.

La Repubblica Ceca conta una popolazione di circa 10 milioni e mezzo di abitanti, concentrati nei centri urbani e in particolare, nella capitale. Circa il 42% del territorio ceco è destinato alle **coltivazioni**, di cui le principali sono quelle cerealicole, con maggior percentuale di frumento e orzo; importante è anche la produzione di foraggio, luppolo, patate e barbabietole da zucchero.

I **boschi**, che ricoprono soprattutto il suono boemo, sono una risorsa significativa, ma sono stati gravemente danneggiati in passato dall'inquinamento e dalle piogge acide. Di buon livello è l'allevamento, in particolare di bovini e suini, favorito dall'abbondante foraggio. Il Paese ha inoltre un'industria di solide tradizioni, favorita dalla disponibilità di risorse minerarie ed energetiche e potenziata recentemente dagli investimenti stranieri.

Tra le **risorse minerarie** hanno particolare rilevanza i depositi carboniferi, ma vengono inoltre estratti uranio e caolino.

Le **industrie** più sviluppate sono quelle siderurgiche e metallurgiche, dove si lavora piombo e rame. Infine, la rapida crescita

del **terziario,** in particolare nei settori del turismo e del commercio, ha reso questo settore il più importante dell'economia ceca. Gli ingressi di visitatori stranieri, soprattutto tedeschi, hanno superati i 10 milioni all'anno. Anche il settore finanziario, che ha il suo centro nella Borsa valori di Praga, è in espansione. La capitale rappresenta, inoltre, il nodo della rete stradale e ferroviaria che collega il Paese alle principali città dell'Europa centrale, nonostante le autostrade siano ancora sottodimensionate.

La **Repubblica Slovacca** (o semplicemente **Slovacchia**) ha una superficie di quasi 50 mila kmq, pari quindi a un sesto di quella italiana. Priva di sbocchi sul mare, confina con Austria, Polonia, Ucraina, Ungheria e Repubblica Ceca. Come quest'ultima, la Slovacchia ha fatto parte dell'Impero austro-ungarico fino al 1918, quando nacque la Repubblica di Cecoslovacchia. Dopo la Seconda Guerra Mondiale, nel 1945, è diventato uno **stato-satellite** dell'Unione Sovietica. Qualche anno dopo la dissoluzione dell'Unione Sovietica, nel 1993, la Repubblica Slovacca si è separata pacificamente dalla Repubblica Ceca e dal 2004 fa parte dell'Unione Europea.

La popolazione di questo territorio, che supera i cinque milioni di abitanti, è distribuita in maniera poco omogenea: la maggior parte si concentra nelle pianure meridionali dove sorgono le due maggiori città, **Bratislava**, la **capitale** del Paese, che sorge sulle rive del Danubio vicino al confine con l'Austria ed è dotata di un buon porto industriale, in particolare nei settori automobilistici, meccanici, tessili e chimici; **Kosice**, situata al confine con l'Ungheria, considerata la seconda città del Paese in ordine di importanza. Nonostante le gravi difficoltà economiche insorte dopo la separazione dalla Repubblica Ceca, nell'ultimo decennio, grazie all'adesione all'Unione Europea e agli investimenti esteri, il Paese ha conosciuto una forte crescita economica, confermata dal suo ingresso nell'**area euro.**

Le principali **risorse agricole** sono i **cereali**, le **barbabietole da zucchero** e il **luppolo** anche se la maggior parte del PIL del settore primario deriva dall'allevamento di bovini e suini. Lo sviluppo industriale non si limita agli impianti **siderurgici** e **metalmeccanici** dell'epoca socialista: numerose aziende e industrie, in particolare tedesche, sono state **delocalizzate** nel Paese, dove i costi di produzione sono minori rispetto a quelli dell'Europa occidentale. In pochi anni, sono sorti in Slovacchia impianti di prestigiosi marchi automobilistici come Volkswagen o Audi. Anche i settori **bancario** e **finanziario** sono in crescita, pur mantenendo dimensioni modeste.

L'**Ungheria** si colloca in una grande pianura alluvionale tagliata dal Danubio; la sua popolazione conta poco meno di **10 milioni** di abitanti distribuiti in modo abbastanza omogeneo sul territorio. L'84% della popolazione è magiaro, ma nel Paese vivono consistenti **minoranze etno-linguistiche.** Il centro urbano di Buda, sulla riva destra del

Danubio, e quello di Pest, sulla riva opposta, formano **Budapest**, capitale e **unica grande città** dell'Ungheria. Lo sviluppo della metropoli si deve al suo ruolo di **porto fluviale** e alla sua posizione rispetto a importanti vie di comunicazione dell'Europa centrale. Buda e Pest insieme contano 2.5 milioni di abitanti e hanno sempre avuto differenti funzioni: Buda, in passato residenza dei sovrani e importante sede amministrativa, mantiene attività direzionali e conserva i principali monumenti cittadini; Pest è sempre stata sede di commerci e, in tempi recenti, ha acquisito anche importanza industriale. Sotto il **sistema socialista filosovietico**, le grandi proprietà agricole ungheresi vennero organizzate in cooperative e le industrie furono potenziate, privilegiando le produzioni di base, come acciaio, composti chimici e carburanti.

Ulteriori riforme economiche portano il Paese ad una maggiore **libertà economica** e, in particolare, favorirono lo sviluppo di molte industrie di piccole e medie dimensioni, specializzate nella produzione di **beni di consumo** destinati al mercato interno e all'esportazione. Tutto ciò ha permesso all'Ungheria di attraversare più rapidamente, rispetto agli altri Paesi dell'Europa orientale, la **transizione al sistema capitalista**. Abbastanza velocemente, l'economia ungherese si è integrata con quella dell'Unione Europea. Il suo Governo si sta impegnando per assicurare al Paese l'ingresso nell'area dell'**euro.**

L'ampia disponibilità di terreni pianeggianti e la fertilità delle terre fanno sì che l'**agricoltura** in Ungheria sia un settore tradizionalmente forte: la metà circa dell'intera superficie è coltivata, mentre è povero di **minerali** e anche le **riserve energetiche**, quali idrocarburi e carbone, non sono sufficienti a coprire il fabbisogno nazionale. Anche per questo motivo, l'industria pesante è poco sviluppata, mentre prevale l'**industria leggera** fiorente nei settori **metalmeccanico, alimentare, tessile, farmaceutico e chimico.** Il livello tecnologico è assolutamente competitivo, tant'è che negli ultimi anni si sono sviluppate anche produzioni ad alta tecnologia, in particolare nel campo dell'**elettronica.** Il terziario appare in rapido sviluppo: il sistema **bancario** è oggi completamente privatizzato, il **commercio** con l'estero è notevolmente cresciuto e sono aumentate le esportazioni. Si è inoltre affermato il **turismo**, diretto verso la capitale e verso le località di soggiorno termale e climatico, in particolare quelle che circondano il lago di Balaton.

La **Romania** ha una superficie di quasi **240 mila kmq**, pari a due terzi dell'Italia. Confina con Bulgaria, Serbia, Ungheria, Ucraina e Moldova e si affaccia per un breve tratto sul Mar Nero. Conta **19 milioni** di abitanti, distribuiti in modo irregolare sul territorio; le aree montuose sono quasi disabitate, mentre le pianure e soprattutto le città ospitano gran parte della popolazione. La **crescita demografica** è **negativa**, come spesso accade nell'Europa orientale, sia per effetto di una bassa natalità sia a causa di un intenso flusso emigratorio, diretto verso i Paesi dell'Europa occidentale e soprattutto verso l'Italia. **Bucarest**, la **capitale**, conta 1,8 milioni di abitanti ed è l'unica metropoli del Paese. Situata nella pianura della Valacchia, è sede di attività commerciali e industriali. Oltre che importante centro amministrativo, Bucarest è anche un centro **culturale**, dotato di università e centri scientifici. La Romania possiede terreni fertili per l'agricoltura e buone risorse del sottosuolo; anche l'allevamento (soprattutto **ovino**) riveste un ruolo importante. Questo Stato è tra i primi produttori di **grano e mais** in Europa e tra i maggiori produttori europei di **petrolio** e possiede **miniere** di ferro, carbon, piombo, zinco e bauxite. L'economia è ancora arretrata, ma in forte crescita, soprattutto nel **settore industriale** e del **commercio** con altri Stati dell'UE.

TESI N.3

a. l'Italia
(1) mari, coste, golfi, isole e penisole
(2) l'artigianato: caratteristiche strutturali, tipologie, fattori di sviluppo e localizzazione
b. l'Europa
(1) aspetti economici e politici degli Stati e territori appartenenti alla Penisola balcanica

a. l'Italia
(1) mari, coste, golfi, isole e penisole

Essendo una penisola, l'Italia è bagnata su tre lati dal **Mar Mediterraneo** che in prossimità delle coste assume denominazioni diverse; partendo da Nord-Ovest in direzione Nord-Est abbiamo: Mar Ligure, Mar Tirreno, Mar di Sardegna, Mar Mediterraneo, Mar di Sicilia, Mar Ionio e Mar Adriatico.

Il **Mar Ligure** bagna le coste della Provenza orientale, della Liguria e della Toscana settentrionale; il confine sud-occidentale è delimitato da una linea immaginaria che collega Punta di Revellata con Capo Ferrato, mentre il confine sud-orientale, che lo separa dal Tirreno, è la linea che collega Capo Corso e il Canale di Piombino. Il mar Ligure raggiunge una profondità massima di 2850 metri. I principali golfi sono quello di Genova, della Spezia e di Baratti – quest'ultimo in Toscana. Per quanto riguarda le coste, abbiamo la riviera ligure, la riviera Apuana e la Versilia. La riviera ligure si suddivide in Riviera di Levante, ad est di Genova-Voltri, e Riviera di Ponente ad ovest: la Riviera di Ponente è caratterizzata da spiagge sabbiose e fondali profondi, mentre quella di Levante si distingue per scogliere che scendono a picco sul mare. La costa apuana, invece, si estende dall'estremità sud- orientale della Liguria e la provincia di Massa-Carrara, nella toscana occidentale e presenta coste basse e sabbiose. Infine, abbiamo la Versilia che è la regione della Toscana nord-occidentale compresa all'interno della provincia di Lucca e delimitata a nord dal fiume di Seravezza e a sud dal forte del Motrone ugualmente con coste basse e sabbiose.

Il **Mar Tirreno** ha forma triangolare ed è compreso tra Corsica, Sardegna, Sicilia, Calabria, Basilicata, Campania, Lazio e Toscana. È collegato al Mar Ionio tramite lo Stretto di Messina ed è diviso dal mar Ligure dalla linea immaginaria che congiunge Capo Corso al canale di Piombino. Ha una profondità massima di 3731 metri ed è ricco di isole prevalentemente vulcaniche. Il Tirreno si può suddividere in Alto Tirreno che va dall'arcipelago toscano alle coste orientali della Corsica e Basso Tirreno che va dal basso Lazio fino alle coste settentrionali della Sicilia. Le coste tirreniche, che bagnano la Penisola dal promontorio di Piombino a Capo Vaticano, hanno un diverso aspetto a seconda che le pendici dell'Appennino siano vicine o lontane dal mare: nel primo tratto sono basse e sabbiose; nel secondo, invece, sono alte e frastagliate.

Partendo da Nord, **i golfi del Tirreno** sono:
il *Golfo di Follonica*, che interessa i comuni di Piombino, Follonica e Scarlino;

i golfi di *Biodola, Procchio, Campo e Marina di Campo* che interessano l'isola d'Elba;

i golfi di *Anzio e Terracina* nel Lazio;

il *Golfo di Gaeta* compreso tra il monte Circeo e la penisola Flegrea;

il *Golfo di Napoli* che si apre dove termina la penisola di Salerno;

il *Golfo di Salerno*, immediatamente contiguo, finisce dove sporge il promontorio del Cilento ed è per lo più costituito da una costa alta e rocciosa;

il *Golfo di Policastro*, dopo il quale le coste cominciano ad essere rettilinee;

il *Golfo di Sant'Eufemia*.

Per quanto riguarda la Sicilia, questa presenta una costa alta e compatta nella parte centro-orientale e più movimentata nella parte occidentale; qui i golfi principali sono quello *di Patti* – compreso tra Milazzo e Capo Calavà -, quello *di Termini Imerese*, quello *di Palermo* e quello *di Castellammare*, tra Punta Raisi e Capo San Vito. Le coste della Sardegna, infine, tra Olbia e le Bocche di Bonifacio sono piuttosto compatte e i principali golfi sul versante tirrenico sono quelli di Olbia e di Orosei.

Nel Tirreno sono presenti isole di origine vulcanica per lo più raggruppate in arcipelaghi; partendo da Nord troviamo:

Arcipelago Toscano, con l'Elba, il Giglio, Capraia, Palmarola, Giannutri, Montecristo, Pianosa e Gorgona, amministrativamente afferenti a Livorno;

Arcipelago Ponziano con Ponza, Palmarola, Ventotene, Zannone, Santo Stefano e Gavi, amministrativamente appartenenti a Latina;

Arcipelago Partenopeo, posto all'imbocco del Golfo di Napoli. Le isole principali sono: Ischia, Capri e Procida;

Arcipelago delle Eolie o Lipari, in provincia di Messina, con Lipari, Salina, Vulcano, Stromboli, Alicudi, Filicudi e Panarea;

Ustica distante circa 57 km da Palermo;

Arcipelago delle Egadi in provincia di Trapani, con Favignana, Marettimo, Lèvanzo e Stagnone;

Per quanto riguarda le isole della Sardegna abbiamo a N/E la Maddalena, Caprera, Spargi e Santo Stefano; a N/O, Asinara e Piana nel Golfo dell'Asinara; ad Est Mortorio e Soffi nel Golfo Aranci, Tavolara e Molara nel Golfo di Olbia; infine, nel tratto di costa occidentale, Sant'Antioco e San Pietro.

Il Tirreno, attraverso lo stretto di Messina, lungo 33 km e largo 3,2 km, è posto in comunicazione con lo **Ionio**. Quest'ultimo costituisce la zona più profonda del Mediterraneo, oltre i 4400 metri, ed è ad alto tasso di salinità a causa dell'esiguità degli affluenti. Lo Ionio comunica con l'Adriatico attraverso il canale d'Otranto ed è aperto a Sud verso il Mediterraneo. È compreso tra le coste orientali della Calabria e della Sicilia e quelle occidentali della penisola balcanica. Lo Ionio bagna le coste che vanno da punta Pezzo a Capo S. Maria di Leuca con coste prevalentemente rocciose in Calabria e basse e sabbiose a est del Golfo di Taranto. Per quanto riguarda i Golfi abbiamo: quello di

Catania, di Noto e di Augusta sulle coste siciliane, quello di Locri, di Squillace, di Sibari e di Taranto nella zona peninsulare; in particolare, nel Golfo di Taranto troviamo le Isole Cheradi, con S. Pietro, S. Andrea, S. Paolo, S. Nicolicchio e le Fanciulle.

Tra la penisola italiana e quella balcanica troviamo l'**Adriatico**, con una superficie di 132000 kmq e una profondità massima di 1220 m. L'Adriatico si estende dal Golfo di Trieste al Canale d'Otranto con una costa per lo più compatta, ad eccezione di alcune sporgenze quali il Delta del Po e i promontori del Conero e del Gargano. A nord di Ravenna le coste sono basse e orlate di paludi e lagune, quali le Valli di Comacchio e le lagune di Venezia, Murano e Grado; soltanto nella zona del Golfo di Trieste sono rocciose e frastagliate. Sulla costa adriatica i golfi sono pochi e si trovano soprattutto nella zona settentrionale, dove abbiamo il Golfo di Trieste e quello di Venezia; a sud troviamo quello di Manfredonia. Le uniche isole che ospita l'Adriatico sono le Tremiti, situate di fronte al Gargano, in provincia di Foggia con le isole di Capraia, S. Nicola, S. Domino, Pianosa e Pelagosa.

Abbiamo infine il **Mar di Sicilia** e il **Mar di Sardegna**. Il primo è compreso tra Africa e Sicilia e costituisce lo spartiacque convenzionale tra Mediterraneo orientale e Mediterraneo occidentale. La costa è bassa e sabbiosa e la principale insenatura è rappresentata dal Golfo di Gela. Qui troviamo l'isola di Pantelleria, di pertinenza amministrativa di Trapani, e l'Arcipelago delle Pelagie, in provincia di Agrigento, con Lampedusa, Linosa e Lampione. Il Mar di Sardegna, invece, corrisponde al tratto del Mediterraneo compreso tra le coste del gruppo sardo-corso e le Baleari. Le coste si presentano variegate: rocciosa tra Capo Ciccia e Punta Asinara, basse e acquitrinose nel Golfo di Carloforte, pianeggianti nel Golfo dell'Asinara. I golfi principali sono quelli di Alghero e Oristano, mentre le due isole principali sono quelle di Sant'Antioco e San Pietro.

Per quanto riguarda le **penisole,** abbiamo:

Penisola sorrentina protesa nel Tirreno divisa tra costiera sorrentina che affaccia sul Golfo di Napoli e costiera amalfitana che affaccia su quello di Salerno;

Penisola flegrea che separa il golfo di Napoli da quello di Gaeta e si estende da Baia fino al canale di Procida;

Istria situata tra Golfo di Venezia e Golfo del Quarnaro, anche se amministrativamente è solo una piccola porzione che afferisce all'Italia;

Salento coincidente con la parte meridionale della Puglia tra lo Ionio a Ovest e l'Adriatico a Est;

Gargano, noto anche come Sperone d'Italia, coincide con l'omonimo promontorio, è circondato interamente dall'Adriatico e per un lato confina con il Tavoliere.

Infine, per quanto riguarda le isole, dobbiamo dire che l'Italia ospita un numero elevato di **isole lacustri e fluviali.** Tra le prime troviamo l'Isola di San Giulio nel Lago d'Orta, in Piemonte, il gruppo delle Borromee nel lago Maggiore, l'isola Comacina nel lago di Como, l'isola di Garda, che è la più grande dell'omonimo lago, le isole Maggiore e Minore nel Trasimeno, Bisentina e Martana nel lago di Bolsena. Tra quelle fluviali le principali sono l'isola Serafini nel Po, l'isola Tiberina e l'isola Sacra nel Tevere e Isola del Liri nel Liri.

a. l'Italia
(2) l'artigianato: caratteristiche strutturali, tipologie, fattori di sviluppo e localizzazione

In base alla Legge 443/1985 è **imprenditore artigiano** colui che esercita personalmente, professionalmente e in qualità di titolare, l'impresa artigiana, assumendone la piena responsabilità e svolgendo in maniera prevalente il proprio lavoro, anche manuale, nel processo produttivo. Sempre la legge definisce "artigiana" l'impresa che abbia per scopo prevalente lo svolgimento di un'attività di produzione di beni o di prestazioni di servizi, escluse le attività agricole o le attività di prestazione di servizi commerciali.

L'artigianato, dunque, si riferisce a un'attività produttiva esercitata senza l'uso di macchinari e in cui è il singolo che possiede professionalità e capacità artistiche che danno del suo prodotto qualcosa di unico e non replicabile. Ricadono in questo settore tutte le aziende con meno di cinquanta dipendenti che operano nell'ambito dell'abbigliamento, della pelletteria, delle decorazioni, della fotografia, della lavorazione del legno, del cuoio, del vetro, dei metalli pregiati e delle pietre preziose, della tessitura e del ricamo, della realizzazione di strumenti musicali o di oggetti di carta – quali maschere, ventagli o oggetti in pergamena – e gli alimentaristi, quali i produttori di pasta, di pane, di dolci, di distillati e così via. Rientrano, inoltre, nell'ambito dell'artigianato elettricisti, idraulici, fabbri o muratori con aziende di dimensioni ridotte e ditte individuali.

Stando ai dati forniti dalla CNA (Confederazione nazionale dell'Artigianato e della piccola e media impresa) il numero delle imprese artigiane in Italia è di 1.620.690, di cui circa 30.000 aperte nel primo trimestre del 2022, con un rapporto percentuale tra iscrizioni e cessazioni è del - 0.07%. Sempre nello stesso trimestre cinque regioni hanno registrato un tasso di crescita positivo, ossia Trentino, Lazio, Lombardia, Friuli e Liguria, mentre gli andamenti negativi più marcati hanno riguardato Molise, Valle d'Aosta e Marche.

Se, invece, prendiamo in considerazione l'ultimo decennio, le ditte individuali hanno registrato perdite del 12% con Abruzzo, Sardegna, Basilicata e Sicilia più colpiti. Ad incidere su questa decrescita è stato l'intreccio di diverse criticità, alcune intestine – come la fatica del prodotto artigianale a reggere la competizione con il prodotto industriale in un mondo sempre più globalizzato – e altre esterne, come la crisi del 2007-2012, la pandemia da Covid 19 che nel 2020 ha determinato un calo del fatturato delle imprese del 70% e, attualmente, il rincaro dei prezzi delle materie prime a seguito del conflitto russo-ucraino.

Nonostante i problemi legati alla crisi economica e alla difficoltà di tramandarsi nel tempo, l'artigianato italiano gode a livello mondiale di **grandissima fama** dal momento che ogni regione d'Italia presenta prodotti artigianali che la contraddistinguono, come la coppa dell'amicizia in legno e i mortai in pietra ollare in Valle d'Aosta, i cappelli Borsalino e gli strumenti a fiato in Piemonte, i prodotti di sartoria e alta moda della Lombardia, i merletti a tombolo del Trentino, il vetro di Murano, le maschere veneziane, i mosaici del Friuli, la ceramica ligure, le pelli di Modena, gli oggetti in alabastro di Volterra, le calzature marchigiane e le fisarmoniche di Castelfidardo, le sedie impagliate di Cori (LT), le ceramiche viterbesi, le cornamuse abruzzesi, le campane di Agnone in Molise, i presepi a Napoli e le ceramiche di Capodimonte, la pietra leccese, le chitarre battenti in Calabria, le ceramiche di Caltagirone e i pupi siciliani, i coltelli di Pattada, i gioielli in corallo rosso di Alghero e l'abbigliamento in sughero di Tempio Pausania.

Oggi si sta tornando a dare molto valore all'artigianato e ai prodotti fatti mano, soprattutto se realizzati con materie prime di qualità ed ecosostenibili. Un recente studio condotto dalla Commissione europea intitolato "Business Innovation Observatory" ha messo in evidenza che il **trend** occupazionale dell'artigianato e delle professioni basate sul "saper fare con le mani" è **in crescita** e che nel prossimo decennio, grazie alla rete e alle tecnologie digitali, per gli artigiani potrebbero aprirsi nuovi sbocchi occupazionali e interessanti fonti di reddito. In crescita, infatti, è il settore dell'**artigianato digitale**, dove con artigiano digitale si intende chi pensa, progetta e produce in modo creativo un manufatto connesso con l'informatica e con la **sostenibilità**, intrecciando tradizione e innovazione. Tra gli interessi tipici degli artigiani digitali vi sono realizzazioni di tipo ingegneristico, come apparecchiature elettroniche, dispositivi per la stampa 3D e apparecchiature a controllo numerico. L'artigianato digitale, inoltre, rappresenta un modello propulsivo per quello tradizionale dal momento che un nuovo modo per affacciarsi sul mercato e rendere il proprio prodotto appetibile è proprio quello di puntare sulla digitalizzazione della comunicazione e sull'e- commerce.

b. l'Europa
(1) aspetti economici e politici degli Stati e territori appartenenti alla Penisola Balcanica

La Regione balcanica occupa la più orientale delle tre penisole europee che si protendono sul Mediterraneo. I suoi confini naturali sono rappresentati dalla **catena dei Balcani**, che la delimita a nord-est e dai fiumi Kuoa, Sava e Danubio. Quest'ultimo la separa dai Paesi dell'Europa centro- orientale per 1200 chilometri. L'estremità meridionale della regione si allunga nel Mediterraneo con la penisola greca e il Peloponneso.

Gli scontri più recenti risalgono agli anni Novanta del secolo scorso, quando i Balcani sono stato scossi da una **guerra** sanguinosa, che ha portato allo smembramento della Repubblica Federativa di Iugoslavia in cinque Stati autonomi: Slovenia, Croazia, Bosnia-Erzegovina, Macedonia e Repubblica Federale di Iugoslavia. Nel 2002 quest'ultima si è ulteriormente divisa in due Stati indipendenti: Serbia e Montenegro. Nel 2008 anche il Kosovo, una provincia del sud della Serbia, ha dichiarato la propria indipendenza. L'instabilità politica ha avuto come conseguenza il rallentamento dello sviluppo economico.

Oggi i Paesi balcanici sono **i più poveri d'Europa**, anche se diversi sono i segnali di crescita. Tra i problemi principali ci sono la disoccupazione, che raggiunge qui tassi molto elevati, la corruzione politica, la criminalità e le disuguaglianze sociali. La storia del territorio balcanico è sempre stata tormentata. Il fatto che i suoi confini naturali fossero facilmente superabili ha reso migliori i rapporti tra i Paesi balcanici e l'Europa del nord. Allo stesso tempo, la penisola è diventata nel corso della storia, un "ponte" tra i continenti asiatico, africano ed europeo; per questo, il territorio è stato occupato via via da popoli di **etnie, tradizioni, culture, lingue e religioni diverse**, la cui convivenza non è stata sempre facile.

Gli stati di questa regione sono numerosi: Slovenia, Serbia, Kosovo, Montenegro, Albania, Macedonia, Bulgaria, Grecia, Bosnia-Erzegovina e Croazia.

La **Slovenia** è un piccolo Stato (20 mila kmq) con un territorio montuoso, ricchissimo di grotte spettacolari a causa della natura calcarea delle rocce che le hanno erose dando luogo ai fenomeni chiamati Carsici. Dopo aver subito diverse invasioni da parte dei popoli vicini, nel XII secolo divenne parte dell'Impero austro-ungarico; successivamente, durante la Seconda Guerra Mondiale, il Paese fu invaso dai nazisti ed entrò a far parte della Repubblica Socialista Federale di Iugoslavia fino al 1991 quando ha conquistato l'indipendenza. Attualmente la Slovenia è una **repubblica parlamentare** che fa parte dell'Unione Europea dal 2004 e da pochi anni ha aderito all'Euro.

La popolazione si concentra nelle strette pianure della capitale, **Lubiana**, da sempre importante crocevia per le comunicazioni tra i Balcani e l'Europa centrale. La qualità di vita degli sloveni è più alta rispetto a quella dei cittadini delle altre repubbliche della ex Iugoslavia. Il settore primario è molto produttivo, nonostante ci siano pochi terreni coltivabili. Le industrie sono numerose e in crescita, anche grazie a numerosi e copiosi investimenti tedeschi e austriaci. Metà dell'energia è prodotta da un'unica centrale nucleare, quella di Krsko anche se ormai risulta obsoleta e priva dei requisiti di sicurezza richiesti dalle norme dell'Unione Europea. Di notevole importanza anche il settore terziario che vede come voce principale quella legata al turismo grazie alle stazioni sciistiche e ai centri sportivi invernali, ma anche a quelli termali.

La superficie della **Serbia** è stata ridotta a poco più di 77 mila kmq (meno di un terzo di quella italiana) dopo la secessione del Kosovo. A differenza di altri Paesi slavi, questo Stato ha risentito degli intensi rapporti con l'Impero bizantino, dal quale ha ereditato la religione ortodossa e l'alfabeto cirillico. La **repubblica di Serbia** è di fatto una federazione di due repubbliche autonome: la **Serbia** e la **Vojvodina**.

Dopo gli eventi drammatici che hanno segnato la sua storia recente e la lenta affermazione di un sistema politico pienamente democratico, la Serbia, nel 2012 ha ottenuto lo status di Paese candidato all'ingresso nell'Unione Europea.

La popolazione del Paese supera i 7 milioni di abitanti, ma è soggetta a un lento calo demografico: **Belgrado**, la capitale, conta poco più di 1.3 milioni di abitanti. Nel decennio di guerre, i bombardamenti della NATO durante la guerra in Kosovo e l'afflusso di numerosi profughi serbi delle repubbliche secessioniste di Croazia e del Kosovo hanno causato una grave crisi economica che ha messo in ginocchio l'intero Paese. Alla crisi ha contribuito l'isolamento internazionale, che a lungo ha bloccato i commerci e fatto mancare gli investimenti provenienti dell'estero, mentre le fabbriche, prive di tecnologie moderne, diventavano sempre meno produttive. Solo recentemente, con la nascita di un regime democratico riconosciuto, la Serbia ha avviato una ripresa economica. Nonostante i progressi, il tasso di disoccupazione è ancora alto. I numerosi emigrati all'estero contribuiscono in maniera significativa al rilancio del Paese, verso il quale inviano ingenti quantità di denaro ogni anno.

Il **Kosovo** è esteso all'incirca quanto la regione Abruzzo e la sua popolazione è composta per il 92% da albanesi. La città più popolosa è la capitale, Pristina. Dapprima Repubblica autonoma della Serbia, il Kosovo ha rivendicato la propria indipendenza a partire dal 1990. Nove anni più tardi ha iniziato un conflitto armato tra serbi e kosovari che ha portato all'intervento della NATO. Da allora il Kosovo è stato soggetto a un'amministrazione ONU. Nel febbraio **2008** il Paese ha proclamato la sua **indipendenza**, riconosciuta da molti Paesi europei, Italia compresa, ma non dall'ONU e dalla Serbia che contestano questa decisione.

Il **Montenegro** è uno stato giovanissimo ed è esteso meno di 14 mila kmq, all'incirca come la Campania. Dopo la disgregazione della ex Iugoslavia, il Montenegro è rimasto unito alla Serbia fino al 2006, quando un referendum ne ha sancito l'indipendenza, realizzata in modo pacifico. La popolazione, che si concentra lungo la costa e non nella capitale (Podgorica), è per metà composta da montenegrini, ma sono numerosi anche i serbi, i bosniaci e gli albanesi.

Con una superficie di circa 28000 kmq, l'**Albania** ha un'estensione pari a circa un decimo di quella italiana. La situazione economica dell'Albania è piuttosto **arretrata**, con circa il 40% della forza lavoro impiegata nell'attività primarie, nonostante il Paese sia povero di terreni agricoli. Solo il 15% dei prodotti agricoli viene destinato al commercio: si tratta, infatti, per la maggior parte di un'agricoltura di sussistenza. Nonostante il Paese disponga di risorse minerarie non trascurabili e di grande quantità di legname, le industrie si limitano a qualche azienda metallurgica, chimica, tessile e alimentare. Solo negli ultimi anni stanno cominciando a svilupparsi aziende moderne con investimenti esteri attratti dal basso costo del lavoro. L'Albania ha fatto parte prima dell'Impero romano, poi dell'Impero Bizantino e infine dal XV secolo fino al 1912, dell'Impero Turco. Nei quattro secoli di occupazione, il popolo albanese si convertì all'Islam nella sua quasi totalità. Ottenuta l'indipendenza, l'Albania venne sottoposta in epoca fascista al protettorato dell'Italia, per poi esservi annessa nel 1939. Dopo il 1945 in Albania si è formato un regime comunista molto rigido, che ha isolato il Paese dal resto d'Europa è che, una volta caduto, lo ha lasciato in condizioni economiche disastrose. Ciò ha avuto specchio in una massiccia **emigrazione** di albanesi in particolare verso l'Italia: l'Albania oggi, infatti, **conta meno di 3 milioni di abitanti**. La popolazione è composta in larga parte da albanesi di origine musulmana.

Due sole città superano i 100 mila abitanti: **Tirana**, la capitale, e Durazzo, affacciate sull'Adriatico.

La **Macedonia** ha una superficie di 25000 kmq, uguale a quella del Piemonte. Il regno macedone si costituì attorno al V secolo a. C. e il suo re più famoso, Alessandro Magno, conquistò un vastissimo impero, che in seguito fu dominato da romani e bizantini. Successivamente la Macedonia passò sotto il dominio dei Turchi finché, agli inizi del Novecento, fu divisa tra Bulgaria, Grecia e Iugoslavia. Con la dissoluzione della federazione Iugoslava, nel 1991, la Macedonia si dichiara indipendente.

Da alcuni anni il paese risulta **candidato** all'ingresso **nell'Unione europea**. La capitale, **Skopje**, è un centro commerciale e industriale. Già all'epoca iugoslava, la Macedonia era la repubblica più debole sul piano economico. Raggiunta l'indipendenza, il livello di sviluppo è rimasto modesto e la disoccupazione è cresciuta, obbligando molti lavoratori a emigrare all'estero.

Collocato sulla via che dall'Asia porta all'Europa, il territorio della **Bulgaria** è stato sottoposto a numerose dominazioni. Abitato all'epoca antica dai Traci, il Paese fu conquistato dai Macedoni, dai Romani e dai Bizantini, che vi introdussero la religione cristiana ortodossa. A partire dal XIV secolo la Bulgaria fu occupata dai Turchi che la annetterono all'Impero ottomano, di cui fece parte fino alla fine dell'Ottocento. Nel 1908 la Bulgaria ottenne l'indipendenza. Dopo la Seconda Guerra Mondiale, nel 1947, il Paese diventò una repubblica socialista. Per più di 40 anni Stato-satellite dell'URSS, tornò alla democrazia nel 1991, costituendosi nelle forme di una repubblica parlamentare.

Dal 2007 fa parte dell'Unione Europea. **Sofia**, la capitale, conta 1,2 milioni di abitanti ed è l'unica grande città del Paese. L'economia è in via di sviluppo a causa dell'avvento del socialismo, che, comunque, ha permesso un incremento del PIL pro capite.

Vasta quasi 132 mila kmq, poco meno della metà dell'Italia, la **Grecia** occupa l'estremità meridionale della Penisola balcanica. Dopo la caduta dell'Impero romano, la Grecia conobbe molte dominazioni: dapprima quella bizantina, poi quella turca, mentre le maggiori isole furono a lungo colonie veneziane. Il Paese raggiunse l'indipendenza del 1830. Invasa durante la Seconda guerra mondiale prima dagli italiani e poi dai tedeschi, la Grecia assunse le attuali frontiere solo nel 1947, con l'annessione del Dodecaneso. Più tardi, dal 1967 al 1974, conobbe un periodo di dittatura militare, al termine della quale il Paese abbandonò la monarchia per trasformarsi in repubblica parlamentare.

Dal 1981 la Grecia fa parte dell'Unione Europea, di cui ha adottato la moneta comune. La popolazione conta quasi 11 milioni di abitanti, distribuiti sul territorio in modo irregolare: solo ad **Atene**, la capitale, trovano domicilio 3 milioni di abitanti.

La Grecia è un Paese povero di risorse e il suo territorio soffre la mancanza di acqua; queste caratteristiche hanno reso l'economia greca fra le più deboli d'Europa. Negli anni Novanta e nei primi anni del 2000, la Grecia, anche grazie agli aiuti da parte dell'Unione Europea, ha sviluppato un'economia vivace e attiva, soprattutto nei campi del commercio, del turismo e della ricerca.

Questo periodo positivo è stato interrotto dalla **crisi economica** internazionale del 2008, di cui la Grecia ha risentito in modo particolare: il debito pubblico è salito alle stelle e il Paese era **rischio bancarotta**. L'intervento dell'Unione Europea ha salvato più volte la Grecia dal fallimento, ma anche imposto, nel corso degli anni, misure economiche e finanziarie così restrittive da provocare manifestazioni violente tra la popolazione. Il recente accordo con l'Unione europea e la ritrovata stabilità economica hanno consentito una piccola ripresa economica tutt'ora attiva sul territorio.

L'agricoltura cerca di ricavare il massimo dalle poche pianure, permettendo una buona produzione di olio, vino e altri prodotti tipici. Il settore industriale è debole, mentre il terziario è il settore più sviluppato grazie al commercio navale e al turismo.

Con una superficie di circa 51000 kmq (poco più del doppio del Piemonte), la **Bosnia-Erzegovina** comprende due regioni distinte: la **Bosnia**, nel nord del paese e l'**Erzegovina**, nel sud. Questo Stato conta più di 4 milioni di abitanti, in costante diminuzione. Già Repubblica federale della Iugoslavia, si dichiarò indipendente nel 1992. Ciò provocò lo scoppio di una sanguinosa guerra civile tra diversi gruppi etnico-religiosi presenti nel Paese: i bosniaci di religione musulmana, i croati cattolici e i serbi ortodossi; la guerra si concluse nel 1995, in seguito all'intervento dell'ONU e della NATO.

Da allora la Bosnia-Erzegovina è una **repubblica federale** con **tre presidenti**, uno per ogni gruppo etnico e religioso e con un parlamento centrale. **Sarajevo** è la capitale federale, nonché centro economico-industriale. La Bosnia-Erzegovina sta ancora pagando le conseguenze della guerra: nonostante oggi l'economia sia consolidata, il Paese dipende ancora fortemente dagli aiuti internazionali.

L'agricoltura è poco produttiva; migliori sono i proventi della pastorizia e dello sfruttamento del legname. Anche se di modeste dimensioni, nel Paese sono presenti industrie siderurgiche, metallurgiche, meccaniche, chimiche, tessili e alimentari, mentre fra i servizi dominano le attività bancarie, favorite dal forte flusso di capitali esteri.

La **Croazia**, con una superficie di circa 56 kmq, poco più del doppio della Sicilia, si affaccia sul mare Adriatico. Divenuto un regno autonomo attorno al Mille, la Croazia fu occupata dagli ungheresi, che conquistarono l'interno del paese, e dai veneziani, che si impossessarono della Dalmazia. Dopo un periodo di occupazione ottomana, il Paese entrò a far parte dell'Impero austro-ungarico fino al 1918, per poi confluire nel regno di Iugoslavia. Occupato da tedeschi e italiani durante la Seconda Guerra Mondiale, al termine del conflitto il Paese divenne una delle repubbliche socialiste della federazione Iugoslava, dalla quale si rese indipendente nel 1991. Tale scelta fu contrastata dai serbi, preoccupati per la forte minoranza serba presente sul territorio croato e solo dopo una sanguinosa guerra il Paese del 1995 ha ritrovato la pace.

Entrata nel 2013 nell'Unione europea, La Croazia è una repubblica parlamentare che conta più di 4 milioni di abitanti, un numero in calo costante sia per effetto di un forte flusso di emigrati sia per il crollo della natalità. **Zagabria**, capitale del Paese, sorge in una regione interna e vanta numerose industrie, fiorenti commerci e un discreto flusso turistico. Fortemente penalizzata sul piano economico del conflitto con la Serbia, la Croazia indipendente ha attuato profonde riforme economiche, basate sulla privatizzazione delle imprese e dei servizi e sul potenziamento degli scambi commerciali con l'Unione Europea.

Il Paese, nonostante grandi passi avanti fatti nell'ultimo ventennio, oggi sta vivendo un periodo di **crisi economica**. La disoccupazione risulta piuttosto elevata e spinge parte della popolazione a emigrare. L'agricoltura dispone di terreni fertili e viene praticata con tecniche agricole moderne e, in queste zone, è diffuso anche l'allevamento bovino e suino, mentre le foreste, che coprono un terzo del territorio, forniscono discreti quantitativi di legname. La Croazia ha sviluppato anche l'industria pesante ed è affiancata da alcune produzioni tradizionali nei settori meccanici, tessili e alimentari. Di notevole importanza sono i cantieri navali soprattutto dei porti di Fiume, Spalato e Pola.

Nei soli primi 8 mesi del 2017, il numero di **turisti** che hanno scelto la Croazia come meta delle proprie vacanze è stato di oltre 3 volte superiore a quello degli stessi abitanti: 15 milioni di accessi con un **incremento** del 14% rispetto allo stesso periodo dell'anno precedente.

TESI N.4

a. l'Italia
(1) fiumi e laghi
(2) l'industria: caratteristiche strutturali, tipologie, fattori di sviluppo e localizzazione;
relazioni ed effetti sull'ambiente
b. l'Europa
(1) aspetti economici e politici degli Stati e territori appartenenti alla Regione scandinava

a. l'Italia
(1) fiumi e laghi

I fiumi italiani sono circa 1.200, ma non particolarmente ricchi di acqua e quasi tutti brevi a causa della morfologia della Penisola. In base alla collocazione delle sorgenti e al regime di piovosità locale, i fiumi italiani possono essere divisi in:

Fiumi alpini: di origine glaciale, soggetti a piene sia nella stagione estiva che in quella invernale in quanto sono alimentati sia dalle precipitazioni che da nevai e ghiacciai;

Fiumi appenninici: generalmente hanno un carattere torrentizio, con piene invernali e magre estive – queste ultime accentuate prevalentemente nei fiumi dell'Appennino settentrionale – fatta eccezione per alcuni corsi d'acqua alimentati da sorgenti carsiche, come l'Aterno-Pescara, il Sele, il Volturno, il Liri-Garigliano, il Velino, il Nera e l'Aniene. Sono fiumi generalmente brevi, ad eccezione del Reno che supera i 200 km e ciò è dovuto alla vicinanza tra l'Appennino e la foce.

Fiumi Sardi e Siciliani caratterizzati da un carattere torrentizio, ad eccezione di Tirso, Flumendosa e del Simeto.

In base alla foce, invece, si distinguono tre versanti fluviali:

Versante Adriatico o Orientale
Versante ionico
Versante tirrenico

Sfociano nell'Adriatico il *Po*, i *fiumi defluenti dalle Alpi Orientali*, con i relativi affluenti, che costituiscono il sistema idrografico padano-veneto e i *fiumi che scendono dal versante orientale degli Appennini* nella zona compresa tra la Romagna e la Puglia.

Il **Po** è il fiume più lungo d'Italia; nasce dal Monviso e sfocia a delta tra le province di Rovigo e Ferrara. È lungo 652 km, drena un bacino di circa 75 000 kmq, ha una larghezza massima di 800 metri e una profondità media tra 2 e 4 metri fino alla confluenza con il Ticino, dopodiché raggiunge anche picchi di 9-10 metri. A 35 km dalla foce si stacca il primo ramo del suo delta, il Po di Volano, e a seguire si aprono gli altri 5 canali in cui si sviluppa il delta: Po di Maestra, Po di Pila, Po di Tolle, Po di Gnocca e Po di Goro.

Attraversa sette regioni quali Piemonte, Valle d'Aosta, Lombardia, Liguria, Veneto, Emilia-Romagna e Toscana e bagna Torino, Casale Monferrato, Piacenza e Cremona. Il suo bacino idrografico raccoglie le acque di oltre 140 affluenti, divisi tra affluenti di destra e di sinistra. Gli affluenti di sinistra sono Pellice, Dora Baltea – che nasce dal monte Bianco –, Dora Riparia – che nasce dal Monginevro in Francia – Orco, Sesia, Stura di Lanzo, Ticino – che è immissario ed emissario del Lago Maggiore –, Adda, Oglio, Mincio, Lambro e l'Olona. Gli affluenti di destra, invece, sono Scrivia, Curone, Trebbia, Taro, Secchia e Panaro.

Formano, invece, il **sistema idrografico padano-veneto**: l'Adige, che con 410 km è il secondo fiume più lungo d'Italia; nasce dai laghetti del Passo di Resia, tocca le città di Merano, Bolzano, Rovereto, Trento, Verona e Legnano e sfocia a sud di Chioggia; il Brenta; il Piave, che nasce dal monte Peralba; il Tagliamento, l'Isonzo e la Livenza.

Tra i fiumi che scendono dal versante orientale degli Appennini, i principali sono: il Reno, che sfocia tra Ravenna e le Valli di Comacchio; il Lamone; il Savio, che nasce da vari rami presso il monte Fumaiolo; il Metauro, il principale fiume delle Marche, alimentato dal Meta e dall'Auro che scendono dalla Bocca Trabaria e dalla Bocca Serriola; il Cesano, che segna il confine tra le province di Pesaro e Urbino e Ancona; il Chienti che sfocia presso Civitanova Marche; il Tronto, che è il secondo fiume delle Marche; il Vomano, che nasce sul versante aquilano del Gran Sasso e sfocia in prossimità di Roseto degli Abruzzi; l'Aterno-Pescara che è il principale fiume dell'Abruzzo; il Sangro, secondo fiume d'Abruzzo; il Biferno in Moline; il Fortore che segna il confine tra Molise e Puglia e l'Ofanto, principale fiume della Puglia.

I principali fiumi del versante ionico sono il Basento, che è il fiume più lungo della Basilicata; l'Agri che nasce dal m. Volturnino e scende nel Golfo di Taranto; il Sinni; il Crati e il Neto che sono rispettivamente il primo e il secondo fiume della Calabria.

I fiumi del versante tirrenico convenzionalmente vengono raggruppati tra *quelli del versante ligure e nord tirreno e quelli del sud tirreno*. I primi sono generalmente caratterizzati da un regime torrentizio con accentuate magre estive. I principali fiumi sono Magra, Roia e Arroscia in Liguria; in Toscana, invece, abbiamo: l'Arno, che è il più lungo della regione, nasce dal monte Falterona, bagna Firenze e Pisa e sfocia a Marina di Pisa; il Serchio; Cecina; Bruna e Ombrone. Nel Lazio abbiamo il Tevere, che con un corso di 405 km è il terzo fiume più lungo d'Italia; nasce poco distante dal Monte Fumaiolo e il suo corso attraversa 4 regioni italiane (Emilia-Romagna, Toscana, Umbria e Lazio): in Umbria riceve le acque del Chiascio, del Puglia e del Nestore, e presso Orte, del Nera, a sua volta alimentato dal Velino (il punto in cui si getta nel Nera costituisce la Cascata delle Marmore); infine, prima di giungere a Roma accoglie da destra il Treja e da sinistra l'Aniene. Sfocia nel Tirreno dividendosi nei due rami di Ostia e Fiumicino che racchiudono l'Isola Sacra. Sempre nel Lazio abbiamo il Liri-Garigliano. In Campania abbiamo il Volturno e il Sele.

Tra i fiumi insulari abbiamo in Sicilia l'Imera Meridionale, che è il più lungo dell'Isola e sfocia nel Mediterraneo all'altezza di Licata, il Simeto, il Belice, che sfocia nei pressi di Selinunte, l'Alcantara e il Gela. In Sardegna, invece, troviamo il Coghinas, il Riu Mannu, il Flumini Mannu, il Tirso e il Flumendosa.

Per quanto riguarda i **laghi,** possiamo dire che questi sono bacini d'acqua dolce alimentati da uno o più fiumi o da sorgenti sotterranee. I fiumi che vi entrano prendono il nome di **immissari**, quelli che ne escono e proseguono verso il mare prendono il nome di **emissari**. I maggiori laghi italiani si trovano nella fascia prealpina e nella zona appenninica fra Umbria e Lazio. In base alla loro origine, si distinguono:

quelli di **origine glaciale** sono i più comuni, generati dall'azione dei ghiacci che hanno scavato e modellato il territorio creando ampie conche poco profonde che nel tempo sono state riempite dall'acqua. I laghi di origine glaciale possono essere, a loro volta, di circo o vallivi: i primi sono laghi che occupano la zona più a monte di un antico bacino glaciale, mentre i vallivi sono formati nella parte terminale di valli glaciali e, di norma, sono più ampi. Sono laghi alpini, il Lago Verde, sul Monte Rosa, il Lago Azzurro, nelle Alpi Atesine, e il Lago di Misurina nelle Dolomiti. Sono, invece, laghi prealpini il Lago d'Orta, Maggiore, di Lugano, di Como, d'Iseo e di Garda.

I **laghi di origine vulcanica**, formati per riempimento da parte di acque meteoriche o sorgive di bocche di vulcani spenti; i principali si trovano nel centro-Italia.

Laghi di origine tettonica formati da masse d'acqua che occupano depressioni formate dai movimenti della crosta terreste; in Italia il più grande di origine tettonica è il Trasimeno.

Vi sono inoltre i **laghi di sbarramento** che nascono quando i fiumi incontrano durante il percorso un ostacolo, sia di origine naturale come una frana, sia artificiale, come una diga. I laghi di frana, sbarramento lavico e morenico sono in numero esiguo sul territorio italiano; i principali sono il Lago di Alleghe in Veneto, il lago di Scanno in Abruzzo, il lago di Viverone in Piemonte e il Lago di Serra in Sicilia. Hanno, invece, un'origine artificiale il Lago di Campotosto in Abruzzo, il Lago di Santa Giustina in Trentino, il Lago del Salto e del Turano nel Lazio, realizzati per l'alimentazione di centrali idroelettriche.

I **laghi costieri**, infine, si formano per azione delle correnti marine che, con il tempo, creano dei cordoni di sabbia che separano dal mare gli specchi d'acqua; i principali sono quelli di Lesina e Varano in Puglia.

Il lago italiano più vasto è il **lago di Garda** (o Benaco) che, con una superficie di circa 370 km2 e una profondità massima di 346 metri, rappresenta una cerniera fra tre regioni: Lombardia (provincia di Brescia), Veneto (provincia di Verona) e Trentino-Alto Adige (provincia di Trento). Il lago di Garda è di origine glaciale e conta 25 immissari, fra i quali il fiume Sarca come anche l'Aril, il fiume più breve del mondo, lungo 175 metri. L'unico

170

emissario invece è il fiume Mincio. Questo lago è uno dei più estesi anche a livello dell'Europa centrale, è il terzo per superficie nella regione alpina, dopo i laghi di Ginevra e di Costanza anche se è oltre la ventesima posizione se si prende in considerazione l'intero continente.

Al secondo posto per estensione si colloca il **lago Maggiore** con una superficie complessiva di 212 km2. È di origine fluvioglaciale, e le sue rive sono condivise tra Svizzera e Italia, con le province di Verbano-Cusio-Ossola, Novara, Varese. Il lago più profondo del nostro territorio è il **lago di Como**, situato interamente in Lombardia con una superficie di 146 km2 (terzo lago per superficie) e una profondità massima di 425 m.

Nell'Italia centrale e meridionale i laghi sono molto più piccoli: il più ampio è il **lago Trasimeno**, in Umbria, la cui profondità tuttavia non supera i 5 – 6 metri. È di origine sia alluvionale che tettonica. Noti sono, inoltre, i laghi di **Bolsena**, **Vico** e **Bracciano** che appartengono alla regione Lazio e sono di origine vulcanica. Il primo rappresenta il bacino vulcanico più esteso d'Europa e l'ultimo era originariamente chiamato anche Lago Sabatino.

a. l'Italia
(2) l'industria: caratteristiche strutturali, tipologie, fattori di sviluppo e localizzazione; relazioni ed effetti sull'ambiente

L'industria, in Italia, impiega oltre il 26% della forza lavoro, con una polarizzazione della struttura dimensionale con piccole e medie imprese, che costituiscono la maggioranza, da un lato, e poche grandi imprese dall'altro. La stessa polarizzazione riguarda la localizzazione, con una **presenza maggiore di industrie nelle regioni del Nord**, dove gli addetti costituiscono più del 60% degli occupati. L'Italia è giunta all'industrializzazione relativamente tardi rispetto ad altri Paesi come Regno Unito e Francia: al momento dell'Unificazione, infatti, l'industria era ancora allo stadio artigianale e ciò era dovuto principalmente alla scarsezza dei capitali e alla ristrettezza del mercato.

Uno slancio verso l'**industrializzazione** si è registrato **dal 1881**. Nell'ultimo ventennio dell'"800 si assiste allo sviluppo del settore siderurgico con le Acciaierie e Fonderie Terni e la Società Elba, a cui si aggiunge nel 1907 l'Ilva; sempre nello stesso periodo nel settore chimico viene fondata la Montecatini e nell'ambito dell'industria automobilistica la FIAT, a cui dal 1907 si aggiungono Alfa, Lancia e Bianchi. Il periodo fascista è caratterizzato da un ulteriore aumento dell'industrializzazione, fatta salva la crisi del '29 a cui lo Stato risponde con la creazione dell'IRI a cui sono avocate tutte le azioni delle imprese detenute dalle banche.

Nell'immediato dopoguerra, dopo un primo periodo di ricostruzione, anche grazie al Piano Marshall e alla costituzione della CEE si sono gettate le basi per quello che viene definito il "miracolo economico", un periodo in cui la produzione industriale viaggiava al 10 % di incremento annuo a fronte di un mercato dei consumi che cresceva del 7% e che, quindi, permetteva di esportare il surplus che ne scaturiva. L'Italia diventa a tutti gli effetti un Paese industrializzato e contestualmente, a livello territoriale, si assiste ad una intensa e rapida urbanizzazione con lo spostamento di massa verso il **triangolo industriale** di Genova, Milano e Torino. In questo periodo si affermano quelle che fino ad allora erano state medie imprese, quali Candy, Merloni, Zanussi, Barilla, Buitoni e nascono società statali controllate dall'IRI, rafforzando la posizione dello stato imprenditore con Finmeccanica, Finelettrica, Fincantieri ed Eni.

A metà degli anni Settanta il mercato si satura, diventa necessaria una continua innovazione tecnologica ed entra sul mercato la concorrenza giapponese.

Gli **anni Novanta**, invece, sono contrassegnati da due processi: il primo riguardante la trasformazione del tessuto industriale con la **frammentazione delle grandi industrie** e il rafforzamento di **distretti industriali** (agglomerati di imprese specializzate in una o più fasi del processo produttivo); il secondo legato, invece, **all'introduzione di internet** e all'avvio della **globalizzazione**.

Negli anni duemila, l'industria italiana, che già soffriva di problemi strutturali, è risultata incapace di far fronte alle domande della new economy (centrata sull'informazione e sui settori informatici) e il suo peso sull'economia interna si è ulteriormente contratto dopo la crisi finanziaria del 2007, anche a seguito della quale molte aziende hanno optato per la delocalizzazione. Dal 2016, con il **Piano Impresa 4.0** è stato formalizzato l'ingresso dell'Italia nell'era dell'industria 4.0, caratterizzata dalla tendenza all'automazione e che rappresenta la somma dei progressi in intelligenza artificiale, robotica, internet delle cose, stampa 3D e ingegneria genetica. Molti studi stanno provando a descrivere gli effetti dell'**industria 4.0** prevedendo quali saranno le nuove professioni e come cambierà il mondo del lavoro: le professioni più ricercate saranno quelle del problem solving e quelle legate allo smart manufacturing, quali analisti del business digitale, esperti di cybersecurity, hardware engineer e sviluppatori. Inoltre, nonostante gli effetti della pandemia sul settore delle esportazioni, per il 2021 e il primo trimestre del 2022 si è rivelata in crescita l'esportazione di prodotti **Made in Italy**, nei settori della moda, agroalimentare e del mobile.

Il rilancio dell'industria italiana, inoltre, è pensato nell'ottica della **Transizione 4.0**, con cui si intende stimolare le industrie non solo ad una transizione digitale ma anche verso la **sostenibilità ambientale**. Ulteriore importante strumento per il rilancio dell'industria italiana è rappresentato dal **PNRR**, volto a finanziare interventi di digitalizzazione e innovazione, transizione ecologia e inclusione sociale.

Per ottenere un quadro preciso del tasso di industrializzazione italiano dobbiamo distinguere tre zone produttive:

Il *nord-ovest*, che comprende il Piemonte, la Valle d'Aosta, la Lombardia e la Liguria. La struttura portante della sua industria è costituita dalla **grande impresa pubblica e privata**, operante in settori fondamentali quali il metalmeccanico, l'elettromeccanico, la chimica e la lavorazione delle gomme. Il tessuto industriale di Torino è fortemente condizionato dalla presenza della FCA, mentre quello di Milano è più differenziato e complesso, con imprese quali Edison, Pirelli, Magneti Marelli e IBM. Genova è specializzata nella cantieristica nautica, mentre Brescia è un polo metallurgico e metalmeccanico importante;

Il *centro-nord-est*, basato più sulla **piccola e media impresa** operante nei settori tessile, alimentare, di abbigliamento, calzature e mobili;

Il **Meridione**, che comprende le regioni a sud dell'Abruzzo, ha avuto **notevoli carenze nello sviluppo industriale**; ospita comunque stabilimenti importanti quali l'FCA a San Nicola di Melfi, la Sevel, joint-venture Fiat-Peugeot, ad Atessa e l'acciaieria ILVA a Taranto, quest'ultima al centro di importanti vicende giudiziarie a partire dal 2012 per getto e sversamento di sostanze pericolose e inquinamento atmosferico.

Infine, per quanto riguarda **l'incidenza sull'ambiente**, l'industria è **responsabile** di oltre la metà delle **emissioni** totali di inquinanti atmosferici e di gas climalteranti, nonché di altri importanti impatti ambientali, tra cui il rilascio di inquinanti nell'acqua e nel suolo, la produzione di rifiuti e il consumo energetico. Secondo le stime prodotte dall'EEA (Agenzia Europea dell'Ambiente), sul territorio italiano si trovano **13 dei 200 siti più inquinanti d'Europa**, tra cui la centrale termoelettrica Torrevaldaliga di Civitavecchia, che nel 2018 ha prodotto 8,1 mln di tonnellate di CO_2, la centrale termoelettrica a carbone Federico II di Cerano, in provincia di Brindisi, le Raffinerie Sarde Saras in provincia di Cagliari, il polo petrolchimico di Gela e l'ILVA di Taranto. Altro esempio di inquinamento ambientale riguarda la Solvay di Rosignano marittimo, che da oltre un secolo rilascia in mare carbonato di sodio. Le stime, inoltre, dimostrano che l'industria tessile è responsabile di circa il 20% dell'inquinamento dell'acqua a causa dei vari processi a cui i tessuti vanno incontro, e che il lavaggio di indumenti sintetici rappresenta il 35% del rilascio di microplastiche primarie nell'ambiente.

Un dato rassicurante è che nell'ultimo decennio si è registrato un calo significativo delle emissioni di metalli pesanti reso possibile grazie all'introduzione obbligatoria di sistemi di filtrazione degli scarichi industriali.

b. l'Europa
(1) aspetti economici e politici degli Stati e territori appartenenti alla Regione Scandinava

La regione scandinava si sviluppa attorno al Mar Baltico ad eccezione della Norvegia che si affaccia sull'Oceano Atlantico. Questa regione coincide con la Penisola Scandinava, territorio prevalentemente montuoso e che presenta al suo interno tre stati: **Norvegia**, **Svezia** e **Finlandia**. Queste zone anticamente erano popolate da **vichinghi**, grandi esploratori che probabilmente raggiunsero le coste americane 500 anni prima di Cristoforo Colombo. Legati da intensi rapporti politici e commerciali anche nei secoli successivi, questi Paesi hanno sviluppato un'economia avanzata e oggi presentano un livello di vita tra i più elevati in Europa.

Nello specifico:
La **Svezia** è la nazione più vasta della regione scandinava: si estende infatti per circa 1500

km sul versante orientale della penisola. La presenza di diversi popoli di origine germanica, tra cui Goti e **vichinghi sviari** (da qui il nome Svezia), è già attestata in Svezia nei primi secoli dopo Cristo. Nel IX secolo il Paese, prima diviso in numerosi regni indipendenti, venne unificato nel regno di Uppsala. Nel 1952 **Stoccolma** venne scelta come capitale. Nel 1997, la Svezia insieme alla Norvegia, fu unita alla Danimarca. Nei secoli successivi estese i suoi domini su diversi Paesi baltici, diventando la Maggiore Potenza dell'Europa settentrionale. La politica neutrale mantenuta per ognuno dei due conflitti mondiali permise alla Svezia di concentrarsi sulle questioni interne, favorendo lo sviluppo sociale ed economico del Paese. Oggi è una **monarchia costituzionale** e il potere legislativo è affidato al parlamento: il **Riksdag**. Fa parte dell'Unione Europea dal primo gennaio 1995 pur avendo conservato la propria moneta, la corona svedese.

Lo sviluppo economico svedese ha avuto inizio dopo la metà dell'800, favorito dall'abbondanza di **risorse minerarie** e della **politica di neutralità** mantenuta nelle due guerre mondiali, come già detto in precedenza. L'agricoltura è praticata solo sul 6,4% del territorio; la risorsa più importante risulta infatti quella boschiva che copre il 69% della superficie del Paese. L'allevamento di animali da cortile, suini e bovini contribuisce per due terzi al valore di tutto il settore primario. La principale ricchezza del sottosuolo è rappresentata dal ferro, che si ricava specialmente dai giacimenti di Kiruna e Gallivare, in Lapponia. Le industrie più attive sono quelle dell'alta tecnologia, meccaniche, chimiche, farmaceutiche, elettroniche, aeronautiche e delle telecomunicazioni. Di più antica tradizione sono i settori del legnatico, alimentare e conserviero. Nel terziario i comparti più redditizi sono il commercio e le attività finanziarie e assicurative. Il turismo internazionale fa registrare oltre 5 milioni e mezzo di ingressi provenienti specialmente da Norvegia, Finlandia e Germania.

La **Norvegia**, il Paese dei fiordi, è formata dal versante occidentale della penisola scandinava e da numerosissime isole. Nell'antichità la Norvegia fu terra dei **vichinghi**, di origine germanica, mentre lapponi e finnici, originari dell'Europa settentrionale, si insediarono nell'estremo nord. I vichinghi, abili navigatori, si spinsero dalle isole britanniche, verso l'Artico, in Russia e nell'area mediterranea. Verso la fine del IX secolo il re vichingo Harald Harfagre unì i piccoli stati feudali che componevano il Paese in un regno unitario e lo stesso fu cristianizzato. Nel 1397, con l'Unione di Kalmar, la Norvegia entrò a far parte di un unico stato con la Danimarca e la Svezia. In seguito, subì il dominio danese: in questo periodo fu imposta la religione luterana. Nel 1814 fu ceduta alla Svezia e nel 1905 la Norvegia divenne un **regno indipendente**. Nel 1940 fu invasa dalle truppe tedesche, nonostante la proclamazione di neutralità. Attualmente lo Stato è retto da una monarchia costituzionale. Nel 1972 e nel 1994, con un referendum popolare, la Norvegia ha deciso di non aderire all'Unione Europea; ha sottoscritto però la **convenzione di Schengen** (trattato internazionale che regola l'apertura delle frontiere tra i paesi firmatari). La capitale è **Oslo.** La Norvegia è al primo posto nella graduatoria mondiale dell'Indice di Sviluppo Umano (**ISU**) grazie alla sua economia avanzata e in crescita. Il territorio è inadatto all'agricoltura e, nonostante l'uso di tecniche moderne, la produzione non soddisfa il fabbisogno interno. Buone sono le risorse forestali che alimentano l'**industria** della cellulosa e della carta. La **pesca** è una risorsa fondamentale per la Norvegia, che si colloca come secondo Paese europeo dopo la Russia per quantità di pescato. Lo sviluppo industriale è stato favorito dall'abbondanza di **energia**, prodotta sia grazie ai numerosi fiumi, sia con il petrolio e il metano scoperti nel Mare del Nord e dalla presenza nel sottosuolo di minerali come ferro, rame, nichel e zinco. Del terziario sono importanti le **attività commerciali, finanziarie e il turismo**. Significativo è inoltre il reddito ricavato **dall'affitto delle navi mercantili** ad altri Paesi. Le comunicazioni stradali e ferroviarie e i collegamenti aerei sono efficienti, ma i trasporti marittimi restano i più importanti.

Paese di collegamento tra la Penisola scandinava e l'Europa orientale, la **Finlandia** si estende al di sopra del Circolo Polare Artico per un terzo del suo territorio, corrispondente alla regione della **Lapponia**. Anticamente questo Stato era abitato dai Lapponi e nel I secolo d.C. subì l'invasione dei Finni, provenienti dalla Russia (da qui il nome Finlandia). Nel XII secolo fu conquistata dagli svedesi, che v'introdussero il cristianesimo. Restò sotto il dominio svedese fino al 1809, quando, in seguito alle guerre tra Svezia e Russia, fu ceduta allo zar Alessandro I, che la trasformò in un granducato. Pur facendo parte dell'Impero russo, godette di **autonomia legislativa**. Nel 1917, la Finlandia si proclamò repubblica indipendente. Alleata della Germania della Seconda Guerra Mondiale, al termine del conflitto fu costretta a cedere parte dei propri territori all'URSS, tra cui lo sbocco sul Mare di Barents.
La Finlandia fa parte dell'Unione Europea dal 1995 e ha adottato l'Euro come propria valuta. Ad **Helsinski**, la capitale, si concentra oltre un quarto della popolazione del Paese, che conta in totale poco più di 5 milioni e mezzo di unità. La capitale sorge sul Golfo di Finlandia, su una penisola e diverse isole collegate da ponti e traghetti; il suo porto, uno dei principali sul Baltico, è aperto anche in inverno.
Il Paese ha conosciuto un rapido sviluppo a partire dal secondo dopoguerra. Oggi la sua economia è basata prevalentemente sul settore terziario. Il tasso di disoccupazione rimane però abbastanza alto. La limitata estensione delle aree coltivabili e il clima rigido ostacolano l'attività agricola che tuttavia, grazie alle tecniche avanzate, ha un buon rendimento. L'allevamento principale è quello di bovini e suini, ma vengono allevate anche renne, soprattutto in Lapponia. La vera ricchezza del settore primario è costituita dalle **foreste**: per produzione di legname la Finlandia è il 18° Paese nel mondo; il legno più pregiato è il *kelo*: si ricava da pini secolari, seccati prima di essere abbattuti e diventati compatti e impermeabili al gelo. Le principali risorse minerarie sono ferro, rame e talco. La produzione di energia è garantita da centrali idroelettriche e nucleari; queste ultime coprono quasi un terzo del fabbisogno del Paese. Questo Paese ha intensi **scambi commerciali** con la Germania, Svezia e Stati Uniti e anche il turismo è in crescita, mentre le comunicazioni sono ostacolate dai mesi di gelo invernali.

TESI N.5

a. l'Italia
(1) le pianure
(2) l'attività estrattiva: caratteristiche strutturali, tipologie, fattori di sviluppo e localizzazione in rapporto alle condizioni climatiche e ai mercati; relazioni ed effetti sull'ambiente e sulla politica energetica
b. l'Europa
(1) aspetti economici e politici degli Stati e territori appartenenti al Regno Unito ed all'Irlanda

a. l'Italia
(1) le pianure

Le pianure occupano il 23% del territorio italiano con un'estensione di 66.000 kmq, di cui circa

sono costituiti dalla Pianura Padana. In base all'origine, si distinguono:

Pianure da sollevamento, quali il *Tavoliere delle Puglie* e la *Pianura Salentina*, formate dal sollevamento dei fondali marini a causa dei movimenti della crosta terrestre. Il Tavoliere delle Puglie, anche detto Tavoliere di Foggia, è delimitato dal Subappennino da un lato e dal Gargano e dal Golfo di Manfredonia dall'altro. I corsi d'acqua che lo attraversano, tra cui Ofanto e Carapelle, presentano un regime irregolare tanto da determinare l'aridità del territorio circostante. La Pianura Salentina, invece, anche denominata Tavoliere di Lecce o Piana Messapica, è un bassopiano delimitato a Nord dalle Murge e a Sud dalle Serre Salentine;

Pianure tettoniche, formatesi a seguito dello sprofondamento del terreno, sempre a seguito dei movimenti della crosta terreste. Un esempio è il *Campidano*, compresa tra il Golfo di Oristano e quello di Cagliari;

Pianure vulcaniche generate dal depositarsi di lava e ceneri. È una pianura vulcanica la *Pianura Campana*, nata dalle eruzioni del Vesuvio; questa si estende dal fiume Garigliano al Sarno e dal Tirreno all'Appennino campano e comprende le province di Napoli, Salerno e Caserta.

Pianure alluvionali che hanno origine dall'accumulo di detriti e sedimenti trasportati a valle dai corsi d'acqua a seguito dell'erosione di monti e ghiacciai e sono le più numerose sul territorio italiano. È di origine alluvionale la *Pianura Padana* che, come detto in precedenza, costituisce da sola il 70% del territorio pianeggiante italiano: questa si estende dal versante meridionale delle Alpi a quello settentrionale degli Appennini ed è compresa principalmente nel bacino idrografico del Po. Comprende parte delle regioni di Piemonte, Lombardi, Emilia-Romagna e Veneto. Stando alla composizione del territorio, la Pianura Padana può essere distinta tra alta e bassa pianura, la prima caratterizzata da un terreno sassoso e grossolano molto permeabile, la seconda, invece, non supera mai i cento metri sul livello del mare e presenta un terreno molto meno permeabile, costituito per lo più da argilla e sabbia.

Può essere pensata come un prolungamento della Pianura Padana la *Pianura Veneto-Friulana* che si estende dall'Adige al Golfo di Trieste.

Sono di **origine alluvionale** anche:

la *Piana di Albenga* che ha una superficie di 45 kmq ed è la più estesa della Liguria;
la *Pianura percorsa dall'Arno* che si divide in Valdarno Superiore e Valdarno Inferiore che occupano rispettivamente i territori che vanno da Arezzo a Firenze e da Montelupo a Pisa. La parte terminale del Valdarno comprendente i comuni di Pisa e Cascina prende il nome di Piana di Pisa ed è stata formata dai detriti trasportati dall'Arno e dal Serchio;
la *Pianura della Maremma,* che si divide in Maremma Pisana, Maremma Grossetana e Maremma Laziale;
la *Campagna romana* un tempo occupata dal Tirreno e poi riempita dai detriti trasportati dal Tevere;
la *Pianura Pontina* o *Agro pontino* delimitata a Ovest e a Sud dal Tirreno, ad Est dai monti Lepini ed Ausoni e a Nord dal fiume Astura e dai Colli Albani;
l'*Agro nocerino sarnense* nella valle del fiume Sarno, mentre ricade interamente nella provincia di Salerno la *Piana del Sele;*
la *Valle d'Itria* tra le province di Bari, Brindisi e Taranto;
la *Piana di Metaponto* in Basilicata;
la *Piana di Sibari* tra il Massiccio del Pollino e quello della Sila costituisce la più grande pianura calabra, seguita dalla *Piana di Gioia Tauro* e dalla *Piana di Sant'Eufemia;*
la *Piana di Catania*, tra le pendici meridionali dell'Etna e i monti Erei e Iblei, è la più estesa delle pianure siciliane, seguita dalla *Piana di Gela* e dalla *Conca d'Oro* su cui sorge Palermo;
la *Nurra* in Sardegna, interamente inclusa nella provincia di Sassari, delimitata dal Golfo dell'Asinara a Nord, dal Mar di Sardegna a Ovest, dal Riu Mannu a Est e dai rilievi del Logudoro a Sud.

a. l'Italia
(2) l'attività estrattiva: caratteristiche strutturali, tipologie, fattori di sviluppo e localizzazione in rapporto alle condizioni climatiche e ai mercati; relazioni ed effetti sull'ambiente e sulla politica energetica

La legislazione italiana distingue l'attività estrattiva, a seconda del tipo di materiale interessato, in:

Attività estrattiva da cava, quando riguarda il prelievo di materiali da costruzione edile, stradale e idraulica, terre coloranti, farine fossili, quarzo e pietre molari. I materiali da cava più tipici nella realtà italiana sono sabbia e ghiaia per la fabbricazione del calcestruzzo, argilla per mattoni e laterizi, calcare per la realizzazione del cemento, silice per l'industria vetraria e ceramica e pietra da costruzione come marmi, graniti e travertino. In base alla modalità di estrazione, una cava può essere a cielo aperto – che è quella più diffusa –, in sotterraneo – utilizzata, ad esempio, per il marmo di Carrara – e a fossa. Stando ai dati forniti da Legambiente a fine 2021, il numero di cave attive in Italia è di 4.168, in calo rispetto al censimento effettuato nel 2017 e ridotte del 37% rispetto al 2007, localizzate principalmente in Sicilia, Veneto, Puglia, Lombardia, Piemonte e Sardegna; mentre i Comuni con almeno una cava autorizzata costituiscono il 21,1% del totale dei Comuni italiani. L'estrazione da cava rappresenta il 92% dell'intera attività estrattiva. Le funzioni amministrative relative all'attività di cava sono state demandate alle Regioni con DPR 616/77. L'attività estrattiva da cava è fortemente connessa al settore edilizio, tanto che la sua notevole contrazione è da collegare proprio alla crisi di quest'ultimo.

Attività estrattiva da miniera, quando riguarda il prelievo di minerali utilizzabili per l'estrazione di metalli, grafite, combustibili solidi, liquidi e gassosi, fosfati, bauxite, pietre preziose, sostanze radioattive, acque minerali e termali. Lo sfruttamento del giacimento minerario può avvenire a cielo aperto o in sotterraneo. Secondo i dati ISTAT, le miniere attive ammontano a 71, con una concentrazione prevalente in Sicilia e Sardegna, a cui fanno seguito Piemonte, Lombardia, Toscana e Valle d'Aosta. Tra le miniere italiane più grandi e più importanti vi sono la miniera di ferro dell'Isola d'Elba, la Sulcis-Iglesiente in Sardegna e quella di argento, piombo e molibdeno di Bivongi (RC). Diversamente dalle cave, le funzioni amministrative relative all'attività di miniera sono rimaste allo Stato.

Per quanto riguarda, invece, le **estrazioni di combustibili fossili**, quali carbone, gas e petrolio, l'Italia riesce a soddisfare il fabbisogno nazionale soltanto per il **5%**. L'ultima miniera di carbone, quella del Sulcis-Iglesiente, ha cessato l'attività estrattiva il 31 dicembre 2018; per quanto riguarda il gas, attualmente, secondo le cifre riferite dal Ministero dello Sviluppo Economico in Italia si estrae circa il 4% del consumo complessivo, con i principali siti estrattivi in Basilicata, Sicilia, Emilia-Romagna e Molise. Infine, le estrazioni di petrolio riescono a soddisfare solamente il 7% del fabbisogno interno con i pozzi principali in Sicilia – dove abbiamo i giacimenti di Ragusa, Gela e Gagliano Castelferrato – nella provincia di Crotone, in Val d'Agri in Basilicata e presso Porto Orsini in provincia di Ravenna; sono, invece, esauriti i giacimenti di Trecate in Lombardia e di Cortemaggiore in provincia di Piacenza.

Questo settore produttivo **incide** in maniera considerevole sull'**ambiente**: ha, infatti, il potenziale di avere **effetti disastrosi**, tra cui la perdita della biodiversità, l'erosione, la contaminazione delle acque superficiali, delle acque sotterranee e del suolo. Tutti i metodi di estrazione influenzano la qualità dell'aria, dal momento che vengono immessi nell'atmosfera gas climalteranti e particelle tossiche, quali piombo cadmio e arsenico. L'estrazione, inoltre, può causare la distruzione fisica del territorio circostante con il deterioramento di flora e fauna e la contaminazione delle acque sia superficiali che sotterranee con sostanze chimiche quali mercurio, arsenico e acido solforico. Ulteriori problematiche ambientali riguardano lo **smaltimento dei rifiuti** provenienti da attività estrattiva e la bonifica delle miniere/cave al termine dell'attività.

Infine, per quanto riguarda carbone, gas e petrolio, oltre al fatto di essere altamente inquinanti, va considerata l'**esauribilità**. L'industria estrattiva, tenuto conto del **Piano di Transizione** e degli obiettivi dell'**Agenda 2030** di cui l'Italia è firmataria, è destinata ad una notevole contrazione: il Piano per la Transizione ecologica, ad esempio, prevede che la generazione di energia elettrica dovrà dismettere l'uso del carbone entro il 2025 e provenire nel 2030 per il 72% da fonti rinnovabili, quali l'eolico, la biomassa, il fotovoltaico e così via. Quanto si legge dai rapporti di settore 2022, è che l'unica prospettiva di sviluppo sostenibile per l'industria estrattiva è rappresentato dalla transizione verso **un'economia circolare**, basata sul riutilizzo e sul riciclo. L'impegno europeo verso la transizione green e l'industria circolare, oltre che dall'obiettivo di invertire la rotta delle tendenze agli ecocidi, è stata accentuata dalla crisi energetica scaturita dal conflitto russo-ucraino, a seguito del quale il petrolio europeo ha superato i 100 dollari al barile e il prezzo del gas ha subito un rialzo del 58%, cifre allarmanti per un Paese come l'Italia che importa petrolio per il 93% e gas per il 96% del fabbisogno interno.

b. l'Europa
(1) aspetti economici e politici degli Stati e territori appartenenti al Regno Unito ed all'Irlanda

La Regione britannica si estende nell'Europa nord-occidentale, fra l'Oceano Atlantico e il Mare del Nord. È formata dalla **Gran Bretagna**, che è l'isola più grande del continente europeo, dall'**Irlanda** e da oltre 5000 isole minori, raggruppate negli arcipelaghi delle Orcadi, delle Ebridi e delle Shetland. Politicamente, è suddivisa in due Stati: il Regno Unito, che è formato dalla Gran Bretagna e dall'Irlanda del Nord, e la Repubblica d'Irlanda (**Eire**), che occupa gran parte dell'isola omonima.

La regione conobbe sin dal Medioevo una fase di sviluppo e di indipendenza politica, favorita dal suo isolamento che permetteva un maggiore controllo del territorio. Il suo primato politico ed economico si ebbe però solo dopo la scoperta dell'America, quando i principali traffici commerciali del Mondo si spostarono dal Mediterraneo all'Atlantico. Tra il Cinquecento e l'Ottocento, la Gran Bretagna conquistò un immenso impero coloniale, sparso su tutti i continenti. La disponibilità di ricchezza e materie prime fu all'origine della rivoluzione industriale, che ebbe inizio proprio in questa regione nel Settecento, interessando in seguito anche gli altri Stati europei. Il ruolo di grande potenza mondiale per la Bretagna venne ridimensionata nel Novecento, con la perdita di gran parte delle colonie; nello stesso periodo, l'Irlanda conquistò la sua indipendenza.

Nel 1973 Regno Unito e Irlanda sono entrati a far parte dell'Unione Europea. Nel giugno 2016, a seguito di un referendum popolare, il Regno Unito ha deciso di uscire dall'UE.

Il **Regno Unito** si trova tra l'Oceano Atlantico e il Mare del Nord. È separato dal continente europeo dal **Canale di Calais** che misura circa 30km, in corrispondenza del punto più stretto. Questo Paese ha una popolazione di oltre **5 milioni di abitanti**, distribuiti su una superficie inferiore rispetto a quella italiana: la densità risulta infatti elevata soprattutto nelle zone del centro e del sud dell'Inghilterra, dove si trovano le grandi città industriali.

A seguito della rivoluzione industriale, nel Regno Unito, e soprattutto in Inghilterra, si è assistito a un intenso processo di urbanizzazione: le città si sono ingrandite enormemente, fino a diventare delle metropoli. Dopo la Seconda Guerra Mondiale, per arrestare questo fenomeno, sono state create una trentina di *new town*, costruite secondo criteri moderni, con molto verde e progettate per non oltrepassare i 100.000 abitanti.

Londra è la capitale del Regno Unito e sorge sulle rive del Tamigi, a 60 km dal Mare del Nord; è un importante porto fluviale ed è la terza città più popolosa d'Europa, dopo Parigi e Mosca. Nel suo centro si trovano banche e uffici amministrativi, che ne fanno uno dei poli finanziari e commerciali più importanti del mondo.

Un quarto del territorio britannico è destinato alle attività agricole, praticate con strumenti moderni, che consentono rendimenti elevati. Nonostante ciò, la produzione non è sufficiente a coprire il fabbisogno interno. Una buona risorsa è rappresentata dallo sfruttamento del patrimonio boschivo. La voce più importante del settore primario è l'**allevamento**, soprattutto di ovini. La pesca frutta ogni anno oltre 960.000 tonnellate di pescato, ponendo il Regno Unito tra i principali produttori in Europa. Il Paese risulta, inoltre, ricco di **minerali** e carbone, che hanno reso possibile, a partire dal Settecento, lo sviluppo industriale, tanto che nell'Ottocento il Regno Unito appariva il **Paese europeo più avanzato dal punto di vista economico**. Oggi il settore secondario ha subito grandi trasformazioni: la scoperta di giacimenti di petrolio e gas naturale nel Mare del Nord ha fatto del Regno Unito uno dei principali produttori di idrocarburi del mondo. Rilevante è anche la produzione di energia nucleare (quasi un quinto dell'energia totale). Alle **industrie** tradizionali, nate grazie alla disponibilità di ferro e carbone, si sono affiancate negli anni Ottanta e Novanta del secolo scorso i comparti dell'alta tecnologia e dell'elettronica. Settori importanti restano le industrie automobilistiche, aeronautiche e navali, chimiche e delle biotecnologie.

Il Regno Unito ha inoltre sviluppato un'intensa **attività commerciale,** sia con gli Stati europei sia con i Paesi del Commonwealth e con gli Stati Uniti. Nonostante la quantità di merci esportate, sono maggiori le importazioni, soprattutto di generi alimentari e materie prime. Importante è il settore delle **attività finanziare** e assicurative, che ha come centro Londra; qui si trova una delle borse valori più importanti del mondo. Da ricordare infine il **turismo**, alimentato anche dai soggiorni di studio della lingua inglese.

Lo Stato dell'**Irlanda** occupa circa cinque sesti dell'isola omonima: la zona più a nord appartiene infatti dal punto di vista politico al Regno Unito. Alla fine del Settecento, a seguito della nascita del Partito irlandese e al manifestarsi di volontà autonomiste, il parlamento inglese riconobbe l'identità nazionale dell'Irlanda, ma fu soltanto nel 1921, a seguito di scontri sanguinosi, che le 62 contee del sud del Paese ottennero l'indipendenza e un proprio Parlamento. Le 6 contee del nord, a forte presenza protestante, restarono unite alla Gran Bretagna, formando l'Irlanda del Nord. Nel 1948 l'Irlanda si è proclamata **repubblica democratica (EIRE)** e nel 1949 è uscita dal Commonwealth. **Dublino** è la capitale e raggruppa, con l'agglomerato, quasi un quarto della popolazione irlandese. Questo Stato, che aveva un'economia arretrata e basata sul settore primario, dopo

l'ingresso nell'UE, avvenuto nel **1973**, ha conosciuto una fase di rapido sviluppo, favorito dai contributi dell'Unione e dai capitali stranieri. La crisi economica internazionale del 2008-2009 ha fatto però risentire gravi effetti sul Paese che ha attraversato tre anni di **recessione**.

Oggi la situazione è in ripresa e, anche se si basa su industrie tecnologicamente avanzate, il settore primario rimane tradizionalmente importante, con vaste coltivazioni di orzo, patate e barbabietole da zucchero. Gli allevamenti di ovini, bovini e suini possono contare su vaste estensioni di prati e pascoli e sono pertanto molto diffusi. Alle produzioni agricole e all'allevamento sono legate alcune industrie alimentari come quella del **whisky** e della **birra.** Un buon livello di sviluppo lo hanno anche alcune industrie tradizionali, come quelle che operano nel settore siderurgico e chimico-farmaceutico, ma sono soprattutto l'elettronica e l'informatica ad aver raggiunto un livello di eccellenza.

Infine, grazie ai fondi dell'Unione Europea per le aree svantaggiate, l'Irlanda ha potuto dare forte sviluppo ai trasporti, costruendo e rinnovando la rete stradale, ferroviaria e aeroportuale. Il rinnovamento delle **infrastrutture** ha favorito il **turismo** che, assieme alle attività culturali, è sempre in piena crescita e sta acquisendo importanza sempre maggiore nell'economia locale. Grazie all'efficacia dei porti, il Paese ha sviluppato anche i **commerci**, che vedono forti esportazioni di beni verso il resto dell'Unione Europea e verso gli Stati Uniti.

TESI N.6

a. l'Italia
(1) principali linee di comunicazione terrestri, porti e aeroporti
(2) silvicoltura: caratteristiche strutturali, tipologie, fattori di sviluppo e localizzazione in rapporto alle condizioni climatiche e ai mercati; relazioni ed effetti sull'ambiente
b. l'Europa
(1) aspetti economici e politici degli Stati e territori appartenenti ai Paesi del Benelux

a. l'Italia
(1) principali linee di comunicazione terrestri, porti e aeroporti

Le **linee di comunicazione** italiane si sviluppano in ambito terrestre, portuale e aeroportuale.

La rete stradale italiana si articola in autostrade e rete di viabilità ordinaria per un totale complessivo di circa 800.000 km. Al 31 dicembre 2019 **la rete autostradale** italiana presentava un'estensione di 6965,4 km suddivisi tra 6000 km di autostrade in concessione, 40,1 km di trafori autostradali internazionali e 939 km gestiti direttamente dall'ANAS; a questi vanno poi aggiunti 13 raccordi autostradali identificati con la sigla RA che coprono un'estensione di 355 km a gestione ANAS. Perché una strada sia classificata come autostrada devono essere soddisfatte diverse condizioni geometriche e costruttive, come ad esempio la corsia di marcia con larghezza non inferiore a 3,75 metri.
Le autostrade italiane sono gestite per la maggior parte da società che ottengono la concessione dal Ministero delle infrastrutture e della mobilità sostenibili: circa 1214 km sono gestiti da ANAS S.p.A., seguono poi le Concessioni Autostradali Venete, Autostrade per l'Italia, Società Autostrada Tirrenica e così via; va, infine, segnalato il fatto che recentemente la gestione di A24/A25 da Strada dei Parchi è tornata nuovamente all'ANAS. La maggior parte della rete autostradale italiana è soggetta al pagamento del pedaggio, la cui riscossione si gestisce principalmente in due modi: il sistema autostradale chiuso – che è quello più diffuso, prevede che il conducente ritiri un biglietto all'ingresso dell'autostrada e paghi l'importo all'uscita – e il sistema autostradale aperto, applicato ad esempio sull'Autostrada dei Laghi, sulle tangenziali di Milano, sull'A12 nel tratto Roma-Civitavecchia. A differenza del sistema chiuso, nel sistema aperto l'utente non paga in base alla distanza percorsa, ma paga una somma fissa in corrispondenza delle barriere dipendente solo dalla classe del veicolo. Dal punto di vista tecnico, invece, è attivo il sistema misto barriere/free-flow dove in entrata e in uscita sono presenti sia corsie dedicate al ritiro/pagamento del biglietto e corsie Telepass in cui il costo del pedaggio viene addebitato al conto corrente del cliente precedentemente comunicato al gestore della strada. L'accesso alle autostrade è vietato ai velocipedi, ai ciclomotori, ai motocicli con cilindrata inferiore a 150 cm3 e alle macchine agricole; il limite di velocità massimo, salvo diversa indicazione, è di 130 km/h.
Il primo tratto autostradale realizzato in Italia fu inaugurato il 21 settembre 1924 a Lainate,

da Milano a Varese, poi diventata Autostrada dei Laghi (attuali A8 e A9); nel 1927 venne aperta l'autostrada Milano-Bergamo; nel 1932 la tratta Torino-Milano, seguita negli anni immediatamente successivi dall'autostrada Firenze-Mare (attuale A11) e Padova-Venezia; e nel 1964 fu completata l'A1 Milano-Roma.

Nonostante la rete autostradale si estenda per circa **7000 km**, la sua **distribuzione** è piuttosto **disomogenea**: risulta, infatti, particolarmente fitta nell'area padana, dove si sviluppa intorno alla A4 Torino-Trieste; si presenta in due tronchi litoranei lungo la Penisola, quali la A14 Bologna-Taranto e la A1 Milano-Napoli; è **esigua** nel **Mezzogiorno e in Sicilia**, dove le principali sono la A3 Salerno- Reggio Calabria e la A20 Messina-Palermo; è **inesistente in Sardegna.**

La rete di viabilità ordinaria può avere una doppia classificazione: amministrativa, per cui si distinguono strade statali, regionali, provinciali e comunali, e tecnica, per cui si distinguono strade extraurbane principali – assimilabili alle autostrade, con doppia carreggiata e limiti di transito, ma che non prevedono il pagamento del pedaggio –, strade extraurbane secondarie, strade urbane di scorrimento, strade urbane di quartiere e strade locali. Per quanto riguarda le strade statali, le prime 8 con numerazione progressiva coincidono con le vie consolari con inizio a Roma, quali SS1 Aurelia, SS2 Cassia, SS3 Flaminia, SS4 Salaria, SS 5 Tiburtina Valeria, SS 6 Casilina, SS7 Appia SS8 via del Mare.

La storia delle **ferrovie**, invece, in Italia inizia con l'unificazione nel 1861, quando nella nostra Penisola, l'utilizzo di treni era assente. La divisione dell'Italia in diversi Stati e la presenza di diversi sistemi montuosi avevano infatti creato notevoli ostacoli per il superamento del problema dei trasporti e delle vie di comunicazione. Successivamente, tra la fine dell'Ottocento e i primi del Novecento, in forte ritardo rispetto agli altri stati europei, si provvede a realizzare una rete ferroviaria di circa 20.000 km che avrebbe messo in comunicazione tutto il territorio italiano.
Attualmente la rete ferroviaria è estesa circa **16.000 km** a causa di successivi tagli avvenuti negli anni Sessanta e Settanta. La rete ferroviaria si sviluppa soprattutto lungo il litorale adriatico e quello tirrenico collegando l'Italia settentrionale con quella meridionale. **A Sud del Paese le linee ferroviarie sono meno fitte rispetto al Nord** dove la maggior parte dei treni sono a trazione elettrica e a doppio binario. Molto modesta è la rete ferroviaria nelle due isole principali, Sicilia e Sardegna. Il sistema ferroviario permette inoltre la comunicazione e lo scambio con i paesi Europei e Orientali. In particolare, da diverse città situate nel Nord della penisola esiste un collegamento diretto per raggiungere alcune capitali europee come Monaco, Vienna, Budapest o Bucarest.

Il sistema delle **comunicazioni aeree** è diviso principalmente in due grandi settori, a Nord con l'aeroporto di Milano Malpensa e in Centro Italia con l'aeroporto di Roma Fiumicino. Sul territorio italiano si contano **126 aeroporti**, divisi tra civili (46) e militari, ma ogni anno si vede l'apertura di nuovi centri aeroportuali. Infatti, dal 2013 ad oggi ne sono stati inaugurati oltre 20 con un incremento di oltre il 6% dei traffici aerei con partenza dall'Italia nel solo ultimo anno a riprova della continua espansione di questo settore.

Gli aeroporti sono ampiamente distribuiti su tutta la Penisola, anche se non tutte le regioni ne vantano uno. Il Molise e la Basilicata, infatti, non dispongono di un aeroporto internazionale per il traffico aereo, ma possono contare sulle regioni confinanti. Nella regione pugliese sono presenti, infatti, quattro 4 aeroporti distribuiti per i maggiori centri cittadini Brindisi, Taranto, Foggia e Bari. La regione che conta più aeroscali nei suoi confini è la Sicilia, ve ne sono 6 considerando quelli delle isole, gli aeroporti di Pantelleria e di Lampedusa. Al secondo posto si colloca la Toscana con Firenze, Pisa, Grosseto e Marina di Campo.

Per dimensionare un aeroporto non si tiene conto solamente della sua effettiva estensione ma, soprattutto, del numero di passeggeri registrati in un anno e, per questo motivo, il primato spetta a Roma con oltre 40 milioni di utenti annui seguito da Milano Malpensa e Orio al Serio con meno della metà di passeggeri ogni anno.

Un ulteriore importante mezzo di comunicazione è **quello marittimo**: infatti, l'Italia, circondata dal Mar Mediterraneo per una lunghezza complessiva di oltre 9 mila chilometri di costa, ha sempre rappresentato un crocevia per gli scambi tra Oriente e Occidente. I porti del Mediterraneo rappresentavano un punto di arrivo delle merci provenienti dalla Via della Seta, che dalla Cina, attraversando l'Asia centrale e la Persia, terminava il proprio percorso in Asia Minore e in Siria. A partire da ciò è stato possibile uno sviluppo fiorente in questo ramo fino alla realizzazione attuale di oltre 200 scali marittimi in tutto il territorio, anche se non tutti collegati in modo funzionale con strade e ferrovie.

I principali porti italiani per traffico di merci sono quelli di, Genova, Cagliari, Livorno e **Trieste** – quest'ultimo destinato all'ampliamento in quanto entrato nel progetto della **Via della Seta**, siglato nel 2019 – sebbene in stand-by per via della pandemia da Covid 19 – e finalizzato allo sviluppo delle **relazioni commerciali con l'Oriente**; mentre i principali porti per traffico di passeggeri sono Messina, Napoli, Piombino, Olbia e Civitavecchia. Il nostro permane il Paese dell'Unione Europea leader nel trasporto marittimo a corto raggio nel Mediterraneo con 473 milioni di tonnellate di merci, mentre si candida al terzo posto per traffico di merci complessivo. Risulta inoltre primo al mondo per **flotta Ro-Ro** (Roll on - Roll off, trasporto autoveicoli e automezzi gommati) con oltre 5 milioni di tonnellate di stazza lorda.

Di notevole importanza sono inoltre i dati riguardanti i passeggeri nei porti italiani: negli ultimi anni sono stati sempre oltre 30 milioni e in continua crescita. Per le regioni costiere non è sempre facile cogliere i benefici economici generati dal turismo di crociera, mentre aumentano le pressioni per investire in infrastrutture portuali e per la tutela dell'ambiente. Per quanto concerne l'impatto ambientale, è doveroso sottolineare che le navi rappresentano i mezzi che inquinano meno in confronto agli altri mezzi di locomozione.

La navigazione interna sul nostro territorio non ha avuto modo di svilupparsi in maniera preponderante a causa della conformazione dei fiumi: questi, infatti, risultano di scarsa portata, con un regime irregolare e di breve sviluppo, inadatto quindi alla navigazione a lungo o medio raggio. Solamente il fiume Po, il più lungo fiume italiano che attraversa la Pianura Padana da Ovest ad Est per sfociare nel Mar Mediterraneo, ha delle caratteristiche tali da renderlo navigabile anche se la scarsa profondità delle acque costituiscono un ostacolo per le grandi imbarcazioni. Risulta modesta anche la navigazione di laghi o lagune, se non come attrazione turistica soprattutto nella città di Venezia.

a. l'Italia

(2) silvicoltura: caratteristiche strutturali, tipologie, fattori di sviluppo e localizzazione in rapporto alle condizioni climatiche e ai mercati; relazioni ed effetti sull'ambiente

Nelle scienze forestali **la silvicoltura** rappresenta l'insieme delle attività che consentono di controllare crescita, composizione, struttura e qualità di una foresta, con lo scopo di **produrre legname e derivati** e allo stesso tempo **preservare la qualità e la quantità del patrimonio boschivo**. In base a quanto stabilito dal Ministero delle politiche agricole alimentari e forestali, con decreto 29 aprile 2020, si riconoscono come imprese forestali quelle imprese che svolgono attività di esbosco e commercializzazione di prodotti legnosi, attività di rimboschimento, pulizia del sottobosco, realizzazione di piste frangifiamme e di conservazione idrogeologica del territorio.

Le oltre 10mila imprese italiane del settore della silvicoltura sono concentrate per circa la metà nella parte settentrionale del Paese, con un **24% nel Nord-Est** e un **22% nel Nord-Ovest**; la Toscana con il 14,9% delle imprese del settore è la regione con più alta concentrazione di realtà che svolgono attività legate alla silvicoltura, seguita da Piemonte, Trentino- Alto Adige, Calabria e Marche. Nonostante l'Italia presenti il 36% della superficie territoriale coperto da foreste, con un totale di circa 9 mln di ettari di bosco, essa risulta essere il Paese dell'UE con il più **basso grado di autosufficienza nell'approvvigionamento di materia prima legnosa** che, infatti, viene importata dai Paesi dell'Europa Orientale, dove il taglio boschivo spesso viene eseguito in maniera illecita: secondo l'OCSE, infatti, il giro di affari legato ai traffici internazionale di legno illegale arriva a 150 miliardi di dollari annui. Il legno importato è destinato a diversi utilizzi: per arredo mobili, nell'ambito del quale il volume delle importazioni nel 2021 è cresciuto del 9,1%; ad uso carta, con aumenti vicini all'8%; ad uso edilizio e, infine, ad uso energetico, sia essa legna da ardere, pellet o cippato.

Nell'ultimo decennio nell'ambito delle utilizzazioni forestali si è registrata una crescente attenzione a quella che è stata definita "**forest operation ecology**", con cui si indica un approccio mirato alla **sostenibilità** e all'utilizzo di tecnologie compatibili con l'ambiente. **L'abbattimento e l'esbosco**, ad oggi, sono responsabili di molti processi di **degrado**

185

ambientale: l'utilizzo dei mezzi cingolati, ad esempio, è fortemente impattante sul suolo, tanto da pregiudicare la produttività e la funzionalità degli ecosistemi, da inficiare sul drenaggio dell'acqua e da incentivare l'accumulo di colate di fango e detriti. Agli impatti diretti seguono poi ulteriori disastrosi impatti indiretti: la compattazione, ad esempio, crea un ambiente ostativo alla rigenerazione arborea con aumento di rischio del dissesto idrogeologico. Il dissodamento forestale, inoltre, contribuisce in misura significativa al cambiamento climatico.

L'attuazione di uno sviluppo selvicolturale sostenibile non si nutre necessariamente dell'adozione di nuove tecnologie: basti pensare all'esbosco coi muli da soma che, pur essendo la metodologia più antica, risulta essere quella più largamente ecosostenibile. Lo sviluppo della silvicoltura, infine, si basa su un sottile equilibrio tra le richieste di un mercato sempre più richiedente, la necessità di introdurre tecnologie agricole intelligenti che alleggeriscano e facilitino il lavoro e la preservazione dell'ambiente.

b. l'Europa
(1) aspetti economici e politici degli Stati e territori appartenenti ai Paesi del Benelux

Con il termine **Benelux** si intende la regione dell'Europa composta da **Paesi Bassi**, **Belgio** e **Lussemburgo**. Il nome è formato dalle iniziali del nome di ogni Paese (Belgique o België, Nederland, Luxembourg) e, creato inizialmente per la sola Unione economica Benelux, viene oggi utilizzato in maniera più generalizzata come accezione geografica.

I **Paesi Bassi** hanno una superficie di oltre **40 mila kmq,** equivalenti a meno di un settimo del territorio italiano. Stato fondatore dell'Unione Europea, questo Paese è una **monarchia parlamentare** e il sovrano ha il ruolo di capo dello Stato, mentre il potere effettivo spetta al Governo. Sul piano amministrativo, i Paesi Bassi sono suddivisi in 12 province che dispongono di un'ampia autonomia. I Paesi Bassi contano **quasi 17 milioni di abitanti**, pari a una densità media di circa 407 ab/km2, la più alta d'Europa.
La posizione del Paese, estremamente favorevole agli scambi internazionali, ha permesso di dotarsi di una struttura economica molto competitiva. Grazie ai suoi porti, infatti, e alle vie d'acqua interne, i Paesi Bassi rappresentano lo sbocco naturale dei prodotti tedeschi destinati all'esportazione.
La **crisi finanziaria globale** ha colpito anche i Paesi Bassi, ma la struttura economica del Paese è comunque solida. La popolazione olandese gode di uno dei più elevati **redditi pro capite** del mondo.
Molto alta è anche la **qualità della vita,** grazie alla disponibilità di servizi molto avanzati ed efficienti in settori quali la sanità, l'istruzione e la protezione sociale.
La capitale è **Amsterdam** ed è formata da un centinaio di isole collegate tra loro da circa 4000 ponti: per questo motivo viene chiamata anche "la Venezia del Nord". Seconda città portuale dopo Rotterdam, è ricca di chiese, palazzi e musei, tra i quali il Van Gogh Museum, che conserva la più grande collezione di opere dell'artista, e il Rijksmuseum, in

cui si trovano i capolavori della pittura olandese.

I Paesi Bassi sono tra i primi produttori in Europa di latte e derivati, grazie al diffuso allevamento di bovini. L'agricoltura punta su colture specializzate (lino e fiori), mentre la pesca si concentra sull'allevamento di pesce e molluschi. Le coste olandesi e il Mare del Nord sono ricchi di petrolio e gas naturale e l'industria è molto sviluppata. Da secoli, i Paesi Bassi hanno un ruolo centrale nel **commercio internazionale**; il porto di Rotterdam è il più grande d'Europa.

Il **Belgio** è un paese poco esteso, con una superficie di **soli 30 mila kmq** è infatti poco più grande della Sicilia. Nel basso Medioevo i territori degli attuali Belgio e Paesi Bassi prosperarono grazie ai commerci e alla fiorente industria tessile. Nel 1930, dopo un lungo conflitto con gli olandesi, il Belgio ottenne l'indipendenza come Regno del Belgio. Nel XX secolo la Nazione, nonostante la sua dichiarata neutralità, fu invasa dai tedeschi nel corso di entrambe le guerre mondiali. In seguito, partecipò alla fondazione dell'Unione Europea, che proprio a Bruxelles concentra le sue maggiori istituzioni.

Il Belgio è una **monarchia parlamentare** ed è uno Stato federale composto da tre regioni dotate di ampia autonomia: le **Fiandre**, la **Vallonia** e la **Regione di Bruxelles**. Gli **11 milioni di abitanti** del territorio si dividono tra due gruppi distinti: i **fiamminghi**, che abitano nelle pianure del Nord e parlano il **fiammingo** e i **valloni** che risiedono a sud e parlano **francese**.

Bruxelles, cuore di una vasta area metropolitana popolata da quasi 2 milioni di persone, è non solo la capitale della Nazione ma anche quella **dell'Unione Europea:** ospita infatti la Commissione europea e il Consiglio europeo, oltre a numerosi uffici della UE. Bruxelles è una **città industriale e commerciale,** al centro dei traffici tra il Mare del Nord e l'Europa centrale.

Il Belgio è stato uno dei primi Paesi europei a dotarsi, nel corso dell'Ottocento, di un solido apparato industriale, grazie allo sfruttamento dei suoi ricchi **giacimenti di carbone,** fondamentale per lo sviluppo assieme alla posizione geografica e la disponibilità di ottimi porti. Nella seconda metà del Novecento, a causa della crisi delle industrie estrattive e siderurgiche, il Paese ha conosciuto una grave **crisi economica,** da cui si è ripreso negli ultimi anni, nonostante la crisi mondiale. Il Nord del Paese è economicamente molto forte, sia per tecniche agricole all'avanguardia, sia per la nascita di numerose industrie modernissime, favorite da uno dei maggiori sistemi portuali dell'intera Europa, che si incentra sui **porti di Anversa, Gent e Zeebrugge.** Cuore economico del Paese è tuttavia la **regione di Bruxelles,** che ha molto beneficiato della presenza delle istituzioni europee e che ha conosciuto una forte crescita delle attività finanziarie. Il reddito per abitante pone il Belgio fra i Paesi maggiormente sviluppati d'Europa e del Mondo.

Il **Lussemburgo** è, dopo Malta, il più piccolo Stato dell'Unione Europea. La forma di Governo del Lussemburgo è una **monarchia parlamentare** ereditaria. Gli abitanti parlano un dialetto tedesco, il lussemburghese e si concentrano soprattutto nei dintorni della capitale, **Lussemburgo.**

La sua economia si basa da tempo sull'**agricoltura** e sui giacimenti di **ferro,** che hanno favorito la nascita di una forte industria siderurgica. Industrie importanti sono quelle della gomma, delle fibre artificiali e della ceramica. La principale risorsa economica è, tuttavia, costituita dalle **attività finanziarie**, agevolate da una legislazione fiscale che favorisce l'afflusso di capitali stranieri. Grazie al particolare sviluppo delle attività terziarie, gli abitanti del Granducato godono di un altissimo tenore di vita: il loro reddito pro-capite è tra i più elevati al mondo; secondo le stime del Fondo Monetario Internazionale del 2018, nella classifica mondiale, è secondo solo al Qatar.

TESI N.7

a. l'Italia
(1) le Alpi e gli Appennini: suddivisione tradizionale, cime e valichi importanti
(2) la pesca: caratteristiche strutturali, tipologie, fattori di sviluppo e localizzazione in rapporto alle condizioni climatiche e ai mercati; relazioni ed effetti sull'ambiente
b. l'Europa
(1) aspetti economici e politici degli Stati e territori appartenenti alla Regione francese

a. l'Italia
(1) le Alpi e gli Appennini: suddivisione tradizionale, cime e valichi importanti
Vedi tesi n.2, punto a. (1)

a. l'Italia
(2) la pesca: caratteristiche strutturali, tipologie, fattori di sviluppo e localizzazione in rapporto alle condizioni climatiche e ai mercati; relazioni ed effetti sull'ambiente

La pesca e l'acquacoltura in Italia occupano circa 47000 persone, con una **concentrazione prevalente** (circa il 22%) in **Sicilia** e in **Puglia**, a cui fanno seguito Veneto, Sardegna, Calabria ed Emilia-Romagna, mentre nelle restanti regioni il settore occupa una percentuale di lavoratori inferiore al 3%. Sul versante dell'**acquacoltura**, invece, l'attività è sviluppata prevalentemente in **Emilia-Romagna e Veneto**. Al settore della pesca afferisce poi l'industria di trasformazione del prodotto ittico con una maggiore concentrazione in Sicilia e Veneto.

I principali sistemi di pesca in mare sono quattro: la **piccola pesca artigianale** che rappresenta la maggioranza della flotta peschereccia italiana; **la pesca con sciabica** per la cattura del pesce azzurro; **la pesca a strascico**, praticata dal 16% della flotta totale, e la **pesca d'altura**.

I principali prodotti ittici sono il pesce azzurro – nelle varietà di sgombri, sardine e acciughe –, il tonno, che si pesca soprattutto lungo le coste della Sicilia occidentale e della Sardegna, e il pesce spada, pescato soprattutto nello stretto di Messina. Inoltre, sono diffusi cefali, merluzzi, molluschi e crostacei. La varietà di pescato è ciò che distingue la pesca italiana da quella del Nord Europa: mentre la prima **è artigianale** e rivolta alla cattura di un numero elevato di specie, la seconda è industriale e mono-specifica, concentrata, cioè, sul prelievo massivo di singole specie. Proprio il carattere artigianale della struttura produttiva ha consentito di evitare situazioni di estremo depauperamento, come nel caso del merluzzo del Mare del Nord.

I principali porti pescherecci in termini di volume sbarcato sono quelli di Mazara del Vallo, Ravenna, Ancona, Bari, Palermo e Chioggia. L'offerta totale di prodotti ittici per il mercato italiano, incluse le importazioni, si aggira intorno a 1,4 mln di tonnellate l'anno. Negli ultimi anni le abitudini di acquisto hanno subito dei cambiamenti notevoli: in primo luogo, alcuni cambiamenti intervenuti a livello sociale hanno favorito lo sviluppo della grande distribuzione a spese dei negozi tradizionali; inoltre, al prodotto fresco si è ormai affiancata tendenza crescente a consumare prodotti congelati e semi conservati. Per quanto riguarda l'acquacoltura, sul territorio italiano si contano circa 800 impianti che producono circa 140 000 tonnellate di prodotto annuo, contribuendo per circa il 40% al soddisfacimento della domanda di prodotti ittici. L'Italia concentra la produzione sulla molluschicoltura ed è il principale Paese produttore di vongole veraci, mentre per le specie di acqua dolce si allevano trota, siluro e storione. La produzione si svolge attraverso due sistemi differenti: quella estensiva nelle lagune costiere e quella intensiva, con concentrazione prevalente in Puglia, Veneto e Toscana.

A partire dai primi anni duemila si è assistito ad un **forte calo dell'occupazione nel settore della pesca**, soprattutto a bordo delle navi e ciò è ascrivibile all'intreccio di una serie di fattori: la diminuzione della produttività, l'incremento dei costi, gli incentivi al ritiro permanente delle imbarcazioni, la riconversione verso altre attività e la proibizione di alcune tecniche di cattura. Ad oggi, secondo i dati forniti da Coldiretti l'80% del pesce che finisce sulle tavole è di importazione da Spagna, Paesi Bassi, Grecia e Paesi extra UE, con una crescita delle importazioni dell'84% rispetto al 1993.

Al primo posto tra i prodotti importati vi sono seppie e calamari, seguiti dalle conserve di tonno e gamberetti.

Per quanto riguarda l'impatto sull'ambiente, **l'industria della pesca incide su una serie di problematiche di conservazione marina**, tra cui le popolazioni ittiche, l'inquinamento delle acque e il degrado degli habitat. La quantità di degrado causato dall'industria ittica dipende dalla tecnica specifica utilizzata per la cattura di pesce e frutti di mare. Una delle tecniche considerate più dannose è quella della pesca a strascico sia per la non selettività del metodo sia per la distruzione dei fondali; inoltre, secondo i dati forniti da Nature nel marzo 2021 la pesca a strascico è responsabile dell'emissione di 1,47 miliardi di CO_2 annui, pari alle emissioni prodotte dal trasporto aereo. La situazione, inoltre, è notevolmente peggiorata dalla pesca di contrabbando che si serve di tecniche illegali come la pesca d'esplosione e quella con il cianuro, che è indirizzata anche al prelievo di specie proibite e che non rispetta i limiti di quantitativo pescabile. Gestire la pesca per uno Stato è un compito piuttosto complesso dal momento che molte specie si spostano attraverso i confini internazionali, soprattutto in risposta ai cambiamenti climatici e per questo è importante la collaborazione internazionale, come nel caso di Croazia e Italia che hanno firmato un accordo bilaterale per proteggere gli stock ittici e i loro habitat nell'Adriatico settentrionale.

Infine, per quanto riguarda le prospettive di sviluppo del settore, l'obiettivo di Federpesca è quello di **riqualificare l'intero reparto nel senso della sostenibilità ambientale** e di migliorare il legame con la filiera agroalimentare. L'obiettivo per il 2050 è quello di arrivare ad un'industria marittima florida, competitiva, verde e digitale, attraverso la promozione del prodotto ittico italiano e l'adozione di adeguati sistemi di tracciabilità e autenticazione.

b. l'Europa

(1) aspetti economici e politici degli Stati e territori appartenenti alla Regione francese

La regione francese è situata nel centro dell'Europa. Fanno parte di questa regione la **Francia,** che è lo stato più esteso, il **principato di Monaco**, che si trova all'interno dello Stato francese, il **Belgio**, il **Granducato di Lussemburgo** e i **Paesi Bassi,** che insieme hanno dato vita al Benelux (=Belgique, Nederland, Luxembourg), un'unione nata per migliorare la cooperazione economica e gli scambi tra i Paesi membri. La posizione geografica della Regione francese, posta tra il Mare del Nord, l'Oceano Atlantico e il Mar Mediterraneo, le ha permesso di comunicare e commerciare facilmente sia con l'Europa del Nord sia con i Paesi del Mediterraneo. Il territorio, in gran parte pianeggiante, ha favorito lo sviluppo dell'agricoltura, praticata in modo intensivo e con tecniche all'avanguardia. Industria e commercio sono alla base dell'economia e costituiscono anche un richiamo per i lavoratori stranieri, in parte provenienti dalle ex colonie. Intensi sono gli scambi con l'Europa settentrionale (Gran Bretagna, Danimarca e Penisola scandinava) attraverso il Mare del Nord e il Canale della Manica. Sviluppati sono anche i servizi e il turismo, grazie alle molte bellezze naturali e artistiche.

La regione è in genere densamente popolata, anche se in modo non uniforme. I Paesi della Regione francese sono stati il primo nucleo dell'Europa unita: nel 1957, infatti, hanno costituito, con l'Italia e l'allora Repubblica Federale Tedesca il MEC (**Mercato Comune Europeo**), un'unione economica e commerciale che eliminava le barriere doganali: si ponevano così le premesse per la nascita dell'Unione Europea.

Con un'estensione di quasi 550 mila km2, la **Francia** è il più vasto Paese dell'Unione Europea, disponendo di una superficie quasi doppia a quella italiana. Il suo territorio, a forma di esagono, è bagnato a nord-ovest dal **canale della Manica**, che mette in contatto Francia e Gran Bretagna, a sud dal **mar Mediterraneo,** a ovest dall'**Oceano Atlantico.** Al territorio francese appartiene, inoltre, l'isola della Corsica.

La Francia è una **repubblica semipresidenziale:** In seguito all'approvazione del progetto di riordino territoriale, dal 2016 la Repubblica francese è formata dai 96 dipartimenti della Francia metropolitana, da 14 metropoli e 13 regioni, i cui nomi e capoluoghi sono in fase di definizione. Tra i territori oltremare, ultima sopravvivenza del passato coloniale, sono compresi Guyana francese, La Martinica, Guadalupa (nel mar del Caraibi, in America), le isole Riunione e Mayotte (nell'oceano Indiano) e la Polinesia francese (nell'oceano Pacifico).

Con più di **64 milioni** di abitanti, la Francia è il terzo Paese più popoloso d'Europa dopo Russia e Germania. **Parigi**, la capitale, è il vero centro economico, politico e culturale del Paese. Nella sua periferia hanno stabilimenti le maggiori industrie del Paese, mentre nel centro trovano sede grandi banche, compagnie di assicurazioni e organizzazioni internazionali come l'**UNESCO**. Ricca di monumenti e musei, attrae quasi 15 milioni di turisti all'anno e la sua popolazione vanta una notevole varietà di etnie: in molti quartieri (20 totali) convivono francesi, cittadini di altri Paesi europei, africani e asiatici.

La Francia risulta essere uno dei Paesi più sviluppati dell'Europea e anche uno dei più ricchi, con un **reddito per abitante** superiore alla media del Continente. Storicamente la sua ricchezza era dovuta soprattutto dall'abbondanza dei terreni coltivabili e dalla fertilità dei suoli, che ancora oggi ne fanno il **primo produttore agricolo** dell'Unione Europea. Oggi, di fronte a un'economia che può dirsi comunque solida e avanzata, i problemi più gravi sono rappresentanti dalla **disoccupazione** (più del 10% dei francesi in età di lavoro è disoccupato), soprattutto quella giovanile, e dalle **differenze sociali** tra ricchi e poveri. L'agricoltura è forte grazie al clima, ai buoni terreni e alla meccanizzazione e ciò è testimoniato dal fatto che la Francia è uno dei maggiori produttori mondiali di **vini**: ogni zona vitivinicola della Francia, infatti, viene, in qualche modo, considerata come modello da seguire per determinate tipologie di vino, come Bordeaux, la Borgogna e la Valle del Rodano per i vini rossi, la Borgogna, la Valle della Loira e l'Alsazia per i vini bianchi, la Champagne per i vini spumanti.

Le industrie tradizionali sono in crisi, ma alcuni nuovi settori (**automobilistico, meccanico, aeronautico**) sono molto sviluppati. Questo Paese, infine, si trova i primi posti a livello mondiale per numero di turisti e ciò rappresenta l'aspetto più redditizio del settore terziario, comunque sviluppato in ogni categoria.

Il **Principato di Monaco** è incuneato nella fascia costiera della Francia meridionale, a breve distanza dal confine ligure. Con i suoi appena 2 kmq è il secondo Stato dell'Unione Europea più piccolo dopo Città del Vaticano. Anticamente abitato da popolazioni liguri e successivamente colonizzato dai Fenici, il territorio di Monaco divenne, in epoca romana, un importante centro di commerci. Dominio genovese dal 1162, passò nel 1297 sotto il controllo della **famiglia Grimaldi**, che nel 1619 lo trasformò in **principato.** Annesso per un certo periodo alla Francia, ottenne poi la sua definitiva **indipendenza**, pur mantenendo in parte legami con la protezione di questo Paese.

Al suo interno non esistono città distinte, ma solo quartieri: **Monaco**, svolge il ruolo di capitale, mentre le attività alberghiere, le banche e i casinò si concentrano nel quartiere più ampio di **Montecarlo.**

La **qualità della vita** è molto alta, mentre il **reddito pro capite** è unico al Mondo: supera i 197 mila dollari all'anno (circa 6 volta il dato italiano). I lussuosi alberghi e la vita mondana attirano ogni anno moltissimi **turisti**, ma un ruolo economico di primo piano spetta alle **attività terziarie**, avvantaggiate da una legislazione fiscale molto favorevole, che fa del Paese un vero e proprio "**paradiso fiscale**".

I **Paesi Bassi** hanno una superficie di oltre **40 mila kmq,** equivalenti a meno di un settimo del territorio italiano. Stato fondatore dell'Unione Europea, questo Stato è una **monarchia parlamentare** e il sovrano ha il ruolo di capo dello Stato, mentre il potere effettivo spetta al Governo. Sul piano amministrativo, i Paesi Bassi sono suddivisi in 12 provincie che dispongono di un'ampia autonomia. I Paesi Bassi contano **quasi 17 milioni di abitanti**, pari a una densità media di circa 407 ab/km2, la più alta d'Europa.

La posizione del Paese, estremamente favorevole agli scambi interazioni, ha permesso di dotarsi di una struttura economica molto competitiva. Grazie ai suoi porti, infatti, e alle vie d'acqua interne, i Paesi Bassi rappresentano lo sbocco naturale dei prodotti tedeschi destinati all'esportazione. La **crisi finanziaria globale** ha colpito anche i Paesi Bassi, ma la struttura economica del Paese è comunque solida. La popolazione olandese gode di uno dei più elevati **redditi pro capite** del Mondo.

Molto alta è anche la **qualità della vita,** grazie alla disponibilità di servii molto avanzati ed efficienti in settori quali la sanità, l'istruzione e la protezione sociale.

La capitale è **Amsterdam** ed è formata da un centinaio di isole collegate tra loro da circa 4000 ponti; per questo motivo viene chiamata anche "la Venezia del Nord". Seconda città portuale dopo Rotterdam, è ricca di chiese, palazzi e musei, tra i quali il Van Gogh Museum, che conserva la più grande collezione di opere dell'artista, e il Rijksmuseum, in cui si trovano i capolavori della pittura olandese.

I Paesi Bassi sono tra i primi produttori in Europa di latte e derivati, grazie al diffuso allevamento di bovini. L'agricoltura punta su colture specializzate (lino e fiori), mentre la pesca si concentra sull'allevamento di pesce e molluschi. Le coste olandesi e il Mare del Nord sono ricchi di petrolio e gas naturale; l'industria è molto sviluppata. Da secoli, i Paesi Bassi hanno un ruolo centrale nel **commercio internazionale**; il porto di Rotterdam è il più grande d'Europa.

Il **Belgio** è un paese poco esteso, con una superficie di **soli 30 mila kmq** è infatti poco più grande della Sicilia. Nel basso Medioevo i territori degli attuali Belgio e Paesi Bassi prosperarono grazie ai commerci e alla fiorente industria tessile. Nel 1930, dopo un lungo conflitto con gli olandesi, il Belgio ottenne l'indipendenza come Regno del Belgio. Nel XX secolo la Nazione, nonostante la sua dichiarata neutralità, fu invasa dai tedeschi nel corso di entrambe le guerre mondiali. In seguito, partecipò alla fondazione dell'Unione Europea, che proprio a Bruxelles concentra le sue maggiori istituzioni.

Il Belgio è una **monarchia parlamentare** ed è uno Stato federale composto da tre regioni dotate di ampia autonomia: le **Fiandre**, la **Vallonia** e la **Regione di Bruxelles.** Gli **11 milioni di abitanti** del territorio si dividono tra due gruppi distinti: i **fiamminghi**, che abitano nelle pianure del Nord e parlano il **fiammingo** e i **valloni** che risiedono a sud e parlano **francese. Bruxelles,** cuore di una vasta area metropolitana popolata da quasi 2 milioni di persone, è non solo la capitale della Nazione ma anche quella **dell'Unione Europea:** ospita infatti la Commissione europea e il Consiglio europeo, oltre a numerosi uffici della UE. Bruxelles è una **città industriale e commerciale,** al centro dei traffici tra il Mare del Nord e l'Europa centrale.

Il Belgio è stato uno dei primi Paesi europei a dotarsi, nel corso dell'Ottocento, di un solido apparato industriale, grazie allo sfruttamento dei suoi ricchi **giacimenti di carbone**, fondamentale per lo sviluppo assieme alla posizione geografica e la disponibilità di ottimi porti. Nella seconda metà del Novecento, a causa della crisi delle industrie estrattive e siderurgiche, il Paese ha conosciuto una grave **crisi economica**, da cui si è ripreso negli ultimi anni, nonostante la crisi mondiale. Il Nord del Paese è economicamente molto forte, sia per tecniche agricole all'avanguardia, sia per la nascita di numerose industrie modernissime, favorite da uno dei maggiori sistemi portuali dell'intera Europa, che si incentra sui **porti di Anversa**, **Gent e Zeebrugge**. Cuore economico del Paese è tuttavia la **regione di Bruxelles**, che ha molto beneficiato della presenza delle istituzioni europee e che ha conosciuto una forte crescita delle attività finanziarie. Il reddito per abitante pone il Belgio fra i Paesi maggiormente sviluppati d'Europa e del Mondo.

Il **Lussemburgo** è, dopo Malta, il più piccolo Stato dell'Unione Europea. La forma di Governo del Lussemburgo è una **monarchia parlamentare** ereditaria. Gli abitanti parlano un dialetto tedesco, il lussemburghese e si concentrano soprattutto nei dintorni della capitale, **Lussemburgo.**

La sua economia si basa da tempo sull'**agricoltura** e sui giacimenti di **ferro,** che hanno favorito la nascita di una forte industria siderurgica. Industrie importanti sono quelle della gomma, delle fibre artificiali e della ceramica. La principale risorsa economica è, tuttavia, costituita dalle **attività finanziarie**, agevolate da una legislazione fiscale che favorisce l'afflusso di capitali stranieri. Grazie al particolare sviluppo delle attività terziarie, gli abitanti del Granducato godono di un altissimo tenore di vita: il loro reddito pro-capite è tra i più elevati al mondo; secondo le stime del Fondo Monetario Internazionale del 2018, nella classifica mondiale, è secondo solo al Qatar.

TESI N.8

a. l'Italia
(1) mari, coste, golfi, isole e penisole
(2) l'allevamento: caratteristiche strutturali, tipologie, fattori di sviluppo e localizzazione in rapporto alle condizioni climatiche e ai mercati; relazioni ed effetti sull'ambiente
b. l'Europa
(1) aspetti economici e politici degli Stati e territori appartenenti all'Europa centrale

a. l'Italia
(1) mari, coste, golfi, isole e penisole
Vedi tesi n.3, punto a. (1)

a. l'Italia
(2) l'allevamento: caratteristiche strutturali, tipologie, fattori di sviluppo e localizzazione in rapporto alle condizioni climatiche e ai mercati; relazioni ed effetti sull'ambiente

L'allevamento costituisce una voce importante nell'ambito del settore primario. In Italia si contano circa **270 000 aziende zootecniche** che ospitano all'incirca 12 mln di capi bovini, ovini, caprini e suini; a questi vanno poi aggiunti gli allevamenti di avicoli ed equini da carne e quelli a conduzione familiare destinati all'autoconsumo. La prima macro-distinzione nella tipologia di allevamento dei capi va effettuata tra **allevamento intensivo** e **allevamento al pascolo**. Nel primo caso l'animale è allevato in *feed lot* e in stalla dove la possibilità di movimento è minima e l'alimentazione è prevalentemente basata su fieni triturati, mangimi e insilati. Gli allevamenti al pascolo, invece, possono essere sia convenzionali, che biologici e biodinamici; gli animali vivono allo stato brado in mandrie composte da un certo numero di fattrici e la rimonta avviene in maniera naturale. In una posizione intermedia si collocano i **pascoli semi-estensivi** caratterizzati dalle sole stabulazioni invernali, in quanto nei periodi estivi i capi vengono lasciati al pascolo brado o di alpeggio. In Italia, la maggior parte della produzione di carne e latte proviene da allevamenti intensivi concentrati nell'area padana. Gli allevamenti estensivi e semi-bradi sono, invece, localizzati nelle aree montane dell'arco alpino e in quelle collinari delle regioni centro meridionali del Paese.

Secondo i dati della SPA 2021 oltre 140.000 aziende praticano l'allevamento bovino, di cui il 37% è rappresentato dai bovini da latte. Le regioni maggiormente interessate sono Lombardia – tra le province di Bergamo e Brescia – Piemonte, Veneto ed Emilia-Romagna. Nell'areale appenninico, invece, le razze principalmente allevate sono da carne, quali la Chianina, la Marchigiana e la Maremmana, mentre i capi da latte rappresentano il solo 7%.

Stando ai dati prodotti da ISMEA, nonostante l'Italia sia il terzo Paese europeo per produzione di carne bovina, tra il 2021 e il primo trimestre 2022 il 43% delle carni consumate è di importazione dal Brasile; allo stesso modo il latte vaccino, per la produzione di prodotti caseari, è per gran parte di importazione tedesca.

Per quanto riguarda l'allevamento dei suini, le aziende allevatrici sono circa 26.600 localizzate principalmente in Sardegna, Campania, Veneto e Lombardia, quest'ultima con alto tasso di allevamenti intensivi; a livello nazionale anche questo settore ha subito una contrazione negli ultimi due anni con un aumento significativo del peso delle importazioni da Germania, Olanda e soprattutto dai Paesi dell'Est. L'allevamento avicolo, invece, benché predominante nell'area settentrionale ha una buona rappresentanza anche al Sud dove è allevato circa il 30% dei capi totali.

Vi è poi l'allevamento degli ovini che sfrutta sostanzialmente tre sistemi: lo stato brado, quello semi-stallino e quello a grande transumanza con greggi che arrivano a contare anche 3000 capi, particolarmente diffuso nell'area insulare. La maggior parte degli allevamenti si trova in Sardegna (circa il 42%), ma il comparto è ben rappresentato anche in Sicilia e nel Lazio. Nell'ultimo decennio anche la consistenza degli ovi-caprini ha avuto un trend decrescente, causato da un insieme di concause: i limiti di produzione di latte posti dall'UE fino al 2015, l'aumento del tasso di importazione di derivati dalla Romania e le periodiche epidemie di Lingua Blu. Infine, vi è l'allevamento di equini da gara, carne e lavoro che non costituisce però una fetta significativa del comparto.

Per quanto riguarda il **rapporto con l'ambiente**, l'allevamento vi è strettamente correlato con **ricadute tanto positive quanto negative**. **L'allevamento brado**, purché condotto nel rispetto della capacità di carico del suolo e dei tempi di rigenerazione arborea e erbacea, **ha effetti positivi** sui pascoli in quanto le mandrie in movimento migliorano la penetrazione dell'acqua, concimano il suolo e realizzano in maniera naturale zone frangifiamme; tra gli elementi positivi va, inoltre, ascritto l'utilizzo di letame e liquame per la produzione di energia green nelle centrali a biomassa.

Un impatto altamente inquinante, invece, viene attribuito alle tecniche di **allevamento intensivo**: secondo l'ISPRA, infatti, gli allevamenti intensivi sono la causa del 75% dell'ammoniaca immessa nell'aria e costituiscono la seconda causa delle polveri sottili dopo l'inquinamento provocato dal riscaldamento residenziale e commerciale. L'allevamento intensivo, inoltre, è responsabile della contaminazione di terra, acque dolci e mari attraverso l'immissione nell'ambiente di liquami altamente ricchi di azoto, fosforo e antibiotici; allo stesso modo le colture cerealicole, utili a rispondere alle esigenze alimentari degli animali, necessitano di quantità massicce di pesticidi e fertilizzanti che, appunto, si diffondono nei terreni e nelle falde acquifere. Effetti negativi, infine, sono prodotti da macellazioni e smaltimenti clandestini: le carcasse non incenerite, ad esempio, oltre ad incentivare la diffusione di patologie, qualora l'animale morto ne sia portatore, tra la fauna selvatica, contaminano l'ambiente attraverso la carica microbica superficiale.

Infine, per quanto riguarda il **futuro degli allevamenti italiani** questo è strettamente connesso sia con gli obiettivi europei di creare comparti economico-produttivi ecosostenibili e a tutela della salute umana, sia con gli obiettivi di governo di **rilancio del Made in Italy**, dell'**incentivo al bio** e alle **aziende a km zero**. Una delle sfide che oggi il settore zootecnico è chiamato ad affrontare è quello di minimizzare lo scarto, creando valore per territori e comunità: in Calabria, ad esempio, già dal 2008 una cooperativa agricola ha realizzato una centrale per la produzione di biogas rendendo l'azienda totalmente ecosostenibile.

Inoltre, anche la zootecnia è ricompresa nell'ambito della quarta rivoluzione industriale, ad esempio con l'introduzione nelle aziende di apparecchiature elettroniche in grado di raccogliere e archiviare dati aziendali relativi al processo produttivo, come ad esempio il monitoraggio della ruminazione, del flusso di mungitura, dello stress da caldo o dei calori.

Infine, per quanto riguarda i prodotti bio e le aziende a km0 va tenuto conto del sostegno proveniente dall'UE, attraverso premi PAC, contributi di biologico, incentivi ad aziende di giovani imprenditori e finanziamenti a fondo perduto per agriturismi, home restaurant e fattorie didattiche.

b. l'Europa
(1) aspetti economici e politici degli Stati e territori appartenenti all'Europa centrale

La regione centrale dell'Europa si trova tra la regione germanica, l'area balcanica e la regione russa. Di questa zona fanno parte: **Svizzera, Austria, Germania, Polonia, Repubblica Ceca, Slovacchia, Ungheria e Romania.**

La **Confederazione Svizzera** è uno Stato composto da 26 **cantoni autonomi** senza sbocco sul mare. Il territorio è geograficamente suddiviso tra il Massiccio del Giura, l'Altipiano e le Alpi Svizzere, per una superficie di circa 42.000 kmq. Confina a nord con la Germania, a est con l'Austria e il Liechtenstein, a sud con l'Italia e a ovest con la Francia. La Svizzera ha una **popolazione di circa 8 milioni di abitanti**, la maggior parte dei quali si concentra nella zona dell'Altipiano dove si trovano le principali città, quali Berna – la capitale – Zurigo, Ginevra, Basilea e Losanna. Nello specifico, Zurigo e Ginevra sono piazze finanziarie internazionali, mentre Basilea è il centro dell'industria farmaceutica svizzera e secondo centro economico dopo Zurigo. Con un reddito pro capite pari a circa 80 mila dollari, la Svizzera **è oggi uno dei Paesi economicamente più prosperi al mondo**, con una forza lavoro concentrata prevalentemente nel settore terziario. A rendere il Paese particolarmente florido è stato, inoltre, il segreto bancario rimasto in vigore fino al 2018, valido ancora oggi per residenti e cittadini svizzeri.

La Svizzera è suddivisa in **tre grandi regioni culturali e linguistiche**: tedesca, francese e italiana a cui va aggiunta la Valle dei Grigioni in cui si parla romancio. La stessa situazione composita si riscontra anche in ambito religioso dove si assiste alla coesistenza tra cantoni cattolici e cantoni protestanti. A livello di politica estera, il Paese si è sempre contraddistinto per **neutralità**, sebbene faccia parte delle Nazioni Unite e del Consiglio d'Europa e sebbene sul suo territorio siano presenti sedi di numerose organizzazioni internazionali come il CERN, la Croce Rossa, l'OMS e il Comitato Olimpico Internazionale. Il Paese, inoltre, pur avendo siglato accordi di partenariato, ha scelto di non aderire né all'Unione Europea né alla NATO.

L'**Austria** è uno Stato federale confinante con Svizzera e Liechtenstein a ovest, Slovenia e Italia a sud, Ungheria a est, Slovacchia a nord-est, Germania e Repubblica Ceca a Nord ed è privo di sbocchi sul mare. Amministrativamente è una **repubblica democratica rappresentativa parlamentare** con capitale **Vienna**. Unita all'Ungheria dal 1867, è diventato uno Stato a sé stante, di forma repubblicana, dopo la sconfitta riportata dall'Impero austriaco nella Prima guerra mondiale. L'Austria ha mantenuto l'indipendenza fino al 1938 quando fu annessa alla Germania (il cosiddetto Anschluss) per tornare nuovamente indipendente al termine del Secondo conflitto mondiale: da allora ha accettato la condizione della neutralità permanente.

È entrata a far parte dell'Unione Europea nel 1995 ed ha adottato l'euro nel 1999. La popolazione austriaca presenta una distribuzione poco omogenea tra i nove cantoni federati: la densità demografica è bassa nelle zone alpine, mentre maggiori concentrazioni si riscontrano nelle valli del Danubio e nell'area urbana di Vienna.

La sua economia è strettamente integrata con quella tedesca e, in generale, con quella dei Paesi europei. Particolarmente importante è l'**allevamento** di bovini da latte, i cui derivati sono esportati in tutta Europa, concentrato principalmente nelle valli alpine, mentre l'**industria** è più sviluppata nelle regioni settentrionali. Il comparto industriale austriaco è agevolato dalla **ricchezza di risorse minerarie** di cui dispone il territorio, come ferro, piombo e lignite e dalla **navigabilità del Danubio**.

Anche la **Germania** è uno Stato federale, più precisamente **una Repubblica parlamentare federale** di 16 Stati con capitale **Berlino**. La Germania è bagnata a nord dal Mare del Nord e dal Mar Baltico, mentre confina a nord con la Danimarca, a est con la Polonia e la Repubblica Ceca, a sud con Austria e Svizzera, e a ovest con Francia e Paesi del Benelux.

Con 84 milioni di abitanti è lo Stato più popoloso dell'Unione Europea e il secondo stato di Europa dopo la Federazione Russa. Il Paese è stato unificato nel 1871 dopo la guerra franco-prussiana ed è stata guidata dal 1888 al 1918 da Guglielmo II. La Germania uscì **sconfitta dalla Prima guerra mondiale**, sconfitta che segnò la fine del Secondo Reich e portò all'istaurazione di una repubblica semipresidenziale. L'esperienza della Repubblica di Weimar, tuttavia, durò solo fino al 1933 quando **Hitler**, a capo del partito nazionalsocialista, istaurò il Terzo Reich.

La Germania, responsabile sotto Hitler dello scoppio della Seconda guerra mondiale e dell'Olocausto a danno di ebrei e minoranze etniche, a guerra conclusa verrà **divisa in due stati separati**: la **Repubblica Federale Tedesca** a Ovest, sotto l'influenza americana, e la **Repubblica Democratica Tedesca** ad Est, sotto l'influenza sovietica. Immagine concreta di tale separazione è stato il **muro di Berlino** eretto da parte del governo sovietico nel 1961 per impedire l'esodo dei berlinesi dell'est verso la Germania occidentale. La riunificazione delle due Germanie avverrà di fatto solo nel 1990. Nonostante la divisione, la Germania dell'Est è stata tra i **Paesi fondatori della Comunità Economica Europea** nel 1957 (che diventerà Unione Europea nel 1993), mentre il cammino congiunto è proseguito per quanto riguarda l'adesione all'area Schengen e l'adozione della moneta unica. La Germania oggi è anche **membro dell'ONU e della NATO** ed è tra i firmatari del **Protocollo di Kyoto**.

Economicamente è la prima potenza d'Europa e quarta al mondo dopo USA, Cina e Giappone. Come per gran parte dei Paesi europei, anche in Germania il settore prevalente è il **terziario**, sebbene l'industria mantenga un peso rilevante per quasi il 28% del PIL. Le principali industrie sono quelle **automobilistiche, siderurgiche, chimiche ed elettroniche**, mentre il settore agricolo ha un'incidenza molto più limitata tranne che per i comparti della zootecnia e della produzione di patate e cereali.

Con una superficie di circa **312 mila kmq,** la **Polonia** è poco più estesa dell'Italia. Priva di sicuri confini naturali, la nazione ha subìto nel corso dei secoli diverse invasioni e continue divisioni territoriali. Divenuto uno Stato indipendente dopo la Prima guerra mondiale, nel 1939 subì l'invasione della Germania nazista e al termine della Seconda guerra mondiale, che costò la vita a 7 milioni di polacchi, divenne una **repubblica popolare** e **Stato-satellite dell'Unione Sovietica**. Nel corso degli anni Ottanta si sviluppò un movimento antisovietico, che ebbe il suo centro nei cantieri navali di Danzica e nel sindacato **Solidarnosc**, d'ispirazione cattolica.

A seguito di queste lotte, i cittadini ottennero libere elezioni e dal 2004 la Polonia fa parte dell'**Unione Europea**. La nazione conta attualmente una popolazione di oltre **38 milioni** di abitanti e alterna aree quasi spopolate, come il nord-est, a zone fittamente popolate, come la capitale **Varsavia** oggi cuore economico e politico del Paese.

L'economia polacca si è profondamente trasformata a partire dalla fine del secolo scorso, anche grazie agli investimenti esteri: per questo il Paese ha conosciuto un rapido sviluppo ed è tuttora in crescita. Grazie alla vastità delle pianure, l'agricoltura è da sempre molto diffusa e specializzata nella coltivazione delle patate. Le **industrie pesanti** sfruttano tanto le risorse del sottosuolo, soprattutto carbone, usato per produrre energia. Recentemente questo territorio ha visto la nascita di nuove industrie, spesso di proprietà straniera (soprattutto tedesca e italiana) che producono automobili, materiale ferroviario, trattori, motociclette e camion. Il terziario non raggiunge ancora i livelli delle economie occidentali seppur sono in crescita le telecomunicazioni e il turismo, che ha come meta le città storiche, i centri religiosi e i numerosi parchi nazionali.

La **Repubblica Ceca** si trova nel cuore dell'Europa ed è priva di sbocchi sul mare: la distanza tra la capitale, **Praga**, e il Mar Baltico è di oltre 600 chilometri, mentre la distanza con il Mare del Nord e con l'Adriatico è più di 700. Il territorio presenta due regioni distinte:

la **Boemia**, formata da un altopiano, racchiuso da quattro catene di monti di modesta altitudine: la Selva Boema, i Monti Metalliferi, i Sudeti e la Alture Morave;

la **Moravia**, delimitata a nord dai Monti Jesenik e a est dai Carpazi Bianchi. Il territorio è in gran parte pianeggiante e attraversato da colline ed è formato dal bacino del fiume Morava.

La Repubblica Ceca conta una popolazione di circa 10 milioni e mezzo di abitanti, concentrati nei centri urbani e in particolare, nella capitale.
Circa il 42% del territorio ceco è destinato alle **coltivazioni**, di cui le principali sono quelle di cereali, specie frumento e orzo. Importante è anche la produzione di foraggio, luppolo, patate e barbabietole da zucchero. I **boschi**, che ricoprono soprattutto il suolo boemo, sono una risorsa significativa, ma sono stati gravemente danneggiati in passato dall'inquinamento e dalle piogge acide. Di buon livello è l'allevamento, in particolare di bovini e suini, favorito dall'abbondante foraggio. Il Paese ha inoltre un'industria di solide tradizioni, favorita dalla disponibilità di risorse minerarie ed energetiche e potenziata recentemente dagli investimenti stranieri. Tra le **risorse minerarie** hanno particolare rilevanza i depositi carboniferi, ma vengono inoltre estratti uranio e caolino. Le **industrie** più sviluppate sono quelle siderurgiche e metallurgiche, dove si lavora piombo e rame.
Infine, la rapida crescita del **terziario,** in particolare nei settori del turismo e del commercio, ha reso questo settore il più importante dell'economia ceca. Gli ingressi di visitatori stranieri, soprattutto tedeschi, hanno superato i 10 milioni all'anno. Anche il settore finanziario, che ha il suo centro nella Borsa valori di Praga, è in espansione. La capitale rappresenta inoltre il nodo della rete stradale e ferroviaria che collega il Paese alle principali città dell'Europa centrale; le autostrade sono ancora limitate, ma in fase di sviluppo.

La **repubblica slovacca** (o semplicemente **Slovacchia**) ha una superficie di quasi 50 mila kmq, pari quindi a un sesto di quella italiana. Priva di sbocchi sul mare, confina con Austria, Polonia, Ucraina, Ungheria e Repubblica Ceca. Come quest'ultima, la Slovacchia fece parte dell'Impero austro- ungarico fino al 1918, quando nacque la Repubblica di Cecoslovacchia. Dopo la Seconda Guerra Mondiale, nel 1945, divenne uno **stato-satellite** dell'Unione Sovietica. Qualche anno dopo la dissoluzione dell'URSS, nel 1993, la Repubblica Slovacca si separò pacificamente dalla Repubblica Ceca e dal 2004 fa parte dell'Unione Europea.
La popolazione di questo territorio, che supera i cinque milioni di abitanti, è distribuita in maniera poco omogenea: la maggior parte si concentra nelle pianure meridionali dove sorgono le due maggiori città. **Bratislava**, la **capitale** del Paese, sulle rive del Danubio vicino al confine con l'Austria e **Kosice**, situata al confine con l'Ungheria.
Dopo la separazione con la Repubblica Ceca, il Paese ha incontrato gravi difficoltà economiche. Nell'ultimo decennio, grazie all'adesione all'Unione Europea e agli investimenti esteri, ha conosciuto una forte crescita economica, confermata dal suo ingresso nell'**area euro.**
Le principali **risorse agricole** sono i **cereali**, le **barbabietole da zucchero** e il **luppolo** anche se la maggior parte del PIL del settore primario deriva dall'allevamento di bovini e suini. Lo sviluppo industriale non si limita agli impianti **siderurgici** e **metalmeccanici** dell'epoca socialista: numerose aziende e industrie, in particolare tedesche, sono state **delocalizzate** nel Paese, dove i costi di produzione sono minori rispetto a quelli

dell'Europa occidentale. In pochi anni, sono sorti in Slovacchia impianti di prestigiosi marchi automobilistici come Volkswagen e Audi. Anche i settori **bancario** e **finanziario** sono in crescita, pur mantenendo dimensioni modeste.

L'**Ungheria** si colloca in una grande pianura alluvionale tagliata dal Danubio e la sua popolazione conta poco meno di **10 milioni** di abitanti distribuiti in modo abbastanza omogeneo sul territorio. L'84% della popolazione è magiaro, ma nel Paese vivono consistenti **minoranze etno-linguistiche.** Il centro urbano di Buda, sulla riva destra del Danubio e quello di Pest, sulla riva opposta, formano **Budapest**, capitale e **unica grande città** dell'Ungheria. Lo sviluppo della metropoli si deve al suo ruolo di **porto fluviale** e alla sua posizione rispetto a importanti vie di comunicazione dell'Europa centrale. Buda e Pest insieme contano 2.5 milioni di abitanti e hanno sempre avuto differenti funzioni: Buda, in passato residenza dei sovrani e importante sede amministrativa, mantiene attività direzionali e conserva i principali monumenti cittadini; Pest è da sempre sede di commerci e centro industriale. Sotto il **sistema socialista filosovietico**, le grandi proprietà agricole ungheresi vennero organizzate in cooperative e le industrie furono potenziate, privilegiando le produzioni di base, come acciaio, composti chimici e carburanti.

Ulteriori riforme economiche portano il Paese ad una maggiore **libertà economica** e, in particolare, favoriscono lo sviluppo di molte industrie di piccole e medie dimensioni, specializzate nella produzione di **beni di consumo** destinati al mercato interno e all'esportazione: tutto ciò ha permesso all'Ungheria di attraversare più rapidamente, rispetto agli altri Paesi dell'Europa orientale, la **transizione al sistema capitalista.**

Abbastanza velocemente, l'economia ungherese si è integrata con quella dell'Unione Europea. Il suo Governo si sta impegnando per assicurare al Paese l'ingresso nell'area dell'**euro.** L'ampia disponibilità di terreni pianeggianti e la fertilità delle terre fanno sì che l'**agricoltura** in Ungheria sia un settore tradizionalmente forte: la metà circa dell'intera superficie è coltivata, mentre è povero di **minerali** e di **riserve energetiche**, quali idrocarburi e carbone. È invece sviluppata l'**industria leggera** nei settori **metalmeccanico, alimentare, tessile, farmaceutico, chimico ed elettronico.** Il terziario appare in rapido sviluppo: il sistema **bancario** è oggi completamente privatizzato, il **commercio** con l'estero è notevolmente cresciuto e sono aumentate le esportazioni. Si è inoltre affermato il **turismo**, diretto verso la capitale e verso le località di soggiorno termale in particolare quelle che circondano il lago di Balaton.

La **Romania** ha una superficie di quasi **240 mila kmq**, pari a due terzi dell'Italia. Confina con Bulgaria, Serbia, Ungheria, Ucraina e Moldavia e si affaccia per un breve tratto sul Mar Nero. Conta **19 milioni** di abitanti, distribuiti in modo irregolare sul territorio: le aree montuose sono quasi disabitate, mentre le pianure e soprattutto le città ospitano gran parte della popolazione.

La **crescita demografica** è **negativa**, come spesso accade nell'Europa orientale, sia per effetto di una bassa natalità, sia a causa di un intenso flusso migratorio diretto verso i Paesi dell'Europa occidentale e soprattutto verso l'Italia. **Bucarest**, la **capitale**, conta 1,8 milioni di abitanti ed è l'unica metropoli del Paese. Situata nella pianura della Valacchia, è sede di attività commerciali e industriali. Oltre che importante centro amministrativo, Bucarest è anche un centro **culturale**, dotato di università e centri scientifici.

La Romania possiede terreni fertili per l'agricoltura e buone risorse del sottosuolo; anche l'allevamento (soprattutto **ovino**) riveste un ruolo importante. Questo Stato è tra i primi produttori di **grano e mais** e **petrolio** in Europa e possiede **miniere** di ferro, carbone, piombo, zinco e bauxite. L'economia è ancora arretrata, ma in forte crescita, soprattutto nel **settore industriale** e del **commercio** con altri Stati dell'UE.

TESI N.9

a. l'Italia
(1) fiumi e laghi
(2) l'agricoltura: caratteristiche strutturali, tipologie, fattori di sviluppo e localizzazione
in rapporto alle condizioni climatiche e ai mercati; relazioni ed effetti sull'ambiente
b. l'Europa
(1) aspetti economici e politici degli Stati e territori appartenenti alla Russia, Ucraina,
Bielorussia e Moldavia

a. l'Italia
(1) fiumi e laghi
Vedi tesi n.4, punto a. (1)

a. l'Italia
(2) l'agricoltura: caratteristiche strutturali, tipologie, fattori di sviluppo e localizzazione in rapporto alle condizioni climatiche e ai mercati; relazioni ed effetti sull'ambiente

L'attività agricola contribuisce all'occupazione nazionale per circa il 3,6%, con circa 921.000 occupati in 1.200.000 aziende agricole su 12 mln di ettari di superficie coltivata. Sul totale degli occupati si registra un divario importante tra il 48% delle donne e il 67% degli uomini; molto significativa, inoltre, è la componente dei lavoratori con cittadinanza straniera che rappresenta il 57% del totale. Dal punto di vista della localizzazione emerge una **polarizzazione delle aziende agricole tra Nord e Sud del Paese**, mentre una quota meno consistente risulta localizzata nel Centro Italia.

La forma giuridica prevalente è quella dell'**impresa individuale**, che da sola copre l'80% del totale, mentre circa il 12% è rappresentato da società di persone e la residua parte da società di capitali, società cooperativa e altre forme. La **dimensione fisica delle imprese agricole è per lo più medio-piccola,** con superfici a coltura inferiori ai 5 ettari; solamente il 3% delle aziende detiene superfici superiori ai 100 ettari. Le imprese rappresentano micro-realtà anche in termini di numero di addetti: si tratta, infatti, nella maggior parte dei casi di imprese con un solo dipendente e sono una quota molto marginale riesce a superare i 10 addetti.

La notevole estensione di latitudine (circa 1180 km) rende molto varie le caratteristiche pedo-climatiche del territorio italiano, favorendo lo sviluppo di sistemi colturali molto diversificati. **La principale coltura è quella dei cereali, con frumento, mais, orzo, riso e avena**; in particolar modo il clima secco e caldo delle regioni meridionali favorisce la coltivazione del grano duro, mentre le regioni settentrionali, più umide e contraddistinte da terreni leggeri, sono più orientate alla coltivazione del grano tenero. L'Italia produce ogni anno intorno agli otto milioni di tonnellate di grano, riuscendo a soddisfare il fabbisogno interno per circa il 50%, mentre la restante parte è di importazione dalla Francia e soprattutto dai Paesi dell'Est. Il recente conflitto russo-ucraino, infatti, ha determinato un'impennata del prezzo del frumento e dei suoi derivati. Il mais, invece, non è coltivato in modo uniforme dato che per la sua maturazione sono necessarie temperature elevate e un buon tasso di umidità: la sua coltivazione, infatti, è concentrata nella zona padana. Infine, per quanto riguarda la produzione di riso, essa è concentrata tra Piemonte e Lombardia. Altre colture sono poi l'olivo, la vite, gli ortaggi, gli alberi da frutto e la patata. L'olivo cresce nelle zone collinari e di bassa montagna, ad eccezione delle zone umide; è presente in Liguria fino ai 400 metri e nelle regioni appenniniche fino agli 800: la maggiore concentrazione olivicola italiana si trova in Puglia. **L'Italia è il secondo produttore europeo di olio di oliva** con una produzione nazionale media di oltre 6mln di quintali; tuttavia, da quando nel 2013 si è manifestato nel Salento il batterio della Xylella circa 21 milioni di olivi sono morti o sono stati abbattuti; attualmente risulta in forte calo l'export dell'olio d'oliva italiano e in spiccata crescita l'importazione del prodotto dalle regioni dell'Africa del Nord. Invece, per quanto riguarda la vite, questa viene coltivata in tutte le regioni italiane, con maggiore concentrazione in Piemonte, Toscana, Umbria e Abruzzo; l'Italia risulta essere il primo produttore mondiale davanti alla Francia, con più di **400 vini a marchio IGP, DOP, DOC, DOCG e IGT**, ossia marchi attribuiti per legge dall'UE, rispettivamente a quei prodotti le cui caratteristiche dipendono dall'origine geografica e la cui produzione avviene in un territorio specifico, a quei prodotti di cui si tutela anche la territorialità di produzione, a quei prodotti di cui si tutela l'unicità delle caratteristiche e così via. Vini noti in Italia sono il Brunello di Montalcino, il Barolo, l'Amarone della Valpolicella, il Chianti Classico, il Franciacorta e il Montepulciano d'Abruzzo. Per quanto riguarda gli alberi da frutto, troviamo gli agrumeti in Sicilia, i meleti in Trentino, Piemonte e Valle d'Aosta e i pereti in Emilia-Romagna e Veneto. Anche in questo caso l'Italia vanta 13 mele a marchio IGP. Abbiamo poi la coltivazione di ortaggi, la coltivazione industriale della barbabietola da zucchero e del tabacco e la coltivazione di patate, i cui principali produttori sono la Campania e l'Abruzzo nella Piana del Fucino.

Il rapporto fra agricoltura e ambiente è estremamente vario e complesso, tenuto conto del fatto che l'agricoltura rappresenta la forma primaria, nonché quella più antica, di reificazione ambientale, dove con reificazione si intende l'attività pratica con cui l'attore territoriale, cioè l'uomo, trasforma lo spazio in territorio. L'intervento dell'uomo è stato sempre teso a soddisfare il fabbisogno alimentare in modo sempre più razionale e completo, tanto da giungere anche ad una eccedenza di produzione. La retorica della massimizzazione produttiva però, in molti casi, ha comportato una eccessiva semplificazione del paesaggio stesso con una riduzione delle varietà di habitat naturali a vantaggio di attività agricole orientate spesso alla monocoltura e alla mono successione colturale, cioè all'insistenza delle stesse colture sempre sugli stessi appezzamenti.
Di fatto, **ogni pratica agronomica, specialmente se attuata in modo particolarmente invasivo e meccanizzato, può avere effetti negativi sull'ambiente**: ad esempio, ad un incremento dell'uso di fertilizzanti, di pesticidi o di altri fattori di produzione – come l'irrigazione – è spesso abbinato un aumento dei livelli di

inquinamento delle acque e dell'aria con perdita di fertilità dei suoli. Tra le conseguenze ecologiche dell'agricoltura intensiva vi sono anche deforestazione, desertificazione, piogge acide e conseguenti cambiamenti climatici.

Negli ultimi anni, tuttavia, a livello di politiche agricole comunitarie, si è assistito ad un progressivo spostamento da obiettivi incentrati sulla produzione agricola ad obiettivi che valorizzano la gestione sostenibile delle risorse naturali. Ad esempio, sempre più spesso si parla di **agricoltura integrata**, che mira cioè alla gestione dell'agroecosistema in accordo con le altre attività presenti sul territorio. Anche l'agricoltura, inoltre, è investita dalla 4° rivoluzione industriale in particolar modo per quanto riguarda l'obiettivo di ridurre drasticamente le quote di scarto dei prodotti alimentari. Infine, per il 2022 va tenuto conto degli incentivi europei e di governo alla modernizzazione e all'estensione occupazionale nel settore, come il **PSR** a sostegno di investimenti nelle aziende agricole, il finanziamento ISEA per il ricambio generazionale nel settore, il programma "resto al sud" che estende incentivi ai professionisti under 46 e il finanziamento per l'esportazione. Quest'ultimo aspetto è fortemente condizionato dalle linee di indirizzo adottate a livello europeo nell'ambito delle aziende bio, dello slow food e della tutela del consumatore e di quelle adottate dal governo italiano nel piano di rilancio del Made in Italy, in particolar modo attraverso la tracciabilità e la tutela del prodotto.

b. l'Europa
(1) aspetti economici e politici degli Stati e territori appartenenti alla Russia, Ucraina, Bielorussia e Moldavia

Questa regione, chiamata regione russa, occupa tutta la parte orientale dell'Europa, proseguendo nell'Asia settentrionale. Di questo territorio fanno parte: la **Federazione Russa**, detta comunemente Russia, un insieme di repubbliche e territori che copre una superficie oltre 17 milioni di km2, la **Bielorussia**, l'**Ucraina e la Moldavia.** Questi Paesi hanno in comune molti momenti della propria storia: entrati a far parte dell'impero russo a partire dal XVII secolo, dopo la rivoluzione del 1917, che portò all'abbattimento del potere degli zar, formarono l'Unione delle Repubbliche Socialiste Sovietiche (URSS). L'URSS era guidata dal partito comunista, l'unico ufficialmente ammesso. Tutte le attività economiche erano sotto lo stretto controllo dello Stato, che possedeva fabbriche, scuole e ospedali.

Nel 1991, con il crollo dei regimi comunisti in tutta l'Europa, si dissolse anche l'URSS. Dal suo scioglimento è nata la Comunità degli Stati Indipendenti (**CSI**), formata oggi da 9 delle 16 repubbliche che costituivano l'URSS. In territorio europeo, oltre alla Russia fanno parte della CSI la Bielorussia e la Moldavia, mentre l'Ucraina si è ritirata nel 2018 in seguito alla crisi della Crimea. Tutte le altre repubbliche della Comunità sono asiatiche. Gli Stati della CSI, pur essendo indipendenti, hanno stretto un'alleanza di tipo politico ed economico che doveva prevedere inizialmente anche la realizzazione di una politica comune in materia di difesa.

La **Federazione Russa** è il più grande Paese del Mondo: si estende infatti su gran parte dell'Europa e su tutta l'Asia settentrionale, ricoprendo una superficie di oltre 17 milioni di km2. La parte europea rappresenta circa un quarto dell'intera superficie ed è convenzionalmente divisa dalla parte asiatica dalla catena degli Urali e dal corso del fiume Ural. La Russia è oggi una **repubblica semipresidenziale** a struttura **federale** che affida ampi poteri a un **presidente** eletto a suffragio universale, il quale ha facoltà di nominare il Primo Ministro, è responsabile della politica estera e ha facoltà di sciogliere l'**Assemblea federale,** organo legislativo composto da due camere: la Duma e il Consiglio della Federazione.

La Russia è costituita da **21 repubbliche**, che al loro interno possono includere province, territori dotati di speciali autonomie e città federali. La **Crimea**, che faceva parte dell'Ucraina dal 1954, si è unita alla Russia nel 2014 in seguito a un referendum non riconosciuto dal Governo di Kiev né dalla comunità internazionale. A livello internazionale, la Russia fa parte della CSI (**Comunità degli Stati Indipendenti**), un organo privo di reali poteri, formato da tutti gli Stati un tempo appartenenti all'URSS, a esclusione di: Estonia, Lettonia, Lituania, Georgia e Ucraina. **Mosca,** capitale della Russia, conta circa un decimo della popolazione di tutta la Russia europea. La città sorge sulle rive del fiume **Moscova**, quasi al centro del Bassopiano Sarmatico. Oltre che centro politico, Mosca è anche sede di numerose **industrie** che operano nei più diversi settori: dalla produzione di beni di consumo a quello di beni ad alto contenuto tecnologico.

Questo Stato, che può vantare **immense risorse naturali del sottosuolo**, agli inizi del XX secolo aveva un'agricoltura arretrata ed era scarsamente industrializzata; riuscì però a colmare il divario con le altre potenze mondiali a tappe forzate, secondo i principi della proprietà comune che si erano affermati durante il regime sovietico. Tramontato il **sistema socialista**, per tutti gli anni Novanta del Novecento, la Russia ha conosciuto una profonda **crisi economica**, dovuta alla difficoltà del passaggio a un'**economia di mercato.** La **privatizzazione** delle aziende agricole e delle industrie, accompagnata dalla drastica riduzione di molti servizi pubblici (istruzione, sanità, previdenza sociale), ha provocato una netta caduta del **tenore di vita** della popolazione e reso drammatico il problema della **disoccupazione.** Solo a partire dal 2000 l'economia del Paese ha ripreso vigore ed era in crescita fino a prima dello scoppio del conflitto con l'Ucraina, anche se la distribuzione della ricchezza appariva fortemente disomogenea dove alle aree urbane, caratterizzate da un buon livello di vita, si contrapponevano aree rurali particolarmente arretrate. Sempre stando alla situazione antecedente al febbraio 2022, la Russia contava oltre un milione di terra coltivata e rappresentava il primo esportatore mondiale di grano, ciò dovuto anche alla politica di credito con cui il governo nel tempo ha incentivato le aziende agricole eredi dei kolchozy (le proprietà collettive sovietiche). La Russia possiede più di un quinto delle foreste mondiali anche se già dagli studi condotti dalla FAO nel 2012 questo potenziale appariva sottoutilizzato.

Negli ultimi anni la Russia è stata spesso descritta come superpotenza energetica: il Paese, infatti, possiede le maggiori riserve mondiali di gas naturali dopo il Qatar, è ottava per riserve di petrolio e seconda per miniere di carbone. A tutto il 2021 la quota di gas proveniente dai giacimenti siberiani in direzione dell'Europa ammontava al 46% del totale; dall'inizio del conflitto la Russia ha iniziato una progressiva riduzione delle forniture e si stima che la fornitura per il 2022 sarà all'incirca del 75% in meno rispetto all'anno passato. La Russia è stato il primo Paese a sviluppare energia nucleare per scopi civili e a costruire la prima centrale nucleare al mondo ed è tuttora il quarto più grande produttore di energia da fissione. Sempre prima del conflitto e delle sanzioni comminate alla Russia, le occupazioni poggiavano per il 36% sul settore industriale, a sua volta strettamente connesso con l'andamento del settore minerario e dei trasporti. Mentre l'industria automobilistica contribuiva in minima parte al comparto industriale, in forte espansione erano l'industria della difesa, la produzione dei mezzi spaziali e la microelettronica. Ad oggi, le sanzioni comminate dall'Europa, dagli USA e dai partner della Nato, nonché il deterioramento dei rapporti con l'Occidente, hanno riportato le esportazioni russe ai livelli della crisi del 2008, l'economia russa ha subito una contrazione del 4%, l'industria automobilistica ha rilevato una paralisi quasi totale con solo 2 aziende su 20 rimaste aperte, i salari reali sono stati erosi del 7% , il colosso del gas Gazprom ha perso il 30% del suo valore e numerose sono le multinazionali che hanno deciso di abbandonare il territorio russo.

L'**Ucraina** è il più grande Paese d'Europa dopo la Russia: vanta, infatti, un territorio circa doppio rispetto all'Italia. Prima dell'invasione da parte della Russia, iniziata il 24 febbraio 2022, contava una popolazione di 42 mln di abitanti, scesa di circa 9 mln di unità tra rifugiati e vittime civili di guerra. Diversi sono i gruppi etnici che compongono la popolazione: ucraini per la maggior parte, ma anche russi – nelle regioni del Donbass e del Donetsk – bielorussi, moldavi, bulgari e ungheresi.

La capitale è **Kiev,** in cui prima del conflitto si concentravano quasi 3 milioni di abitanti, in quanto costituiva un importante centro commerciale, anche grazie al porto sul fiume Dnepr. L'Ucraina è una Repubblica Presidenziale e, pertanto, il potere esecutivo si concentra maggiormente nella figura del Presidente che è sia a capo dello Stato che del governo stesso.

L'Ucraina è un paese ricco di materie prime, sia agricole sia minerarie, e per questo motivo è sempre stata ambita da potenze straniere ed ha subito, in epoca sovietica, l'egemonia della Russia. Caduto il regime comunista, il passaggio a un'economia di libero mercato è stato piuttosto difficile. L'Ucraina ha sofferto molto della **crisi economica internazionale del 2008** e la sua economia, da allora, è in forte recessione. Già prima dello scoppio della guerra, anche a seguito alla crisi russo-ucraina del 2014 per il controllo della Crimea, si presentava come uno tra i Paesi più poveri d'Europa con un PIL pro capite tra i più bassi del continente.

In Ucraina il settore primario è tradizionalmente forte, anche se scarsamente meccanizzato: la forza dell'agricoltura ucraina viene dallo sfruttamento delle terre nere, suoli particolarmente fertili che producono frumento (di cui è tra i primi produttori mondiali), quali cereali e barbabietole da zucchero. Il sottosuolo risulta molto ricco di risorse minerarie come **carbone e ferro**, utilizzate da industrie poco tecnologiche. Ad oggi, delle 6 centrali nucleari ucraine (di cui però soltanto 5 attive), 2 sono in mano russa: quella inattiva di Chernobyl e quella di Zaporizhzhia, anche se la situazione è destinata a mutare quotidianamente. Inoltre, nonostante gli aiuti che giungono da 37 nazioni, Kiev si sta notevolmente indebitando: i bombardamenti hanno danneggiato o abbattuto abitazioni per circa 100 miliardi di dollari, circa 23.000 km di strade sono impraticabili, i danni ai terreni e alle coltivazioni si aggirano intorno ai 4,5 miliardi di dollari; a ciò si aggiungono ospedali, scuole e siti produttivi distrutti.

La **Bielorussia**, il cui nome significa Russia Bianca, è una regione senza sbocchi sul mare. La sua superficie è pari a **20 mila kmq**, pari a un terzo di quella italiana. Abitato fin da tempi remoti da popolazioni slave, il territorio venne spartito più volte tra Polonia e Russia. Entrato a far parte dell'impero russo prima e dell'URSS dopo, il Paese raggiunse l'indipendenza nel **1991**, diventando una repubblica presidenziale.

La popolazione, di quasi 9 milioni e mezzo di abitanti, è composta prevalentemente da bielorussi. **Minsk**, la capitale, sorge su un affluente del fiume Berezine, sulle rotte commerciali che dall'est portano all'ovest. Oggi la città è un importante centro culturale, ma anche un mercato agricolo e sede di grandi industrie. Il Paese non ha ancora completato la sua transizione a un'economia di mercato e ha un ritardo nello sviluppo rispetto ad altri Paesi un tempo parte dell'Unione Sovietica. La sua economia si basa sull'**agricoltura**; la grande superficie agricola permette buone produzioni di **piante industriali e alimentari.** Quasi il 15% dei suoli agricoli non è utilizzabile, in quanto contaminato dalla nube radioattiva provocata dal grave incidente avvenuto nel 1986 nella centrale nucleare di **Chernobyl**, che si trova in Ucraina ma a soli 16 km dal confine. All'epoca dell'Unione Sovietica il Paese era anche cresciuto sul piano industriale; attualmente priva di fonti minerarie ed energetiche, dipende interamente dalle importazioni dalla Russia.

Chiusa tra l'Ucraina e la Romania, la **Moldova** (o Repubblica di Moldovia) è estesa circa un decimo dell'Italia – 30 mila kmq-. La Moldova è parte di una regione più ampia, la **Moldavia**, che per la parte restante appartiene alla Romania. Il Paese è privo di confini naturali, e pertanto è stato a lungo **conteso da diversi popoli**, venendo conquistato da **turchi** e da **russi,** a cui fu legato fino alla dissoluzione dell'**Unione Sovietica**. Raggiunta l'indipendenza nel 1991, sorsero gravi tensioni tra le popolazioni che abitano le diverse parte di Paese. Gli abitanti di lingua russa, stanziati a est del Dnestr, nonostante godessero di larghe forme di **autonomia**, hanno proclamato unilateralmente l'indipendenza della loro regione, la **Transnistria**, che oggi di fatto sfugge al controllo dello Stato moldovo.

L'economia è **povera**: il PIL pro capite è il più **basso** in Europa, la qualità della vita è bassa, e circa un quarto della manodopera è emigrata all'estero. L'economia del Paese si basa principalmente sull'**agricoltura**, settore nel quale lavora un quarto della popolazione attiva, producendo cereali, patate e barbabietole da zucchero. Le industrie non possono contare su grandi risorse minerarie: le poche esistenti appartengono per lo più al settore alimentare, integrato da alcune produzioni nel comparto meccanico, tessile e del tabacco.

TESI N.10

a. l'Italia
(1) le pianure
(2) i settori primario, secondario, terziario, terziario sociale e terziario avanzato: caratteristiche e peculiarità
b. l'Europa
(1) aspetti economici e politici degli Stati e territori appartenenti ai Paesi Baltici

a. l'Italia
(1) le pianure
Vedi tesi n.5, punto a. (1)

a. l'Italia
(2) i settori primario, secondario, terziario, terziario sociale e terziario avanzato: caratteristiche e peculiarità

Il settore primario in Italia occupa circa il 4% della popolazione attiva e contribuisce per il 2% alla ricchezza nazionale: queste percentuali modeste confermano che **l'Italia è un Paese con un'economia prevalentemente basata su industria e servizi**. L'agricoltura italiana è relativamente poco produttiva e soprattutto disomogenea, con forti differenze da regione a regione e diverse tipologie colturali. Conseguenza di ciò è che **molti prodotti alimentari e agricoli devono essere importati**, come cereali, cotone e olio; si esportano, invece, frutta e riso. Il 35% del territorio italiano è montuoso e quindi inadatto alla coltivazione; solo il 23% è pianeggiante e, quindi, favorevole all'attività agricola, mentre il 42 % è occupato da colline, più o meno fertili e con caratteristiche molto variabili. Le zone collinari più produttive sono coperte principalmente da vigne; nelle pianure costiere trovano spazio principalmente agrumeti, in Sicilia, e uliveti. Solo le pianure più estese, come la pianura Padana, ospitano le grandi aziende meccanizzate per la coltivazione cerealicola. **L'allevamento, a sua volta, costituisce una voce importante nell'ambito del settore primario.** In Italia sono attuate principalmente tre tecniche di allevamento: quello intensivo, concentrato nell'area padana; quello estensivo e quello semi-estensivo, localizzato nelle aree montane dell'arco alpino e in quelle collinari delle regioni centro meridionali del Paese. In Italia si allevano prevalentemente bovini da latte e carne, ovini, caprini e suini, anche se gran parte delle carni e dei prodotti caseari sono di importazione, principalmente da Brasile, Germania e Paesi dell'Est-Europa.

La pesca, nonostante le migliaia di chilometri di coste, **ha uno sviluppo limitato** e ciò è dovuto ad una serie di fattori: la bassa pescosità dei mari italiani, il forte peso dell'importazione e il cambiamento delle abitudini alimentari che nel tempo hanno portato a favorire prodotti congelati e semi conservati. La pesca italiana presenta un carattere prettamente artigianale e si distingue, ad esempio, da quella industriale e mono-specifica dell'Europa del Nord, in quanto è rivolta alla cattura di un numero elevato di specie e non al prelievo massivo di una sola tipologia di pesce. Nel primario rientrano poi l'attività selvicolturale e quella estrattiva.

La selvicoltura è concentrata principalmente nella parte settentrionale del Paese; nonostante il territorio italiano sia coperto per il 36% da foreste, il nostro risulta essere tra i Paesi UE con più basso grado di approvvigionamento di materiale legnoso che, infatti, viene importato principalmente dall'Est Europa. L'attività estrattiva, infine, è piuttosto limitata dal momento che l'Italia è carente di materie prime e riserve di combustibili fossili: l'Italia riesce, infatti, a soddisfare il fabbisogno interno soltanto per il 5% ed è, dunque, costretta alle importazioni estere.

Per quanto riguarda il **settore secondario**, la specificità dell'industria italiana consiste nella **lavorazione e nella produzione di manufatti, principalmente in aziende medio-piccole di proprietà familiare**. Quelle più rilevanti dell'economia italiana sono le industrie meccaniche, della difesa, chimiche, elettroniche, tessili, delle costruzioni navali e agroalimentari. Le maggiori produzioni industriali sono situate nelle regioni di Lombardia, Piemonte, Veneto ed Emilia-Romagna. Il Nord, e in particolare il Nord-Ovest, ha tradizionalmente costituito il nucleo dell'industria italiana sia per la facilità degli scambi commerciali con il resto d'Europa, sia per la produzione di energia idroelettrica grazie alla presenza delle Alpi, sia, infine, all'ampio terreno pianeggiante. L'industria pesa poco più di 1/3 sull'economia italiana; attualmente è fortemente orientata al settore motoristico, cantieristico navale, chimico, della gomma, farmaceutico ed energetico. Inoltre, un peso importante è rappresentato dai prodotti di lusso nel campo della moda; tra i marchi più famosi abbiamo Gucci, Prada, Tod's, Armani e Valentino.

Accanto all'industria troviamo l'artigianato che si differenzia per il fatto che gli oggetti utili e decorativi sono fatti completamente a mano e, quindi, unici e non replicabili. Ricadono in questo settore tutte le aziende con meno di cinquanta dipendenti che operano principalmente nel campo dell'abbigliamento, della pelletteria, delle decorazioni, della fotografia, della realizzazione di strumenti musicali e così via. Inoltre, rientrano nell'ambito dell'artigianato elettricisti, idraulici, muratori o fabbri con aziende di dimensioni ridotte e ditte individuali. L'artigianato italiano gode di alta fama mondiale nonostante le difficoltà legate alla crisi economica, alla difficoltà di tramandare l'arte nel tempo e della concorrenza del prodotto industriale, economicamente più accessibile.

Infine, abbiamo **il settore terziario** che, in economia, rappresenta il settore economico in cui si producono o forniscono servizi, ovvero tutte quelle attività complementari e di ausilio alle attività del primario e secondario. In Italia, attualmente, **è quello più sviluppato ed assorbe circa il 70% degli occupati**. Le attività del terziario possono essere classificate in base al tipo di servizi offerti, ai soggetti che usufruiscono di questi servizi e in base all'evoluzione dei servizi stessi. In base al tipo di servizio, le attività del terziario possono essere classificate in commercio, servizi pubblici, turismo, trasporti, attività bancarie o assicurative e attività di ricerca. In base ai soggetti che usufruiscono dei servizi, le attività possono essere classificate in: servizi rivolti ai cittadini e alle famiglie e vi rientrano la ristorazione e le attività di cura della persona; servizi rivolti alle aziende, come marketing, pubblicità, ricerca e progettazione; servizi rivolti alla collettività come i trasporti, i servizi sanitari, la difesa, l'istruzione e la pubblica amministrazione. In questo ambito rientra, inoltre, il cosiddetto terziario sociale ossia tutte quelle attività rivolte, ad esempio, all'assistenza degli anziani o di persone affette da disabilità. In base all'evoluzione dei servizi, infine, si distingue un terziario tradizionale da uno avanzato, quest'ultimo costituito da una serie di servizi che si sono diffusi soprattutto negli ultimi anni a seguito dello sviluppo della tecnologia e delle telecomunicazioni. Rientrano in questo settore le aziende di informatica, quelle che operano con internet e con i nuovi mezzi di comunicazione, come telefonia cellulare e satellitari e ancora quelle che operano nel settore della ricerca.

Le attività del terziario non sono distribuite in maniera uniforme nel Paese: al Sud, a prevalere sono i servizi dello Stato sociale, la pubblica amministrazione e il commercio tradizionale; al Nord, invece, prevalgono la grande distribuzione, il turismo e il terziario avanzato, quest'ultimo organizzato in quelli che vengono definiti tecnopoli. Lo sviluppo dei diversi sistemi che costituiscono il terziario, in realtà, è fortemente dettato dallo sviluppo dei settori con cui questi sono interrelati: ad esempio, nell'Italia settentrionale dove il sistema dei trasporti è più fitto ed avanzato, anche il turismo e la rete delle strutture ricettive sono sviluppati, mentre l'Italia meridionale, da questo punto di vista, è fortemente penalizzata.

b. l'Europa

(1) aspetti economici e politici degli Stati e territori appartenenti ai Paesi Baltici

I Paesi Baltici comprendono tre piccole repubbliche: **Estonia, Lettonia e Lituania**. Il loro territorio, bagnato dal Mar Baltico, è pianeggiante, interrotto qua e là da alture di modesta altezza. La regione è poco popolata: il numero totale degli abitanti è di soli **7 milioni**, di cui circa la metà residenti in Lituania. Inoltre, da più di un decennio, la popolazione di tutti e tre i Paesi continua a **calare**: negli ultimi cinque anni gli abitanti complessivi sono diminuiti di oltre 400 000 unità. Questa situazione, che costituisce un record negativo a livello mondiale, è dovuta a diverse cause: al bassissimo tasso di fecondità, al saldo migratorio negativo (con l'eccezione della Lituania) e al peggioramento del livello di vita dopo l'indipendenza dall'Unione Sovietica, raggiunta nel 1991.

L'economia delle tre repubbliche baltiche, che era tra le più ricche e avanzate dell'URSS, dopo l'indipendenza ha attraversato un lungo periodo di difficoltà. Per un decennio, il reddito nazionale è diminuito e i tre Paesi hanno dovuto affrontare gravi problemi: la mancanza di materie prime energetiche, la limitatezza dei mercati interni e la scarsa efficienza e competitività dell'industria. Una certa ripresa economica è iniziata solo pochi anni prima dell'ingresso nell'Unione Europea, avvenuto a metà del 2004. Ciò ha favorito gli investimenti esteri soprattutto da parte di aziende tedesche e svedesi. I Paesi Baltici, tuttavia, hanno i più bassi redditi per abitante fra gli stati dell'UE.

L'**Estonia** si affaccia da due lati sul Mar Baltico, diviso nei golfi di Finlandia (a Nord) e di Riga (a Ovest). Possedimento svedese dagli inizi del XVI secolo, nel Settecento l'Estonia fu assorbita dall'Impero russo. Nel 1918 divenne una repubblica indipendente.

Annessa durante la Seconda Guerra Mondiale all'Unione Sovietica, riconquistò l'**indipendenza** nel 1991.

Dal 2004 fa parte dell'Unione Europea. Dopo il crollo dell'URSS, l'Estonia visse una situazione di crisi, da cui uscì grazie alla **privatizzazione** di molti settori economici e all'apertura agli **investimenti esteri** e ai commerci con l'**Unione Europea.**

Il Paese ha sofferto della crisi mondiale nel 2008, ma negli ultimi anni è tornato ad espandersi economicamente. Sono floride soprattutto le **attività industriali**, che comprendono imprese dei settori alimentare, tessile, meccanico, chimico, della gomma e metallurgico. Non mancano poi alcune produzioni ad **alta tecnologia,** nei campi delle telecomunicazioni, dell'elettronica e dell'informatica. L'agricoltura non è molto sviluppata perché i terreni rimangono gelati per molti mesi all'anno. La capitale, **Tallinn**, sorge sul Golfo di Finlandia ed è un attivo porto industriale e commerciale.

Con una superficie di oltre **60 mila kmq,** la **Lettonia** si affaccia sul Mar Baltico a ovest e a nord, dove si apre la profonda insenatura del Golfo di Riga. La distribuzione degli abitanti è poco omogenea e circa un terzo vive nella **capitale Riga**, che conta 641 mila abitanti ed è un importante centro culturale, sede di istituti universitari e di istituzioni scientifiche, ma anche centro commerciale e industriale. Durante il dominio sovietico, molti stranieri si trasferirono nel Paese, tanto che ancora oggi i **lettoni** sono appena il 62% della popolazione, che comprende anche numerosi russi, bielorussi, ucraini e polacchi. Dopo la conquista dell'indipendenza, i movimenti nazionalisti imposero l'adozione di rigide norme per ottenere la **cittadinanza.** A lungo penalizzata sul pano economico dalla sua appartenenza all'URSS, dopo l'indipendenza la Lettonia ha conosciuto una fase di **rapido sviluppo**. A favorirla in questo processo è stata soprattutto la vicinanza con la **Svezia**, con la quale il Paese mantiene **rapporti molto stretti**.

Dopo l'adesione all'**Unione Europea** del 2004 e dopo la **crisi economica globale** del 2008, la Lettonia è tornata a crescere, confermando il suo soprannome di "tigre del Baltico". Il territorio pianeggiante e fertile favorisce l'agricoltura e le vaste foreste forniscono ancora molto legname. Alle industrie tradizionali, come quelle tessili, si sono affiancate molte produzioni ad alta tecnologia, nei settori dell'informatica, della farmaceutica e delle telecomunicazioni.

La **Lituania** è bagnata dal Mar Baltico per circa 100km, 80 dei quali affacciati sulla laguna dei Curi. Con una superficie di **65 mila kmq,** è il più meridionale e il meno marittimo tra i Paesi Baltici. Conta 3 milioni di abitanti, distribuiti in maniera regolare su tutto il territorio; la capitale è **Vilnius** ed è situata nella parte interna del Paese. La Lituania è tradizionalmente legata alle **produzioni agricole** e si dotò di un primo apparato industriale negli anni in cui apparteneva all'Unione Sovietica.

Ottenuta l'indipendenza, ha saputo rapidamente trasformarsi in un'economia di mercato. La crescita economica è stata intensa negli ultimi anni, anche se l'economia lituana rimane quella meno sviluppata dei tre Paesi Baltici. Inizialmente dotata di raffinerie, stabilimenti chimici e industrie tradizionali, come quelle tessili, alimentari e del legno, oggi la Lituania possiede anche stabilimenti ad **alta tecnologia**, soprattutto nei campi dell'elettromeccanica e dell'elettrotecnica. Il Paese è povero di fonti di energia e fa largo ricorso all'**energia nucleare**. Per attirare i capitali necessari allo sviluppo, sono state adottate **agevolazioni fiscali** per gli investitori stranieri e a tale scopo è stata creata una zona economica libera.

CARTINE GEOGRAFICHE

a. Italia fisica

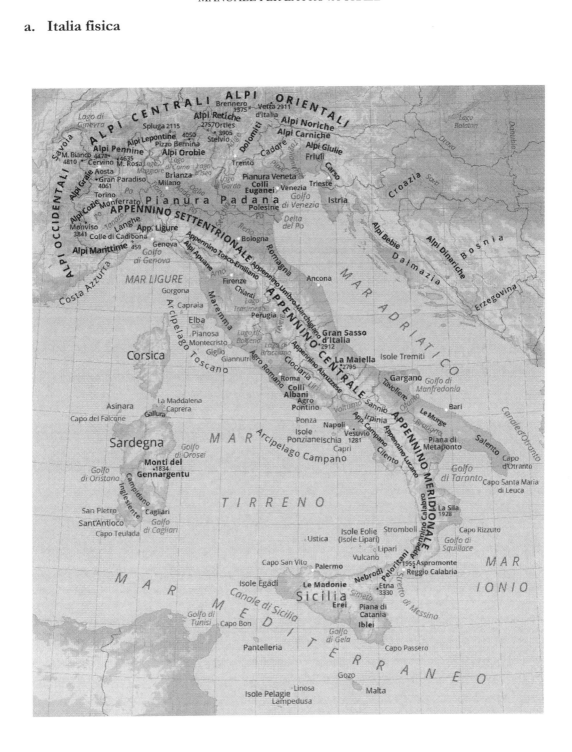

b. Italia politica

c. Europa fisica

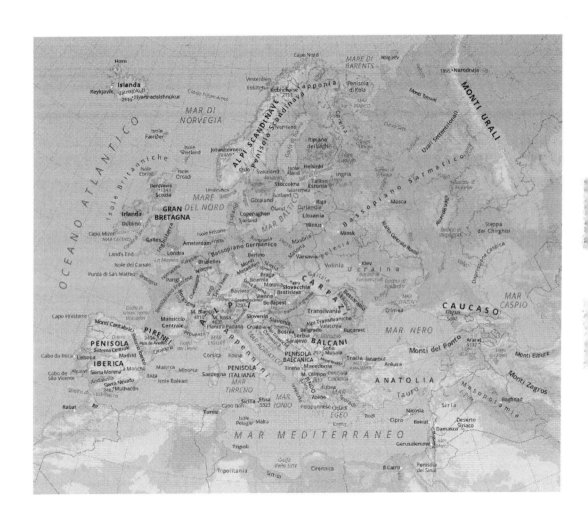

d. Europa politica

MATEMATICA

TESI N.1

a. *Caratteristiche degli insiemi numerici ed operazioni con essi. Gli insiemi N, Z, Q, R.*

b. *Scomposizione di polinomi in fattori. Operazioni con le frazioni algebriche.*

c. *Gli enti primitivi della geometria euclidea. Semirette, segmenti, angoli: definizioni e proprietà.*

d. *La relazione di equivalenza nel piano. Teorema di Pitagora e sue applicazioni.*

a. Caratteristiche degli insiemi numerici ed operazioni con essi. Gli insiemi N, Z, Q, R.

Che cos'è un insieme

Un **insieme** è un raggruppamento ben definito di oggetti. Ognuno di questi oggetti è un **elemento** dell'insieme e diciamo che **appartiene** all'insieme.

Per poter parlare di un insieme ed operare con esso è necessario sapere con certezza se un qualsiasi oggetto appartiene o non appartiene ad esso.

Sono insiemi:

- «Le pietanze che fanno uso di pomodoro»,
- «Le bevande contenenti meno del 5% di zucchero»,
- «I campeggi italiani dotati di piscina»,
- «I numeri pari»,

poiché la loro costruzione si basa su criteri oggettivi.

Non sono insiemi:

- «I cibi saporiti»,
- «Le bevande contenenti poco succo d'arancia»,
- «Gli agriturismi più belli d'Italia»,
- «I numeri con tante cifre»,

poiché le informazioni fornite non sono sufficienti per stabilire con certezza quali oggetti fanno parte del raggruppamento e ognuno di noi potrebbe considerare elementi diversi.

Per descrivere un insieme possiamo fornire la **proprietà caratteristica**, oppure procedere per **elencazione**, scrivendo tutti gli elementi dell'insieme separati da virgole e fra parentesi graffe. Indichiamo un insieme con una lettera maiuscola; usiamo il simbolo $\in$, «appartiene», per dire che un oggetto è un elemento dell'insieme, e il simbolo $\notin$, che significa «non appartiene», per dire che l'oggetto non è un elemento dell'insieme.

Proprietà caratteristica	Elencazione	$\in$ o $\notin$
le articolazioni della scuola alberghiera	$S = \{$sala e vendita, enogastronomia, accoglienza turistica, prodotti dolciari$\}$	enogastronomia $\in S$ cucina orientale $\notin S$

Se rappresentiamo un insieme per elencazione, ogni elemento deve essere presente una sola volta nell'elenco.

L'ordine con cui gli elementi compaiono non ha importanza.

Rappresentiamo graficamente un insieme con un **diagramma di Eulero-Venn** o, più brevemente, **diagramma di Venn**.

Tracciamo il diagramma di Venn dell'esempio precedente.

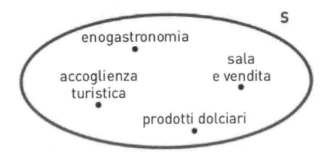

Usiamo una lettera minuscola per indicare un elemento generico di un insieme; inoltre, spesso possiamo scrivere in modo sintetico la proprietà caratteristica come nell'esempio seguente.

$\{x \in N \ / \ x > 3\}$ indica l'insieme $\{4, 5, 6, 7, 8, \ldots\}$.

si legge: «tale che»

Classificazione degli insiemi

Un insieme può essere:

- **Finito**, se contiene un numero finito di elementi;
- **Infinito**, se contiene infiniti elementi;
- **Vuoto**, se non contiene elementi.

Insiemi uguali hanno gli stessi elementi.

Insiemi equipotenti o **equipollenti** hanno lo stesso numero di elementi.

Insiemi disgiunti non hanno elementi comuni.

Un insieme B, costruito raggruppando elementi di un altro insieme A, si dice **sottoinsieme** di A. L'insieme B, sottoinsieme di A, può essere:

- **Proprio**, se contiene una parte degli elementi di A.
- **Improprio**, se li contiene tutti oppure nessuno.

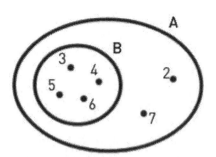

$B \subseteq A$ perché se $x \in B$, allora $x \in A$;

$B \subset A$ perché $B \subseteq A$ e, per esempio,

$2 \in A$ ma $2 \notin B$.

Si definisce **cardinalità** di un insieme il numero di elementi che l'insieme contiene. Per indicare la cardinalità dell'insieme A usiamo indifferentemente i seguenti simboli: **#A, |A|, car(A)**.

Spesso, al posto del termine cardinalità, possiamo trovare i termini **potenza** oppure **ordine** o anche **numerosità**.

Gli insiemi numerici
- **Numeri primi**: 2, 3, 5, 7, 11, 13…
Un numero maggiore di 1 si dice primo se è divisibile soltanto per uno e per sé stesso. Qualunque numero può essere sempre espresso come prodotto di numeri primi. Questo processo di scomposizione di un numero in fattori primi si chiama **fattorizzazione**.
- **Numeri naturali (N)**: 0, 1, 2, 3, 4, 5…
I numeri naturali rappresentano tutti i numeri interi positivi. Il risultato di una somma o di una moltiplicazione tra due numeri naturali è ancora un numero naturale. Questa proprietà si definisce **chiusura** dell'operazione nell'insieme.
Dato un numero naturale *n*, si definisce suo successore il risultato della somma *n + 1*, invece suo precedente il risultato della sottrazione *n -1*.
- **Numeri relativi (Z)**: …-3, -2, -1, 0, 1, 2, 3…
Questo insieme rappresenta un ampliamento del precedente, comprendendo non solo gli interi positivi, ma anche i negativi, che si ottengono anteponendo il segno meno a ciascun numero naturale.
- **Numeri razionali (Q)**: $\frac{1}{5}$; $\frac{2}{3}$; $3,1\overline{2}$; $0,2$…
Si definisce razionale il numero ottenibile come rapporto tra due numeri interi, il secondo dei quali diverso da zero.

Nei numeri razionali sono compresi: **decimali, frazioni, decimali periodici.**

- **Numeri irrazionali (I):** $\sqrt{2}$, π, e...

È l'insieme dei numeri non esprimibili come rapporto tra interi, per cui comprende: radici non perfette, valori delle funzioni goniometriche, numeri decimali illimitati non periodici, numeri trascendenti (come il numero di Nepero ed il π).

- **Numeri reali (R)**

È l'insieme che comprende tutti i numeri precedentemente elencati. Quindi si ottiene dall'unione dei **razionali** con gli **irrazionali**.

- **Numeri complessi (C)**

È l'insieme che comprende tutte le soluzioni di equazioni con coefficienti reali. In questo insieme, ad esempio, è possibile estrarre la radice quadrata di un numero negativo.

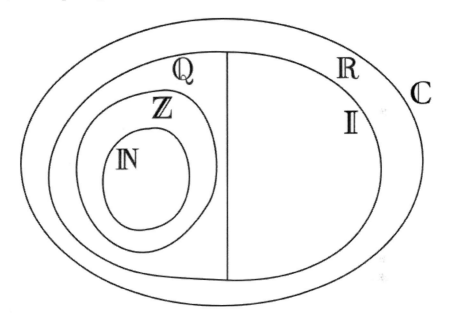

Operazioni con gli insiemi

- **Unione insiemistica ($\cup$).** È l'insieme che si forma dalla fusione di due o più insiemi. L'unione di due **insiemi non vuoti** sarà sempre un insieme non vuoto.

Esempio:
Dati A = {1, 2, 3, 4, 5, 6}; B = {4, 5, 6, 7, 8, 9, 10} $\rightarrow$ C = A $\cup$ B = {1, 2, 3, 4, 5, 6, 7, 8, 9, 10}

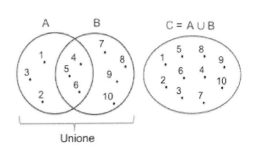

- **Intersezione insiemistica (∩).** È l'insieme formato dagli elementi comuni a due insiemi dati. L'intersezione tra due insiemi **disgiunti** è sempre vuota.

Esempio:
Dati A = {1, 2, 3, 4, 5, 6}; B = {4, 5, 6, 7, 8, 9, 10} → C = A ∩ B = {4, 5, 6}

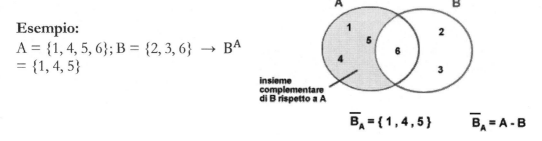

- **Insiemi complementari.** Dato B sottoinsieme di A, si dice insieme **complementare** di B rispetto ad A l'insieme di tutti gli elementi di A che **non** stanno in B.

Esempio:
A = {1, 4, 5, 6}; B = {2, 3, 6} → B^A = {1, 4, 5}

Se gli elementi di due insiemi numerici equipotenti sono in rapporto costante tra loro, questo rapporto si definisce **costante di proporzionalità diretta**. Se, invece, è il loro prodotto ad essere costante, si parla di **costante di proporzionalità inversa**.

Esempi:
A = {77, 14, 700}; B = {11, 2, 100}
È evidente che, moltiplicando per 7 ogni elemento di B, troviamo ogni elemento di A. Dunque 7 è la costante di proporzionalità diretta.
A= {2, 3, 4, 5}; B = {60, 40, 30, 24}
Il prodotto tra elementi corrispondenti è sempre 120. Dunque, 120 è la costante di proporzionalità inversa.

Dati due insiemi A e B si definisce **prodotto cartesiano A X B** l'insieme che ha per elementi coppie ordinate di elementi, il primo dei quali proveniente dal primo insieme, il secondo dal secondo insieme.

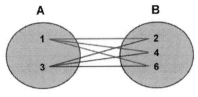

Esempio:

A= {1, 3}; B = {2, 4, 6} → A X B = {(1; 2), (1; 4), (1; 6), (3; 2), (3; 4), (3; 6)}

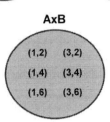

Dato un insieme A, **l'insieme delle parti** di A, che si denota con **P(A)**, è l'insieme di tutti i possibili sottoinsiemi di A.

Esempio:

A = {a, b, c} → P(A) = {{0}, {a}, {b}, {c}, {a, b}, {a, c}, {b, d}, {a, b, c}}. Il numero di elementi di P(A) si calcola elevando 2 al numero di elementi di A.

Nella tabella riportata di seguito elenchiamo i vari simboli utilizzati in ambito insiemistico:

Simboli insiemi	Significato
{a,b,c,d}	insieme formato dagli elementi a,b,c,d
∅	insieme vuoto
∈	appartiene a...; è elemento di...
∉	non appartiene a...;non è elemento di...
⊂	è sottoinsieme di...; è incluso in ...
⊄	non è sottoinsieme di...; non è incluso in...
⊆	sottoinsieme improprio
∩	intersezione
∪	unione
A\B	differenza fra A e B
A^c	complementare di B rispetto A
A×B	prodotto cartesiano di A e B
$\wp$(A)	insieme delle parti di A
∃	esiste
∄	non esiste

b. Scomposizione di polinomi in fattori. Operazioni con le frazioni algebriche.

Scomporre un polinomio in fattori significa esprimerlo come prodotto di due o più fattori polinomiali di grado inferiore.

Individuiamo quattro metodi di scomposizione:

- **Raccoglimento a fattor comune:**

Se in tutti i termini di un polinomio è contenuto uno stesso fattore, lo mettiamo in evidenza con un **raccoglimento totale a fattore comune**.

Esempi:
Scomponiamo $5x - 10xy + 15y$.
Il fattore comune a tutti i termini è **5**:

$$5x - 10xy + 15y = 5 \cdot (x - 2xy + 3y)$$

Scomponiamo $(3a + 2) - (3a + 2)^2$.
Il fattore comune a tutti i termini è $(3a + 2)$:

$$(3a + 2) - (3a + 2)^2 = (3a + 2)[1 - (3a + 2)] = (3a + 2)(1 - 3a - 2)$$
$$= (3a + 2)(-1 - 3a)$$

- **Raccoglimento parziale:**

Nel **raccoglimento parziale**, prima si raccolgono i fattori comuni soltanto a parti del polinomio, poi si raccoglie un fattore comune alle diverse parti.

Esempio:
Scomponiamo $y^4 - y^3 - 2y + 2$.
$$y^4 - y^3 - 2y + 2 = y^3(y - 1) - 2(y - 1) = (y - 1)(y^3 - 2)$$

- **Riconoscimento di prodotti notevoli:**

Tutte le seguenti uguaglianze si verificano calcolando il prodotto che si trova nel secondo membro e forniscono delle regole di scomposizione in fattori.

- **Differenza di due quadrati:** $A^2 - B^2 = (A + B)(A - B)$;
- **Quadrato di binomio:** $A^2 \pm 2AB + B^2 = (A \pm B)^2$;
- **Quadrato di trinomio:** $A^2 + B^2 + C^2 + 2AB + 2AC + 2BC = (A + B + C)^2$;
- **Cubo di binomio:** $A^3 \pm 3A^2B + 3AB^2 \pm B^3 = (A \pm B)^3$;
- **Differenza di cubi:** $A^3 - B^3 = (A - B)(A^2 + AB + B^2)$;
- **Somma di cubi:** $A^3 + B^3 = (A + B)(A^2 - AB + B^2)$.

Esempi:
Scomponiamo in fattori:

$$25a^2 - b^6 = (5a)^2 - (b^3)^2 = (5a + b^3)(5a - b^3)$$
$$9x^4 - 6x^2y + y^2 = (3x^2)^2 - 2 \cdot 3x^2y + y^2 = (3x^2 - y)^2$$
$$a^3 - 1 = a^3 - 1^3 = (a - 1)(a^2 + a + 1)$$

Facciamo rientrare in questa categoria anche il riconoscimento di un **trinomio notevole**, cioè un trinomio di secondo grado del tipo $x^2 + sx + p$ e scomponibile nel prodotto $(x + a)(x + b)$ se s = a + b e p = ab

Esempio:
Scomponiamo in fattori $a^2 - 10a + 16$:
$$a^2 - 10a + 16 = (a - 8)(a - 2)$$
Facendo attenzione ai segni, dobbiamo cercare tra i divisori del termine noto quei due numeri la cui somma ci dia il coefficiente centrale: $-8 + (-2) = -10$ ed il cui prodotto ci dia il termine noto: $-8 \cdot (-2) = +16$.

- **Regola di Ruffini:**

Dato un qualunque polinomio $P(x)$, se esiste un numero **n** tale che $p(n) = 0$, allora possiamo dire che $P(x) = (x - n) \cdot q(x)$.
Questa regola stabilisce che, se **n** è un numero che, sostituito alla variabile **x**, annulla il valore del polinomio, allora il polinomio di partenza viene scomposto in due fattori che sono $(x - n)$ ed un altro polinomio $q(x)$ di grado strettamente minore rispetto al grado di $P(x)$; si dirà anche che **n** è radice del polinomio $P(x)$. In questo caso la divisione $P(x):(x - n)$ ha resto zero; in generale il valore del resto è sempre uguale al valore $p(n)$.
Scomponiamo $P(a) = 3a^2 + a - 2$
Cerchiamo gli zeri del polinomio fra i divisori del termine noto, ossia + 1, - 1, + 2, - 2, e fra le frazioni 1/3, -1/3, 2/3 e -2/3 (ottenute dalla divisione dei suddetti divisori per il coefficiente numerico associato al termine di più alto grado, $3a^2$).
$P(1) = 3(1)^2 + 1 - 2 = 2 \neq 0;$
$P(-1) = 3(-1)^2 + (-1) - 2 = 0.$
Per l'applicazione della regola di Ruffini deve essere disegnata una tabella.

	3	1	-2
-1		-3	2
	3	-2	0

Nella prima riga vanno inseriti i coefficienti numerici associati ai termini del polinomio da scomporre; nella seconda riga, nella colonna di sinistra, si inserisce il valore che annulla il polinomio, in questo caso **-1**, poi si procede con le operazioni nella seguente maniera: nella terza riga si riscrive il coefficiente numerico

227

del termine con grado più alto, in questo caso **3,** perché il termine con grado più alto è **3a²**; successivamente questo coefficiente va moltiplicato per il valore che annulla il polinomio, quindi **3 · (−1) = −3**, risultato che, a sua volta, viene trascritto nella seconda riga, al di sotto del secondo coefficiente. I termini così incolonnati si sommano algebricamente: **1 + (−3) = 1 − 3 = −2**. Quest'ultimo termine viene trascritto nella terza riga, accanto al 3. Si procede come prima, moltiplicando il risultato ottenuto per la radice del polinomio: **−2 · (−1) = 2**. Ancora una volta trascrivo il risultato ottenuto nella riga superiore, la seconda, al di sotto del termine noto, **-2**. Sommo algebricamente i numeri incolonnati: **−2 + 2 = 0**. Il resto è pari a 0, così come deve essere, perché sto dividendo il polinomio per una sua radice, cioè per un termine che lo annulla.

I coefficienti della terza riga rappresentano i coefficienti numerici del polinomio $q(x) = 3a − 2$, il quoziente della divisione, quindi: $3a^2 + a − 2 = (a + 1) \cdot (3a − 2)$ perché $P(a) = (x − n) \cdot q(a)$.

Esempio:

Scomporre il polinomio: $2x^4 + x^3 − 8x^2 − x + 6$ utilizzando la Regola di Ruffini e riportando ogni passaggio. Vediamo che $P(−1) = 2(−1)^4 + (−1)^3 − 8 \cdot (−1)^2 − (−1) + 6 = 2 − 1 − 8 + 1 + 6 = 0$, quindi -1 è uno zero del polinomio.

	2	1	-8	-1	6
-1					

→

	2	1	-8	-1	6
-1					
	2				

	2	1	-8	-1	6
-1		-2			
	2				

→

	2	1	-8	-1	6
-1		-2			
	2	-1			

	2	1	-8	-1	6
-1		-2	1		
	2	-1			

→

	2	1	-8	-1	6
-1		-2	1		
	2	-1	-7		

	2	1	-8	-1	6
-1		-2	1	7	
	2	-1	-7		

→

	2	1	-8	-1	6
-1		-2	1	7	
	2	-1	-7	6	

2	1	-8	-1	6
-1		-2	1	7	-6
2	-1	-7	6	

$\rightarrow$

2	1	-8	-1	6
-1		-2	1	7	-6
2	-1	-7	6	0

Dunque otteniamo:

$$2x^4 + x^3 - 8x^2 - x + 6 = (x+1) \cdot (2x^3 - x^2 - 7x + 6)$$

Operazioni con le frazioni algebriche

Le **frazioni algebriche** sono espressioni matematiche definite mediante il **rapporto tra due polinomi**, quindi costituite da un polinomio numeratore e da un polinomio denominatore.

Per la definizione che ne abbiamo appena dato, capiamo che, in una frazione algebrica, si deve sempre indicare la sua **condizione d'esistenza**, vale a dire quei valori per cui essa ha significato, quindi quei valori per cui essa ha un denominatore diverso da 0.

Supponendo di avere una frazione algebrica del tipo $p(x)/q(x)$, essa esiste per tutti quei valori per cui $q(x) \neq 0$. Questo significa che, se esiste un valore numerico tale che, sostituito alla x, annulla il denominatore, allora per quel valore la frazione $p(x)/q(x)$ non esiste.

Esempio:
La frazione algebrica $(3a - 2)/(a + 4)$ esiste per tutti i valori **tranne che per $a = -4$**; infatti se $a = -4$ la nostra frazione varrebbe -14/0, che non ha significato.

Per **semplificare** una frazione algebrica occorre:
- **scomporre** i termini della frazione algebrica, mediante l'utilizzo dei metodi di scomposizione appena descritti;
- **dividere** per il massimo comun divisore (**M.C.D.**) il numeratore ed il denominatore.

Dunque si opera come nelle frazioni tra numeri relativi, tuttavia in questo caso si ha a che fare con dei polinomi.

Esempio:

$$\frac{x^2 + 2xy + y^2}{x^2 - y^2} = \frac{(x+y)^2}{(x+y) \cdot (x-y)} = \frac{(x+y)}{(x-y)}$$

Addizione e sottrazione tra due o più frazioni algebriche

La **somma algebrica** (addizione e sottrazione) di due o più frazioni algebriche aventi lo stesso denominatore è una frazione algebrica che ha per denominatore lo stesso denominatore e per numeratore la somma algebrica dei numeratori. Ciò implica che l'operazione di addizione e di sottrazione tra frazioni algebriche debba essere preceduta da quella di riduzione al minimo comune denominatore.

Esempio:

$$\frac{b+1}{ab^2} + \frac{a-1}{a^2b} = \frac{a \cdot (b+1) + b \cdot (a-1)}{a^2b^2} = \frac{ab + a + ab - b}{a^2b^2}$$
$$= \frac{2ab + a - b}{a^2b^2} \quad \text{con } a \neq 0 \wedge b \neq 0$$

Moltiplicazione di due o più frazioni algebriche
Il risultato di questa operazione, la **moltiplicazione**, è una frazione algebrica che ha per numeratore il prodotto dei numeratori e per denominatore il prodotto dei denominatori delle frazioni date, dopo la loro riduzione ai minimi termini.

Esempio:

$$\frac{a^2 + 4}{a+4} \cdot \frac{a+4}{1-a} = \frac{a^2 + 4}{1-a} \quad \text{con } a \neq -4 \wedge a \neq 1$$

Divisione tra due o più frazioni algebriche:
Il **quoziente** tra due frazioni algebriche si ottiene moltiplicando la prima frazione per il reciproco della seconda. Si ritorna, dunque, allo svolgimento della moltiplicazione.

Esempio:

$$\frac{a^2 - 1}{a^2} : \frac{a+1}{a} = \frac{(a-1) \cdot (a+1)}{a^2} \cdot \frac{a}{a+1} = \frac{a-1}{a} \quad \text{con } a \neq 0$$

Potenza di una frazione algebrica
La **potenza** di una frazione algebrica si ottiene elevando all'esponente della potenza sia il numeratore che il denominatore.

Esempio:

$$\left(\frac{a-2}{b}\right)^2 = \frac{a^2 - 4a + 4}{b^2} \quad \text{con } b \neq 0$$

c. Gli enti primitivi della geometria euclidea. Semirette, segmenti, angoli: definizioni e proprietà.

Sono **elementi primitivi** della geometria **il punto** (che si indica con una lettera maiuscola ed è **adimensionale**), **la retta** (che si indica con una lettera minuscola ed è **monodimensionale**) ed il **piano** (che viene invece indicato con le lettere greche minuscole ed è **bidimensionale**).

Di conseguenza lo **spazio** presenta **3 dimensioni**: altezza, larghezza e profondità.

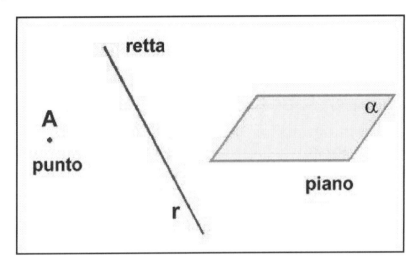

I **postulati della geometria euclidea** si dividono in:

- **Postulati di esistenza:**
  - lo spazio è l'insieme di tutti i punti, rette e piani sono sottoinsiemi dello spazio;
  - una retta contiene infiniti punti;
  - un piano contiene infinite rette;
  - uno spazio contiene infiniti piani;

- **Postulati di appartenenza:**
  - per un punto passano infinite rette;
  - per due punti passa una sola retta;
  - per tre punti non allineati passa uno ed un solo punto; un piano contiene infinite rette;
  - V postulato di EUCLIDE: "data una retta ed un punto non appartenente ad essa, per quel punto si può tracciare solo una retta parallela alla retta data"

Semirette e segmenti

Una **semiretta** è la parte di retta che ha un punto di inizio, l'**origine**, ma non ha una fine.

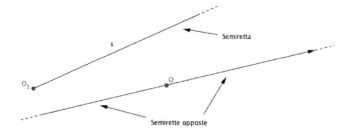

Il **segmento** è una parte di retta delimitata da due punti, definiti **estremi**.
Si definiscono **segmenti consecutivi** quelli che hanno in comune soltanto un estremo.
I **segmenti adiacenti** sono quelli che sono consecutivi ed appartengono alla stessa retta.

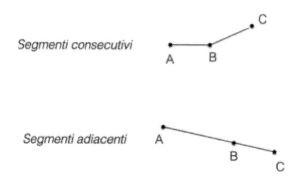

Semipiani ed angoli

Il **semipiano** è ciascuna delle due parti in cui viene suddiviso un piano da una sua retta. La retta viene identificata come origine dei semipiani ed è comune ad entrambi.

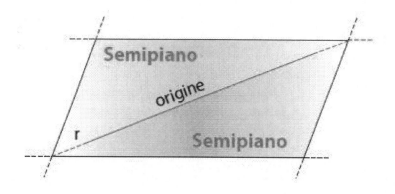

L'**angolo** è ciascuna delle due parti in cui viene suddiviso un piano da **due semirette** aventi la stessa origine. L'origine si dice **vertice** dell'angolo mentre le due semirette che ne originano si dicono **lati** dell'angolo.

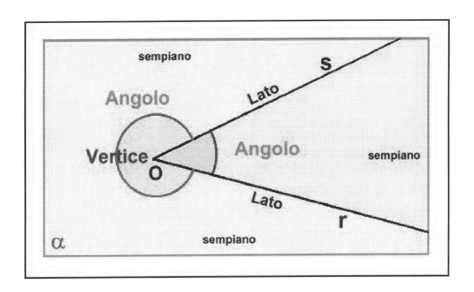

L'**angolo nullo** ha per lati due semirette sovrapposte; la sua ampiezza è di 0°.
L'**angolo retto** ha per lati due semirette perpendicolari; la sua ampiezza è di 90°.
L'**angolo piatto** ha i lati che sono uno il prolungamento dell'altro; la sua ampiezza è di 180°.
L'**angolo giro** ha per lati due semirette sovrapposte e contiene tutti i punti del piano; la sua ampiezza è di 360°.

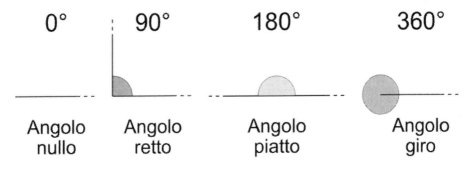

Un **angolo concavo** contiene i prolungamenti dei lati e risulta sempre essere **maggiore di un angolo piatto**.

Un **angolo convesso**, al contrario, non contiene i prolungamenti dei suoi lati ed è sempre **minore di un angolo piatto**.

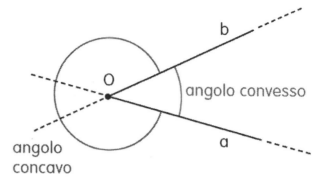

Un **angolo ottuso** è un angolo concavo, quindi minore di un angolo piatto, ma maggiore di un angolo retto e quindi di 90°.

Un **angolo acuto** è un angolo minore di un angolo retto.

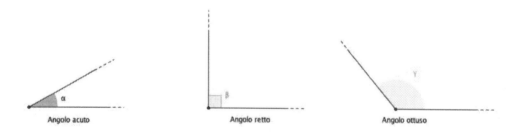

Angolo acuto   Angolo retto   Angolo ottuso

Gli **angoli consecutivi** hanno il vertice ed un lato in comune, gli altri due lati sono situati dalla parte opposta rispetto al lato comune.

Gli **angoli adiacenti** sono angoli consecutivi i cui lati non in comune giacciono sulla stessa retta.

Gli **angoli opposti al vertice** sono angoli i cui lati del primo sono i prolungamenti dei lati dell'altro.

Angoli congruenti hanno la stessa ampiezza e sono sovrapponibili.

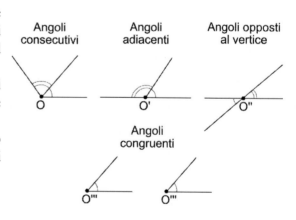

Relazione tra rette e segmenti

Due rette appartenenti allo **stesso piano** si dicono **complanari**. A seconda della loro posizione reciproca due rette complanari possono essere:

- **incidenti:** hanno un punto in comune;
- **coincidenti:** hanno tutti i punti in comune;
- **parallele:** non hanno punti in comune;

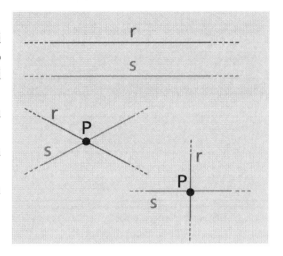

Due rette incidenti si definiscono **perpendicolari** quando, incontrandosi, formano **quattro angoli retti**.

Due rette non incidenti possono essere **non complanari**: si definiscono **sghembe**.

Un **fascio proprio di rette** è l'insieme di tutte le rette del piano che passano per lo **stesso punto** (**centro** del fascio).

Un **fascio improprio di rette** è l'insieme di tutte le rette del piano parallele ad una data.

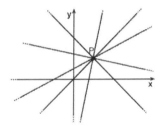

Fascio proprio di rette per un punto P: insieme di tutte le rette del piano passanti per P. P è detto **centro del fascio**.

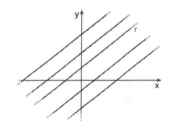

Fascio improprio di rette parallele a una retta r.

La **distanza di un punto da una retta** è la distanza che si trova tracciando la perpendicolare dal punto alla retta.

La **proiezione di un punto su retta** è il punto di intersezione che si ottiene tracciando la perpendicolare dal punto alla retta.

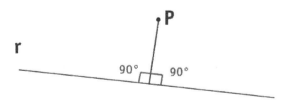

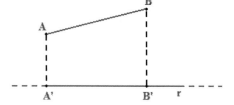

La **proiezione di un segmento su una retta** è il segmento che ha per estremi le proiezioni degli estremi del segmento dato.

L'**asse di un segmento** è la retta perpendicolare ad esso passante per il suo punto medio.

Due **rette parallele tagliate da una trasversale** formano le seguenti coppie di angoli:

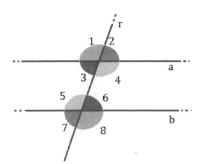

angoli **alterni interni** (3-6 e 4-5) congruenti;
angoli **alterni esterni** (1-8 e 2-7) congruenti;
angoli **corrispondenti** (1-5, 2-6 e 3-7, 4-8) congruenti
angoli **coniugati interni** (3-5 e 4-6) supplementari;
angoli **coniugati esterni** (1-7 e 2-8) supplementari.

Ricordiamo che:
- Due angoli si dicono **complementari** se la loro somma è un angolo retto;
- Due angoli si dicono **supplementari** se la loro somma è un angolo piatto;
- Due angoli si dicono **esplementari** se la loro somma è un angolo giro.

d. La relazione di equivalenza nel piano. Teorema di Pitagora e sue applicazioni.
Due figure piane si diranno **equivalenti** se hanno la stessa area. La relazione di equivalenza gode delle seguenti proprietà:
- **proprietà riflessiva:** una superficie piana è sempre equivalente a sé stessa;
- **proprietà simmetrica:** se una superficie A è equivalente ad una superficie B, allora anche B è equivalente ad A;

- **proprietà transitiva:** se una superficie A è equivalente ad una superficie B e quest'ultima è a sua volta equivalente ad una superficie C, allora anche A è equivalente a C.

Teorema di Pitagora

In un triangolo rettangolo il quadrato costruito sull'ipotenusa è equivalente alla somma dei quadrati costruiti sui cateti:

$$c^2 = a^2 + b^2$$

Da questa relazione possiamo ricavare le seguenti formule:

$$c = \sqrt{a^2 + b^2}$$
$$a = \sqrt{c^2 - b^2}$$
$$b = \sqrt{c^2 - a^2}$$

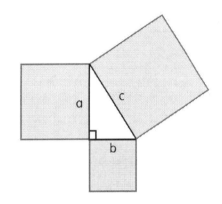

Dove, facendo riferimento all'immagine, *a* e *b* sono rispettivamente il cateto maggiore ed il cateto minore del triangolo, *c* invece è l'ipotenusa.

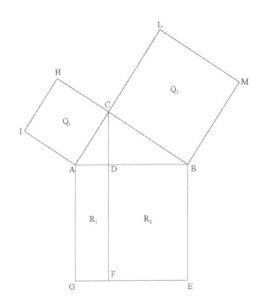

Dimostrazione: Consideriamo un triangolo ABC, retto in $\hat{C}$. Costruiamo i quadrati Q_1 e Q_2, rispettivamente di lato $\overline{AC}$ e $\overline{CB}$. Per il primo teorema di Euclide sappiamo che il quadrato Q_1 è equivalente al rettangolo R_1, che ha per dimensioni la proiezione del cateto $\overline{AC}$ sull'ipotenusa e l'ipotenusa stessa. Sempre per il primo teorema di Euclide sappiamo che il quadrato Q_2 è equivalente al rettangolo R_2, che ha per dimensioni la proiezione del cateto $\overline{CB}$ sull'ipotenusa e l'ipotenusa stessa. Notiamo che la somma dei due rettangoli R_1 ed R_2 è equivalente al quadrato costruito sull'ipotenusa, quindi di lato $\overline{AB}$ (in seguito lo definiremo Q_3).

Dunque:

$$Q_1 = R_1 \; e \; Q_2 = R_2$$
$$R_1 + R_2 = Q_3 \rightarrow Q_1 + Q_2 = Q_3 \; (c.v.d.)$$

NB: I teoremi di Euclide sono trattati nella Tesi n. 3, punto d.

Esempio:

Calcolare il valore dell'ipotenusa di un triangolo rettangolo sapendo che i due cateti sono lunghi rispettivamente 16 e 12 cm.

Applicando la formula esplicativa del Teorema di Pitagora, sappiamo che:

$$i^2 = C^2 + c^2$$

dove i rappresenta l'ipotenusa, C e c rispettivamente il cateto maggiore e quello minore.

$$i^2 = C^2 + c^2 \rightarrow i = \sqrt{C^2 + c^2} = \sqrt{16^2 + 12^2} = \sqrt{256 + 144} = 20 cm$$

<u>Applicazioni del teorema di Pitagora</u>

- **Rettangolo**

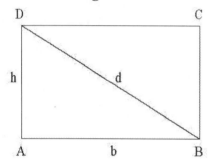

Consideriamo il rettangolo ABCD e tracciamo la diagonale $\overline{BD}$ che lo divide in due triangoli rettangoli uguali, ad ognuno dei quali possiamo applicare il teorema di Pitagora. Indicando la base con b, l'altezza con h e la diagonale con d, si avrà:

$$d = \sqrt{b^2 + h^2}$$
$$b = \sqrt{d^2 - h^2}$$
$$h = \sqrt{d^2 - b^2}$$

Esempio:

La dimensione minore e la diagonale di un rettangolo sono lunghe rispettivamente 40 cm e 104 cm. Calcola l'area del rettangolo.

Facendo riferimento alla figura precedente:

$$h = 40 \ cm$$
$$d = 104 \ cm$$

Applicando il teorema di Pitagora al triangolo ABD, calcoliamo la misura di b:

$$b = \sqrt{d^2 - h^2} = \sqrt{104^2 - 40^2} = 96 \ cm$$

A questo punto è possibile calcolare l'area:

$$A = b \cdot h = 96 \cdot 40 = 3840 \ cm^2$$

- **Quadrato**

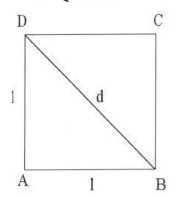

Consideriamo il quadrato ABCD e tracciamo la diagonale $\overline{BD}$, che lo divide in due triangoli rettangoli uguali ed isosceli. Indichiamo il lato con l e la diagonale con d. Anche in questo caso è possibile applicare il teorema di Pitagora:

$$d = \sqrt{l^2 + l^2} = \sqrt{2l^2} = l\sqrt{2}$$

Di conseguenza è possibile anche esprimere il lato in funzione della diagonale:

$$l = \frac{d}{\sqrt{2}} = \frac{d\sqrt{2}}{2}$$

Esempio:

Calcola l'area del quadrato avente la diagonale lunga $13\sqrt{2}$ cm.

Sapendo che $d = l\sqrt{2}$, possiamo calcolare il lato:

$$l = \frac{d}{\sqrt{2}} = \frac{d\sqrt{2}}{2} = \frac{13\sqrt{2}\sqrt{2}}{2} = 13 \ cm$$

A questo punto è possibile calcolare l'area:

$$A = l^2 = 169 \ cm^2$$

- **Triangolo equilatero**

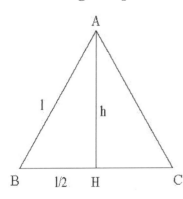

Consideriamo il triangolo equilatero ABC e tracciamo l'altezza relativa alla base, $\overline{AH}$, che lo divide in due triangoli rettangoli uguali. Indichiamo con l il lato del triangolo equilatero, che poi è anche l'ipotenusa del triangolo rettangolo. Il cateto minore misurerà $l/2$, perché ricordiamo che l'altezza (in un triangolo equilatero) è anche mediana e bisettrice. Applicando il teorema di Pitagora:

$$h = \sqrt{l^2 - \left(\frac{l}{2}\right)^2} = \sqrt{l^2 - \frac{l^2}{4}} = \sqrt{\frac{3}{4}l^2} = \frac{\sqrt{3}}{2}l$$

Esempio:

Calcola l'area di un triangolo equilatero sapendo che la sua altezza misura $8\sqrt{3}$ cm.

Per calcolare la misura del lato si applica la formula inversa:

$$l = \frac{2h}{\sqrt{3}} = \frac{2\sqrt{3}}{3}h = \frac{2\sqrt{3}}{3} \cdot 8\sqrt{3} = 16 \, cm$$

A questo punto è possibile calcolare l'area:

$$A = \frac{b \cdot h}{2} = \frac{16 \cdot 8\sqrt{3}}{2} = 64\sqrt{3} \, cm^2$$

- **Rombo**

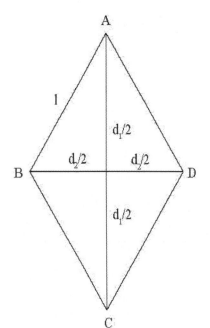

Consideriamo il rombo ABCD. Le sue diagonali sono perpendicolari, per cui lo suddividono in quattro triangoli rettangoli congruenti. Ognuno di essi ha il cateto minore lungo $d_2/2$ ed il maggiore lungo $d_1/2$. Per cui, applicando anche stavolta il teorema di Pitagora:

$$l = \sqrt{\left(\frac{d_1}{2}\right)^2 + \left(\frac{d_2}{2}\right)^2}$$

Esempio:
Calcolare il perimetro di un rombo che ha le diagonali che misurano rispettivamente 60 e 20 cm.

Applichiamo la formula:

$$l = \sqrt{\left(\frac{d_1}{2}\right)^2 + \left(\frac{d_2}{2}\right)^2} = \sqrt{\left(\frac{60}{2}\right)^2 + \left(\frac{20}{2}\right)^2} = \sqrt{30^2 + 10^2} = \sqrt{1000} = 10\sqrt{10}\ cm$$

A questo punto è possibile calcolare il perimetro:

$$2p = 4l = 4 \cdot 10\sqrt{10}\ cm = 40\sqrt{10}\ cm$$

Per esercitarsi...

- Dire se tra 0 e 1 esistono elementi appartenenti all'insieme Q.

- Trovare il complementare di N rispetto a Z.

- Dire se il numero $10 \in R$.

- Fare l'esempio di un elemento che appartiene all'insieme R ma non appartiene all'insieme Q.

- Fare l'esempio di un elemento che appartiene all'insieme Q ma non appartiene all'insieme Z.

- Fare l'esempio di un elemento che appartiene all'insieme Z ma non appartiene all'insieme N.

- Scomporre i seguenti polinomi:
  - $2a^2 - 4ab$
  - $ab + by + 3a + 3y$
  - $a^2 - 25c^4$
  - $4a^2 + 9 - 12a$
  - $a^2 + x^2 + 81 + 2ax + 18a + 18x$
  - $27x^3 - 54x^2 + 36x - 8$
  - $x^3 + y^3$
  - $125 - y^3$
  - $y^2 - y - 6$
  - $a^4 + 5a^3 + 5a^2 - 5a - 6$

- Un triangolo rettangolo ha l'area di 240 cm² e il cateto minore lungo 16 cm. Calcolare il perimetro del triangolo.

  $$[80cm]$$

- Calcolare il perimetro, l'area e la diagonale di un quadrato sapendo che la misura del suo lato è 20 cm.

  $$[80cm;\ 400cm^2;\ 20\sqrt{2}]$$

- Un rombo ha il perimetro di 260 cm e la diagonale maggiore lunga 104 cm. Calcolare la sua area.

$$[4056cm^2]$$

- Un rettangolo ha l'area di 480 cm² e la base lunga 30 cm. Calcolare la lunghezza della diagonale.

$$[34cm]$$

- Calcolare l'area di un triangolo equilatero avente il perimetro di 90 dm.

$$[389,70dm^2]$$

- Studiare e ripetere la dimostrazione del Teorema di Pitagora.

TESI N.2

a. *Numeri irrazionali. Radicali ed operazioni con essi.*
b. *Equazioni e disequazioni di 1° e 2° grado e relativi sistemi. Principi di equivalenza. Applicazioni a problemi di 1° e 2° grado.*
c. *La relazione di congruenza nel piano. Criteri di congruenza dei triangoli. Applicazioni.*
d. *Proporzioni tra grandezze. Proporzionalità diretta e inversa. Teorema di Talete e sue conseguenze.*

a. Numeri irrazionali. Radicali ed operazioni con essi.

Si definiscono **numeri irrazionali** quei numeri non esprimibili come rapporto tra interi: radici non perfette, valori delle funzioni goniometriche, numeri decimali illimitati non periodici, numeri trascendenti (come il numero di Nepero ed il π).

I radicali

La **radice n-esima** di un numero reale a, indicata con il simbolo $\sqrt[n]{a}$, è un numero b tale che $b^n = a$.

Inoltre è utile sapere che esiste un altro modo per indicare una qualsiasi radice n-esima. Vale, infatti, la seguente relazione tra radicali e potenze:

$$\sqrt[n]{a} = a^{\frac{1}{n}}$$

In generale:

$$\sqrt[n]{a^m} = a^{\frac{m}{n}}$$

La **radice quadrata** di un numero naturale è quel numero che, moltiplicato per sé stesso, dà il numero considerato. Di conseguenza la radice quadrata è l'inverso dell'elevamento al quadrato di un numero.

$$\sqrt[2]{a} = b \text{ se e solo se } \mathbf{b^2 = a}$$

Nell'espressione sopra considerata distinguiamo:
- **radicando** (tutto ciò che si trova sotto radice) = a
- **indice** della radice (il numero al di sopra del simbolo di radice) = 2
- **radice** (il risultato) = b

NB: l'indice della radice quadrata viene solitamente omesso, per cui $\sqrt[2]{a} = \sqrt{a}$

Nell'ambito dei radicali merita, dunque, un discorso approfondito la **condizione d'esistenza** di essi, condizione che stabilisce per quali valori il radicale ha ragione d'esistere. Essa dipende dal valore dell'indice; se l'indice di un radicale è un numero intero

pari allora il radicale al suo interno deve avere soltanto quantità **positive** o al massimo pari a **zero**. Nel caso in cui l'indice sia un numero intero **dispari** allora non ho nessun tipo di vincolo.

Infatti, dalle proprietà delle potenze sappiamo che un qualsiasi numero elevato al quadrato (o ad un qualsiasi numero intero pari) genera sempre e comunque un numero positivo o uguale a zero. Per questo motivo la radice ad indice pari di un numero negativo non esiste.

Riassumendo, le due condizioni sono:

- in $\sqrt[n]{a}$, se n è **pari**, allora deve necessariamente essere che $a \geq 0$.
- in $\sqrt[n]{a}$, se n è **dispari**, allora **a** può essere un numero qualsiasi (quindi anche negativo).

Solo per alcuni numeri esiste la radice quadrata esatta; questi sono i **quadrati perfetti**, che sono il risultato di un'elevazione al quadrato di un qualche numero di partenza.

La radice quadrata esatta non esiste per tutti in numeri, ma esiste solo per i quadrati perfetti. Vediamo, con un esempio, come si può stimare il valore di un radicando che non è un quadrato perfetto.

Esempio:

$$\sqrt{110} =?$$

Nella tabella dei quadrati perfetti troviamo 100, che è il più grande quadrato perfetto minore del radicando; 121, che è il minor quadrato perfetto maggiore del radicando.

Ossia: $\sqrt{100} < \sqrt{110} < \sqrt{121} \rightarrow 10 < \sqrt{110} < 11$

Questo ci basta per dire che $\sqrt{121}$ è un numero compreso tra 10 ed 11.

$\sqrt{110} \approx 10$ è detta approssimazione per difetto $\rightarrow 10 < \sqrt{110}$

$\sqrt{110} \approx 11$ è detta approssimazione per eccesso $\rightarrow \sqrt{110} < 11$

La **radice cubica** di un numero è quel numero, se esiste, che, elevato al cubo produce il numero dato.

Esempio:

$\sqrt[3]{27} = 3 \rightarrow 3 \cdot 3 \cdot 3 = 27$

Operazioni e proprietà dei radicali

Semplificazione di un radicale:

$$\sqrt[mn]{a^n} = \sqrt[m]{a}$$

$$\sqrt[6]{8} = \sqrt[6]{2^3} = \sqrt[2\cdot3]{2^3} = \sqrt{2}$$

Riduzione di due o più radicali allo stesso indice:

$$\sqrt[m]{a} \ e \ \sqrt[n]{b} \rightarrow \sqrt[mn]{a^n} \ e \ \sqrt[mn]{b^m}$$
$$\sqrt[4]{5} \ e \ \sqrt[3]{2} \rightarrow \sqrt[12]{5^3} \ e \ \sqrt[12]{2^4}$$

Somma algebrica di due o più radicali:

$$\sqrt[n]{a} \pm m\sqrt[n]{a} = (1 \pm m)\sqrt[n]{a}$$
$$\sqrt[3]{5} + 3\sqrt[3]{5} = 4\sqrt[3]{5}$$

NB: è possibile solo se i radicali hanno lo stesso indice e lo stesso radicando, quindi non posso sommare algebricamente tra loro radicali aventi indice e radicando differenti ($\sqrt[3]{5} + \sqrt[3]{2}$ non si può svolgere, $\sqrt[3]{5} + \sqrt{5}$ non si può svolgere).

Prodotto di radicali:

$$\sqrt[n]{a} \cdot \sqrt[n]{b} = \sqrt[n]{a \cdot b} \ e \ \sqrt[m]{a} \cdot \sqrt[n]{b} = \sqrt[mn]{a \cdot b}$$
$$\sqrt[3]{5} \cdot \sqrt[3]{2} = \sqrt[3]{5 \cdot 2} = \sqrt[3]{10}$$
$$\sqrt[3]{5} \cdot \sqrt{2} = \sqrt[6]{5^2 \cdot 2^3} = \sqrt[6]{200}$$

Rapporto di radicali:

$$\sqrt[n]{a} : \sqrt[n]{b} = \frac{\sqrt[n]{a}}{\sqrt[n]{b}} = \sqrt[n]{\frac{a}{b}}$$
$$\sqrt[n]{a} : \sqrt[n]{b} = \frac{\sqrt[n]{a}}{\sqrt[n]{b}} = \sqrt[n]{\frac{a}{b}}$$

Potenza di radicali:

$$(\sqrt[n]{a})^m = \sqrt[n]{a^m}$$
$$(\sqrt[3]{5})^2 = \sqrt[3]{5^2}$$

Radice di radice:

$$\sqrt[n]{\sqrt[m]{a}} = \left(a^{1/m}\right)^{1/n} = a^{\frac{1}{m}\cdot\frac{1}{n}} = a^{\frac{1}{mn}} = \sqrt[mn]{a}$$

$$\sqrt[3]{\sqrt{2}} = \left(2^{1/2}\right)^{1/3} = 2^{\frac{1}{2}\frac{1}{3}} = 2^{\frac{1}{6}} = \sqrt[6]{2}$$

Trasporto di fattori dentro il segno di radice:

$$a \cdot \sqrt[n]{b} = \sqrt[n]{a^n \cdot b}$$
$$2 \cdot \sqrt[3]{3} = \sqrt[3]{2^3 \cdot 3} = \sqrt[3]{24}$$

Trasporto di fattori fuori il segno di radice:

$$\sqrt[n]{a^n b} = a\sqrt[n]{b}$$
$$\sqrt[n]{a^{m+n}} = \sqrt[n]{a^m \cdot a^n} = a\sqrt[n]{a^m}$$
$$\sqrt[3]{5^5} = \sqrt[3]{5^3 \cdot 5^2} = 5 \cdot \sqrt[3]{5^2}$$
$$\sqrt{20} = \sqrt{2^2 \cdot 5} = 2\sqrt{5}$$

Portare fuori radice è una operazione che ci consente di scrivere in maniera più semplice un radicale, ed è possibile solo a patto che il fattore da portare fuori dalla radice abbia un esponente maggiore o uguale all'indice della radice.

Mostriamo il procedimento da seguire prendendo come riferimento $\sqrt{96}$.

Passo 1: scomporre il radicando in fattori primi $\sqrt{96} = \sqrt{2^5 \cdot 3}$

Passo 2: cercare tra i fattori primi quelli che hanno esponente maggiore o uguale all'indice della radice; nel nostro caso l'unico fattore con esponente maggiore o uguale a 2 è 2^5

Passo 3: per ogni esponente maggiore o uguale all'indice di radice, svolgiamo la divisione con resto tra tale esponente e l'indice di radice. Nel caso in esame, poiché l'esponente del fattore 2^5 è 5 e l'indice della radice è 2, si avrà: $5 : 2 = 2$ con resto 1

Passo 4: Il quoziente della divisione diventa l'esponente del fattore che esce fuori radice; il resto della divisione (se c'è) diviene l'esponente del fattore che rimane all'interno.

Esempio:

$$\sqrt{96} = \sqrt{2^5 \cdot 3} = 2^2 \cdot \sqrt{2^1 \cdot 3} = 4 \cdot \sqrt{6}$$

NB: per portare fuori dal segno di radice, il radicando deve essere un **prodotto di fattori.** Se all'interno vi è una somma, questa operazione non si può fare.

Altra operazione importante è la **razionalizzazione**, un metodo che permette di semplificare le frazioni in cui compaiono dei radicali al denominatore e grazie al quale è possibile riscrivere un rapporto di radicali come frazione equivalente con denominatore privo di radicali.

Analizziamo tre metodi di razionalizzazione:

- Razionalizzazione semplice.

Nel caso di un denominatore quadratico ($\sqrt{a}$), è sufficiente considerare la frazione e moltiplicare e dividere per il denominatore stesso:

$$\frac{3}{\sqrt{2}} = \frac{3}{\sqrt{2}} \cdot \frac{\sqrt{2}}{\sqrt{2}} = \frac{3 \cdot \sqrt{2}}{2}$$

Nel caso generale, in cui abbiamo un radicale del tipo $\sqrt[n]{a^m}$, basterà moltiplicare e dividere la frazione per $\sqrt[n]{a^{n-m}}$:

$$\frac{3}{\sqrt[5]{7^2}} = \frac{3}{\sqrt[5]{7^2}} \cdot \frac{\sqrt[5]{7^{5-2}}}{\sqrt[5]{7^{5-2}}} = \frac{3 \cdot \sqrt[5]{7^3}}{\sqrt[5]{7^2} \cdot \sqrt[5]{7^3}} = \frac{3 \cdot \sqrt[5]{7^3}}{\sqrt[5]{7^5}} = \frac{3 \cdot \sqrt[5]{7^3}}{7}$$

- Razionalizzazione con somma o differenza di radicali quadratici.

Anche in questo caso si moltiplica e si divide la frazione per una stessa quantità, che dipende dall'operazione che si presenta al denominatore. In particolare stavolta sfruttiamo un prodotto notevole, somma per differenza, $(A + B)(A - B) = A^2 - B^2$:

$$\frac{3}{\sqrt{2} - \sqrt{3}} = \frac{3}{\sqrt{2} - \sqrt{3}} \cdot \frac{\sqrt{2} + \sqrt{3}}{\sqrt{2} + \sqrt{3}} = \frac{3 \cdot (\sqrt{2} + \sqrt{3})}{2 - 3} = \frac{3 \cdot (\sqrt{2} + \sqrt{3})}{-1}$$
$$= -3 \cdot (\sqrt{2} + \sqrt{3})$$

$$\frac{3}{\sqrt{2} + \sqrt{3}} = \frac{3}{\sqrt{2} + \sqrt{3}} \cdot \frac{\sqrt{2} - \sqrt{3}}{\sqrt{2} - \sqrt{3}} = \frac{3 \cdot (\sqrt{2} - \sqrt{3})}{2 - 3} = \frac{3 \cdot (\sqrt{2} - \sqrt{3})}{-1}$$
$$= -3 \cdot (\sqrt{2} - \sqrt{3})$$

- Razionalizzazione con somma o differenza di radicali cubici.

Procediamo in maniera analoga a quanto visto precedentemente, ma questa volta utilizziamo altri due prodotti notevoli, somma e differenza di cubi, $(A - B)(A^2 + AB + B^2) = A^3 - B^3$; $(A + B)(A^2 - AB + B^2) = A^3 + B^3$:

$$\frac{4\sqrt{2}}{\sqrt[3]{2} + \sqrt[3]{3}} = \frac{4\sqrt{2}}{\sqrt[3]{2} + \sqrt[3]{3}} \cdot \frac{\sqrt[3]{2}^2 - \sqrt[3]{2}\sqrt[3]{3} + \sqrt[3]{3}^2}{\sqrt[3]{2}^2 - \sqrt[3]{2}\sqrt[3]{3} + \sqrt[3]{3}^2} = \frac{4\sqrt{2} \cdot \left(\sqrt[3]{2}^2 - \sqrt[3]{2}\sqrt[3]{3} + \sqrt[3]{3}^2\right)}{2 + 3}$$
$$= \frac{4\sqrt{2} \cdot \left(\sqrt[3]{2}^2 - \sqrt[3]{2}\sqrt[3]{3} + \sqrt[3]{3}^2\right)}{5}$$

$$\frac{4\sqrt{2}}{\sqrt[3]{2}-\sqrt[3]{3}} = \frac{4\sqrt{2}}{\sqrt[3]{2}-\sqrt[3]{3}} \cdot \frac{\sqrt[3]{2}^2 + \sqrt[3]{2}\sqrt[3]{3} + \sqrt[3]{3}^2}{\sqrt[3]{2}^2 + \sqrt[3]{2}\sqrt[3]{3} + \sqrt[3]{3}^2} = \frac{4\sqrt{2} \cdot \left(\sqrt[3]{2}^2 + \sqrt[3]{2}\sqrt[3]{3} + \sqrt[3]{3}^2\right)}{2-3}$$

$$= \frac{4\sqrt{2} \cdot \left(\sqrt[3]{2}^2 + \sqrt[3]{2}\sqrt[3]{3} + \sqrt[3]{3}^2\right)}{-1} = -4\sqrt{2} \cdot \left(\sqrt[3]{2}^2 + \sqrt[3]{2}\sqrt[3]{3} + \sqrt[3]{3}^2\right)$$

b. Equazioni e disequazioni di 1° e 2° grado e relativi sistemi. Principi di equivalenza. Applicazioni a problemi di 1° e 2° grado.

Le equazioni

Si definisce **equazione** un'**uguaglianza** fra due espressioni letterali, per la quale si cercano i valori da attribuire alle lettere, dette **incognite**, per rendere l'uguaglianza verificata.

Esempio: l'equazione $7x - 4 = 3$ è verificata per $x = 1$.

Infatti, se nell'equazione sostituiamo a x il numero 1, otteniamo che l'uguaglianza è verificata:

$$7 \cdot 1 - 4 = 3$$
$$3 = 3$$

- le espressioni che compaiono a sinistra e a destra dell'uguale vengono chiamate rispettivamente **primo membro** e **secondo membro** dell'equazione;
- i valori (numeri) che sostituiti alle lettere verificano l'uguaglianza vengono chiamati **soluzioni o radici dell'equazione**;
- si dice **grado di un'equazione** l'esponente massimo con cui compare l'incognita x;
- le equazioni di primo grado vengono dette **equazioni lineari**.

Un'equazione si definisce:
- **determinata** se ha un numero finito di soluzioni (nel caso di un'equazione di primo grado la soluzione è una sola);
- **indeterminata** se ha infinite soluzioni;
- **impossibile** se non ammette soluzioni.

Le equazioni possono essere:
- **Numeriche:** oltre l'incognita, contengono solo numeri;
- **Letterali:** oltre l'incognita, contengono altre lettere;
- **Intere:** l'incognita è presente solo al numeratore;
- **Fratte:** l'incognita è presente anche al denominatore.

Principi di equivalenza

Due equazioni contenenti la stessa incognita sono **equivalenti** se hanno lo stesso insieme di soluzioni.

Esempio:
$x + 5 = 9$ e $x - 4 = 0$ sono equivalenti perché entrambe hanno come unica soluzione 4.

Primo principio di equivalenza delle equazioni:
"Data un'equazione, se si aggiunge o si sottrae ai due membri uno stesso numero o una stessa espressione, si ottiene un'equazione equivalente".

Esempio:
$3x + 2 = 7$ è equivalente a $3x + 2 - 2 = 7 - 2$ (sottraggo 2 ad ambo i membri)

Dal primo principio derivano due regole:

- **Regola del trasporto.** È possibile trasportare un termine da un membro all'altro, purché lo si cambi di segno, ottenendo un'equazione equivalente.

Esempio: data l'equazione $2x - 5 = x + 6$ posso aggiungere al I e II membro il numero 5 ed ottengo:
$2x - 5 + 5 = x + 6 + 5$ ovvero $2x = x + 6 + 5$, quindi il -5, passando dal I membro al II membro, ha cambiato il segno.

- **Regola di cancellazione.** È possibile eliminare due termini uguali che compaiono uno nel primo membro e l'altro nel secondo.

Esempio: $2x - 4 + 2 = x + 2$

Secondo principio di equivalenza delle equazioni:
"Data un'equazione, se si moltiplicano o si dividono i due membri per uno stesso numero o espressione diversi da 0, si ottiene un'equazione equivalente".

Esempio:
$3x = 5$ è equivalente a $\dfrac{3x}{3} = \dfrac{5}{3} \rightarrow x = \dfrac{5}{3}$

Dal secondo principio discendono due regole.

- **Regola della divisione per un fattore comune.**
Se tutti i termini di un'equazione hanno un fattor comune, si possono dividere tutti i termini per tale fattore, ottenendo un'equazione equivalente.

Esempio:

$6x - 10 = 12$ posso divedere tutti i termini per **2**, ottenendo l'equazione equivalente:
$3x - 5 = 6$

- **Regola del cambiamento del segno:**

Moltiplicando entrambi i membri di un'equazione per -1 è possibile cambiare segno a tutti i termini, ottenendo un'equazione equivalente.

Esempio:

$$-3x + 2 = +5$$
$$+3x - 2 = -5$$

<u>Equazioni di primo grado</u>

Sono **equazioni di I grado** tutte quelle che si possono ricondurre alla forma $ax = b$.

- se $a \neq 0$ l'equazione è **determinata** ed ammette soluzione $x = b/a$;
- se $a = 0$ e $b = 0$ l'equazione è **indeterminata**, ovvero ogni numero è soluzione (si tratta di un'**identità**);
- se $a = 0$ e $b \neq 0$ l'equazione è **impossibile**, cioè non ammette soluzione.

<u>Risoluzione di un'equazione numerica a coefficienti interi:</u>

Esempio 1:

Risolviamo l'equazione:

$$3x + 2 = x - 1$$

Trasportiamo tutti i termini contenenti l'incognita al primo membro e i termini noti al secondo membro:

$3x - x = -2 - 1$ addizioniamo i termini simili:

$2x = -3$ dividiamo tutte e due i membri per **2**:

$\dfrac{2x}{2} = -\dfrac{3}{2}$ otteniamo come soluzione:

$x = -\dfrac{3}{2}$

L'equazione ha una sola soluzione, cioè $-3/2$ ed è **determinata.**

Esempio 2:

Risolviamo l'equazione:

$$3x - 2 - 2x + 3 = x + 1$$

Trasportiamo tutti i termini contenenti l'incognita al primo membro e i termini noti al secondo membro:

$3x - 2x - x = 2 - 3 + 1$ addizioniamo i termini simili

$0x = 0$.

Poiché qualsiasi numero moltiplicato per 0 dà 0, l'equazione ha infinite soluzioni. In tal caso diciamo che l'equazione è **indeterminata**.

Esempio 3:

Risolviamo l'equazione:

$$3x - 1 = 3(x - 1)$$

Eseguiamo la moltiplicazione al II membro:

$3x - 1 = 3x - 3$

Trasportiamo tutti i termini contenenti l'incognita al primo membro e i termini noti al secondo membro:

$3x - 3x = 1 - 3$ addizioniamo i termini simili

$0x = -2$, ovvero, poiché nessun numero moltiplicato per zero dà -2, l'equazione non ha soluzione e diciamo che è **impossibile**.

($0x = -2 \rightarrow 0 = -2$ uguaglianza falsa $\rightarrow$ equazione impossibile)

<u>Risoluzione di equazioni numeriche a coefficienti fratti</u>

Risolviamo l'equazione:

$$\frac{2x + 1}{2} - \frac{2}{3} = 2x + \frac{5}{6}$$

Calcoliamo il **m.c.m.** dei denominatori, nel nostro caso **m.c.m. (2,3,6) = 6** e scriviamo tutti i termini dell'equazione con denominatore 6:

$$\frac{3 \cdot (2x + 1)}{6} - \frac{2 \cdot 2}{6} = \frac{6 \cdot 2x}{6} + \frac{5}{6}$$

Otteniamo:

$$\frac{6x + 3}{6} - \frac{4}{6} = \frac{12x}{6} + \frac{5}{6}$$

E moltiplicando tutto per 6 (applico il secondo principio di equivalenza), i denominatori possono essere tolti e rimane da risolvere l'equazione intera:

$6x + 3 - 4 = 12x + 5$

Trasportiamo tutti i termini contenenti l'incognita al primo membro e i termini noti al secondo membro:

$6x - 12x = 5 - 3 + 4$ addiziono i termini simili:

$-6x = 6$ divido per -6 tutte e due i membri ed otteniamo:

$x = -1$. L'equazione è **determinata**.

Equazioni di secondo grado

Si definisce **equazione di secondo grado** un'equazione del tipo $ax^2 + bx + c = 0$. In questa espressione i termini **a**, **b** e **c** prendono il nome di **coefficienti** e, in particolare, c si definisce **termine noto**. La **x** è l'**incognita**, che, come vediamo, compare con **grado due**. Perché sia definita l'equazione di secondo grado, il coefficiente a deve essere sempre **diverso da 0**.

In base al numero di termini che le compongono le equazioni di secondo grado possono essere classificate in **complete** ed **incomplete**. L'espressione utilizzata sopra descrive un'equazione completa: $ax^2 + bx + c = 0$, in quanto compaiono tutti e tre i coefficienti, quindi abbiamo a, b e c diversi da 0.

Elenchiamo i tre casi di equazione di secondo grado **incompleta**:

- **Equazione spuria**, del tipo $ax^2 + bx = 0$
- **Equazione pura**, del tipo $ax^2 + c = 0$
- **Equazione monomia**, del tipo $ax^2 = 0$

Per risolvere un'equazione di secondo grado completa del tipo $ax^2 + bx + c = 0$, utilizziamo la seguente **formula risolutiva**:

$$x_1, x_2 = \frac{-b \pm \sqrt{b^2 - 4ac}}{2a}$$

Se il coefficiente **b** è **pari**, si può utilizzare la **formula risolutiva ridotta**:

$$x_1, x_2 = \frac{-\frac{b}{2} \pm \sqrt{\left(\frac{b}{2}\right)^2 - ac}}{a}$$

La quantità sotto radice è di fondamentale importanza e prende il nome di **discriminante** o **delta**, indicato con la lettera greca Δ. Si distinguono tre casi:

- $\Delta > 0 \rightarrow$ l'equazione ammette **due soluzioni reali e distinte**, x_1 e x_2;
- $\Delta = 0 \rightarrow$ l'equazione ammette **due soluzioni reali e coincidenti**, $x_1 = x_2$
- $\Delta < 0 \rightarrow$ l'equazione **non ammette soluzion**i.

Esempio 1:

$$7x^2 - 3x - 4 = 0$$
$$\Delta = b^2 - 4ac = (-3)^2 - 4 \cdot 7 \cdot (-4) = 9 + 112 = 121 > 0$$
$$x_1, x_2 = \frac{-b \pm \sqrt{b^2 - 4ac}}{2a} = \frac{-(-3) \pm \sqrt{121}}{2 \cdot 7} = \frac{3 \pm 11}{14}$$

$$x_1 = \frac{3 - 11}{14} = -\frac{8}{14} = -\frac{4}{7}$$

$$x_2 = \frac{3 + 11}{14} = \frac{14}{14} = 1$$

Esempio 2:

$$x^2 - 2x + 1 = 0$$

$$\frac{\Delta}{4} = \left(\frac{b}{2}\right)^2 - ac = (-1)^2 - 1 \cdot 1 = 1 - 1 = 0$$

$$x_1, x_2 = \frac{-\frac{b}{2} \pm \sqrt{\left(\frac{b}{2}\right)^2 - ac}}{a} = \frac{-(-1) \pm 0}{1} = \frac{1}{1} = 1$$

$$x_1 = x_2 = 1$$

Esempio 3:

$$x^2 + x + 2 = 0$$

$$\Delta = b^2 - 4ac = (1)^2 - 4 \cdot 1 \cdot 2 = 1 - 8 = -7$$

$$x_1, x_2 = \frac{-b \pm \sqrt{b^2 - 4ac}}{2a} = \frac{-1 \pm \sqrt{-7}}{2} \rightarrow \nexists x \in \mathbb{R}$$

Le equazioni incomplete possono essere risolte in maniera più rapida, senza l'applicazione della formula sopra descritta.

- Equazione spuria:

$$ax^2 + bx = 0 \rightarrow x \cdot (ax + b) = 0$$

Scindendo il prodotto si ottiene:

$$x_1 = 0; \quad ax + b = 0 \rightarrow x_2 = -\frac{b}{a}$$

Esempio:

$$5x^2 + 3x = 0 \rightarrow x \cdot (5x + 3) = 0$$

$$x_1 = 0$$

$$5x + 3 = 0 \rightarrow x_2 = -\frac{3}{5}$$

- Equazione pura:

$$ax^2 + c = 0 \rightarrow x^2 = -\frac{c}{a} \rightarrow x_1, x_2 = \pm\sqrt{-\frac{c}{a}}$$

Esempio:

$$3x^2 - 1 = 0 \rightarrow x^2 = \frac{1}{3} \rightarrow x_1, x_2 = \pm\sqrt{\frac{1}{3}} = \pm\frac{1}{\sqrt{3}} = \pm\frac{\sqrt{3}}{3}$$

- Equazione monomia:

$$ax^2 = 0 \rightarrow x^2 = 0 \rightarrow x_1 = x_2 = 0$$

Esempio:

$$2x^2 = 0 \rightarrow x^2 = 0 \rightarrow x_1 = x_2 = 0$$

Applicazioni a problemi di 1° e 2° grado

Esempio:
Due numeri naturali sono tali che il secondo supera il primo di 2 e la somma tra il quadrato del primo ed il secondo è 27. Troviamo i due numeri.

Se indichiamo con x il primo numero, l'equazione risolvente sarà:

$$4x + (x + 2) = 27 \rightarrow 4x + x + 2 = 27 \rightarrow 5x = 25 \rightarrow x = 5$$

Esempio:
La somma tra il quadrato ed il triplo di un numero è pari a 4. Determinare il valore del numero.
Il testo afferma che la somma tra il quadrato e il triplo del numero è uguale a quattro, per cui l'equazione risolvente è:

$$x^2 + 3x = 4$$
$$x^2 + 3x - 4 = 0$$
$$x_1, x_2 = \frac{-b \pm \sqrt{b^2 - 4ac}}{2a} = \frac{-(3) \pm \sqrt{3^2 - 4 \cdot 1 \cdot (-4)}}{2} = \frac{-3 \pm \sqrt{9 + 16}}{2}$$
$$= \frac{-3 \pm \sqrt{25}}{2} = \frac{-3 \pm 5}{2}$$

$$x_1 = \frac{-3-5}{2} = -\frac{8}{2} = -4 \; ; \; x_2 = \frac{-3+5}{2} = \frac{2}{2} = 1$$

Sistemi lineari

I **sistemi lineari** sono sistemi di **equazioni di primo grado**, in cui compaiono più incognite.

$$\begin{cases} a_1x + b_1y + c_1 = 0 \\ a_2x + b_2y + c_2 = 0 \end{cases}$$

Risolvere un sistema lineare (o, più generalmente, un qualsiasi sistema) significa **trovare tutti i valori delle incognite** che, **congiuntamente, risolvono tutte le equazioni** del sistema.

Un sistema sarà:

- **determinato**, se $\frac{a_1}{a_2} \neq \frac{b_1}{b_2}$, per cui avremo due soluzioni;

- **indeterminato**, se $\frac{a_1}{a_2} = \frac{b_1}{b_2} = \frac{c_1}{c_2}$, per cui avremo infinite soluzioni;

- **impossibile**, se $\frac{a_1}{a_2} = \frac{b_1}{b_2} \neq \frac{c_1}{c_2}$, per cui non avremo soluzioni.

Inoltre, ricordando che un'equazione di primo grado rappresenta l'equazione di una retta nel piano cartesiano, possiamo anche interpretare il significato dei sistemi lineari dal punto di vista **geometrico**.

Infatti, date due rette di equazione:

$$a_1x + b_1y + c_1 = 0$$
$$a_2x + b_2y + c_2 = 0$$

si distinguono tre possibili casi:

- Se $\frac{a_1}{a_2} \neq \frac{b_1}{b_2}$ → le rette sono incidenti;

- Se $\frac{a_1}{a_2} = \frac{b_1}{b_2} = \frac{c_1}{c_2}$ → le rette sono coincidenti;

- Se $\frac{a_1}{a_2} = \frac{b_1}{b_2} \neq \frac{c_1}{c_2}$ → le rette sono parallele e distinte.

La posizione reciproca di due rette si determina risolvendo un **sistema lineare** di due equazioni in due incognite:

$$\begin{cases} a_1x + b_1y + c_1 = 0 \\ a_2x + b_2y + c_2 = 0 \end{cases}$$

Il sistema sarà:

- **determinato**, se le due rette sono incidenti, quindi troveremo come soluzione le coordinate del punto di intersezione;
- **indeterminato**, se le due rette sono coincidenti, quindi hanno infiniti punti in comune;
- **impossibile**, se le due rette sono parallele e distinte, quindi non si incontreranno mai.

Ritornando al significato algebrico, per la risoluzione dei sistemi lineari possiamo utilizzare i seguenti metodi:

- **Metodo di sostituzione:** prevede la risoluzione di un'equazione esprimendo un'incognita in funzione dell'altra, quindi si inserisce il risultato nella seconda equazione in modo da avere un'equazione in una sola incognita.

Esempio:

$$\begin{cases} x + y = 24 \\ x - y = 6 \end{cases} \rightarrow \begin{cases} x + y = 24 \\ x = 6 + y \end{cases} \rightarrow \begin{cases} 6 + y + y = 24 \\ x = 6 + y \end{cases} \rightarrow \begin{cases} 6 + 2y = 24 \\ x = 6 + y \end{cases}$$

$$\rightarrow \begin{cases} 2y = 18 \\ x = 6 + y \end{cases} \rightarrow \begin{cases} y = 9 \\ x = 6 + 9 = 15 \end{cases}$$

- **Metodo del confronto:** si scrivono entrambe le equazioni in funzione della stessa variabile, poi si eguagliano formando un'equazione di primo grado a una variabile;

Esempio:

$$\begin{cases} x + y = 24 \\ x - y = 6 \end{cases} \rightarrow \begin{cases} x = 24 - y \\ x = 6 + y \end{cases} \rightarrow \begin{cases} 24 - y = 6 + y \\ x = 6 + y \end{cases} \rightarrow \begin{cases} 2y = 18 \\ x = 6 + y \end{cases} \rightarrow \begin{cases} y = 9 \\ x = 15 \end{cases}$$

- **Metodo dell'addizione:** consiste nel moltiplicare ciascuna delle equazioni per un numero specifico scelto in modo tale da rendere i coefficienti di una delle variabili nelle equazioni opposti tra loro, cosicché, sommando le due equazioni, una delle due variabili venga eliminata.

Esempio:

$$\begin{cases} 12x + 3y = 0 \\ x - y = 1 \end{cases}$$

$$\begin{cases} 12x + 3y = 0 \\ 3 \cdot (x - y) = 3 \cdot 1 \end{cases} \text{ ho moltiplicato per 3 la seconda equazione}$$

$$+ \begin{cases} 12x + 3y = 0 \\ 3x - 3y = 3 \end{cases} \rightarrow \text{sommo algebricamente le due equazioni}$$

Si svolgono i calcoli come se fosse un'operazione in colonna, sommando tra loro i termini in x, i termini in y e i termini noti, ottenendo:

$$15x + 0 = 3 \rightarrow x = \frac{3}{15} = \frac{1}{5}$$

Adesso è possibile sostituire l'incognita x appena trovata in una delle due equazioni del sistema iniziale e trovare, quindi, anche il valore della y:

$$x - y = 1 \rightarrow \frac{1}{5} - y = 1 \rightarrow y = \frac{1}{5} - 1 = -\frac{4}{5}$$

- **Metodo di Cramer:** prevede di determinare le soluzioni di sistemi lineari quadrati (numero di equazioni uguale al numero di incognite) mediante il calcolo del determinante associato.

Consideriamo un sistema lineare di due equazioni in due incognite:

$$\begin{cases} ax + by + c = 0 \\ a_1x + b_1y + c_1 = 0 \end{cases}$$

Scriviamo i coefficienti delle incognite in una sorta di tabella che chiameremo **matrice dei coefficienti**:

$$\begin{bmatrix} a & b \\ a_1 & b_1 \end{bmatrix}$$

Calcoliamo la quantità D, definita come **determinante** della matrice:

$$D = a \cdot b_1 - a_1 \cdot b$$

Se il determinante è uguale a 0, non è possibile proseguire con il metodo di Cramer: il sistema è indeterminato o impossibile. Se il determinante è diverso da zero, allora il sistema è determinato e le due soluzioni si calcoleranno come:

$$x = \frac{cb_1 - c_1b}{ab_1 - a_1b} \ e \ y = \frac{ac_1 - a_1c}{ab_1 - a_1b}$$

I due denominatori sono identici e pari al determinante della matrice dei coefficienti.

Esempio:

$$\begin{cases} x + y = 24 \\ x - y = 6 \end{cases}$$

Si determina la matrice dei coefficienti:

$$\begin{bmatrix} 1 & 1 \\ 1 & -1 \end{bmatrix}$$

Si calcola il determinante:

$$D = 1 \cdot (-1) - 1 \cdot 1 = -1 - 1 = -2$$

Si procede determinando il valore delle incognite:

$$x = \frac{cb_1 - c_1 b}{ab_1 - a_1 b} = \frac{24 \cdot (-1) - 6 \cdot 1}{-2} = \frac{-30}{-2} = 15$$

$$y = \frac{ac_1 - a_1 c}{ab_1 - a_1 b} = \frac{1 \cdot 6 - 1 \cdot 24}{-2} = \frac{-18}{-2} = 9$$

I sistemi di II grado

Un **sistema di secondo grado** è un particolare tipo di sistema costituito da un'equazione polinomiale di secondo grado (soltanto una) e da una o più equazioni lineari.

$$\begin{cases} Ax^2 + By^2 + Cxy + Dx + Ey + F = 0 \\ \qquad\quad ax + by + c = 0 \end{cases}$$

Risolvere un sistema di secondo grado di n equazioni in n incognite vuol dire **determinare i valori delle incognite che soddisfano tutte le equazioni del sistema**.

La strategia più comoda per la risoluzione di un sistema di secondo grado prevede l'utilizzo del **metodo di sostituzione:** utilizziamo l'equazione lineare per esprimere una delle incognite in funzione dell'altra, poi sostituiamo l'espressione ottenuta all'interno dell'equazione di secondo grado. Quest'ultima diventa un'equazione in un'unica incognita, che viene definita **equazione risolvente.** Non conosciamo a prescindere il grado della risolvente, ma è più probabile che non sia di primo, ma di secondo grado. In tal caso possono verificarsi tre situazioni:

- $\Delta > 0 \rightarrow$ l'equazione ammette **due soluzioni reali e distinte,** quindi avremo **due coppie distinte** risolutive per il sistema (due valori della x e, conseguentemente, due valori della y);
- $\Delta = 0 \rightarrow$ l'equazione ammette **due soluzioni reali e coincidenti,** quindi **due coppie**

coincidenti risolutive per il sistema;

- $\Delta < 0 \to$ l'equazione **non ammette soluzion**i, così come il sistema.

Anche nel caso in cui la risolvente fosse di primo grado, si distinguono tre casi:

- sistema **indeterminato**, se la risolvente degenera in un'identità;
- sistema **determinato**, se la risolvente ammette un'unica soluzione;
- sistema **impossibile**, se la risolvente degenera in un'uguaglianza falsa.

Esempio:

$$\begin{cases} x^2 + 2y^2 = 9 \\ x + y = 3 \end{cases} \to \begin{cases} x^2 + 2y^2 = 9 \\ x = 3 - y \end{cases}$$

$$\to \begin{cases} (3 - y)^2 + 2y^2 = 9 \\ x = 3 - y \end{cases}$$

$$\to \begin{cases} 9 - 6y + y^2 + 2y^2 = 9 \\ x = 3 - y \end{cases} \to \begin{cases} 3y^2 - 6y = 0 \\ x = 3 - y \end{cases} \to \begin{cases} 3y \cdot (y - 2) = 0 \\ x = 3 - y \end{cases}$$

$$\to \begin{cases} y_1 = 0; \ y_2 = 2 \\ x_1 = 3; \ x_2 = 1 \end{cases}$$

Le coppie risolutive del sistema sono (3;0) e (1;2).

Dal punto di vista **geometrico** risolvere un sistema di secondo grado significa andare alla ricerca dei punti di intersezione tra una retta ed una conica (per approfondire, vedi Tesi n. 4, punto 1.)

<u>Le disequazioni</u>

Una **disequazione** è una **disuguaglianza** in cui compaiono espressioni letterali per le quali cerchiamo i valori di una o più lettere che rendono la disuguaglianza vera.
Le lettere per le quali si cercano valori sono le **incognite**. I valori delle incognite che rendono vera la disuguaglianza sono le **soluzioni** della disequazione.
Una disequazione è:

- **numerica** se non compaiono altre lettere oltre all'incognita, altrimenti **letterale**;
- **intera** se l'incognita compare soltanto nei numeratori delle eventuali frazioni presenti nella disequazione, altrimenti è **fratta**.

$$7x - 6x + 8 > 5 - x \text{ è una disequazione numerica intera.}$$

Le **condizioni di esistenza** di una disequazione sono le condizioni che le variabili devono soddisfare affinché tutte le espressioni scritte nella disequazione abbiano significato. Le indichiamo con C.E.
Per scrivere o rappresentare graficamente le soluzioni delle disequazioni sono utili gli **intervalli**.

Intervalli limitati

a. Intervallo aperto]a; b[.

b. Intervallo chiuso [a; b].

c. Intervallo aperto a destra [a; b[.

d. Intervallo aperto a sinistra]a; b].

Intervalli illimitati

a. Intervallo aperto illimitato superiormente]a; +∞[.

b. Intervallo aperto illimitato inferiormente]−∞; a[.

c. Intervallo chiuso illimitato superiormente [a; +∞[.

d. Intervallo chiuso illimitato inferiormente]−∞; a].

Disequazioni equivalenti

Due disequazioni sono **equivalenti** quando hanno le stesse soluzioni.

Esempio:

$$x + 5 > 9 \quad e \quad x + 3 > 7$$

Sono disequazioni equivalenti poiché entrambe sono verificate per tutti i valori di x maggiori di 4: $x > 4$

Primo principio di equivalenza per le disequazioni

Addizionando o sottraendo dai due membri di una disequazione uno stesso numero o una stessa espressione algebrica contenente l'incognita otteniamo una disequazione equivalente a quella data.

Come conseguenza del primo principio si ha che: in ogni disequazione un termine può essere trasportato da un membro all'altro cambiandolo di segno.

Secondo principio di equivalenza per le disequazioni

- Moltiplicando o dividendo i due membri di una disequazione per uno stesso numero **positivo** si ottiene una disequazione equivalente a quella data;
- Moltiplicando o dividendo i due membri di una disequazione per uno stesso numero **negativo** si ottiene una disequazione equivalente a quella data, ma di **verso opposto**.

Come conseguenza del secondo principio si ha che: cambiando il segno a ciascun membro della disequazione otteniamo una disequazione equivalente a quella data, ma di verso opposto:

$$-x > +5 \text{ è equivalente a } x < -5$$

Le disequazioni intere di primo grado, o **lineari**, possono sempre essere scritte in una delle seguenti forme, dopo aver applicato i principi di equivalenza:

$$ax > b; ax \geq b; ax < b; ax \leq b \text{ dove x è l'incognita e a, b } \in R$$

Risolvendo $ax > b$, otteniamo, a seconda dei valori di a, i casi in tabella.

Segno di a	Soluzioni	Esempio
$a > 0$	$ax > b \;\rightarrow\; x > \dfrac{b}{a}$	$3x > -2 \;\rightarrow\; x > -\dfrac{2}{3}$
$a < 0$	$ax > b \;\rightarrow\; x < \dfrac{b}{a}$	$-3x > 6 \;\rightarrow\; x < -2$
$a = 0$	$0x > b$ ⎧ se $b > 0$, $S = \varnothing$, disequazione impossibile; ⎨ se $b = 0$, $S = \varnothing$, disequazione impossibile; ⎩ se $b < 0$, $S = \mathbb{R}$, disequazione sempre verificata.	$0x > 5 \;\rightarrow\; S = \varnothing$ $0x > 0 \;\rightarrow\; S = \varnothing$ $0x > -4 \;\rightarrow\; S = \mathbb{R}$

Disequazioni di secondo grado

Ogni disequazione di secondo grado intera nell'incognita x può essere ricondotta alla forma normale $ax^2 + bx + c > 0$, con $a \neq 0$. Per risolverla usiamo un metodo che si basa sullo studio del segno del trinomio $ax^2 + bx + c$ associato.

Per studiare il segno di un trinomio di secondo grado $ax^2 + bx + c$, possiamo considerare la funzione $y = ax^2 + bx + c$ e utilizzare il suo grafico, che è quello di una parabola.

Riassumiamo nella tabella le possibili posizioni di una parabola di equazione $y = ax^2 + bx + c$ rispetto all'asse delle ascisse.

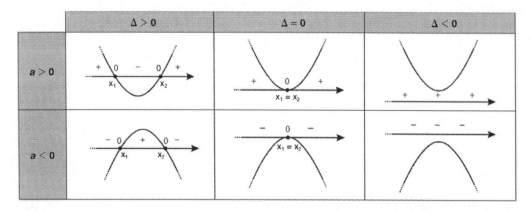

x_1 e x_2 sono le eventuali radici dell'equazione associata $ax^2 + bx + c = 0$, cioè i valori per i quali il trinomio e nullo. I segni + e - indicano gli intervalli in cui la parabola è sopra o sotto l'asse x, e quindi anche dove il trinomio è positivo o negativo.

Segno di un trinomio di secondo grado

Quando l'equazione associata al trinomio $ax^2 + bx + c > 0$, con $a \neq 0$, ha:

- $\Delta > 0$, il trinomio e il coefficiente **a** hanno:
  - segno concorde per valori di x esterni all'intervallo delle radici;
  - segno discorde per valori di x interni all'intervallo delle radici;
- $\Delta = 0$, il trinomio e il coefficiente **a** hanno segno concorde per tutti i valori di x diversi dalla radice doppia dell'equazione;
- $\Delta < 0$, il trinomio e il coefficiente **a** hanno segno concorde per ogni valore reale di x.

Esempio:

- Il trinomio $-x^2 - 3x + 10$ ha equazione associata $-x^2 - 3x + 10 = 0$ con $\Delta > 0$ e $x_1 = -5$ e $x_2 = 2$.

Segno del trinomio

- Il trinomio $+4x^2 - 12x + 9$ ha equazione associata $+4x^2 - 12x + 9 = 0$ con $\Delta = 0$ e $x_1 = x_2 = \frac{3}{2}$.

Segno del trinomio

- Il trinomio $-7x^2 + x - 1$ ha equazione associata $-7x^2 + x - 1$ con $\Delta < 0$ e nessuna radice reale.

Segno del trinomio

Risoluzione di una disequazione di secondo grado

La regola dello studio del segno di un trinomio di secondo grado è utile per risolvere una disequazione di secondo grado. Possiamo procedere come segue.

- Portiamo la disequazione nella forma $ax^2 + bx + c > 0$ (o in quelle analoghe con $<, \geq, \leq,$), dove per comodità consideriamo $a > 0$. Possiamo sempre ricondurci al caso $a < 0$ perché, se nella disequazione data è $a < 0$, basta moltiplicare i due membri della disequazione per -1 e cambiare il verso della disequazione applicando il secondo principio di equivalenza.
- Risolviamo l'equazione associata, determinando il segno del discriminante e le radici, quando esistono.
- Applichiamo la regola dello studio del segno, individuando l'intervallo o gli intervalli

in cui il trinomio è o positivo o negativo, a seconda della richiesta della disequazione.

$a > 0$	$ax^2 + bx + c > 0$	$ax^2 + bx + c < 0$
$\Delta > 0$	$\begin{array}{cc} \circ\!\!-\!\!\cdots & \cdots\!\!-\!\!\circ \\ x_1 & x_2 \end{array}$ $x < x_1 \ \lor \ x > x_2$	$\begin{array}{cc} \circ\!\!-\!\!-\!\!-\!\!\circ \\ x_1 \quad x_2 \end{array}$ $x_1 < x < x_2$
$\Delta = 0$	$\begin{array}{c} \circ \\ x_1 \end{array}$ $x \neq x_1$	$\nexists \, x \in \mathbb{R}$
$\Delta < 0$	$\forall \, x \in \mathbb{R}$	$\nexists \, x \in \mathbb{R}$

Esempio 1:

$\Delta > 0$

Risolviamo la disequazione $-3x^2 + x + 2 > 0$.
Il coefficiente di x^2 è negativo. Per ricondurci al caso $a > 0$, moltiplichiamo entrambi i membri per -1 e cambiamo il verso:

$$3x^2 - x - 2 < 0$$

Risolviamo la disequazione $3x^2 - x - 2 < 0$.

L'equazione associata è $3x^2 - x - 2 = 0$, con radici $x_1 = -\frac{2}{3}$ e $x_2 = 1$
Il trinomio ha segno concorde con il coefficiente 3
di x^2 per valori esterni all'intervallo $\left[-\frac{2}{3}; 1\right]$ e ha
segno discorde per valori interni.
La disequazione chiede che il trinomio sia negativo,
quindi la soluzione è $-\frac{2}{3} < x < 1$.

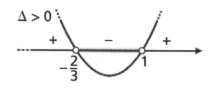

Esempio 2:

$\Delta = 0$

Risolviamo la disequazione $x^2 - 4x + 4 > 0$.

L'equazione associata è $x^2 - 4x + 4 = 0$ ed ha $\Delta = 0$, con due soluzioni coincidenti $x_1 = x_2 = 2$.

Il trinomio ha segno concorde con il coefficiente 1 di x^2 per qualunque valore diverso da 2. La disequazione chiede che il trinomio sia positivo, quindi la soluzione è: $\forall x \in R \wedge x \neq 2$.

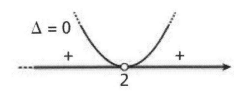

Esempio 3:

$\Delta < 0$

Risolviamo la disequazione $2x^2 - x + 1 < 0$
L'equazione associata $2x^2 - x + 1 = 0$ ed ha $\Delta < 0$.
Il trinomio ha segno concorde con il coefficiente 2 di x^2 per qualsiasi valore di x. La disequazione chiede che il trinomio sia negativo, quindi non è mai verificata.

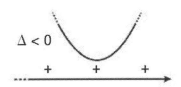

<u>Disequazioni fratte</u>
Una disequazione è **fratta** se contiene l'incognita in almeno un denominatore. Per risolverla dobbiamo trasformarla in una disequazione del tipo:

$$\frac{A(x)}{B(x)} > 0 \ (oppure <, \leq, \geq)$$

$A(x)$ e $B(x)$ sono funzioni dell'incognita x. Noi studiamo il caso in cui $A(x)$ e $B(x)$ sono polinomi. Per risolvere una disequazione fratta dobbiamo studiare il segno della frazione $\frac{A(x)}{B(x)}$, esaminando i segni di $A(x)$ e di $B(x)$. Dobbiamo imporre $B(x) \neq 0$ per la condizione di esistenza della frazione.

Esempio:
Risolviamo la disequazione:

$$\frac{x^2 - 1}{2x^2 - 7x - 4} \geq 0$$

Il denominatore deve essere non nullo, perciò:

$$C.E.: 2x^2 - 7x - 4 \neq 0 \rightarrow x_1 \neq -\frac{1}{2} \wedge x_2 \neq 4$$

Studiamo il segno del numeratore:

$$x^2 - 1 \geq 0 \rightarrow x \leq -1 \lor x \geq 1$$

Studiamo il segno del denominatore:

$$2x^2 - 7x - 4 > 0$$
$$2x^2 - 7x - 4 = 0 \rightarrow x_1 = -\frac{1}{2} \lor x_2 = 4$$

La frazione è uguale a 0 quando si annulla il suo numeratore, mentre se il denominatore è uguale a 0 la frazione non esiste. In quest'ultimo caso, nello schema, utilizziamo il simbolo $\nexists$.

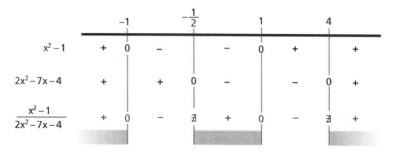

La disequazione è verificata per:

$$x \leq -1 \lor -\frac{1}{2} < x \leq 1 \lor x > 4$$

Sistemi di disequazioni
Come sappiamo, un **sistema di disequazioni** è un insieme di due o più disequazioni che devono essere soddisfatte contemporaneamente.
Per risolverlo, procediamo in questo modo:

- risolviamo ciascuna delle disequazioni;
- costruiamo uno schema grafico con gli intervalli che rappresentano gli insiemi delle soluzioni delle disequazioni;
- determiniamo l'intersezione di tutti gli insiemi delle soluzioni.

Esempio:
Risolviamo il sistema:

$$\begin{cases} x^2 < 81 \\ x^2 - 7(2x - 7) > 0 \\ 5x + 3 \geq 0 \end{cases}$$

- Risolviamo ciascuna delle disequazioni:

Prima disequazione:

$$x^2 < 81 \rightarrow x^2 - 81 < 0 \rightarrow -9 < x < 9 \rightarrow S_1$$

Seconda disequazione:

$$x^2 - 7(2x - 7) > 0 \rightarrow x^2 - 14x + 49 > 0 \rightarrow \forall x \in R \land x \neq 7 \rightarrow S_2$$

Terza disequazione:

$$5x + 3 \geq 0 \rightarrow x \geq -\frac{3}{5} \rightarrow S_3$$

- Costruiamo lo schema grafico con gli intervalli delle soluzioni.

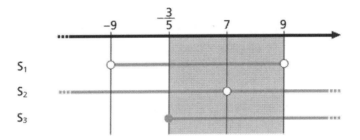

- Determiniamo l'intersezione dei tre insiemi di soluzioni, colorando la zona del grafico in cui ci sono soluzioni comuni alle **tre** disequazioni.

Le soluzioni del sistema sono:

$$-\frac{3}{5} \leq x < 9 \land x \neq 7$$

c. La relazione di congruenza nel piano. Criteri di congruenza dei triangoli. Applicazioni.

Due figure geometriche F ed F' sono congruenti se, sovrapposte mediante movimenti che non le deformino, coincidono perfettamente. La **congruenza** è una relazione fra due figure piane che mantiene **inalterate** la **forma** e l'**estensione** delle figure. La congruenza mantiene quindi uguali le lunghezze dei segmenti (cioè dei lati, per esempio) e l'ampiezza degli angoli corrispondenti. In generale, per vedere se due figure piane sono congruenti, bisogna **sovrapporle** mediante uno o più spostamenti che non cambino né la forma né l'estensione delle figure. I movimenti che lasciano inalterate sia la forma che la dimensione delle figure si dicono **movimenti rigidi** o più semplicemente **movimenti**.

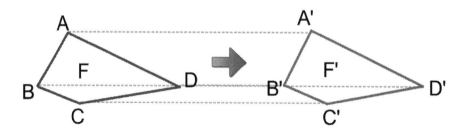

Le due figure F ed F' vengono sovrapposte mediante un movimento rigido, fino a quando tutti i vertici di una figura coincidano con quelli dell'altra.

I principali movimenti rigidi sono:

- la traslazione;
- la rotazione;
- il ribaltamento;
- la simmetria centrale.

Criteri di congruenza dei triangoli

- Il **primo criterio di congruenza** afferma che due triangoli sono congruenti se hanno rispettivamente congruenti due lati e l'angolo fra essi compreso.
- Il **secondo criterio di congruenza** afferma che due triangoli sono congruenti se hanno rispettivamente congruenti un lato e gli angoli ad esso adiacenti.
- Il **terzo criterio di congruenza** afferma infine che due triangoli sono congruenti se hanno congruenti i tre lati.

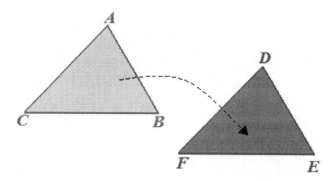

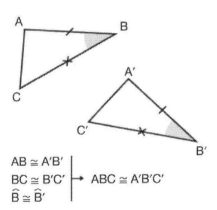

AB ≅ A'B'
BC ≅ B'C' ⊢ ABC ≅ A'B'C'
$\hat{B}$ ≅ $\hat{B}'$

Dimostrazione del 1° criterio

Poiché gli angoli $\hat{B}$ e $\hat{B}'$ sono congruenti, esiste un movimento rigido (traslazione) che permette al segmento $\overline{AB}$ di sovrapporsi al segmento $\overline{A'B'}$, così come al segmento $\overline{BC}$ di sovrapporsi al segmento $\overline{B'C'}$. Siccome i segmenti $\overline{AB}$ e $\overline{A'B'}$ sono congruenti, questo movimento, oltre a fare in modo che il punto A coincida con A', fa in modo che anche B e B' coincidano. Accade lo stesso per i punti C e C', potendo ripetere lo stesso ragionamento per i due segmenti $\overline{BC}$ e $\overline{B'C'}$. A questo punto, dato che i tre vertici dei due triangoli coincidono, coincidono anche i triangoli (sono **congruenti**).

Dimostrazione del 2° criterio

Mediante lo stesso procedimento utilizzato in precedenza, sovrapponiamo i lati $\overline{AC}$ e $\overline{A'C'}$: i vertici, A e A', C e C' coincideranno, dato che, per ipotesi, i due segmenti sono congruenti. Poiché anche gli angoli adiacenti, $\hat{A}$ e $\hat{A}'$, $\hat{C}$ e $\hat{C}'$, sono congruenti per ipotesi, questo garantisce la sovrapponibilità delle rette che contengono i segmenti $\overline{AB}$ e $\overline{A'B'}$ e $\overline{BC}$ e $\overline{B'C'}$. Poiché due rette possono incontrarsi in un unico punto (e abbiamo appena detto che le rette coincidono), sarà unico il terzo vertice (punto di incontro delle due rette coincidenti), per cui $B = B'$ e i due triangoli sono completamente sovrapposti, quindi **congruenti**.

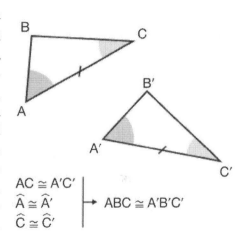

AC ≅ A'C'
$\hat{A}$ ≅ $\hat{A}'$ ⊢ ABC ≅ A'B'C'
$\hat{C}$ ≅ $\hat{C}'$

Dimostrazione del 3° criterio

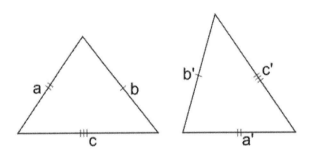

Dobbiamo dimostrare che i due triangoli sono congruenti, sapendo che hanno rispettivamente congruenti i tre lati.

AB ≅ A'B'
BC ≅ B'C' ⊢ ABC ≅ A'B'C'
AC ≅ A'C'

Con un movimento rigido di traslazione e successiva rotazione, trasporto il triangolo A'B'C' al di sotto del triangolo ABC, facendo in modo che i due segmenti $\overline{AB}$ e $\overline{A'B'}$ siano coincidenti (coincidono perché, per ipotesi, so che i due segmenti sono congruenti, quindi coincidono gli estremi A e A', B e B'). A questo punto tracciamo il segmento che unisce i vertici C e C': notiamo che sono venuti a formarsi due nuovi triangoli, ACC' e BCC'. Consideriamo il triangolo ACC': è isoscele, perché, per ipotesi, i segmenti $\overline{AC}$ e $\overline{A'C'}$ sono congruenti, dunque gli angoli alla base, $A\widehat{C'}C$ e $A\widehat{C}C'$ sono anch'essi congruenti. È possibile fare un discorso analogo per il triangolo BCC', che risulterà, allo stesso modo isoscele, in quanto $\overline{BC}$ e $\overline{B'C'}$ sono

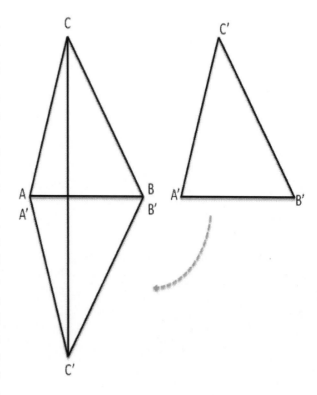

congruenti per ipotesi, quindi gli angoli alla base, $B\widehat{C}C'$ e $B\widehat{C'}C$ saranno congruenti.

Ritornando ai triangoli di partenza, possiamo dire che gli angoli $A\widehat{C}B$ e $A\widehat{C'}B$ sono congruenti, perché somma di angoli congruenti, infatti:

$$A\widehat{C}B = A\widehat{C}C' + B\widehat{C}C'; \; A\widehat{C'}B = A\widehat{C'}C + B\widehat{C'}C$$

Ma abbiamo appena detto che $A\widehat{C}C' = A\widehat{C'}C$ e che $B\widehat{C}C' = B\widehat{C'}C$ sono congruenti, perché angoli alla base di triangoli isosceli, quindi $A\widehat{C}B = A\widehat{C'}B$.

Ritorniamo allora al primo criterio di congruenza dei triangoli, già precedentemente dimostrato: infatti, per ipotesi sappiamo che i segmenti $\overline{AC}$ e $\overline{A'C'}$, $\overline{BC}$ e $\overline{B'C'}$ sono congruenti, in più adesso sappiamo che è congruente anche l'angolo tra essi compreso, $A\widehat{C}B = A\widehat{C'}B$, di conseguenza possiamo affermare che i due triangoli sono **congruenti**.

Finora abbiamo parlato della congruenza tra triangoli generici; adesso vediamo come possiamo adattare questi criteri ai triangoli rettangoli.

I **triangoli rettangoli** sono congruenti se hanno congruenti almeno uno fra:

- i due cateti;
- l'ipotenusa e l'angolo acuto;
- un cateto e l'angolo acuto adiacente;
- un cateto e l'angolo acuto opposto;
- un cateto e l'ipotenusa.

d. Proporzioni tra grandezze. Proporzionalità diretta e inversa. Teorema di Talete e sue conseguenze.

<u>Proporzioni tra grandezze</u>
Date quattro grandezze A, B, C, D, a due a due omogenee tra loro, se il rapporto tra le prime due è uguale al rapporto tra le seconde due, si dice che esse sono in **proporzione** e si scrive:

$$\frac{A}{B} = \frac{C}{D} \quad \text{oppure} \quad A:B = C:D$$

L'uguaglianza precedente si legge: "**A sta a B come C sta a D**".
Le lettere A e D si definiscono termini **estremi** della proporzione, mentre le lettere centrali, B e C, si definiscono termini **medi** della proporzione; la prima grandezza di ogni rapporto si chiama **antecedente**, la seconda **conseguente**; in questo caso A e C sono gli antecedenti, B e D i conseguenti.

Se i termini medi sono uguali, la proporzione diventa: $A:B = B:D$; la proporzione si dice **continua** ed il termine uguale prende il nome di **medio proporzionale**.

Sussiste il seguente **teorema fondamentale** sulle proporzioni tra grandezze: **quattro grandezze, a due a due omogenee, formano una proporzione quando il loro rapporto è una costante.**

Le proporzioni godono di importanti proprietà, che andiamo ad elencare:

- **Proprietà fondamentale delle proporzioni:** in una proporzione il prodotto dei medi è uguale al prodotto degli estremi;

- **Proprietà dell'invertire:** in una proporzione gli antecedenti si possono scambiare con i conseguenti, cioè:
  se $A:B = C:D$ allora vale anche che $B:A = D:C$;

- **Proprietà del comporre**: in ogni proporzione ad ogni antecedente si può aggiungere il proprio conseguente, cioè:

$$(A + B):B = (C + D):D;$$

- **Proprietà dello scomporre**: in una proporzione, in cui ogni antecedente è maggiore del rispettivo conseguente, ad ogni antecedente si può sottrarre il proprio conseguente, cioè:

$$(A - B):B = (C - D):D;$$

- **Proprietà del permutare**: in una proporzione, con le grandezze tutte omogenee, si possono scambiare tra di loro i medi o gli estremi, cioè:

$A:B = C:D$ oppure $D:B = C:A.$

Dalla prima proprietà discende che, note tre grandezze, si può calcolare facilmente la quarta. Se per esempio l'incognita è un estremo, per determinarlo si moltiplicano tra di loro i medi e si divide per l'altro estremo; se l'incognita è un medio, si moltiplicano tra di loro gli estremi e si divide per l'altro medio.

Esempio:

$$x:5 = 40:10 \rightarrow x = \frac{5 \cdot 40}{10} = \frac{200}{10} = 20$$

Proporzionalità diretta e inversa

Due grandezze variabili, x e y si dicono proporzionali tra di loro, o **direttamente proporzionali**, se vale la seguente uguaglianza: $y = kx$, ovvero $k = \frac{y}{x}$, dove **k** è una costante numerica non nulla, chiamata **costante di proporzionalità.**

Quindi possiamo dire che due grandezze sono in proporzione se **all'aumentare di una aumenta anche l'altra**, secondo un **fattore costante**.

La proporzionalità diretta si può rappresentare su un diagramma cartesiano come una **retta**.

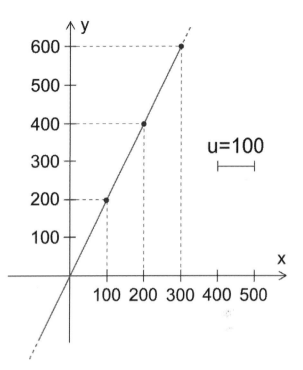

Due grandezze variabili, x e y si dicono **inversamente proporzionali** se vale la seguente uguaglianza: $xy = k$, ovvero $y = k/x$, dove **k** è una costante non nulla, chiamata **costante di proporzionalità inversa**.

Quindi possiamo dire che due grandezze sono inversamente proporzionali quando **all'aumentare di una diminuisce l'altra** e viceversa. Ad esempio se x raddoppia, y si dimezza, ecc.

La proporzionalità inversa si rappresenta graficamente come un **ramo di iperbole**.

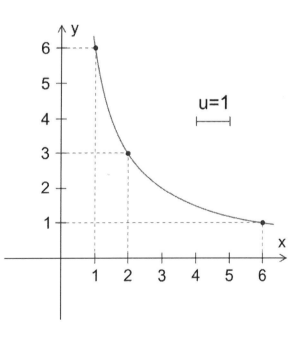

<u>Teorema di Talete e sue conseguenze</u>

Il **teorema di Talete** afferma che rette parallele r_1, r_2, ..., r_n tagliate da due trasversali t_1 e t_2 formano sulle trasversali coppie di segmenti a due a due proporzionali.

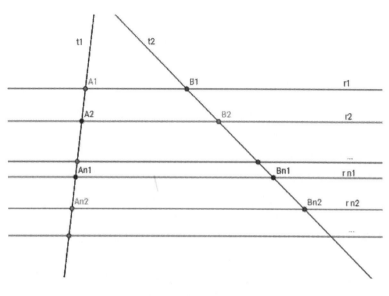

$$\overline{A_1A_2}:\overline{B_1B_2} = \overline{A_{n1}A_{n2}}:\overline{B_{n1}B_{n2}}$$

La dimostrazione si ottiene verificando le due **proprietà necessarie e sufficienti alla proporzionalità** di due insiemi di grandezze in corrispondenza tra di loro:

- ad elementi uguali nel primo insieme devono corrispondere elementi uguali nel secondo insieme;

Consideriamo allora il nostro insieme di rette parallele tagliate da due trasversali t_1 e t_2.

Per dimostrare la prima proprietà, fissiamo due coppie di parallele r_1. r_2, r_3, r_4 che stacchino sulla prima trasversale t_1 due segmenti congruenti $\overline{A_1A_2}$ e $\overline{A_3A_4}$.
Chiamiamo $\overline{B_1B_2}$ e $\overline{B_3B_4}$ i segmenti corrispondenti tagliati sulla seconda trasversale t_2.

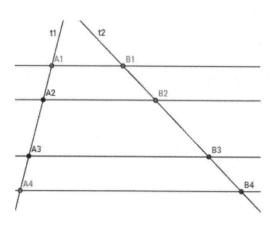

Dimostriamo che $\overline{B_1B_2}$ è congruente a $\overline{B_3B_4}$ se $\overline{A_1A_2}$ è congruente a $\overline{A_3A_4}$.

274

Per farlo costruiamo a partire da A_1 e A_3 due segmenti $\overline{A_1K_1}$ e $\overline{A_3K_2}$ paralleli a $\overline{B_1B_2}$ e $\overline{B_3B_4}$.

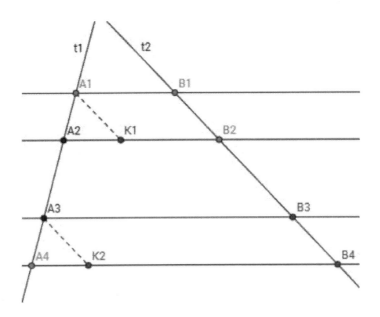

Per la **proprietà transitiva della relazione di parallelismo**, i due segmenti $\overline{A_1K_2}$ e $\overline{A_3K_2}$ sono paralleli tra di loro in quanto entrambi sono paralleli alla retta t_2.

Se consideriamo i triangoli $A_1A_2K_1$ e $A_3A_4K_2$, essi risultano congruenti per il **secondo criterio di congruenza** dei triangoli. Essi infatti hanno $\overline{A_1A_2}$ congruente a $\overline{A_3A_4}$ per ipotesi; gli angoli adiacenti a tali lati sono inoltre a due a due congruenti perché sono angoli corrispondenti rispetto alle rette parallele $\overline{A_1K_1}$ e $\overline{A_3K_2}$ tagliate dalla trasversale t_1 e rispetto alle parallele $\overline{A_2B_2}$ e $\overline{A_4B_4}$ sempre tagliate dalla trasversale t_1.

Quindi i segmenti $\overline{A_1K_1}$ e $\overline{A_3K_2}$ sono congruenti tra di loro.

Ma, per costruzione, essi sono lati opposti ai segmenti $\overline{B_1B_2}$ e $\overline{B_3B_4}$ nei parallelogrammi $A_1B_1B_2K_1$ e $A_3B_3B_4K_2$, quindi sono congruenti rispettivamente a $\overline{B_1B_2}$ e $\overline{B_3B_4}$. Infatti sappiamo che nei parallelogrammi i lati opposti, oltre ad essere paralleli tra loro, sono anche congruenti.

Applicando la **proprietà transitiva della relazione di congruenza,** concludiamo finalmente che $\overline{B_1B_2}$ è congruente a $\overline{B_3B_4}$, come volevasi dimostrare.

- a somme di elementi nel primo insieme corrisponde la somma degli elementi corrispondenti nel secondo insieme.

La seconda condizione necessaria e sufficiente per la proporzionalità si ricava immediatamente dalla prima, osservando che il segmento somma di segmenti congruenti si ottiene allineando i segmenti da sommare.

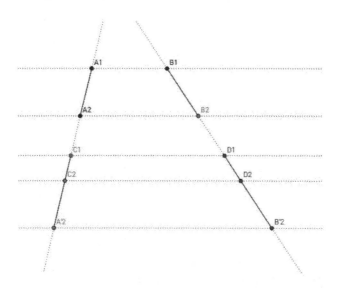

Dati i segmenti $\overline{A_1 A_2}$ e $\overline{C_1 C_2}$ e sulla prima trasversale, riporto sulla stessa retta un segmento $\overline{C_2 A'_2}$ congruente ad $\overline{A_1 A_2}$. Si ha allora che $\overline{C_1 A'_2}$ è congruente alla somma di $\overline{A_1 A_2}$ e $\overline{C_1 C_2}$.

Ma, per quanto abbiamo appena dimostrato nel punto precedente, il corrispondente segmento $\overline{D_2 B'_2}$ sulla seconda trasversale sarà congruente a $\overline{B_1 B_2}$ Per la proprietà delle somme si avrà allora che $\overline{D_1 B'_2}$ è congruente alla somma di $\overline{B_1 B_2}$ e $\overline{D_1 D_2}$, come volevasi dimostrare.

<u>Applicazioni del Teorema di Talete</u>

Esempio 1:
Dividere un segmento in parti direttamente proporzionali a più segmenti dati.

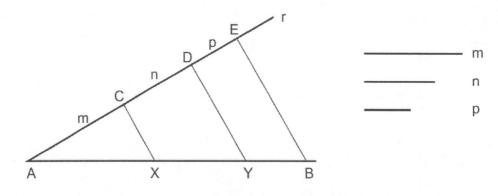

Consideriamo il segmento $\overline{AB}$ (come in figura) e siano **m, n, p** gli altri segmenti assegnati. Ora disegniamo una semiretta r che ha la sua origine nel punto A; la semiretta r non è giacente sulla retta $\overline{AB}$. Partendo da A riportiamo consecutivamente i segmenti m, n, p rispettivamente in $\overline{AC}, \overline{CD}, \overline{DE}$ poi uniamo E con B e conduciamo le parallele alla $\overline{EB}$ sia da C che da D; siano X e Y le loro intersezioni con il segmento $\overline{AB}$. I punti X, Y risolvono il problema perché grazie al teorema di Talete si ha che:

$$\overline{AX}:m = \overline{XY}:n = \overline{YB}:p$$

Esempio 2:
Dividere un segmento in **h** parti uguali.

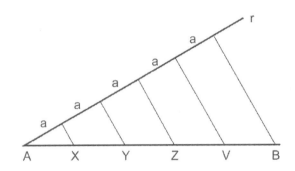

Ragioniamo analogamente al primo problema. È sufficiente prendere al posto dei segmenti **m, n, p** tanti segmenti uguali ad un segmento **a** (esattamente quanto indica il numero **h**). Nella figura, ad esempio, vediamo come un segmento $\overline{AB}$ possa essere diviso in 5 parti uguali.

Esempio 3:
Assegnati tre segmenti, costruire il segmento quarto proporzionale.

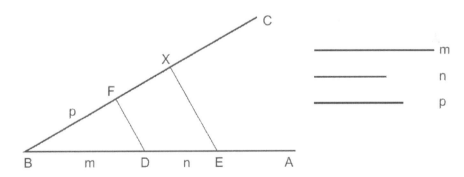

Siano **m, n, p** tre segmenti dati (come in figura). Ora disegniamo un angolo qualsiasi $A\hat{B}C$; su un suo lato $\overline{BA}$ riportiamo consecutivamente a partire da B, i segmenti **m, n** in $\overline{BD}$, $\overline{DE}$; ora sull'altro lato $\overline{BC}$ consideriamo il segmento $\overline{BF}$ uguale a **p**. Uniamo F con D e poi da E conduciamo la parallela a $\overline{FD}$ che incontra $\overline{BC}$ in X. Il segmento $\overline{FX}$ è la soluzione del problema perché dal teorema di Talete si ha:
$$\overline{BD}:\overline{DE} = \overline{BF}:\overline{FX} \rightarrow m:n = p:\overline{FX}$$

Corollario (conseguenza del teorema di Talete per i triangoli)

In un triangolo, (in figura ACC') una retta parallela ad un lato qualsiasi taglia proporzionalmente gli altri due lati.

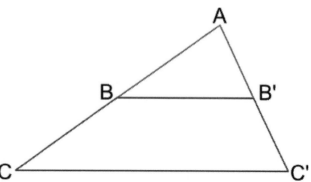

Con riferimento alla figura, applicando il Teorema di Talete, possiamo scrivere la seguente proporzione:

$$\overline{AB}:\overline{BC} = \overline{AB'}:\overline{B'C'}$$

Questo è possibile perché i segmenti CC' e BB' rappresentano le due rette parallele, i segmenti AC e AC' le due trasversali, quindi possiamo applicare il teorema di Talete.

Teorema della bisettrice

Altra importante **conseguenza** del Teorema di Talete è il **Teorema della bisettrice**, secondo cui: "Dato un triangolo ABC, la bisettrice di ciascun angolo divide il lato opposto in segmenti proporzionali agli altri due lati in modo che ciascun segmento corrisponda al lato con il quale ha un vertice in comune."

Tradotto in formule, seguendo la figura:

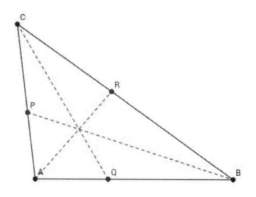

$$\overline{AP}:\overline{PC} = \overline{AB}:\overline{BC}$$
$$\overline{BQ}:\overline{QA} = \overline{BC}:\overline{CA}$$
$$\overline{CR}:\overline{RB} = \overline{AC}:\overline{AB}$$

Per esercitarsi...

- Semplificare i seguenti radicali:

  - $\sqrt{9a^2 - 12ab + 4b^2}$
  - $\sqrt[9]{\dfrac{(x+1)^3}{8a^6b^3}}$
  - $\sqrt[12]{64a^6b^6}$

- Ridurre allo stesso indice i seguenti gruppi di radicali:

  - $\sqrt[3]{16}, \sqrt{27}, \sqrt[4]{125}$
  - $\sqrt{a^3 + b^2}, \sqrt[12]{a^2 - b^2}, \sqrt[6]{a^2 - ab}$

- Trasportare i fattori fuori dal segno di radice:

  - $\sqrt{4x^4 - 4x^2}$
  - $\dfrac{1}{2} \cdot \sqrt[4]{\dfrac{x^{36}y^{71}z^{25}}{64a^{19}b^{13}c^{50}}}$
  - $\sqrt[n]{2^{n+2}b^{n+1}a^{3n}}$

- Trasportare i fattori sotto il segno di radice:

  - $\dfrac{2}{3} \sqrt[3]{\dfrac{2}{3}}$
  - $x^2 y^3 \sqrt{x^3 y^2}$

- Eseguire la potenza dei seguenti radicali:

  - $(\sqrt{a^2 b^3 c})^3$
  - $(\sqrt{x - y})^3$

- Ridurre ad un'unica radice i seguenti radicali:

  - $\sqrt[3]{\sqrt{2a}}$
  - $\sqrt[5]{\sqrt[3]{25(x + z)}}$

279

- Eseguire la somma algebrica:

  - $3\sqrt{5} - 2\sqrt{5} - 5\sqrt{5} + 10\sqrt{2}$
  - $3\sqrt{2} - 6(\sqrt{2} + \sqrt{3}) + 5\sqrt{3}$
  - $3\sqrt{2} + 4\sqrt{8} - \sqrt{50}$

- Sviluppare i seguenti prodotti notevoli tra radicali:

  - $(\sqrt{7} - \sqrt{2})(\sqrt{7} + \sqrt{2})$
  - $(\sqrt{a} + 2\sqrt{b})^2$
  - $(\sqrt{x} + 3)^3$

- Razionalizzare:

  - $\dfrac{2}{\sqrt{12}}$
  - $\dfrac{\sqrt{5} - \sqrt{3}}{2\sqrt{3}}$
  - $\dfrac{5}{4 - \sqrt{5}}$
  - $\dfrac{6}{\sqrt{6} - \sqrt{2}}$

- Svolgere le seguenti equazioni di primo grado:

  - $2x - 3 = -5$

    $[-1]$

  - $-8x + 5 = 5 - 8x$

    $[indeterminata]$

  - $2(x - 4) = 3(x - 5)$

    $[7]$

  - $3x - 5 + 2(x - 3) = 1 + 5x$

    $[impossibile]$

- Svolgere le seguenti equazioni di secondo grado:

  - $5x^2 + 125 = 0$

    $[\nexists x \in R]$

- $3x^2 - 1 = 0$

$$\left[x_1 = -\frac{\sqrt{3}}{3}; \ x_2 = \frac{\sqrt{3}}{3}\right]$$

- $x^2 + \frac{2}{3}x = 0$

$$\left[x_1 = -\frac{2}{3}; \ x_2 = 0\right]$$

- $x^2 = \sqrt{5}x$

$$[x_1 = 0; \ x_2 = \sqrt{5}]$$

- $x^2 - 7x + 10 = 0$

$$[x_1 = 2; \ x_2 = 5]$$

- $x^2 + x + 12 = 0$

$$[\nexists x \in R]$$

- $3x^2 - 1 = 0$

$$\left[x_1 = -\frac{\sqrt{3}}{3}; \ x_2 = \frac{\sqrt{3}}{3}\right]$$

- $2x^2 + 5x - 12 = 0$

$$\left[x_1 = -4; \ x_2 = \frac{3}{2}\right]$$

- Risolvere le seguenti disequazioni di primo e secondo grado:

- $5x - 3 < -2x + 11$

$$[x < 2]$$

- $4x + 7 < 2x - 9$

$$[x < -8]$$

- $11x - 12 - 8(4x - 5) > 7(x + 4) - x - 12$

$$\left[x < \frac{4}{9}\right]$$

- $(5x + 2)^2 > 0$

$$\left[\forall x \in R - \left\{-\frac{2}{5}\right\}\right]$$

- $(3x - 4)^2 > 0$

$$[impossibile]$$

- $3x^2 + 2x - 1 \geq 0$

$$\left[x \leq -1 \cup x \geq \frac{1}{3}\right]$$

- Risolvere le seguenti disequazioni fratte:

- $\frac{x-2}{x-3} > 0$

$$[x < -3 \cup x > 2]$$

- $\frac{2x-1}{x-3} > 0$

$$\left[x < \frac{1}{2} \cup x > 3\right]$$

- $\frac{x^2-x}{x+1} > 0$

$$[-1 < x < 0 \cup x > 1]$$

- Risolvere i seguenti sistemi di equazioni e disequazioni:

- $\begin{cases} x + y = 5 \\ 3x - y = 7 \end{cases}$

$$[(3; 2)]$$

- $\begin{cases} 4x - 3y = -1 \\ 3x - 2y = 0 \end{cases}$

$$[(2; 3)]$$

- $\begin{cases} x^2 + y^2 = 2b^2 + a^2 - 2ab \\ x + y = a - 2b \end{cases}$

$$[(-b; a - b), (a - b; -b)]$$

- $\begin{cases} 3x + 1 < 2x + 5 \\ x + 3 < 3x + 1 \end{cases}$

$$[1 < x < 4]$$

- $\begin{cases} 3x + 9 + 2 < x - 1 \\ 2x - 3 > x + 7 \end{cases}$

$$[\nexists x \in R]$$

- I triangoli ABC e PQR sono equilateri ed è $AB \cong PQ$. Dimostrare che i due triangoli sono congruenti.
- Dimostrare che due triangoli isosceli sono congruenti se hanno congruenti la base e uno degli angoli ad essa adiacenti.
- Dimostrare che due triangoli rettangoli sono congruenti se hanno congruenti l'ipotenusa, un cateto e la mediana ad esso relativa.
- Ripetere e poi svolgere autonomamente le dimostrazioni dei tre criteri di congruenza dei triangoli.
- Ripetere e poi svolgere autonomamente la dimostrazione del teorema di Talete.
- Ripetere e poi svolgere autonomamente le applicazioni del teorema di Talete.

TESI N.3

a. *Funzioni: definizione, classificazione (lineari, quadratiche, logaritmiche ed esponenziali), proprietà e loro rappresentazione grafica.*

b. *Calcoli percentuali. Interesse, sconto, montante semplice e composto.*

c. *Triangoli, quadrilateri, poligoni regolari, circonferenza e cerchio. Problemi sulle misure, sul perimetro ed area.*

d. *La relazione di similitudine nel piano. Criteri di similitudine dei triangoli. Teoremi di Euclide. Applicazioni.*

a. Funzioni: definizione, classificazione (lineari, quadratiche, logaritmiche ed esponenziali), proprietà e loro rappresentazione grafica.

Dati due insiemi A e B, si definisce **funzione** una **legge** o **relazione** che associa ad ogni elemento dell'insieme A **uno ed un solo elemento** dell'insieme B. Una funzione si indica con $y = f(x)$, dove:

- x è un generico elemento di A ed $f(x)$ o y si chiama **immagine di x** ed appartiene all'insieme B;
- l'insieme **A** viene chiamato **dominio** o **campo di esistenza** di $f(x)$ e rappresenta l'insieme in cui è definita la funzione, quindi quello in cui ha senso valutarla;
- il sottoinsieme di **B** formato dalle immagini di tutti gli elementi del dominio si chiama **codominio** di $f(x)$.

In una funzione $y = f(x)$, x è detta **variabile indipendente**, mentre y è detta **variabile dipendente**. Una funzione può essere anche indicata con un'espressione del tipo $f(x; y) = 0$, detta **forma implicita**, mentre $y = f(x)$ è detta **forma esplicita** rispetto alla variabile y. Di una funzione f possiamo disegnare il **grafico** nel piano cartesiano, cioè l'insieme dei punti $P(x; y)$ tali che y è immagine di x mediante f, ossia l'insieme dei punti $P(x; f(x))$.

La funzione è **algebrica** se l'espressione analitica $y = f(x)$ che la descrive contiene solo, per la variabile x, operazioni di addizione, sottrazione, moltiplicazione, divisione, elevamento a potenza o estrazione di radice. Una funzione algebrica è:

- **razionale intera** o **polinomiale** se è espressa mediante un polinomio; in particolare se il polinomio è di **primo grado** rispetto alla variabile x, la funzione è **lineare**, se il polinomio in x è di **secondo grado**, la funzione è **quadratica**;
- **razionale fratta** se è espressa mediante quozienti di polinomi;
- **irrazionale** se la variabile indipendente x compare sotto il segno di radice.

Se una funzione $y = f(x)$ non è algebrica, si dice **trascendente**.

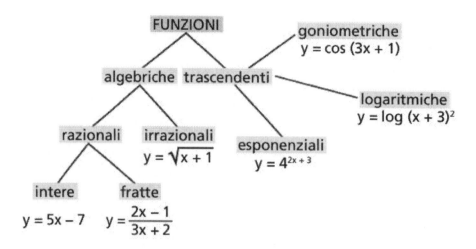

Una funzione si dice **iniettiva** quando ad elementi **distinti** dell'insieme A corrispondono elementi **distinti** dell'insieme B:

$$f(x) \text{ iniettiva} \Leftrightarrow x_1 \neq x_2 \rightarrow f(x_1) \neq f(x_2)$$

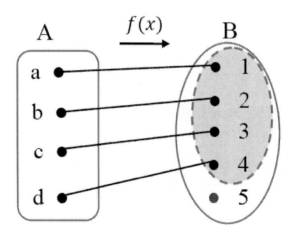

La funzione della figura a sinistra è iniettiva ma non suriettiva.
L'insieme A è il dominio, il sottoinsieme di B contenente gli elementi $\{1, 2, 3, 4\}$, associati ad elementi di A, rappresenta il codominio di $f(x)$.

Una funzione si dice **suriettiva** quando **ogni** elemento dell'insieme B è immagine di **almeno** un elemento dell'insieme A:

$$f(x) \text{ suriettiva} \Leftrightarrow \forall \, y \in B \; \exists \, x \in A : f(x) = y$$

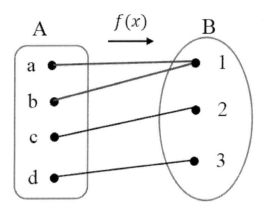

La funzione della figura a destra è suriettiva ma non iniettiva.

L'insieme A è il dominio, tutto l'insieme B è il codominio di $f(x)$.

Una funzione si dice **biunivoca** (o biiettiva) quando è sia iniettiva che suriettiva, cioè quando **ad ogni** elemento dell'insieme A corrisponde **uno ed un solo** elemento dell'insieme B e viceversa:

$$f(x) \text{ biunivoca} \Leftrightarrow \forall \, x \in A \; \exists! \, y \in B : f(x) = y \text{ e viceversa}$$

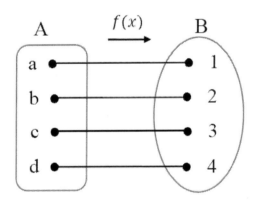

L'insieme A è il dominio, tutto l'insieme B è il codominio di $f(x)$.

La funzione lineare

La **funzione lineare** è una funzione definita da un polinomio di primo grado e descritta nel piano cartesiano da una **retta**. È una funzione illimitata, infatti la variabile x può assumere qualsiasi valore appartenente all'insieme dei numeri reali. Nella sua **forma implicita** è rappresentata dall'espressione $ax + by + c = 0$; nella sua **forma esplicita**, invece, è rappresentata dall'espressione: $y = mx + q$.

La retta nel piano cartesiano

L'asse delle ascisse ha equazione **y = 0**;

L'asse delle ordinate ha equazione **x = 0**;

Una retta parallela all'asse delle x ha equazione **y = k**;

Una retta parallela all'asse y invece ha equazione **x = h**;

Una retta passante per l'origine ha equazione **y = mx,** dove **m** si definisce come **coefficiente angolare** della retta. In particolare, quando **m** assume valore pari a **1** o a **-1**, definiamo le equazioni di due rette particolari, la **bisettrice** rispettivamente del primo e terzo quadrante e del secondo e quarto quadrante: **y = ±x**

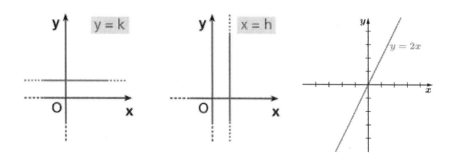

Equazione esplicita della retta

L'**equazione esplicita** della retta nel piano cartesiano è del tipo:

$$y = mx + q$$

dove:

m rappresenta il **coefficiente angolare**, vale a dire l'inclinazione (o pendenza) della retta rispetto all'asse x;

$$m = \frac{y_2 - y_1}{x_2 - x_1} = \tan \alpha$$

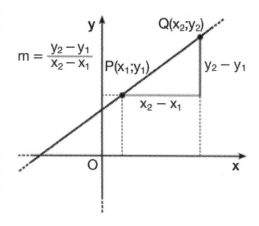

q rappresenta l'**ordinata o intercetta all'origine** ed individua il punto in cui la retta incontra l'asse delle ordinate, quindi indica di quanto la retta è "spostata" rispetto all'origine degli assi;

x e **y** rappresentano le coordinate di un qualsiasi punto appartenente alla retta.

Equazione implicita della retta:

L'**equazione implicita** della retta nel piano cartesiano è del tipo:

$$ax + by + c = 0 \quad \text{con almeno a oppure b} \neq 0$$

Isolando la y e dividendo entrambi i membri dell'equazione per b, ritorniamo alla forma esplicita della retta:

$$y = -\frac{a}{b}x - \frac{c}{b}$$

$$m = -\frac{a}{b} \text{ e } q = -\frac{c}{b}$$

Possono verificarsi tre casi particolari:

- $c = 0 \rightarrow ax + by = 0 \rightarrow$ retta passante per l'origine
- $b = 0 \rightarrow ax + c = 0 \rightarrow$ retta parallela all'asse y
- $a = 0 \rightarrow by + c = 0 \rightarrow$ retta parallela all'asse x

Esempio:
Quale dei seguenti punti non giace sulla retta di equazione $y = 2x + 1$?

- (-1; 1)
- (1; 3)
- (0; 1)
- (-1; -1)

Per capire quale sia la risposta esatta, bisogna sostituire le coordinate dei punti all'interno dell'equazione della retta. La coppia che non verificherà l'uguaglianza sarà la soluzione, per cui procediamo sostituendo la coordinate della prima opzione:

$$1 = 2 \cdot (-1) + 1 \rightarrow 1 = -2 + 1 \rightarrow 1 = -1 \ no!$$

L'uguaglianza non è soddisfatta, per cui la prima opzione è quella corretta.

Possiamo determinare l'equazione di una retta **passante per un punto** e con **coefficiente angolare noto**:

$$y - y_p = m(x - x_p)$$

Esempio:
Trova l'equazione della retta con coefficiente angolare 4 e passante per il punto P (1;1).

$$y - y_p = m(x - x_p) \rightarrow y - 1 = 4 \cdot (x - 1) \rightarrow y - 1 = 4x - 4 \rightarrow y = 4x - 3$$

Possiamo determinare l'equazione di una retta **passante per due punti**:

$$(x - x_a)(y_b - y_a) = (y - y_a)(x_b - x_a)$$

Esempio:

Trova l'equazione della retta passante per i punti A (1;1) e B (2;3).

$$(x - x_a) \cdot (y_b - y_a) = (y - y_a) \cdot (x_b - x_a)$$

$$(x - 1) \cdot (3 - 1) = (y - 1)(2 - 1)$$

$$(x - 1) \cdot 2 = (y - 1) \cdot 1 \rightarrow 2x - 2 = y - 1 \rightarrow y = 2x - 1$$

<u>Posizione reciproca tra rette nel piano</u>
Date due rette, esse risultano **parallele** se i loro coefficienti angolari sono uguali, ovvero $m_1 = m_2$.

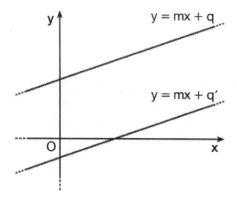

Le due rette risulteranno invece **perpendicolari** se $m_1 \cdot m_2 = -1$.

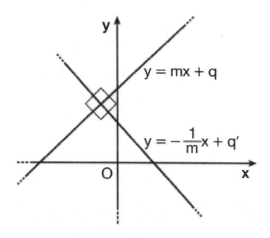

Date due rette di equazione:

$$a_1 x + b_1 y + c_1 = 0$$
$$a_2 x + b_2 y + c_2 = 0$$

si distinguono tre possibili casi:

- Se $\frac{a_1}{a_2} \neq \frac{b_1}{b_2}$ → le rette sono incidenti;
- Se $\frac{a_1}{a_2} = \frac{b_1}{b_2} = \frac{c_1}{c_2}$ → le rette sono coincidenti;
- Se $\frac{a_1}{a_2} = \frac{b_1}{b_2} \neq \frac{c_1}{c_2}$ → le rette sono parallele e distinte.

La posizione reciproca di due rette si determina risolvendo un **sistema lineare** di due equazioni in due incognite:

$$\begin{cases} ax + by + c = 0 \\ a_1 x + b_1 y + c_1 = 0 \end{cases}$$

Il sistema sarà:

- **determinato**, se le due rette sono incidenti, quindi troveremo come soluzione le coordinate del punto di intersezione;
- **indeterminato**, se le due rette sono coincidenti, quindi hanno infiniti punti in comune;
- **impossibile**, se le due rette sono parallele e distinte, quindi non si incontreranno mai.

Esempio:
Determina la posizione reciproca delle rette di equazione $2x - y - 1 = 0$ e $4x - y - 3 = 0$
Risolviamo il seguente sistema lineare:

$$\begin{cases} 2x - y - 1 = 0 \\ 4x - y - 3 = 0 \end{cases} \rightarrow \begin{cases} y = 2x - 1 \\ y = 4x - 3 \end{cases} \rightarrow 2x - 1 = 4x - 3 \rightarrow -2x = -2 \rightarrow x = 1$$

Sostituisco in una delle due equazioni:

$$y = 4x - 3 \rightarrow y = 4 \cdot 1 - 3 = 1$$

Le due rette si incontrano nel punto P (1; 1), quindi sono incidenti.

La distanza di un punto P (x_0, y_0) rispetto
ad una retta $ax + by + c = 0$ è data da:

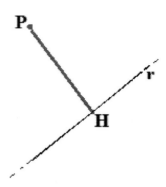

$$PH = \frac{|ax_0 + by_0 + c|}{\sqrt{a^2 + b^2}}$$

Esempio:
Determina la distanza del punto P $(2; 3)$ dalla retta di equazione $x + 2y - 3 = 0$.

$$PH = \frac{|ax_0 + by_0 + c|}{\sqrt{a^2 + b^2}} = \frac{|1 \cdot 2 + 2 \cdot 3 - 3|}{\sqrt{1^2 + 2^2}} = \frac{|5|}{\sqrt{5}} = \frac{5}{\sqrt{5}} = \frac{5}{5}\sqrt{5} = \sqrt{5}$$

Fasci di rette
L'insieme di tutte le rette del piano passanti per uno stesso punto si chiama **fascio proprio** di rette per **C** (**centro del fascio**).
L'equazione delle infinite rette passanti per C $(x_c; y_c)$, ad eccezione della parallela all'asse y, per la quale non è definito il coefficiente angolare, è:

$$y - y_c = m(x - x_c)$$

Il **fascio improprio** di rette è costituito dalle rette del piano parallele ad una retta $y = mx + k$, con m fisso e k variabile.

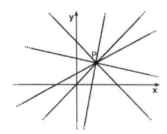

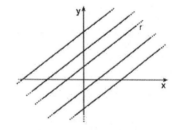

Fascio **proprio** di rette per un punto P: insieme di tutte le rette del piano passanti per P. P è detto **centro del fascio**.

Fascio **improprio** di rette parallele a una retta r.

La funzione quadratica

Una **funzione quadratica** è una funzione polinomiale il cui polinomio associato è di secondo grado; è definita da un'espressione del tipo:

$$y = ax^2 + bx + c$$

dove il primo coefficiente **a** è sempre diverso da zero.

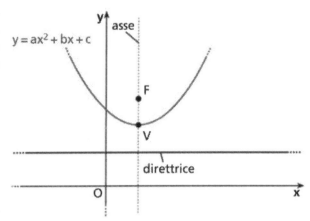

Il grafico di questa funzione è una **parabola**.

Questa parabola ha **asse di simmetria** di equazione: $y = -\dfrac{b}{2a}$ e **vertice** di coordinate $\left(-\dfrac{b}{2a}; -\dfrac{\Delta}{4a}\right)$.

Gli **zeri** della funzione quadratica sono i valori della x in cui la parabola interseca l'asse delle ascisse. Sono detti zeri perché in questi punti il valore della funzione quadratica è pari a zero $(y = 0)$.

Anche la funzione quadratica, come quella lineare, è **illimitata**: la variabile x può assumere qualsiasi valore appartenente all'insieme dei numeri reali.

Approfondimento sulla parabola (concavità e apertura, casi particolari): Tesi 4, punto 1.

La funzione esponenziale

Si chiama **funzione esponenziale** ogni funzione del tipo:

$$y = a^x \ con \ a \in R$$

Il **campo di esistenza** della funzione è **R**, il *codominio* è **R⁺**.

Pertanto, fissato un numero $a > 0$, la funzione esponenziale di base a è così definita:

$$f: R \to R^+$$

$$f: x \in R \to y = a^x \in R^+$$

Abbiamo una diversa funzione esponenziale per ogni valore a>0 che scegliamo. Studiamo il grafico della funzione $y = a^x$ nei seguenti tre casi:

$a > 1, 0 < a < 1, a = 1.$

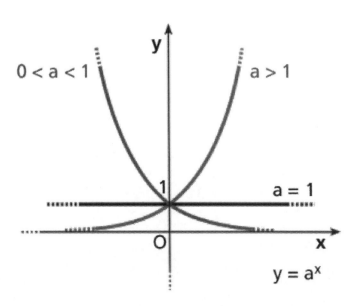

In tutti e tre i casi il **dominio** è **R**; l'insieme delle immagini, il **codominio**, è **R⁺**: ciò significa che il grafico si trova sempre nel semiasse positivo delle y (tutto **al di sopra dell'asse x**). Il grafico **non interseca** mai l'asse **x**, ma **interseca** l'asse **y** sempre nel punto di coordinate **(0;1)**. Per $a > 1$ la funzione esponenziale è sempre **crescente**, per $0 < a < 1$ è sempre **decrescente**, per $a = 1$ è **costante** e vale 1.

NB: una funzione si definisce **crescente** quando $\forall x_1 < x_2 \to f(x_1) < f(x_2)$; una funzione si definisce **decrescente** quando $\forall x_1 < x_2 \to f(x_1) > f(x_2)$. I punti considerati, x_1 e x_2, sono sempre appartenenti al grafico della funzione.

Il logaritmo
Sappiamo che l'equazione esponenziale $a^x = b$, con $a > 0, a \neq 1$ e $b > 0$, ammette una e una sola soluzione. A tale valore si dà il nome di **logaritmo in base a di b** e si scrive: $x = \log_a b$.
Dati due numeri reali positivi a e b, con $a \neq 1$, si chiama logaritmo in base a di b l'esponente **x** da assegnare alla base a per ottenere il numero b.
Il numero b viene detto **argomento** del logaritmo.
Non esiste $\log_a 0$ né il logaritmo di un numero negativo: per definizione la base e l'argomento devono essere positivi. Deve essere $a \neq 1$ perché l'equazione $1^x = b$ è impossibile o indeterminata.

Applicando la definizione si ricava che:

$$a^{\log_a b} = b \ con \ a > 0, a \neq 1 \ e \ b > 0$$

Inoltre, qualunque sia la base a, si ha:

$$\log_a 1 = 0, perché \ a^0 = 1;$$
$$\log_a a = 1, perché \ a^1 = a$$

Osserviamo poi che, se due numeri positivi sono uguali, anche i loro logaritmi, rispetto a una stessa base, sono uguali e viceversa:

$$x = y \leftrightarrow \log_a x = \log_a y$$

Vale il seguente teorema:
All'aumentare dell'argomento b (reale positivo), il logaritmo $\log_a b$:
* aumenta, se $a > 1$;
* diminuisce, se $0 < a < 1$.

Proprietà dei logaritmi
Le proprietà fondamentali dei logaritmi sono tre, valide qualunque sia la base, purché positiva e diversa da 1.

* **Logaritmo di un prodotto**
Il logaritmo del prodotto di due numeri positivi è uguale alla somma dei logaritmi dei singoli fattori:

$$\log_a(b \cdot c) = \log_a b + \log_a c \ con \ b > 0 \ e \ c > 0$$

* **Logaritmo di un quoziente**
Il logaritmo del quoziente di due numeri positivi è uguale alla differenza fra il logaritmo del dividendo e il logaritmo del divisore:

$$\log_a \left(\frac{b}{c}\right) = \log_a b - \log_a c \ con \ b > 0 \ e \ c > 0$$

* **Logaritmo di una potenza**
Il logaritmo della potenza di un numero positivo elevato a un esponente reale è uguale al prodotto di tale esponente per il logaritmo di quel numero positivo:

$$\log_a(b^n) = n \cdot \log_a b \ con \ b > 0$$

Le basi più conosciute ed utilizzate (presenti anche sulle calcolatrici) sono la base 10 e la base e. Il numero e è detto **numero di Nepero** ed è un numero irrazionale, il cui valore, approssimato a cinque cifre decimali, è 2,71828.

Per distinguere i logaritmi nelle due basi si usano le seguenti notazioni:

- **log x** indica il $\log_{10} x$, detto anche **logaritmo decimale**;
- **ln x** indica il $\log_e x$, detto anche **logaritmo naturale o neperiano**.

- **Cambiamento di base nei logaritmi**

$$\log_a b = \frac{\log_c b}{\log_c a} \, con \, a > 0, b > 0, \, c > 0, a \neq 1 \, e \, b \neq 1$$

La funzione logaritmica

Si chiama **funzione logaritmica** ogni funzione del tipo:

$$y = \log_a x \, con \, a > 0 \, e \, a \neq 1$$

Poiché l'argomento del logaritmo deve essere positivo, il **dominio** della funzione è **R⁺**; si dimostra che la funzione assume tutti i valori reali, quindi il **codominio** è **R**. Fissata la base a, la funzione logaritmica è così definita:

$$f: R^+ \to R$$

$$f: x \in R^+ \to y = \log_a x \in R$$

Studiamo il grafico della funzione $y = \log_a x$ nei seguenti due casi:

a >1 e 0<a< 1

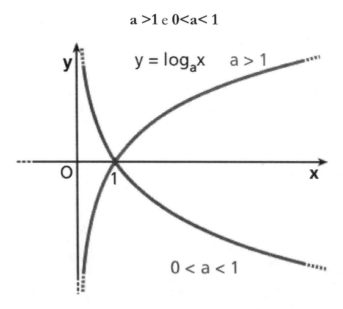

In entrambi i casi il **dominio** è $\mathbf{R^+}$; l'insieme delle immagini, il **codominio**, è **R**: ciò significa che il grafico si trova sempre nel semiasse positivo delle x. Il grafico **non interseca** mai l'asse **y**, ma **interseca** l'asse **x** sempre nel punto di coordinate **(1;0)**. Per **a>1** la funzione logaritmica $y = \log_a x$ è sempre **crescente**, per **0<a<1** è sempre **decrescente**.

b. Calcoli percentuali. Interesse, sconto, montante semplice e composto.

Calcoli percentuali

Il **calcolo percentuale** è un metodo di calcolo definito mediante le percentuali (simbolo **%**) e prevede di esprimere una parte di una quantità totale in centesimi, riscrivendo le frazioni come numeri interi o decimali seguiti dal simbolo di percentuale. Prima di vedere come effettuare il calcolo percentuale dobbiamo innanzitutto partire dalla definizione di percentuale e capire in cosa consiste. Dire, ad esempio, che il 90% dei giocatori di basket è più alto di 190 cm vuol dire che, ogni 100 giocatori di basket 90, sono più alti di 190 cm. Ancora, affermare che il 50% degli studenti italiani odia la matematica significa che su 100 studenti 50 non hanno un buon rapporto con la matematica.

Questo modo di esprimersi ricorda il modo in cui si legge una frazione:

$$90\% = \frac{90}{100} \; ; \; 50\% = \frac{50}{100}$$

Possiamo, così, definire la **percentuale** come una **frazione** avente per denominatore 100 e, su un dato totale, indica quante unità su 100 soddisfano una certa condizione. Prendiamo un qualsiasi numero x con la virgola o senza e scriviamo **x%**: questa scrittura si legge **"x per cento"** ed il termine **x** si definisce **tasso percentuale**.

Trovare la quantità percentuale

Per calcolare l'x% di una certa quantità è sufficiente moltiplicare quella quantità per x e dividere il tutto per 100.

Esempio:
Calcolare il 30 % di 500.

$$\frac{500 \cdot 30}{100} = 150$$

Dalla percentuale alla frazione

Per convertire una percentuale nella corrispondente frazione basta considerare il tasso percentuale e dividerlo per cento. In questo modo otteniamo una frazione che fornisce una rappresentazione alternativa della stessa quantità: $x\% = \frac{x}{100}$

Esempio:
A quale frazione corrisponde la percentuale 15%?

$$15\% = \frac{15}{100}$$

<u>Dalla frazione alla percentuale</u>
Se conosciamo una parte di una quantità espressa mediante una frazione e vogliamo scriverla sotto forma di percentuale è sufficiente esprimere la frazione come numero decimale e moltiplicarlo per cento.

$$\frac{m}{n} = \left(\frac{m}{n} \cdot 100\right)\%$$

Esempio:
Come si calcola la percentuale che corrisponde alla frazione 7/10?

$$\frac{7}{10} \cdot 100 = 70, \text{quindi } \frac{7}{10} = 70\%$$

<u>Calcolo percentuale con le proporzioni</u>
Oltre ad esprimere le percentuali sotto forma di frazioni è anche possibile, in un modo del tutto equivalente, riscriverle mediante opportune **proporzioni**. Nella pratica ogni percentuale $x\%$ di una quantità può essere riscritta sotto forma di proporzione, quindi, volendo, possiamo effettuare il calcolo percentuale tramite le proporzioni.
In questo contesto i problemi possono variare a seconda di ciò che dobbiamo calcolare, ma possiamo giungere sempre alla soluzione considerando la relazione tra percentuale e proporzione.

$$Quantità\ percentuale : Quantità\ totale = Percentuale : 100$$

Dunque, basterà impostare correttamente la proporzione a partire dal testo del problema e successivamente ricavare il valore incognito applicando le proprietà delle proporzioni.

Esempio:
In una scuola 75 alunni su 300 portano gli occhiali. Qual è la percentuale degli alunni con gli occhiali?
Il rapporto degli alunni con gli occhiali rispetto al totale degli alunni è 75/300. Per esprimerlo sotto forma di percentuale dobbiamo considerare il totale non più come 300, ma come 100. Si deve cioè trasformare il rapporto 75/300 nel rapporto x/100. Basterà quindi impostare la proporzione:

$$75 : 300 = x : 100$$

Applicando la proprietà fondamentale delle proporzioni, si otterrà il valore della x.

$$x = \frac{75 \cdot 100}{300} = 25$$

Dunque su 100 alunni 25 portano gli occhiali, cioè esattamente il 25%.

La matematica finanziaria

La **matematica finanziaria** si occupa di tutti i problemi relativi al denaro e al suo impiego. Il denaro è lo strumento con cui possiamo effettuare operazioni commerciali, cioè scambi; infatti con il denaro compriamo e vendiamo merci. Possiamo, tuttavia, considerare il denaro stesso come una merce che diventa fonte di guadagno ed è proprio in questo senso che la matematica finanziaria interpreta il denaro. Le operazioni finanziarie quindi consistono nello scambio di denaro a una certa data con altro denaro a un'altra data e i soggetti coinvolti in genere sono due, il creditore e il debitore.

Il **creditore** o **mutuante** è colui che «dà in prestito» il denaro.

Il **debitore** o **mutuatario** è colui che «riceve in prestito» il denaro, in cambio di un compenso in denaro.

Le grandezze della matematica finanziaria

Il **capitale** è la somma di denaro prestato e si indica con la lettera **C**.

L'**interesse** è il compenso che il creditore richiede per il contratto di prestito e si indica con la lettera **I**. In altre parole l'interesse è il compenso per aver messo a disposizione, per un certo intervallo di tempo, una somma di denaro, rinunciando temporaneamente alla sua disponibilità.

Il **montante** è la somma del capitale e dell'interesse, si indica con la lettera **M** ed è l'importo che il debitore restituisce al creditore al termine dell'operazione: $M = C + I$.

NB: Il montante avrà un valore sempre maggiore di quello del capitale e, naturalmente, di quello dell'interesse.

Il **tempo** o **durata** è l'intervallo di tempo che intercorre fra il prestito del capitale e la restituzione del montante e si indica con la lettera **t**.

Il **periodo** è l'unità di tempo con la quale si misura il tempo.

Il **tasso d'interesse** è l'interesse maturato per ogni unità di capitale e per periodo; si indica con la lettera **i**.

Il tasso d'interesse è un dato fondamentale per il calcolo dell'interesse **I**; si esprime in forma percentuale e può essere riferito all'anno o a frazioni di anno, per esempio semestri, quadrimestri, trimestri, ecc. I calcoli si eseguono con il tasso d'interesse espresso in forma di numero decimale.

Esempio:

Il tasso d'interesse del 4% annuo corrisponde, nell'arco di un anno, a un interesse di € 0,04 per ogni euro di capitale prestato; mantenendo la forma percentuale, questo tasso corrisponde a un interesse di € 4 per ogni € 100 di capitale prestato in un anno. Il tasso d'interesse del 3% trimestrale corrisponde, in tre mesi, a un interesse di € 0,03 per ogni euro di capitale prestato.

Nei problemi di matematica finanziaria bisogna prestare particolare attenzione al tempo e al tasso d'interesse: il tempo deve essere calcolato in relazione al tasso applicato. Il tempo può essere espresso in anni, mesi e giorni; il giorno è l'unità minima di tempo.

- Se il tempo è espresso in mesi e il tasso d'interesse è annuo, bisogna determinare la frazione di anno corrispondente ai mesi indicati.

Esempio:

5 mesi corrispondono a 5/12 di anno, mentre 8 mesi corrispondono a 8/12 di anno cioè, semplificando la frazione, 2/3 di anno.

- Se il tempo viene espresso in giorni e il tasso d'interesse è annuo, bisogna trovare la frazione di anno corrispondente, ricordando che in matematica finanziaria si utilizza l'**anno commerciale**, costituito da **360 giorni**, suddivisi in **12 mesi** ciascuno di **30 giorni**.

Esempio:

Per esempio 133 giorni corrispondono a 133/360 di anno, mentre 230 giorni corrispondono a 230/360 di anno cioè, semplificando la frazione, 23/36 di anno.

- Se il tempo è espresso in anni, mesi e giorni e il tasso d'interesse è annuo, si trasformano i mesi e i giorni nelle corrispondenti frazioni di anno e si sommano agli anni.

Esempio:

4 anni e 5 mesi corrispondono al tempo di 4 + 5/12, ma, riducendo allo stesso denominatore, si ottiene la durata di 53/12 di anno, mentre 3 anni e 55 giorni corrispondono a 3 + 55/360, semplificando la frazione 3 + 11/72, e riducendo allo stesso denominatore risulta la durata di 227/72 di anno.

1 anno, 4 mesi e 20 giorni corrispondono a 1 + 4/12 + 20/360, ossia, semplificando le frazioni, 1 + 1/3 +1/18 e sommando si ottiene 25/18 di anno.

- Se il tempo viene indicato attraverso un numero decimale, può essere necessario esprimerlo in anni, mesi e giorni procedendo in questo modo:
  - la parte intera del tempo corrisponde al numero di anni;

- la parte decimale del tempo corrisponde alla frazione di anno: la parte decimale di tempo moltiplicata per 12 (numero di mesi presenti in un anno) dà il numero di mesi della frazione di anno; l'eventuale parte decimale rimanente, che è una frazione di mese, moltiplicata per 30 (numero di giorni presenti in un mese) dà il numero di giorni della frazione di anno.

Esempio:
Il tempo t pari a 5, 65 corrisponde a 5 anni, infatti la parte intera del numero decimale è 5 e 0,65 è la frazione di anno che deve essere trasformata.
Se vogliamo ottenere il risultato espresso in giorni, dobbiamo impostare una proporzione. Poiché 360 è il numero di giorni presenti in 1 anno e x è il numero di giorni presenti nella frazione di anno 0,65, si imposta la proporzione

$$360 : 1 = x : 0,65$$

da cui:

$$x = \frac{360 \cdot 0,65}{1} = 234 \; giorni$$

Se vogliamo ottenere il risultato espresso in mesi e giorni, procedendo in modo analogo a quello illustrato, prima moltiplichiamo la parte decimale 0,65 per 12, ottenendo un numero decimale $0,65 \cdot 12 = 7,8$. La parte intera 7 corrisponde al numero di mesi e la parte decimale 0,8, frazione di mese, corrisponde al numero di giorni che otteniamo moltiplicando per 30, quindi $0,8 \cdot 30 = 24 \; giorni$. Il tempo 5,65 corrisponde a 5 anni, 7 mesi e 24 giorni.
Il tasso d'interesse in generale è annuo ma, a volte, viene assegnato un tasso d'interesse relativo a frazioni di anno: tasso mensile, bimestrale, trimestrale, quadrimestrale o semestrale. In questi casi dobbiamo trasformare il tempo rispettivamente in mesi, bimestri, trimestri, quadrimestri o semestri, ricordando sempre che ci riferiamo all'anno commerciale.
Se viene assegnato un tasso d'interesse bimestrale per un tempo di 2 anni e 7 mesi, il tempo dovrà essere espresso in bimestri e in una eventuale frazione di bimestre. In un anno ci sono 6 bimestri, quindi in 2 anni abbiamo 12 bimestri, mentre in 7 mesi abbiamo 7/2 bimestri.
La durata dell'impiego è:

$$t = 12 + \frac{7}{2} = \frac{31}{2}.$$

L'interesse semplice
In **regime d'interesse semplice**, l'interesse è direttamente proporzionale al capitale e al tempo d'impiego.
Questa definizione si può esprimere mediante la seguente relazione:

$$I = C \cdot i \cdot t$$

dove **C** è il capitale, **i** il tasso d'interesse e **t** è la durata dell'impiego del capitale.
Questa formula ci permetterà di calcolare l'importo dell'interesse maturato e, successivamente, anche il montante.

Esempio:
Determina l'interesse semplice del capitale di € 20000 impiegato al tasso annuo del 2,11% per 2 anni. Inoltre determina il montante semplice.
I dati del problema che ci vengono forniti sono il capitale, il tasso d'interesse ed il tempo.
Le incognite, da calcolare, sono l'interesse ed il montante.
Per determinare l'importo dell'interesse semplice, utilizziamo la formula:

$$I = C \cdot i \cdot t = 20000 \cdot 0,0211 \cdot 2 = € \, 844$$

NB: il tasso d'interesse all'interno della formula deve essere utilizzato in formato decimale (2,11% diventa $2,11/100 = 0,0211$).
La seconda richiesta riguarda il montante semplice e per il calcolo usiamo la formula:

$$M = C + I = 20000 + 844 = € \, 20844$$

Il montante semplice
Il montante semplice, che è l'importo da corrispondere alla scadenza dell'impiego, si calcola sommando al capitale l'interesse semplice maturato:

$$M = C + I$$

Abbiamo visto che l'interesse semplice si calcola con la formula:

$$I = C \cdot i \cdot t$$

Otteniamo la **legge della capitalizzazione semplice**, se nella prima relazione all'interesse I sostituiamo:

$$M = C + I = C + C \cdot i \cdot t = C \cdot (1 + i \cdot t)$$

Il montante a interesse semplice si può quindi ottenere in modo diretto moltiplicando il capitale C per il fattore $(1 + i \cdot t)$.

La capitalizzazione composta
Nella capitalizzazione semplice, l'interesse maturato può essere riscosso solamente al termine della durata dell'investimento del capitale. Se la durata dell'investimento è superiore all'anno, si può considerare il pagamento periodico degli interessi semplici, ossia

dopo un anno o una frazione di anno, si rendono disponibili gli interessi maturati.

Quando gli interessi dovuti, invece di essere incassati dal creditore, sono capitalizzati, cioè vengano aggiunti al capitale preesistente, incrementano la somma investita.

Nel periodo successivo l'interesse sarà calcolato non sul capitale iniziale, bensì sul capitale incrementato, e così via per ogni periodo.

Il metodo illustrato è **il regime dell'interesse composto che consiste nella capitalizzazione periodica degli interessi semplici.**

Il **regime della capitalizzazione composta** prevede che alla fine di ogni periodo gli interessi semplici maturati siano sommati al capitale precedente e diventino, con esso, fruttiferi d'interesse nel periodo successivo.

Il **periodo di capitalizzazione composta**, ossia il periodo al cui termine gli interessi sono sommati al capitale e iniziano a produrre interessi, è in genere l'anno e si parla di **capitalizzazione composta annua**; qualora il periodo sia inferiore all'anno si parlerà di **capitalizzazione composta frazionata.**

Il montante e l'interesse composto

Possiamo determinare il montante a interesse composto calcolando l'interesse periodo per periodo e capitalizzandolo ogni volta.

Esempio:

Determina il montante composto, dopo 4 anni, di un capitale di € 10000 impiegato a interesse composto all'1,5% annuo.

capitale	€ 10 000
interesse al 1° anno: 1,5% di € 10 000	€ 150
montante dopo il 1° anno	€ 10 150
interesse al 2° anno: 1,5% di € 10 150	€ 152,25
montante dopo due anni	€ 10 302,25
interesse al 3° anno: 1,5% di € 10 302,25	€ 154,53
montante dopo tre anni	€ 10 456,78
interesse al 4° anno: 1,5% di € 10 456,78	€ 156,85
montante dopo quattro anni	€ 10 613,63

Questo procedimento diventa molto lungo all'aumentare della durata dell'impiego. Determiniamo una formula che ci permetta di calcolare velocemente il montante.

Il montante a interesse composto si ottiene moltiplicando il capitale per il fattore di capitalizzazione composta $(1 + i)^n$:

$$M = C \cdot (1 + i)^n$$

Esempio:

Calcola il montante composto prodotto da un capitale di € 3000 in 15 anni al 4% annuo.

I dati del problema sono il capitale, il tempo ed il tasso d'interesse. L'incognita è il montante.

Per risolvere il problema si applica la formula appena citata e, sostituendo i dati, si avrà:

$$M = C \cdot (1 + i)^n = 3000 \cdot (1 + 0{,}04)^{15} = 3000 \cdot (1{,}04)^{15} = €\,5402{,}83$$

Sconto e operazioni di sconto

Inizialmente abbiamo detto che in qualunque operazione finanziaria semplice intervengono due componenti: debitore e creditore.

Può accadere che il pagamento di un debito a scadenza futura venga anticipato di un certo periodo di tempo. In questo caso il debitore ha diritto ad una diminuzione della somma da pagare che viene detta **sconto**.

Nel linguaggio quotidiano lo "sconto" (quello praticato nei negozi al dettaglio) è invece una riduzione immediata di prezzo.

In matematica finanziaria lo **sconto finanziario** è **il compenso che spetta a colui che anticipa il pagamento di una somma rispetto al tempo prefissato.**

Si capisce bene quindi la differenza che vi è tra il concetto di attualizzazione e quello di sconto, nonostante le analogie formali tra le due situazioni finanziarie.

Nella definizione di sconto entrano in gioco tre grandezze fondamentali:

- il **valore nominale V_n** (è il valore esigibile da parte del creditore entro un certo tempo prefissato)
- il **valore attuale V_a** (è la somma effettivamente pagata, detta anche somma scontata o valore attuale)
- lo **sconto $S = V_n - V_a$**

La modalità di calcolo dello sconto ne identifica i diversi regimi, che sono i seguenti:

- **sconto commerciale;**
- **sconto razionale (o semplice);**
- **sconto composto.**

Lo **sconto commerciale** è calcolato sul valore nominale in regime di capitalizzazione semplice:

$$S = V_n \cdot d \cdot t$$

dove:

V_n è il valore nominale;
d è il tasso di sconto commerciale;

t è il tempo di anticipazione rispetto all'istante di scadenza.

Lo **sconto razionale (o semplice)** è legato al concetto di interesse semplice. Esso è calcolato sul valore attuale in regime di capitalizzazione semplice:

$$S = V_a \cdot i \cdot t$$

Lo **sconto composto** si ha quando ci troviamo nel regime di capitalizzazione composta:

$$V_a = \frac{V_n}{(1 + i)^t}$$

c. **Triangoli, quadrilateri, poligoni regolari, circonferenza e cerchio. Problemi sulle misure, sul perimetro ed area.**

Proprietà dei triangoli
Il **triangolo** è un poligono che ha tre lati e tre angoli. In ogni triangolo ogni lato risulta essere per costruzione minore della somma dei rimanenti due.

Esempio:
Con quale delle seguenti terne di segmenti, espressi in cm, è possibile costruire un triangolo?

- 22, 8, 24
- 33, 9, 18
- 42, 15, 24
- 39, 20, 15

L'opzione esatta è la prima perché è l'unica che rispetta la regola per cui ogni lato risulta essere minore della somma degli altri due. In particolare, nell'effettuare la verifica, prendo sempre in considerazione i due lati minori:

$$8cm + 22cm = 30cm > 24cm$$

La **somma degli angoli interni** di un triangolo è sempre un angolo piatto (180°). In un triangolo ogni **angolo esterno** è uguale alla somma dei due angoli interni ad esso non adiacenti. **L'altezza** di un triangolo relativa ad un lato è il segmento di perpendicolare condotto da un vertice al suo lato opposto.

La **bisettrice** di un triangolo relativa ad un angolo è la bisettrice dell'angolo stesso.

La **mediana** di un triangolo relativa ad un lato è il segmento che ha per estremi un vertice ed il punto medio del lato opposto.

L'**asse** di un triangolo relativo ad un lato è la retta passante per il punto medio del lato e perpendicolare al lato stesso.

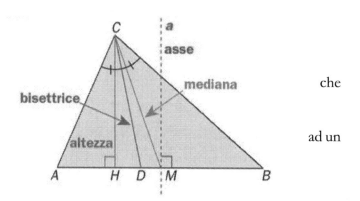

Possiamo calcolare l'**area** di un triangolo come:

$$A = \frac{\text{base} \cdot \text{altezza}}{2}$$

Possiamo ricavare le seguenti formule inverse:

$$b = \frac{2A}{h} \quad ; \quad h = \frac{2A}{b}$$

Per calcolare l'area di un triangolo qualsiasi, a patto di conoscere la misura dei suoi lati (di seguito indicato con **a, b, c**), si usa la formula di **Erone**:

$$A = \sqrt{p(p-a)(p-b)(p-c)}$$

dove p è il **semiperimetro**.

Tale formula risulta utile quando non si conosce la misura di alcun segmento di altezza relativo ai lati del triangolo.

Esempio:

Calcolare l'area di un triangolo con base di 12 m e altezza di 2 m.

Applicando la prima formula:

$$A = \frac{\text{base} \cdot \text{altezza}}{2} = \frac{12m \cdot 2m}{2} = 12m^2$$

Classificazione dei triangoli

I triangoli possono essere classificati in base alle proprietà dei lati o degli angoli che li caratterizzano:

Triangolo **equilatero** se ha tutti i lati congruenti;

Triangolo **isoscele** se ha (almeno) due lati uguali;

Triangolo **scaleno** se ha tutti i lati disuguali;

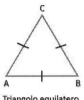
Triangolo equilatero
(Tre lati uguali)

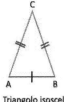
Triangolo isoscele
(Due lati uguali)

Triangolo scaleno
(Nessun lato uguale)

Triangolo **rettangolo** se ha un angolo retto;

Triangolo **ottusangolo** se ha un angolo ottuso;

Triangolo **acutangolo** se ha tutti gli angoli acuti;

Triangolo **equiangolo** se ha tutti gli angoli uguali.

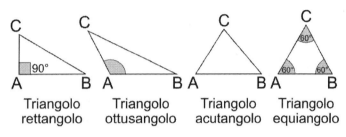
Triangolo rettangolo   Triangolo ottusangolo   Triangolo acutangolo   Triangolo equiangolo

Ricordiamo che:

- i triangoli equilateri sono anche equiangoli (infatti i tre angoli sono congruenti e pari a 60°). Inoltre essi rappresentano un caso particolare di triangolo isoscele (hanno tre lati uguali, anziché solo due);

- I triangoli rettangoli possono avere solo un angolo retto (la somma degli angoli interni di un triangolo è sempre pari a 180° e, in presenza di un angolo di 90°, gli altri due devono necessariamente essere acuti);

- I triangoli ottusangoli possono avere solo un angolo ottuso (per lo stesso motivo esposto nel punto precedente).

Punti notevoli dei triangoli

L'ortocentro è il punto di incontro delle tre altezze.

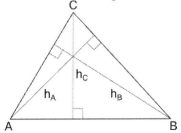

Il **baricentro** è il punto di incontro delle tre mediane.

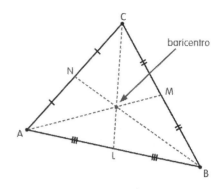

L'**incentro** è il punto di incontro delle tre bisettrici ed è il centro del cerchio inscritto all'interno del triangolo.

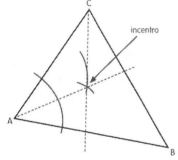

Il **circocentro** è il punto di incontro dei tre assi ed è il centro del cerchio circoscritto al triangolo.

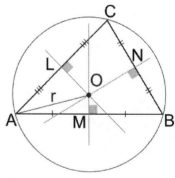

Si definisce **retta di Eulero** la retta passante per l'ortocentro, il baricentro ed il circocentro di un triangolo.

Ricordiamo che:

- nel triangolo equilatero ortocentro, incentro, baricentro e circocentro coincidono in un unico punto (perché coincidono altezze, mediane, bisettrici ed assi coincidono)

306

- nel triangolo isoscele altezza, mediana e bisettrice ed asse relativi alla base coincidono.

I triangoli rettangoli

Il **triangolo rettangolo** è un triangolo che presenta un angolo retto. I due lati che formano l'angolo retto si definiscono **cateti**, il terzo lato, opposto all'angolo retto, si definisce **ipotenusa**.

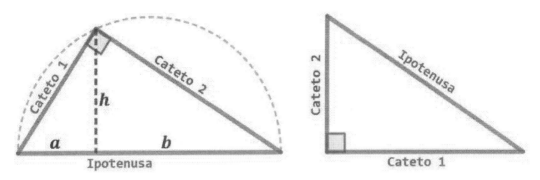

Abbiamo due possibili modalità di calcolo dell'area di un triangolo rettangolo:

- $A = \dfrac{\text{cateto 1} \cdot \text{cateto 2}}{2}$
- $A = \dfrac{\text{ipotenusa} \cdot \text{altezza}}{2}$

Ne consegue che il prodotto dei due cateti è uguale al prodotto tra altezza ed ipotenusa:

$$\frac{c_1 \cdot c_2}{2} = \frac{i \cdot h}{2} \ \rightarrow c_1 \cdot c_2 = i \cdot h \ \rightarrow h = \frac{c_1 \cdot c_2}{i}$$

Esempio:

Calcolare l'altezza relativa all'ipotenusa di un triangolo rettangolo con i lati: a = 36 cm; b = 48 cm; c = 60 cm.

In un triangolo rettangolo l'ipotenusa è il lato maggiore, quindi in questo caso misura 60 cm, i cateti misurano rispettivamente 36 cm e 48 cm.

Applicando la formula appena ricavata, possiamo ottenere la misura dell'altezza:

$$h = \frac{36 \cdot 48}{60} = \frac{36 \cdot 4}{5} = \frac{144}{5} = 28,8 \text{ cm}$$

I quadrilateri

Un quadrilatero è un poligono costituito da quattro lati, quattro angoli e due diagonali. Ciascun lato è sempre minore della somma degli altri tre.

Esempio:

Quale delle seguenti serie di segmenti, espressi in cm, possono formare i lati di un quadrilatero?

- 21, 119, 62, 56
- 22, 18, 12, 56
- 48, 5, 147, 82
- 15, 5, 96, 60

L'opzione esatta è la prima perché è l'unica che rispetta la regola per cui ogni lato risulta essere minore della somma degli altri tre. In particolare, nell'effettuare la verifica, prendo sempre in considerazione i tre lati minori:

$$21cm + 62cm + 56cm = 139cm > 119cm$$

In un quadrilatero la **somma degli angoli interni** è sempre pari ad un **angolo giro**, quindi a 360°.

Classificazione dei quadrilateri

Possiamo classificare i quadrilateri in due macrocategorie: **trapezi** e **parallelogrammi**.

Il **trapezio** è un quadrilatero con due lati opposti paralleli, le basi (indicate spesso con B e b per distinguere la base maggiore dalla base minore); gli altri due lati sono chiamati lati obliqui del trapezio. In tutti i trapezi gli angoli adiacenti allo stesso lato obliquo sono supplementari, cioè la loro somma è pari a 180°.

Possiamo distinguere tre tipi di trapezi:

- **Trapezio scaleno:** ha tutti i lati disuguali;
- **Trapezio rettangolo:** un lato obliquo è perpendicolare alle due basi;
- **Trapezio isoscele:** i lati obliqui sono congruenti, così come le diagonali e gli angoli alla base; inoltre gli angoli opposti sono supplementari e tutti i trapezi isosceli sono inscrivibili in una circonferenza. I trapezi isosceli hanno un asse di simmetria.

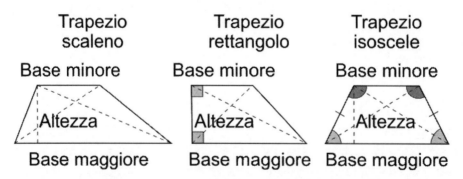

Di seguito riportiamo le formule per il calcolo dell'area del trapezio e le conseguenti formule inverse, che permettono di calcolare la misura delle due basi o dell'altezza.

Il perimetro, come anche per le altre figure piane, si calcola sommando tutti i lati.

$$A = \frac{(B + b) \cdot h}{2} \rightarrow B = \frac{2 \cdot A}{h} - b; b = \frac{2 \cdot A}{h} - B; h = \frac{2 \cdot A}{B + b}$$

Il **parallelogramma** è un quadrilatero con i lati opposti paralleli e congruenti. Gli angoli opposti sono congruenti, gli angoli adiacenti a ciascun lato sono supplementari, le diagonali non sono congruenti, ma si tagliano scambievolmente a metà (possiamo dire che si **bisecano**); il punto di incontro delle due diagonali, che poi rappresenta il loro punto medio, si definisce **centro di simmetria**.

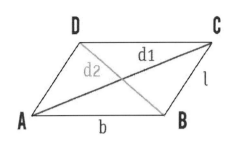

Il **rombo** è un parallelogramma avente tutti i lati congruenti. Le sue diagonali sono tra loro perpendicolari e bisettrici dei rispettivi angoli, sono disuguali ed infatti spesso vengono indicate con D e d, per distinguere la **diagonale maggiore** dalla **diagonale minore**. Essendo perpendicolari, le diagonali dividono questo poligono in quattro triangoli rettangoli, con i cateti rispettivamente uguali alla metà della diagonale maggiore ed alla metà della minore, l'ipotenusa sarà invece coincidente con il lato del rombo. Oltre al centro di simmetria, il rombo presenta due assi di simmetria, che coincidono proprio con le diagonali. Il rombo è un quadrilatero **circoscrivibile** ad una circonferenza: rispetta la regola per cui sono uguali le somme dei lati opposti, condizione necessaria per inscrivere una circonferenza in un quadrilatero.

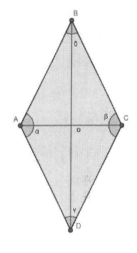

Il **rettangolo** è un parallelogramma con tutti gli angoli congruenti e retti. Le diagonali sono congruenti, ma non sono bisettrici dei rispettivi angoli, come invece accade per il rombo. Oltre al centro di simmetria, il rettangolo ha due assi di simmetria, che coincidono con gli assi dei lati. Si tratta di un quadrilatero **inscrivibile** in una circonferenza: infatti rispetta la regola per cui la somma degli angoli opposti è pari a 180°, condizione necessaria per circoscrivere una circonferenza ad un quadrilatero.

Il **quadrato** è un parallelogramma e rappresenta un quadrilatero regolare: è sia **equilatero** che **equiangolo**. È contemporaneamente un rombo ed un rettangolo, quindi gode delle caratteristiche di entrambi: quattro lati e quattro angoli congruenti, le diagonali sono congruenti, perpendicolari e bisettrici dei rispettivi angoli. Oltre al centro di simmetria, presente quattro assi di simmetria: le due diagonali e gli assi dei lati. Essendo un poligono regolare, il quadrato è sia **inscrivibile** che **circoscrivibile** ad una circonferenza.

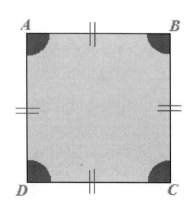

Il **deltoide** è un quadrilatero concavo o convesso con due coppie di lati consecutivi congruenti. Presenta due diagonali non congruenti, una maggiore e una minore, che non si bisecano, ma sono tra loro perpendicolari.

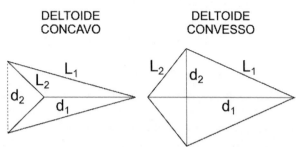

Di seguito riportiamo le formule per il calcolo dell'area dei parallelogrammi studiati e le conseguenti formule inverse:

- Quadrato

$$A = l \cdot l \rightarrow l = \sqrt{A}$$

- Rettangolo

$$A = b \cdot h \rightarrow b = \frac{A}{h}; h = \frac{A}{b}$$

- Parallelogramma

$$A = b \cdot h \rightarrow b = \frac{A}{h}; h = \frac{A}{b}$$

- Rombo

$$A = \frac{D \cdot d}{2} \rightarrow D = \frac{2 \cdot A}{d}; d = \frac{2 \cdot A}{D}$$

- Deltoide

$$A = \frac{D \cdot d}{2} \rightarrow D = \frac{2 \cdot A}{d}; d = \frac{2 \cdot A}{D}$$

In tutti i casi il perimetro sarà sempre calcolato come somma dei quattro lati.

Esempio:
Calcolare il perimetro e l'area di un rombo che ha le
diagonali che misurano rispettivamente 10 cm e 24 cm.
Sfruttiamo quanto detto precedentemente: poiché le
diagonali del rombo sono perpendicolari, esse lo
suddividono in quattro triangoli rettangoli. Prendendone
in considerazione uno, esso avrà i cateti pari alla metà
delle diagonali. Per cui:

$\overline{BD} = 24\ cm \rightarrow \overline{BO} = 12\ cm$
$\overline{AC} = 10\ cm \rightarrow \overline{AO} = 5\ cm$

Sfruttando il teorema di Pitagora:

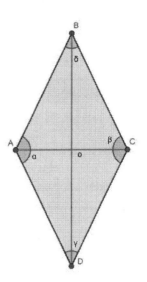

$$\overline{AB} = \sqrt{5^2 + 12^2} = \sqrt{25 + 144} = \sqrt{169} = 13\ cm$$

Quindi possiamo calcolare il perimetro:

$$2p = 4 \cdot \overline{AB} = 4 \cdot 13\ cm = 52\ cm$$

Invece per l'area ricorriamo alla formula:

$$A = \frac{D \cdot d}{2} = \frac{24\ cm \cdot 10\ cm}{2} = 120\ cm^2$$

Esempio:
Trovare l'area di un rettangolo che ha la base di 13 cm e l'altezza di 7 cm.
Indicando la base con b e l'altezza con h, avremo:

$$A = b \cdot h = 13 cm \cdot 7 cm = 91 cm^2$$

Esempio:
L'area di un quadrato è 36 mq. Quanto misura il suo lato?
Indicando il lato con l e sfruttando la formula inversa che deriva dal calcolo dell'area,
avremo:

$$l = \sqrt{A} = \sqrt{36 m^2} = 6m$$

I poligoni regolari
Un poligono è **regolare** quando ha tutti i lati e tutti gli angoli congruenti.
Per calcolare il **perimetro** di un poligono regolare basta quindi moltiplicare la lunghezza
di un suo lato per il numero dei lati.

Un poligono regolare è sempre **inscrivibile**, ma anche sempre **circoscrivibile**, ad una circonferenza. La circonferenza inscritta e quella circoscritta sono concentriche, quindi hanno lo stesso centro.

Ogni poligono regolare può essere suddiviso in tanti triangoli isosceli quanti sono i suoi lati: l'altezza di ciascuno di essi rappresenta l'**apotema** del poligono.

Considerando:

- n = numero dei lati
- l = lunghezza del lato
- a = apotema del poligono

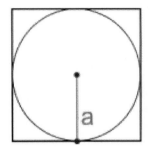 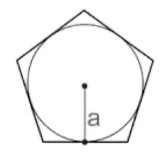 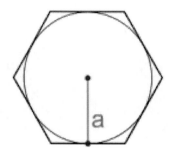

avremo:

$$2p = \text{perimetro} = n \cdot l$$

$$A = \text{area} = \frac{1}{2} \cdot n \cdot l \cdot a = \frac{1}{2} \cdot 2p \cdot a = p \cdot a$$

Da cui ricaviamo le formule inverse:

$$l = \frac{2 \cdot A}{n \cdot a}$$

$$a = \frac{2 \cdot A}{2p}$$

$$2p = \frac{2 \cdot A}{a}$$

Nella tabella di seguito riportata troviamo i nomi dei poligoni regolare, classificati in base al numero dei loro lati.

N° lati	Nome
3	*Triangolo*
4	*Quadrilatero*
5	*Pentagono*
6	*Esagono*
7	*Ettagono*
8	*Ottagono*
9	*Ennagono*
10	*Decagono*
11	*Endecagono*
12	*Dodecagono*
13	*Tridecagono*
14	*Tetradecagono*
15	*Pentadecagono*
16	*Esadecagono*
17	*Eptadecagono*
18	*Ottadecagono*
19	*Ennadecagono*
20	*Icosagono*

Esempio:

Qual è il perimetro di un esagono regolare sapendo che uno dei suoi lati misura 3 cm?
L'esagono ha sei lati, in questo caso si tratta di un poligono regolare, per cui sarà possibile calcolare il perimetro in maniera semplice:

$$2p = 3cm \cdot 6 = 18cm$$

Esempio:

Un poligono regolare, circoscritto a una circonferenza, ha il perimetro di 140 cm e l'apotema di 20 cm. Calcola la sua area.
Pur non conoscendo il numero dei lati, è possibile calcolare l'area mediante la formula:

$$A = \frac{1}{2} \cdot 2p \cdot a = p \cdot a = 70cm \cdot 20cm = 1400cm^2$$

Si definisce **diagonale** di un poligono ogni segmento che unisce due vertici non consecutivi. Il numero delle diagonali si calcola mediante la formula:

$$N_d = \frac{n(n - 3)}{2}$$

dove n rappresenta il numero dei lati del poligono.

Esempio:

Quante sono le diagonali di un poligono con 40 vertici?

Applicando la formula appena citata, possiamo calcolare il numero di diagonali:

$$N_d = \frac{n \cdot (n-3)}{2} = \frac{40 \cdot (40-3)}{2} = 20 \cdot 37 = 740$$

Il cerchio ed i suoi elementi

Fissato un punto O, si definisce **circonferenza** il luogo geometrico di tutti i punti del piano che hanno la medesima distanza da O. Il punto O viene detto **centro** della circonferenza. La distanza di qualsiasi punto della circonferenza dal centro è chiamata **raggio**. Il **cerchio** è la figura formata dai punti della circonferenza e da quelli ad essa interni.

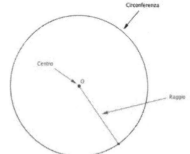

Un segmento che collega due punti qualsiasi sulla circonferenza si chiama **corda;** la corda che passa per il centro si definisce **diametro** e la sua lunghezza è pari al doppio di quella del raggio ($d = 2r$). In particolare, il diametro è la corda più lunga che è possibile tracciare all'interno della circonferenza.

In una circonferenza di centro O l'**angolo al centro** è un qualsiasi angolo che abbia il vertice nel centro della circonferenza; l'arco rappresenta l'intersezione della circonferenza con un determinato angolo al centro e si dice che l'angolo, α, insiste su tale arco, che ha per **estremi** (punti di intersezione tra la circonferenza ed i lati degli angoli) A e B; un arco individuato da un angolo piatto prende il nome di **semicirconferenza**.

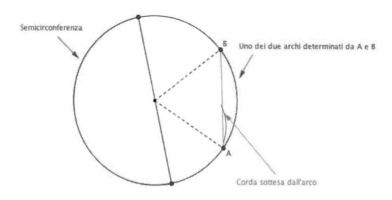

La parte di piano racchiusa da un arco di circonferenza e dai raggi che passano per i suoi estremi si chiama **settore circolare**. Un **settore circolare** determinato da due raggi perpendicolari viene chiamato **quadrante circolare**. Un settore circolare in cui un raggio è il prolungamento dell'altro è **detto semicerchio**.

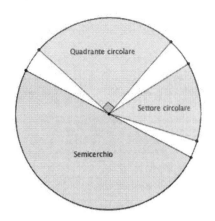

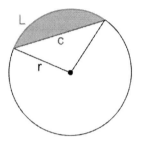

Un **segmento circolare ad una base** è la parte di cerchio racchiusa da una corda e dall'arco che insiste sulla corda. La corda è la base del segmento circolare.

Un segmento circolare a due basi è una parte di cerchio delimitata da due corde parallele che vengono chiamate basi del segmento circolare. La loro distanza viene detta altezza del segmento circolare.

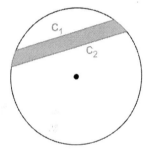

Definiamo le formule che servono per il calcolo del perimetro della circonferenza e dell'area del cerchio:

$$C = \text{perimetro} = 2\pi r = \pi d$$
$$A = \text{area} = \pi r^2$$

Da cui è possibile ricavare le seguenti formule inverse:

$$r = \frac{C}{2\pi}$$

$$r = \sqrt{\frac{A}{\pi}}$$

315

Esempio:

L'area di un cerchio è 225π dm². Calcolare la lunghezza del suo raggio.

Utilizzando la formula inversa relativa al calcolo dell'area, avremo:

$$r = \sqrt{\frac{A}{\pi}} = \sqrt{\frac{225\pi \ dm^2}{\pi}} = \sqrt{225 \ dm^2} = 15 \ dm$$

Esempio:

L'area di un cerchio è 441π cm². Calcolare la lunghezza della circonferenza che lo limita.

Utilizzando la formula inversa relativa al calcolo dell'area, avremo:

$$r = \sqrt{\frac{A}{\pi}} = \sqrt{\frac{441\pi \ cm^2}{\pi}} = \sqrt{441 \ cm^2} = 21 \ cm$$

Utilizzando adesso la formula per il calcolo del perimetro della circonferenza:

$$C = \text{perimetro} = 2\pi r = \pi d = 2 \cdot \pi \cdot 21 \ cm = 42\pi \ cm$$

Infine ricordiamo che:

- per **tre punti distinti non allineati** passa una ed una sola circonferenza;
- per **tre punti distinti allineati** non passa alcuna circonferenza.

<u>Posizioni reciproche tra rette e circonferenze</u>

Si possono distinguere tre casi:

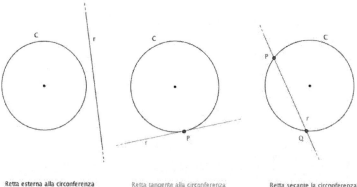

Retta esterna alla circonferenza   Retta tangente alla circonferenza   Retta secante la circonferenza

- **Retta esterna alla circonferenza:** non ci sono punti di intersezione tra retta e circonferenza, la distanza tra la retta ed il centro della circonferenza è maggiore del raggio;
- **Retta tangente alla circonferenza:** c'è un solo punto in comune tra retta a circonferenza (il punto di tangenza), la distanza tra retta e circonferenza è pari al raggio;
- **Retta secante alla circonferenza:** ci sono due punti in comune tra retta e circonferenza; la distanza tra retta e circonferenza è minore del raggio.

Posizioni reciproche tra due circonferenze

Un **fascio di circonferenze** è l'insieme di tutte le circonferenze passanti per due punti A e B:

- I punti A e B sono detti **punti base** del fascio;
- La retta passante per i punti A e B è detta **asse radicale**;
- L'asse di $\overline{AB}$ contiene i centri delle circonferenze del fascio ed è denominato **asse centrale**.

Due circonferenze si dicono:

- **esterne** se non hanno alcun punto in comune e la distanza tra i loro centri è maggiore della somma dei rispettivi raggi;
- **tangenti esternamente** se hanno un solo punto in comune e la distanza tra i loro centri è uguale alla somma dei rispettivi raggi;
- **secanti** se hanno due punti in comune e la distanza tra i loro centri è minore della somma dei rispettivi raggi, ma maggiore della differenza tra gli stessi;
- **tangenti internamente** se hanno un solo punto in comune e la distanza tra i loro centri è uguale alla differenza tra i rispettivi raggi;
- **interne** se non hanno punti in comune e la distanza tra i loro centri è minore della differenza tra i rispettivi raggi;
- **concentriche** se non hanno punti in comune (sono anche interne) e la distanza tra i rispettivi centri è uguale a 0, perché effettivamente i centri coincidono.

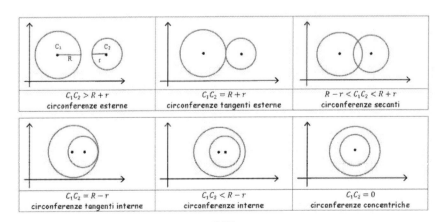

$C_1 C_2 > R + r$	$C_1 C_2 = R + r$	$R - r < C_1 C_2 < R + r$
circonferenze esterne	circonferenze tangenti esterne	circonferenze secanti
$C_1 C_2 = R - r$	$C_1 C_2 < R - r$	$C_1 C_2 = 0$
circonferenze tangenti interne	circonferenze interne	circonferenze concentriche

Una **corona circolare** o anello è un insieme di punti del piano compresi tra due cerchi concentrici. La formula per calcolarne l'area è la seguente:

$$A = \pi(r^2_{maggiore} - r^2_{minore})$$

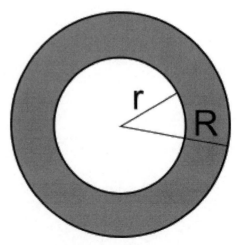

Angoli alla circonferenza

Un **angolo alla circonferenza** è un angolo convesso che ha il vertice su di una circonferenza ed i lati secanti o tangenti alla stessa circonferenza.

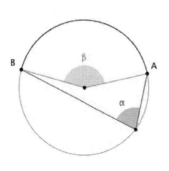 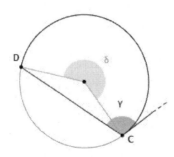 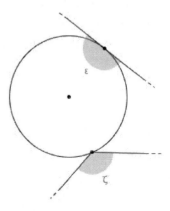

α è un angolo alla circonferenza

α insiste su $\overset{\frown}{AB}$

β è l'angolo al centro corrispondente ad α

γ è un angolo alla circonferenza

γ insiste su $\overset{\frown}{CD}$

δ è l'angolo al centro corrispondente a γ

ε e ζ NON sono angoli alla circonferenza

Possiamo avere tre tipologie di angoli alla circonferenza:
- i lati dell'angolo possono essere entrambi secanti;
- i lati dell'angolo possono essere uno secante e l'altro tangente;
- i lati dell'angolo possono essere entrambi tangenti.

Esiste una relazione tra angolo alla circonferenza ed angolo al centro: quest'ultimo è sempre il doppio del corrispondente angolo alla circonferenza.

Inoltre ricordiamo che tutti gli angoli alla circonferenza che insistono sullo stesso arco sono tra loro **congruenti** e che ogni angolo alla circonferenza che insiste su una semicirconferenza è **retto**.

Proporzionalità tra gli elementi del cerchio

Nella stessa circonferenza esiste una proporzionalità diretta fra archi, angoli al centro e settori circolari corrispondenti.

Considerando:

C = circonferenza

L = arco

A = area cerchio

α = angolo al centro

S = settore circolare

Le relazioni che legano questi elementi sono le seguenti:

$$L : C = \alpha : 360°$$
$$\alpha : 360° = S : A$$
$$L : C = S : A$$

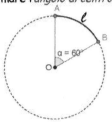

Archi e Settori

Unendo gli estremi A e B con il centro O si viene a formare l'*angolo al centro α*.

Tra la lunghezza dell'arco ℓ e l'ampiezza dell'angolo α esiste una proporzionalità diretta?

Esempio:

Calcolare l'area del settore circolare avente l'ampiezza di 120° e appartenente a un cerchio di raggio lungo 15 cm.

Cominciamo calcolando l'area del cerchio:

$$A = \pi r^2 = \pi \cdot (15 \text{cm})^2 = 225\pi \text{ cm}^2$$

Utilizzando la relazione $\alpha : 360° = S : A$ ed applicando la proprietà fondamentale delle proporzioni, avremo:

$$S = \frac{A \cdot \alpha}{360°} = \frac{225\pi \text{ cm}^2 \cdot 120°}{360°} = \frac{225\pi \text{ cm}^2}{3} = 75\pi \text{ cm}^2$$

Esempio:

Un arco ampio 144° misura 40π cm. Calcolare la lunghezza del raggio della circonferenza alla quale appartiene.

Utilizzando la relazione $L : C = \alpha : 360°$ ed applicando la proprietà fondamentale delle proporzioni, avremo:

$$C = \frac{L \cdot 360°}{\alpha} = \frac{40\pi \text{ cm} \cdot 360°}{144°} = 100\pi \text{ cm}$$

A questo punto ricaviamo la lunghezza del raggio, applicando la formula inversa:

$$r = \frac{C}{2\pi} = \frac{100\pi \text{ cm}}{2\pi} = 50\text{cm}$$

d. La relazione di similitudine nel piano. Criteri di similitudine dei triangoli. Teoremi di Euclide. Applicazioni.

La similitudine è una **trasformazione geometrica**, la quale lascia inalterata l'ampiezza degli angoli della figura, ma cambia le misure dei suoi lati, del perimetro e dell'area.

Questa trasformazione, quindi, **modifica le misure,** ma **non le forme.**

Il cambiamento delle misure è regolato dal **rapporto di similitudine** (indicato con **k**) secondo la seguente regola: i lati corrispondenti di due figure simili sono in rapporto costante, definito come **rapporto di similitudine k.**

Il valore di k quindi esprime **un rapporto** e si scrive come tutti i rapporti con:

* un **numero decimale**, anche periodico (esempio: 0,2 oppure 4,5)

* una **frazione ridotta** (esempio: 1/3 oppure 5/3).

* un rapporto scritto in modo **classico** (esempio: 1:100)

Considerazioni sul rapporto di similitudine k:

* se **k<1** allora la figura viene **ridotta;**

* se **k>1** allora la figura viene **ingrandita;**

* se **k=1** le figure sono **congruenti** (quindi la congruenza è un caso particolare di similitudine).

Ricordiamo che per un corretto calcolo del valore di k bisogna conoscere le misure di due lati corrispondenti nella trasformazione; bisogna effettuare il rapporto fra la misura del lato dopo la trasformazione e quella dello stesso lato prima della trasformazione.

Criteri di similitudine dei triangoli

* Il **primo criterio di similitudine** tra triangoli afferma che due triangoli sono simili se hanno **gli angoli corrispondenti congruenti** (ricordiamo che la somma degli angoli interni di un triangolo è sempre pari a 180°, quindi possiamo non considerare il terzo angolo e dire che due triangoli sono simili se hanno due angoli corrispondenti congruenti).

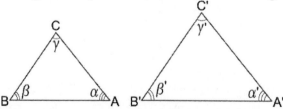

* Il **secondo criterio di similitudine** afferma che due triangoli sono simili se hanno **un angolo congruente** ed **i lati** che lo comprendono **in proporzione.**

320

- Il **terzo criterio di similitudine** afferma che due triangoli sono simili se hanno **i tre lati** rispettivamente **proporzionali.**

Dimostrazione del 1° criterio

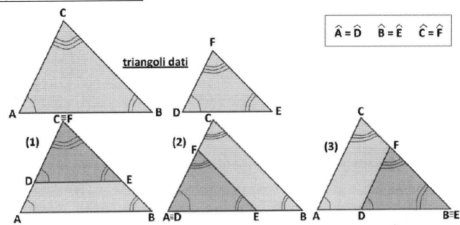

$$\hat{A} = \hat{D} \quad \hat{B} = \hat{E} \quad \hat{C} = \hat{F}$$

Sovrapponiamo i due triangoli ABC e DEF in modo che coincidano gli angoli $\hat{C}$ e $\hat{F}$ (come nella situazione 1). I lati che si oppongono a questi due angoli, $\overline{AB}$ e $\overline{DE}$, sono paralleli, perché le rette a cui appartengono formano con le trasversali, $\overline{AC}$ e $\overline{BC}$, angoli corrispondenti uguali (per ipotesi $\hat{A} = \hat{D}$ e $\hat{B} = \hat{E}$). Dunque possiamo applicare la proposizione due del VI Libro degli Elementi di Euclide "**Se una retta è condotta parallela a uno solo dei lati di un triangolo, allora seca i lati del triangolo in proporzione; e, se i lati del triangolo sono secati in proporzione, allora la retta congiungente i punti delle sezioni è parallela al restante lato del triangolo**" e scrivere la seguente proporzione:

$$\overline{AD} : \overline{FD} = \overline{BE} : \overline{FE}$$

Applicando la proprietà del comporre:

$$(\overline{AD} + \overline{FD}) : \overline{FD} = (\overline{BE} + \overline{FE}) : \overline{FE}$$

Per tanto:

$$\overline{CA} : \overline{FD} = \overline{CB} : \overline{FE}$$

Sovrapponendo i triangoli ABC e DEF in modo che coincidano gli angoli $\hat{A}$ e $\hat{D}$ (come nella situazione 2), procedendo come sopra, otteniamo:

$$\overline{AB} : \overline{DE} = \overline{AC} : \overline{DF}$$

Sovrapponendo i triangoli ABC e DEF in modo che coincidano gli angoli $\hat{B}$ e $\hat{E}$ (come nella situazione 3), procedendo nuovamente come sopra, otteniamo:

$$\overline{AB}:\overline{DE} = \overline{CB}:\overline{FE}$$

Pertanto i triangoli ABC e DEF sono simili perché hanno gli angoli uguali a due a due e hanno proporzionali i lati che li formano.

Dimostrazione del 2° criterio

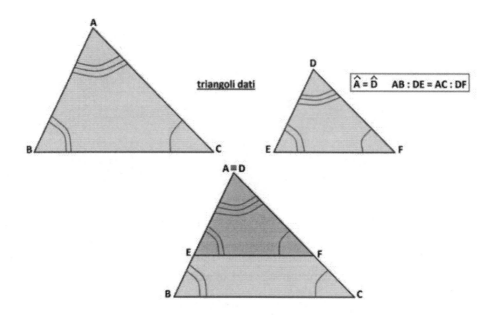

Sovrapponiamo i triangoli ABC e DEF in modo che coincidano gli angoli $\hat{A}$ e $\hat{D}$, uguali per ipotesi. I lati che formano questi angoli sono proporzionali e, per la parte inversa della proposizione due del VI Libro degli Elementi di Euclide, i lati $\overline{BC}$ e $\overline{EF}$, opposti agli angoli uguali, sono paralleli.

Quindi gli angoli $\hat{B}$ e $\hat{E}$ sono uguali perché angoli corrispondenti generati da due rette parallele, $\overline{BC}$ e $\overline{EF}$, tagliate da una trasversale, $\overline{AB}$. Anche gli angoli $\hat{C}$ e $\hat{F}$ sono uguali perché angoli corrispondenti in un sistema di rette parallele, $\overline{BC}$ e $\overline{EF}$, tagliate dalla trasverale $\overline{AC}$.

Dunque i triangoli considerati hanno gli angoli uguali a due a due: possiamo dire che ABC e DEF sono simili per il primo criterio di similitudine e, quindi, hanno anche gli altri lati corrispondenti proporzionali:

$$\overline{AB}:\overline{DE} = \overline{BC}:\overline{EF} \text{ e } \overline{BC}:\overline{EF} = \overline{AC}:\overline{DF}$$

Dimostrazione del 3° criterio

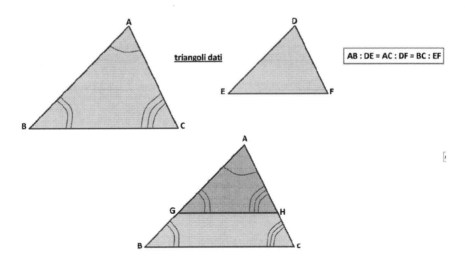

Tracciamo sui lati $\overline{AB}$ e $\overline{AC}$ del triangolo ABC, partendo dal vertice A, due segmenti $\overline{AG}$ e $\overline{AH}$ uguali ai lati $\overline{DE}$ e $\overline{DF}$ del triangolo DEF ed otteniamo il triangolo AGH. Per il momento non possiamo affermare che i triangoli AGH e DEF sono uguali, poiché non sappiamo se gli angoli $\hat{A}$ e $\hat{D}$ sono uguali.

I triangoli ABC e AGH sono simili per il secondo criterio e, poiché sono simili, hanno uguali i rispettivi angoli. Considerando i triangoli ABC e AGH possiamo allora scrivere la proporzione:

$$\overline{AB}:\overline{AG} = \overline{BC}:\overline{GH}$$

Considerando i triangoli ABC e DEF possiamo scrivere la proporzione:

$$\overline{AB}:\overline{DE} = \overline{BC}:\overline{EF}$$

Ricordando che i segmenti $\overline{AG}$ e $\overline{DE}$ sono congruenti, possiamo riscrivere la prima proporzione come segue:

$$\overline{AB}:\overline{DE} = \overline{BC}:\overline{GH}$$

Per l'unicità del quarto proporzionale (dati tre elementi che costituiscono una proporzione, esiste ed è unico il quarto termine che completa la proporzione), ne consegue che $\overline{GH}$ e $\overline{EF}$ sono congruenti e, pertanto, i triangoli AGH (simile al triangolo ABC) e DEF sono congruenti per il terzo criterio di congruenza (hanno i tre lati congruenti).

Per la proprietà transitiva i triangoli ABC e DEF sono simili e hanno uguali a due a due gli angoli e i lati che li formano sono tra loro proporzionali.

Teoremi di Euclide ed applicazioni

Primo teorema di Euclide: In un triangolo rettangolo il quadrato costruito su uno dei due cateti è equivalente al rettangolo che ha per dimensioni la proiezione del cateto sull'ipotenusa e l'ipotenusa stessa.

Tradotto in formule e facendo riferimento all'immagine a lato:

$$\overline{AB}^2 = \overline{HB} \cdot \overline{CB}$$

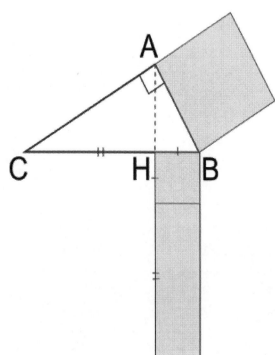

Da questa relazione è possibile ricavare le seguenti formule:

$$\overline{AB} = \sqrt{\overline{HB} \cdot \overline{CB}}$$
$$\overline{HB} = \frac{\overline{AB}^2}{\overline{CB}}$$
$$\overline{CB} = \frac{\overline{AB}^2}{\overline{HB}}$$

Una formulazione analoga del teorema può essere data utilizzando il linguaggio delle proporzioni: ogni cateto di un triangolo rettangolo è medio proporzionale tra l'ipotenusa e la proiezione del cateto stesso sull'ipotenusa. Tradotto in formule e riferendoci sempre al triangolo precedente:

$$\overline{CB} : \overline{AB} = \overline{AB} : \overline{HB}$$

Esempio:
In un triangolo rettangolo un cateto e la sua proiezione sull'ipotenusa sono rispettivamente 60 cm e 36 cm. Quanto misura l'ipotenusa?
Applicando una delle formule inverse ricavate precedentemente e facendo riferimento allo stesso disegno:

$$\overline{CB} = \frac{\overline{AB}^2}{\overline{HB}} = \frac{60^2}{36} = \frac{3600}{36} = 100 cm$$

Dimostrazione del primo Teorema di Euclide

Per ipotesi sappiamo che il triangolo ABC è retto in $\hat{A}$. Dobbiamo dimostrare che $\overline{CB}:\overline{AB} = \overline{AB}:\overline{HB}$.

Dalla figura possiamo notare che i due triangoli ABC e AHB sono simili per il 1° criterio perché:

- l'angolo in $\hat{B}$ è in comune ai due triangoli;
- $B\hat{A}C \equiv A\hat{H}B = 90°$.

Poiché simili, i due triangoli hanno i lati in proporzione, quindi è verificata la tesi: $\overline{CB}:\overline{AB} = \overline{AB}:\overline{HB}$.

Secondo teorema di Euclide: In un triangolo rettangolo il quadrato costruito sull'altezza relativa all'ipotenusa è equivalente al rettangolo che ha per dimensioni le proiezioni dei cateti sull'ipotenusa.

Tradotto in formule e facendo riferimento all'immagine a lato:

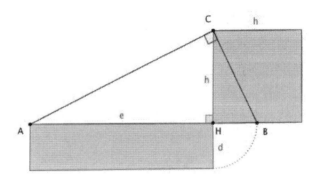

$$\overline{CH}^2 = \overline{AH} \cdot \overline{HB}$$

Da questa relazione è possibile ricavare le seguenti formule:

$$\overline{CH} = \sqrt{\overline{AH} \cdot \overline{HB}}$$
$$\overline{AH} = \frac{\overline{CH}^2}{\overline{HB}}$$
$$\overline{HB} = \frac{\overline{CH}^2}{\overline{AH}}$$

Una formulazione analoga del teorema può essere data utilizzando il linguaggio delle proporzioni: in un triangolo rettangolo l'altezza relativa all'ipotenusa è medio proporzionale tra le proiezioni dei cateti sull'ipotenusa. Tradotto in formule e riferendoci sempre al triangolo precedente:

$$\overline{AH}:\overline{CH} = \overline{CH}:\overline{HB}$$

Esempio:

Un triangolo rettangolo ha l'altezza relativa all'ipotenusa di 12 cm. La proiezione di un cateto sull'ipotenusa è di 9 cm. Calcola la misura delle proiezioni dell'altro cateto sull'ipotenusa.

Applicando una delle formule inverse ricavate precedentemente e facendo riferimento allo stesso disegno:

$$\overline{AH} = \frac{\overline{CH}^2}{\overline{HB}} = \frac{12^2}{9} = \frac{144}{9} = 16cm$$

<u>Dimostrazione del secondo Teorema di Euclide</u>

Per ipotesi sappiamo che il triangolo ABC è retto in $\hat{C}$. Dobbiamo dimostrare che $\overline{AH}:\overline{CH} = \overline{CH}:\overline{HB}$.

I triangoli AHC e BHC sono simili per il 1° criterio perché:

- $A\hat{H}C \equiv B\hat{H}C = 90°$
- $H\hat{C}B \equiv C\hat{A}B$ entrambi complementari di $A\hat{C}H$
- $H\hat{B}C \equiv A\hat{C}H$ entrambi complementari di $H\hat{A}C$

Poiché simili, i due triangoli hanno i lati in proporzione, quindi è verificata la tesi: $\overline{AH}:\overline{CH} = \overline{CH}:\overline{HB}$.

Per esercitarsi...

- Spiegare la differenza tra funzione iniettiva, suriettiva e biunivoca.

- Definire la funzione lineare, sia nella sua forma implicita che esplicita, ed elencarne le caratteristiche.

- Definire la funzione quadratica, elencarne le caratteristiche, soffermandosi sul "significato" del coefficiente **a**.

- Confrontare funzione esponenziale e funzione logaritmica (spiegare perché sono una l'inversa dell'altra ed elencarne tutte le caratteristiche).

- Studiare e poi svolgere autonomamente tutti gli esempi appartenenti al punto b (Calcoli percentuali. Interesse, sconto, montante semplice e composto).

- Studiare e poi svolgere autonomamente tutti gli esempi appartenenti al punto c (Triangoli, quadrilateri, poligoni regolari, circonferenza e cerchio. Problemi sulle misure, sul perimetro ed area).

- Calcolare la lunghezza della circonferenza e l'area di un cerchio il cui raggio misura 5 cm.

$$[\textbf{10}\boldsymbol{\pi} \textbf{ cm}; \textbf{25}\boldsymbol{\pi} \textbf{ cm}^2]$$

- Calcolare la lunghezza del diametro e l'area di un cerchio la cui circonferenza misura 16π cm.

$$[\textbf{16 cm}; \textbf{64}\boldsymbol{\pi} \textbf{ cm}^2]$$

- Studiare e ripetere le dimostrazioni dei tre criteri di similitudine dei triangoli.

- Studiare e ripetere le dimostrazioni dei due teoremi di Euclide.

- In un triangolo rettangolo le proiezioni dei due cateti sull'ipotenusa misurano 18 e 54 cm. Determinare le misure dei cateti.

$$[\textbf{36c m}; \textbf{36}\sqrt{\textbf{3}} \textbf{ cm}]$$

- In un triangolo rettangolo un cateto misura 24 cm, mentre la sua proiezione sull'ipotenusa misura 12 cm. Determinare il perimetro del triangolo.

$$[(\textbf{72} + \textbf{24}\sqrt{\textbf{3}})\textbf{cm}]$$

- In un triangolo rettangolo le proiezioni dei due cateti sull'ipotenusa misurano 2 e 6 cm. Determinare le misure dei cateti.

$$\left[4 \text{ cm}; 4\sqrt{3} \text{ cm}\right]$$

- In un rombo, il raggio del cerchio inscritto è lungo $2\sqrt{5}c$ m e la diagonale minore è lunga 12cm. Determinare il perimetro del rombo.

$$[36 \text{ cm}]$$

TESI N.4

a. *Le coniche: definizione, caratteristiche e grafici.*
b. *Progressioni aritmetiche e geometriche.*
c. *Gli enti primitivi della geometria euclidea. Semirette, segmenti, angoli: definizioni e proprietà.*
d. *Proporzioni tra grandezze. Proporzionalità diretta e inversa. Teorema di Talete e sue conseguenze.*

a. Le coniche: definizione, caratteristiche e grafici.

Le **coniche** sono delle curve così chiamate perché si possono ottenere sezionando una superficie conica (a due falde) con un piano, non passante per il vertice del cono.

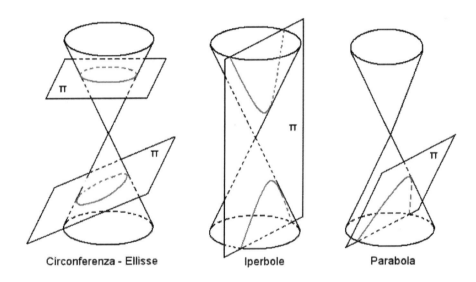

Circonferenza - Ellisse   Iperbole   Parabola

Le coniche che studieremo saranno definite come **luoghi geometrici**, quindi ricordiamo che il **luogo geometrico** rappresenta l'insieme di tutti e soli i punti dello spazio che godono di una determinata proprietà.

La parabola
La **parabola** è il luogo geometrico dei punti del piano cartesiano equidistanti da un punto fisso **F**, detto **fuoco**, e da una retta, **d**, detta **direttrice**.
La retta passante per il fuoco è perpendicolare alla direttrice: si chiama **asse della parabola**.
Il punto **V** in cui la parabola interseca il suo asse è il **vertice** della parabola.
L'asse della parabola è anche asse di simmetria della curva: preso un punto della parabola, esiste un altro suo punto simmetrico del primo rispetto all'asse.

Caratteristiche della parabola

- Parabola con asse parallelo all'asse x

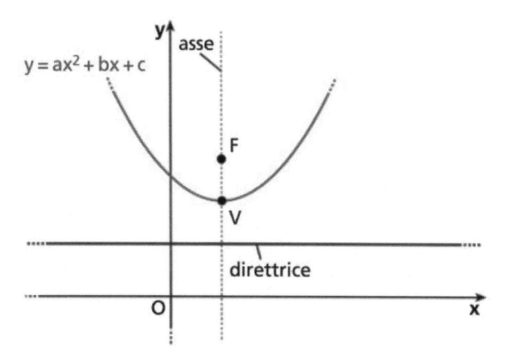

Equazione: $y = ax^2 + bx + c$

Equazione dell'asse: $y = -\dfrac{b}{2a}$

Vertice: $V\left(-\dfrac{b}{2a}; -\dfrac{\Delta}{4a}\right)$

Fuoco: $F\left(-\dfrac{b}{2a}; \dfrac{1-\Delta}{4a}\right)$

Equazione della direttrice: $y = \dfrac{1-\Delta}{4a}$

- Parabola con asse parallelo all'asse y

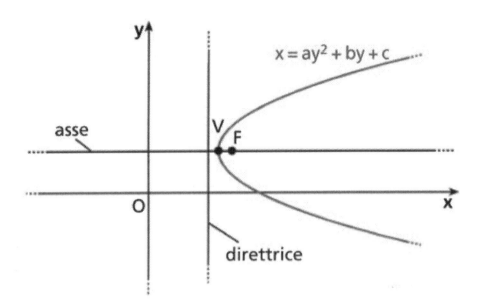

Equazione: $x = ay^2 + by + c$

Equazione dell'asse: $x = -\dfrac{b}{2a}$

Vertice: $V\left(-\dfrac{\Delta}{4a};\ -\dfrac{b}{2a}\right)$

Fuoco: $F\left(\dfrac{1-\Delta}{4a};\ -\dfrac{b}{2a}\right)$

Equazione della direttrice: $x = \dfrac{1-\Delta}{4a}$

Concavità e apertura

Il coefficiente **a** determina la **concavità** della parabola:

- per **a > 0** la parabola ha la concavità rivolta verso l'alto (quando ha l'asse parallelo all'asse y) o verso destra (quando ha l'asse parallelo all'asse x);
- per **a < 0** la parabola ha la concavità rivolta verso il basso (quando ha l'asse parallelo all'asse y) o verso sinistra (quando ha l'asse parallelo all'asse x).

Per quanto riguarda l'**apertura**, possiamo dire che:

- per **a > 0**, all'aumentare di **a** diminuisce l'apertura della parabola.
- per **a < 0**, l'apertura della parabola diminuisce all'aumentare del valore assoluto di **a**.

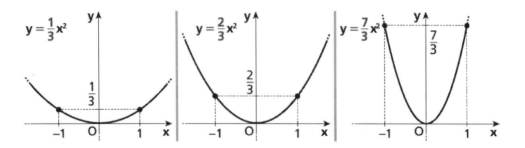

Casi particolari

Casi particolari dell'equazione $y = ax^2 + bx + c$		
Caso esaminato	**Grafico**	**Esempio**
$b = 0$ e $c \neq 0$ L'equazione diventa: $y = ax^2 + c.$ La parabola ha vertice $V(0; c)$ e il suo asse di simmetria è l'asse y.	$y = ax^2 + c$ $V(0; c)$	$y = \frac{3}{4}x^2 + 2$
$c = 0$ e $b \neq 0$ L'equazione diventa: $y = ax^2 + bx.$ La parabola ha vertice $V\left(-\dfrac{b}{2a}; -\dfrac{b^2}{4a}\right)$ e passa sempre per l'origine O. Infatti le coordinate $(0; 0)$ soddisfano l'equazione.	$y = ax^2 + bx$ $-\dfrac{b}{2a}$, $-\dfrac{b^2}{4a}$	$y = -2x^2 + 8x$
$b = 0, c = 0$ L'equazione diventa: $y = ax^2.$ Ritroviamo la parabola già studiata con asse coincidente con l'asse y e vertice nell'origine.	$y = ax^2$ $V = O$	$y = 3x^2$

Le posizioni di una retta rispetto a una parabola

Per determinare la posizione di una retta di equazione $a'x + b'y + c' = 0$ rispetto ad una parabola di equazione $y = ax^2 + bx + c$ occorre considerare il sistema:

$$\begin{cases} y = ax^2 + bx + c \\ a'x + b'y + c' = 0 \end{cases}$$

determinare l'equazione risolvente e studiare il segno del discriminante Δ. Se:

- $\Delta < 0$, il sistema non ha soluzioni e la retta è **esterna** alla parabola;
- $\Delta = 0$, il sistema ha due soluzioni reali e coincidenti e la retta è **tangente** alla parabola in un punto;
- $\Delta > 0$, il sistema ha due soluzioni reali e la retta è **secante** la parabola in due punti.

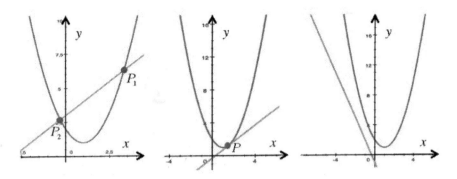

Esempio:

Stabiliamo se le rette di equazioni $y = x - 2$ e $y = x - 1$ sono secanti, tangenti o esterne alla parabola di equazione $y = x^2 + 3x - 1$.

Risolviamo il sistema:

$$\begin{cases} y = x - 2 \\ y = x^2 + 3x - 1 \end{cases}$$

Per confronto otteniamo:

$$x^2 + 3x - 1 = x - 2 \rightarrow x^2 + 2x + 1 = 0$$

$$\frac{\Delta}{4} = \left(\frac{b}{2}\right)^2 - ac = 1 - 1 = 0 \rightarrow \text{retta tangente alla parabola}$$

$$x_1, x_2 = \frac{-\dfrac{b}{2} \pm \sqrt{\left(\dfrac{b}{2}\right)^2 - ac}}{a} = \frac{-1 \pm 0}{1} = -1$$

$$x_1 = x_2 = -1$$

$$y = x - 2 = -1 - 2 = -3$$

La retta è tangente alla parabola nel punto T $(-1; -3)$.

Risolviamo ora il secondo sistema:

$$\begin{cases} y = x - 1 \\ y = x^2 + 3x - 1 \end{cases}$$

Per confronto otteniamo:

$$x^2 + 3x - 1 = x - 1 \rightarrow x^2 + 2x = 0$$

$$x \cdot (x + 2) = 0$$

$$x_1 = 0 \text{ e } x_2 = -2$$

$$x_1 = 0 \rightarrow y = x - 1 = -1$$

$$x_2 = -2 \rightarrow y = x - 1 = -2 - 1 = -3$$

La retta è secante la parabola nei punti A $(0; -1)$ e B $(-2; -3)$.

<u>Determinare l'equazione di una parabola</u>
Nell'equazione della parabola $y = ax^2 + bx + c$ dobbiamo trovare **a**, **b** e **c**, quindi servono **tre condizioni**.
Alcune possibili condizioni sono le seguenti:

- sono note le coordinate del vertice e del fuoco;
- sono note le coordinate del vertice o del fuoco e l'equazione della direttrice;
- la parabola passa per tre punti non allineati;
- la parabola passa per due punti e si conosce l'equazione dell'asse;
- la parabola passa per un punto e sono note le coordinate del vertice o del fuoco;
- la parabola passa per un punto e sono note le equazioni dell'asse e della direttrice;
- la parabola è tangente ad una retta data e passa per due punti.

Esempio:
Determiniamo l'equazione della parabola con asse parallelo all'asse y, passante per i punti A $(0; -6)$ e B $(2; 10)$ e con il vertice di ascissa -1.
Risolviamo il seguente sistema di tre equazioni in tre incognite:

$$\begin{cases} c = -6 \rightarrow \text{passaggio per A} \\ 10 = a \cdot 2^2 + b \cdot 2 + c \rightarrow \text{passaggio per B} \\ -\dfrac{b}{2a} \rightarrow \text{ascissa del vertice} \end{cases} \rightarrow \begin{cases} a = 2 \\ b = 4 \\ c = -6 \end{cases}$$

L'equazione della parabola è $y = 2x^2 + 4x - 6$.

La circonferenza

La **circonferenza** è il luogo geometrico dei punti del piano equidistanti da un punto fisso detto **centro**: la distanza tra il centro ed ogni punto della circonferenza è detta **raggio**.

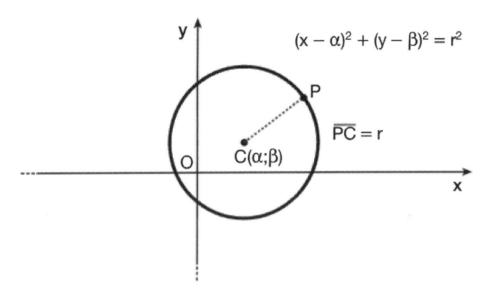

Dato il centro **C(α; β)** e il raggio **r**, è possibile scrivere la seguente relazione:

$$(x - \alpha)^2 + (y - \beta)^2 = r^2$$

Valgono le relazioni:

$$\begin{cases} \alpha = -\dfrac{a}{2} \\ \beta = -\dfrac{b}{2} \end{cases} \rightarrow C\left(-\dfrac{a}{2}; -\dfrac{b}{2}\right)$$

$$r = \sqrt{\dfrac{a^2}{4} + \dfrac{b^2}{4} - c}$$

Quindi, dati i coefficienti **a**, **b**, **c** è possibile scrivere l'equazione della circonferenza come segue:

$$x^2 + y^2 + ax + by + c = 0$$

purché sia rispettata la seguente condizione:

$$\frac{a^2}{4} + \frac{b^2}{4} - c \geq 0$$

Infatti, questa espressione rappresenta il raggio della circonferenza (geometricamente non è possibile che sia minore di 0) e, come abbiamo visto precedentemente, rappresenta il radicando di una radice quadrata: non può essere negativo.

Casi particolari
- $a = 0 \rightarrow x^2 + y^2 + by + c = 0 \rightarrow C\,(0;\,y_C)$
- $b = 0 \rightarrow x^2 + y^2 + ax + c = 0 \rightarrow C\,(x_C;\,0)$
- $c = 0 \rightarrow x^2 + y^2 + ax + by = 0 \rightarrow C\,(x_C;\,y_C)$
- $a = 0\ e\ c = 0 \rightarrow x^2 + y^2 + by = 0 \rightarrow C\,(0;\,y_C)$
- $b = 0\ e\ c = 0 \rightarrow x^2 + y^2 + ax = 0 \rightarrow C\,(x_C;\,0)$
- $a = 0\ e\ b = 0 \rightarrow x^2 + y^2 + c = 0 \rightarrow C\,(0;\,0)$

circonferenze particolari		
se $a = 0$ la circonferenza ha centro sull'asse y	se $b = 0$ la circonferenza ha centro sull'asse x	se $c = 0$ la circonferenza passa per l'origine
se $a = 0$ e $c = 0$ la circonferenza ha centro sull'asse y e passa per l'origine	se $b = 0$ e $c = 0$ la circonferenza ha centro sull'asse x e passa per l'origine	se $a = 0$ e $b = 0$ la circonferenza ha centro nell'origine

Le posizioni di una retta rispetto a una circonferenza
Per determinare la posizione di una retta di equazione $a'x + b'y + c' = 0$ rispetto ad una circonferenza di equazione $x^2 + y^2 + ax + by + c = 0$ occorre considerare il sistema:

$$\begin{cases} x^2 + y^2 + ax + by + c = 0 \\ a'x + b'y + c' = 0 \end{cases}$$

determinare l'equazione risolvente e studiare il segno del discriminante Δ. Se:
- $\Delta < 0$, il sistema non ha soluzioni e la retta è **esterna** alla circonferenza;
- $\Delta = 0$, il sistema ha due soluzioni reali e coincidenti e la retta è **tangente** alla circonferenza in un punto;

- $\Delta>0$, il sistema ha due soluzioni reali e la retta è **secante** la circonferenza in due punti.

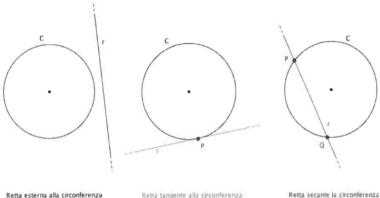

Retta esterna alla circonferenza   Retta tangente alla circonferenza   Retta secante la circonferenza

Esempio:

Stabiliamo se la retta di equazioni $x - 4 = 0$ è secante, tangente o esterna alla circonferenza di equazione $x^2 + y^2 - 4x - 2y = 0$.

Risolviamo il sistema:

$$\begin{cases} x - 4 = 0 \\ x^2 + y^2 - 4x - 2y = 0 \end{cases} \rightarrow \begin{cases} x = 4 \\ 16 + y^2 - 4 \cdot 4 - 2y = 0 \end{cases} \rightarrow \begin{cases} x = 4 \\ y^2 - 2y = 0 \end{cases}$$
$$\rightarrow \begin{cases} x = 4 \\ y_1 = 0, y_2 = 2 \end{cases}$$

La retta è secante la circonferenza nei punti A $(4; 0)$ e B $(4; 2)$.

Determinare l'equazione di una circonferenza

L'equazione $x^2 + y^2 + ax + by + c = 0$ contiene tre coefficienti, **a**, **b** e **c**; per determinarli servono tre condizioni ed occorre risolvere un sistema di tre equazioni in tre incognite. Alcune delle condizioni possono essere le seguenti:

- sono note le coordinate del centro e il raggio
- sono note le coordinate degli estremi di un diametro
- la circonferenza passa per un punto e sono note le coordinate del centro
- la circonferenza passa per tre punti non allineati
- la circonferenza passa per due punti e il centro appartiene a una retta nota
- sono note le coordinate del centro e la circonferenza è tangente ad una retta nota

Esempio:

Determiniamo l'equazione della circonferenza che ha centro **C** (4;1) e passa per il punto **A** (2;1).

337

Impostiamo il sistema:

$$\begin{cases} -\dfrac{a}{2} = 4 \rightarrow \text{ascissa del centro} \\ -\dfrac{b}{2} = 1 \rightarrow \text{ordinata del centro} \\ 2^2 + 1^2 + 2a + 1b + c = 0 \rightarrow \text{passaggio per A} \end{cases} \rightarrow \begin{cases} a = -8 \\ b = -2 \\ c = 13 \end{cases}$$

L'equazione della circonferenza è $x^2 + y^2 - 8x - 2y + 13 = 0$

L'ellisse

L'**ellisse** è il luogo geometrico dei punti del piano tali che la somma delle distanze da due punti fissi, F_1 e F_2, detti fuochi, è costante:

$$\overline{PF_1} + \overline{PF_2} = costante$$

L'equazione dell'ellisse, così come quella della parabola e della circonferenza, è diversa a seconda della posizione della curva rispetto al sistema di riferimento.

Caratteristiche dell'ellisse

L'**equazione canonica** dell'ellisse, quando l'asse x passa per i fuochi e l'asse y passa per il punto medio del segmento che li congiunge, è:

$$\frac{x^2}{a^2} + \frac{y^2}{b^2} = 1 \; con \; a > b$$

Le **coordinate dei fuochi** sono $F_1(-c; 0), F_2(c; 0)$, con $a > c$ e $a^2 - c^2 = b^2$.
L'ellisse ha come **assi di simmetria** l'asse x e l'asse y e come **centro di simmetria** l'origine degli assi.
I punti $A_1(-a; 0), A_2(a; 0), B_1(0; -b), B_2(0; b)$ sono le sue **intersezioni con gli assi** e prendono il nome di **vertici** dell'ellisse.
I segmenti $\overline{A_1A_2}$ e $\overline{B_1B_2}$ sono gli **assi** dell'ellisse. $\overline{A_1A_2}$ è detto **asse maggiore**, $\overline{B_1B_2}$ **asse minore**. **a** e **b** sono le misure dei semiassi, **c** è la metà della distanza focale.

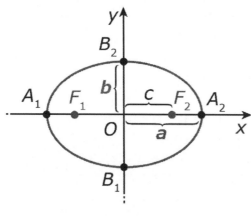

Il rapporto tra la distanza focale e la lunghezza dell'asse maggiore di un'ellisse è detto **eccentricità**:

$$e = \frac{distanza\ focale}{lunghezza\ dell'asse\ maggiore}$$

L'eccentricità **e** indica la forma più o meno schiacciata ellisse: $0 \le e \le 1$.
Nell'ellisse con i fuochi sull'asse x vale:

$$e = \frac{c}{a} = \frac{\sqrt{a^2 - b^2}}{a}$$

L'**equazione canonica** dell'ellisse, quando l'asse y passa per i fuochi e l'asse x passa per il punto medio del segmento che li congiunge, è:

$$\frac{x^2}{a^2} + \frac{y^2}{b^2} = 1 \ con\ b > a$$

Le **coordinate dei fuochi** sono $F_1(0; -c), F_2(0; c)$, con $b > c$ e $b^2 - c^2 = a^2$.
L'ellisse ha come **assi di simmetria** l'asse x e l'asse y e come **centro di simmetria** l'origine degli assi.
Anche in questo caso i punti $A_1(-a; 0), A_2(a; 0), B_1(0; -b), B_2(0; b)$ sono le sue **intersezioni con gli assi** e prendono il nome di **vertici** dell'ellisse.
Stavolta $\overline{A_1A_2}$ è detto **asse minore**, $\overline{B_1B_2}$ **asse maggiore**. **a** e **b** sono le misure dei semiassi, **c** è sempre è la metà della distanza focale.

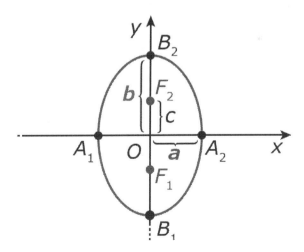

L'**eccentricità** per l'ellisse con i fuochi sull'asse y è:

$$e = \frac{c}{b} = \frac{\sqrt{b^2 - a^2}}{b}$$

Le posizioni di una retta rispetto a un'ellisse

Per determinare la posizione di una retta di equazione $a'x + b'y + c' = 0$ rispetto ad un'ellisse di equazione $\frac{x^2}{a^2} + \frac{y^2}{b^2} = 1$ occorre considerare il sistema:

$$\begin{cases} \dfrac{x^2}{a^2} + \dfrac{y^2}{b^2} = 1 \\ a'x + b'y + c' = 0 \end{cases}$$

determinare l'equazione risolvente e studiare il segno del discriminante Δ. Se:

- $\Delta < 0$, il sistema non ha soluzioni e la retta è **esterna** all'ellisse;
- $\Delta = 0$, il sistema ha due soluzioni reali e coincidenti e la retta è **tangente** all'ellisse in un punto;
- $\Delta > 0$, il sistema ha due soluzioni reali e la retta è **secante** l'ellisse in due punti.

• Retta esterna **• Retta tangente** **• Retta secante**

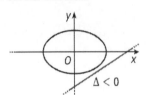 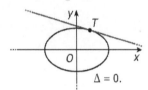 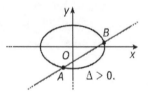

Esempio:

Stabiliamo se la retta di equazione $x - y - 7 = 0$ è secante, tangente o esterna all'ellisse di equazione $4x^2 + 9y^2 = 36$

Risolviamo il sistema:

$$\begin{cases} x - y - 7 = 0 \\ 4x^2 + 9y^2 = 36 \end{cases}$$

$$\rightarrow \begin{cases} x = y + 7 \\ 4 \cdot (y + 7)^2 + 9y^2 = 36 \end{cases}$$

$$\rightarrow \begin{cases} x = y + 7 \\ 4 \cdot (y^2 + 14y + 49) + 9y^2 = 36 \end{cases}$$

$$\rightarrow \begin{cases} x = y + 7 \\ 4y^2 + 56y + 196 + 9y^2 = 36 \end{cases} \rightarrow \begin{cases} x = y + 7 \\ 13y^2 + 56y + 160 = 0 \end{cases}$$

$$\frac{\Delta}{4} = \left(\frac{b}{2}\right)^2 - ac = 784 - 2080 = -1296 < 0$$

La retta è esterna all'ellisse.

Determinare l'equazione di un'ellisse

Nell'equazione di un'ellisse, $\frac{x^2}{a^2} + \frac{y^2}{b^2} = 1$, con centro di simmetria nell'origine e fuochi su uno degli assi cartesiani, sono presenti due coefficienti, a e b, perciò, per determinarli, occorrono **due condizioni**.

Alcune condizioni possibili sono le seguenti:

- sono note le lunghezze dei due semiassi;
- sono note le coordinate di un fuoco ed un vertice (o semiasse);
- l'ellisse passa per un punto noto e si conoscono le coordinate di un fuoco o di un vertice;
- l'ellisse passa per un punto noto e si conosce l'eccentricità;
- l'ellisse passa per due punti noti;
- è nota l'eccentricità e si conoscono le coordinate di un fuoco o di un vertice.

Esempio:
Un'ellisse ha i fuochi sull'asse x, passa per il punto $P(-2; 1)$ e ha eccentricità $1/2$. Come troviamo la sua equazione? Dobbiamo risolvere il sistema seguente:

$$\begin{cases} \frac{4}{a^2} + \frac{1}{b^2} = 1 \rightarrow passaggio\ per\ P \\ \frac{\sqrt{a^2 - b^2}}{a} = \frac{1}{2} \rightarrow eccentricità\ (fuochi\ sull'asse\ x) \end{cases}$$

Risolvendo il sistema, con incognite a^2 e b^2, otteniamo $a^2 = 16/3$ e $b^2 = 4$. Quindi l'equazione dell'ellisse è:

$$\frac{x^2}{\frac{16}{3}} + \frac{y^2}{4} = 1 \rightarrow \frac{3x^2}{16} + \frac{y^2}{4} = 1$$

L'iperbole

L'iperbole è una curva piana, luogo geometrico dei punti P che hanno costante la differenza delle distanze da due punti fissati, F_1 e F_2, detti **fuochi**.

L'**equazione canonica** dell'iperbole, quando l'asse x passa per i fuochi e l'asse y passa per il punto medio del segmento che li congiunge, è:

$$\frac{x^2}{a^2} - \frac{y^2}{b^2} = 1$$

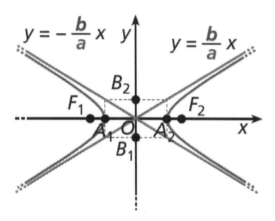

Le **coordinate dei fuochi** sono $F_1(-c; 0), F_2(c; 0)$, con $a < c$ e $c^2 - a^2 = b^2$.

I punti $A_1(-a; 0), A_2(a; 0)$ sono le sue **intersezioni con l'asse x** e prendono il nome di **vertici reali**. Il segmento $\overline{A_1 A_2}$ è l'**asse trasverso**.

I punti $B_1(0; -b), B_2(0; b)$ **non** sono **intersezioni con l'asse y** e sono detti **vertici non reali**. Il segmento $\overline{B_1 B_2}$ è detto **asse non trasverso**.

L'iperbole non è una curva chiusa ed è costituita da due **rami** distinti. Man mano che ci si allontana dall'origine, entrambi i rami si avvicinano sempre di più a due rette, dette **asintoti**, di equazioni:

$$y = \frac{b}{a}x \text{ e } y = -\frac{b}{a}x$$

Il rapporto tra la distanza focale e la lunghezza dell'asse maggiore di un'ellisse è detto **eccentricità**:

$$e = \frac{distanza\ focale}{lunghezza\ dell'asse\ trasverso}$$

Per l'iperbole l'eccentricità è sempre maggiore di 1.
Nell'iperbole con i fuochi sull'asse x vale:

$$e = \frac{c}{a} = \frac{\sqrt{a^2 + b^2}}{a}$$

Se i fuochi dell'iperbole sono sull'asse y, l'equazione dell'iperbole è:

$$\frac{x^2}{a^2} - \frac{y^2}{b^2} = -1$$

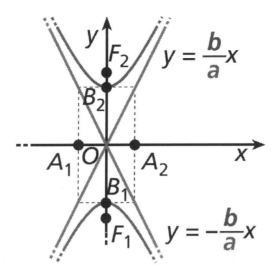

Le **coordinate dei fuochi** sono $F_1(0; -c), F_2(0; c)$, con $a < c$ e $c^2 - a^2 = b^2$.
I punti $B_1(0; -b), B_2(0; b)$ sono le sue **intersezioni con l'asse y** e sono detti **vertici reali**. Il segmento $\overline{B_1 B_2}$ è detto **asse trasverso**.
I punti $A_1(-a; 0), A_2(a; 0)$ **non** sono **intersezioni con l'asse x** e prendono il nome di **vertici non reali**. Il segmento $\overline{A_1 A_2}$ è l'**asse non trasverso**.

Nell'iperbole con i fuochi sull'asse y vale:

$$e = \frac{c}{b} = \frac{\sqrt{a^2 + b^2}}{b}$$

Posizioni di una retta rispetto a un'iperbole
Le coordinate dei punti degli eventuali punti di intersezione di un'iperbole di equazione $\frac{x^2}{a^2} - \frac{y^2}{b^2} = 1$ con una retta di equazione $a'x + b'y + c' = 0$ si ottengono risolvendo il sistema:

$$\begin{cases} \dfrac{x^2}{a^2} - \dfrac{y^2}{b^2} = 1 \\ a'x + b'y + c' = 0 \end{cases}$$

Ricavando la x o la y dall'equazione della retta e sostituendo l'espressione trovata nell'altra equazione si ottiene l'**equazione risolvente**.

Se l'equazione risolvente è di secondo grado, si avranno tre possibilità:

343

- $\Delta<0$, il sistema non ha soluzioni e la retta è **esterna** all'iperbole;
- $\Delta=0$, il sistema ha due soluzioni reali e coincidenti e la retta è **tangente** all'iperbole in un punto;
- $\Delta>0$, il sistema ha due soluzioni reali e la retta è **secante** l'iperbole in due punti.

Se l'equazione risolvente è di primo grado la retta è secante l'iperbole in un solo punto.

Esempio:
Stabiliamo se la retta di equazione $x+y-1=0$ è secante, tangente o esterna all'iperbole di equazione $3x^2 - 4y^2 = 12$

Risolviamo il sistema:

$$\begin{cases} x+y-1=0 \\ 3x^2 - 4y^2 = 12 \end{cases}$$

$$\rightarrow \begin{cases} x=1-y \\ 3(1-y)^2 - 4y^2 = 12 \end{cases}$$

$$\rightarrow \begin{cases} x=1-y \\ 3(1-2y+y^2) - 4y^2 = 12 \end{cases} \rightarrow \begin{cases} x=1-y \\ 3-6y+3y^2 - 4y^2 = 12 \end{cases}$$

$$\rightarrow \begin{cases} x=1-y \\ -y^2-6y-9=0 \end{cases} \rightarrow \begin{cases} x=1-y \\ y^2+6y+9=0 \end{cases}$$

$$\frac{\Delta}{4} = \left(\frac{b}{2}\right)^2 - ac = 9 - 9 = 0$$

$$y_1, y_2 = \frac{-\frac{b}{2} \pm \sqrt{\left(\frac{b}{2}\right)^2 - ac}}{a} = \frac{-3 \pm 0}{1} = -3$$

Ritornando all'interno del sistema:

$$\begin{cases} x = 1 - (-3) = 4 \\ y_1 = y_2 = -3 \end{cases}$$

La retta è tangente all'iperbole nel punto T $(4; -3)$.

<u>Determinare l'equazione di un'iperbole</u>
Poiché sono presenti due coefficienti a e b, occorrono **due condizioni** sull'iperbole. Esse permettono di impostare un sistema di due equazioni nelle incognite a e b.
Alcune condizioni possibili sono le seguenti:
- sono note le coordinate di un fuoco e un vertice;

- l'iperbole passa per un punto noto e si conoscono le coordinate di un fuoco o di un vertice;
- l'iperbole passa per un punto noto e si conosce l'eccentricità;
- l'iperbole passa per due punti noti ed è nota l'eccentricità e si conoscono le coordinate di un fuoco o di un vertice;
- è nota l'equazione di un asintoto e si conoscono le coordinate di un fuoco o di un vertice o di un punto per il quale passa l'iperbole;
- è nota l'equazione di una retta tangente all'iperbole e sono note le coordinate di un punto della curva o di un vertice o di un fuoco;

Esempio:

Determiniamo l'equazione dell'iperbole avente un fuoco nel punto $F\left(-\frac{5}{2};0\right)$ e un asintoto di equazione $y = \frac{4}{3}x$.

Impostiamo il sistema:

$$\begin{cases} a^2 + b^2 = \dfrac{25}{4} \to ascissa\ del\ fuoco \\ \dfrac{b}{a} = \dfrac{4}{3} \to dall'equazione\ dell'asintoto \end{cases}$$

$$\begin{cases} a^2 + b^2 = \dfrac{25}{4} \\ \left(\dfrac{b}{a}\right)^2 = \dfrac{16}{9} \to b^2 = \dfrac{16}{9}a^2 \end{cases}$$

$$\to \begin{cases} a^2 + \dfrac{16}{9}a^2 = \dfrac{25}{4} \\ b^2 = \dfrac{16}{9}a^2 \end{cases} \to \begin{cases} \dfrac{25}{9}a^2 = \dfrac{25}{4} \\ b^2 = \dfrac{16}{9}a^2 \end{cases} \to \begin{cases} 100a^2 = 225 \\ b^2 = \dfrac{16}{9}a^2 \end{cases}$$

$$\to \begin{cases} a^2 = \dfrac{225}{100} = \dfrac{9}{4} \\ b^2 = \dfrac{16}{9}a^2 = \dfrac{16}{9}\cdot\dfrac{9}{4} = 4 \end{cases}$$

Sostituendo i valori ottenuti nell'equazione canonica, avremo:

$$\frac{x^2}{\dfrac{9}{4}} - \frac{y^2}{4} = 1 \to \frac{4x^2}{9} - \frac{y^2}{4} = 1$$

L'iperbole di equazione: $x^2 - y^2 = a^2$ con $a = b$ oppure $x^2 - y^2 = -a^2$ è detta

equilatera. Gli **asintoti** coincidono con le **bisettrici** dei quadranti. L'equazione dell'iperbole equilatera **riferita agli asintoti** è $xy = k$, con k costante positiva o negativa.

b. Progressioni aritmetiche e geometriche

Per poter studiare le progressioni è necessario introdurre il concetto di **successione**.
Una **successione numerica** è una funzione che associa ad ogni numero naturale n un numero reale a_n:

$$a_n = f(n).$$

Una successione è quindi un insieme ordinato e infinito di numeri, che chiamiamo termini:

$$a_0, a_1, a_2, \ldots, a_n, \ldots$$

L' **indice** 0,1, … crea la corrispondenza fra i termini a_0, a_1, … e i numeri naturali 0, 1, …
L'n-esimo termine, a_n, è detto **termine generale**.

Le successioni possono essere rappresentate nei tre modi seguenti:

- Rappresentazione per elencazione:
$$1, 2, 4, 8, 16, \ldots, 128$$

- Rappresentazione mediante espressione analitica:
$$a_n = 2^2 \; con \; n \in N$$

- Rappresentazione ricorsiva:
$$a_1 = 1 \quad a_{n+1} = 2a_n$$

Progressioni aritmetiche
Una successione numerica è una **progressione aritmetica** quando la differenza fra ogni termine ed il suo precedente è costante.
La differenza costante fra un termine e il precedente è detta **ragione** e viene indicata con **d**.

$$a_n = a_{n-1} + d$$
$$a_n = a_{n+1} + d$$

Calcolo del termine generico di una progressione aritmetica
È immediato rendersi conto che:

$$a_2 = a_1 + d$$
$$a_3 = a_2 + d$$
$$a_4 = a_3 + d$$

$$\cdots$$
$$a_n = a_{n-1} + d$$

$$a_2 + a_3 + a_4 + \cdots a_{n-1} + a_n = a_1 + a_2 + a_3 + a_4 + \cdots a_{n-1} + d(n-1)$$

semplificando:

$$a_n = a_1 + d(n-1)$$

La relazione fondamentale che lega tra loro i termini di una progressione aritmetica e che può essere utilizzata per qualsiasi generico elemento è la seguente:

$$a_n = a_k + d(n-k)$$

Esempio:
Calcoliamo a_{10} nella progressione aritmetica che ha termine iniziale 3 e ragione $1/3$.

$$a_n = a_1 + d(n-1)$$
$$a_{10} = 3 + \frac{1}{3} \cdot (10-1) = 3 + \frac{1}{3} \cdot 9 = 3 + 3 = 6$$

La ragione **d** può assumere valori sia positivi sia negativi, che daranno origine a **progressioni crescenti** oppure **decrescenti**.
Il termine generico a_k può essere visto come media aritmetica calcolata tra il suo precedente ed il suo successore o di tutti i termini equidistanti da a_k stesso, infatti basta osservare che:

$$a_k = \frac{a_{k-1} + a_{k+1}}{2} = \frac{a_{k-d} + a_{k+d}}{2} = \frac{a_{k-2} + a_{k+2}}{2} = \frac{a_{k-2d} + a_{k+2d}}{2}$$

<u>Somma di termini equidistanti dagli estremi</u>
Nel caso di progressioni aritmetiche limitate, ovvero costituite da un numero finito di termini, è facile dimostrare che le somme dei termini equidistanti dagli estremi, presi a due a due, rimangono costanti e tutte uguali a:

$$a_1 + a_2 = a_2 + a_{n-1} = a_1 + d + a_n - d = a_1 + a_n$$

Nel caso in cui il numero di termini della progressione sia dispari, le suddette somme diventano uguali al doppio del termine centrale a_k, che viene a coincidere con la media aritmetica di tutti i termini. Nel caso di n pari la suddetta media coincide con la media dei due termini centrali.

Somma dei primi n termini

$$S_n = a_1 + a_2 + a_3 + a_4 + \cdots + a_{n-1} + a_n$$

Invertiamo l'ordine degli addendi:

$$S_n = a_n + a_{n-1} + \cdots + a_3 + a_2 + a_1$$

Sommiamo membro a membro le due relazioni, ottenendo:

$$2S_n = (a_1 + a_n) + (a_2 + a_{n-1}) + \cdots + (a_n + a_1)$$

Poiché, come detto precedentemente, le quantità tra parentesi sono tutte uguali tra loro e tutte pari a $a_1 + a_n$, avremo:

$$S_n = \frac{n \cdot (a_1 + a_n)}{2}$$

Esempio:
Calcoliamo la somma dei primi 8 termini della progressione aritmetica di primo termine 2 e ragione 3: 2, 5, 8, 11, 14, 17, 20, 23.

$$S_n = \frac{n \cdot (a_1 + a_n)}{2} = \frac{8 \cdot (2 + 23)}{2} = 4 \cdot 25 = 100$$

Progressioni geometriche
Una successione si dice **progressione geometrica** se il termine generico a_n si ottiene come prodotto o quoziente di una quantità q dal termine che lo precede o che lo segue rispettivamente; **q** è detta ragione della progressione geometrica e non può essere nulla per la definizione appena data.

$$\frac{a_n}{a_{n-1}} = q$$

Analizzeremo solo i casi in cui la ragione è maggiore di zero ed in tale ambito si osserveranno progressioni crescenti per valori di q maggiori di uno, invece valori $0 < q < 1$ daranno luogo a progressioni decrescenti

Termine generico di una progressione geometrica
È immediato rendersi conto che:

$$a_2 = a_1 q$$

$$a_3 = a_2 q$$
$$a_4 = a_3 q$$
$$\dots$$
$$a_n = a_{n-1} q$$

da cui, moltiplicando membro a membro:

$$a_2 \cdot a_3 \cdot a_4 \cdot \dots a_{n-1} \cdot a_n = a_1 \cdot a_2 \cdot a_3 \cdot a_4 \cdot \dots a_{n-1} \cdot q^{n-1}$$

e, semplificando:

$$a_n = a_1 \cdot q^{n-1}$$

$$a_n = a_k \cdot q^{k-1}$$

Esempio:
Calcoliamo il quinto termine della progressione geometrica che ha 45 come primo termine e ragione 2/3.

$$a_n = a_1 \cdot q^{n-1}$$

$$a_5 = 45 \cdot \left(\frac{2}{3}\right)^{5-1} = 45 \cdot \frac{16}{81} = 5 \cdot \frac{16}{9} = \frac{80}{9}$$

Prodotto di termini equidistanti dal centro
Nel caso di progressioni geometriche limitate è facile dimostrare che i prodotti dei termini equidistanti dagli estremi, presi a due a due, rimangono costanti e tutti uguali a:

$$a_1 \cdot a_n = a_2 \cdot a_{n-1} = a_1 q \cdot \frac{a_n}{q} = a_1 \cdot a_n$$

Nel caso in cui il numero di termini della progressione sia dispari i suddetti prodotti diventano uguali al quadrato del termine centrale a_k, che viene a coincidere con la media geometrica di tutti gli n termini. Nel caso di n pari la suddetta media coincide con la media geometrica dei due termini centrali

Somma e prodotto dei primi n termini in una progressione geometrica limitata
Consideriamo la somma dei primi n termini:

$$S_n = a_1 + a_2 + a_3 + a_4 + \dots + a_{n-1} + a_n$$

moltiplichiamo per q ambo i membri ottenendo:

$$q \cdot S_n = a_2 + a_3 + a_4 + \cdots + a_n + q \cdot a_n$$

sottraendo membro a membro e applicando le formule per il calcolo del generico termine di una progressione:

$$S_n(q - 1) = -a_1 + qa_n = -a_1 + q \cdot (a_1 \cdot q^{n-1})$$

quindi:

$$S_n(q - 1) = -a_1 + a_1 \cdot q^n$$

da cui:

$$S_n = a_1 \cdot (q^n - 1)/(q - 1)$$

Esempio:
Calcoliamo la somma dei primi 6 termini della progressione geometrica:

$$\frac{1}{4}, \frac{1}{2}, 1, 2, 4, 8, \ldots$$

Calcoliamo q:

$$\frac{a_n}{a_{n-1}} = q$$

$$q = \frac{1/4}{1/2} = 2$$

Applichiamo la formula:

$$S_n = a_1 \cdot (q^n - 1)/(q - 1)$$

$$S_6 = a_1 \cdot \frac{q^n - 1}{q - 1} = \frac{1}{4} \cdot \frac{(2^6 - 1)}{2 - 1} = \frac{1}{4} \cdot 63 = \frac{63}{4}$$

Consideriamo ora il prodotto dei primi n termini:

$$P_n = a_1 \cdot a_2 \cdot a_3 \cdot a_4 \cdot \ldots \cdot a_{n-1} \cdot a_n$$

Seguendo il procedimento utilizzato per le progressioni aritmetiche, ovvero invertendo l'ordine dei fattori:

$$P_n = a_n \cdot a_{n-1} \cdot \ldots \cdot a_2 \cdot a_1$$

Moltiplichiamo membro a membro:

$$P_n^2 = (a_1 \cdot a_n) + (a_2 \cdot a_{n-1}) \cdot \ldots \cdot (a_n \cdot a_1)$$

che possiamo riscrivere come:

$$P_n^2 = (a_1 \cdot a_n)^n$$

quindi:

$$P_n = \sqrt{(a_1 \cdot a_n)^n}$$

c. Gli enti primitivi della geometria euclidea. Semirette, segmenti, angoli: definizioni e proprietà.
Vedi Tesi n. 1, punto c.

d. Proporzioni tra grandezze. Proporzionalità diretta e inversa. Teorema di Talete e sue conseguenze.
Vedi Tesi n. 2, punto d.

Per esercitarsi…

- Studiare e ripetere le caratteristiche delle quattro coniche, disegnarne i grafici.

- Una parabola ha vertice nell'origine, asse di simmetria coincidente con l'asse y e direttrice di equazione $y = \frac{4}{3}$. Dopo aver individuato le coordinate del fuoco, scrivi l'equazione della parabola.

- Per quale valore di **a** la parabola di equazione $y = ax^2$ ha direttrice di equazione $y = \frac{1}{8}$?

$$[-2]$$

- Stabilisci se la retta di equazione $y = 3x + 1$ è secante, tangente o esterna alla parabola di equazione $y = x^2 + 4x - 1$. Determina gli eventuali punti di intersezione.

$$[\textbf{secante: } (1; 4); (-2; -5)]$$

- Determina le coordinate del punto di intersezione della parabola $y = 2x^2 + 4x - 2$ con la retta parallela all'asse della parabola passante per il punto P $(-2; 6)$.

$$[(-2; -2)]$$

- Indica quale fra le seguenti equazioni è quella di una circonferenza:
  - $x^2 + y^2 + 2xy + 3 = 0$
  - $3x^2 - 3y^2 + x + y + 1 = 0$
  - $x^2 + y^2 - 6x + 12y + 1 = 0$

- Stabilisci se la retta di equazione $y + 9 = 0$ è secante, tangente o esterna alla circonferenza di equazione $x^2 + y^2 - 8x + 10y + 25 = 0$. Determina gli eventuali punti di intersezione.

$$[\textbf{tangente: } (4; -9)]$$

- Determina l'equazione dell'ellisse avente un fuoco in $(-3; 0)$ e un vertice in $(0; -4)$.

$$\left[\frac{x^2}{25} + \frac{y^2}{16} = 1\right]$$

- Trova l'equazione dell'ellisse avente due dei suoi vertici nei punti di intersezione della retta di equazione $x - 3y + 9 = 0$ con gli assi cartesiani.

$$\left[\frac{x^2}{81} + \frac{y^2}{9} = 1\right]$$

- Stabilisci se la retta di equazione $x + 6y - 20 = 0$ è secante, tangente o esterna all'ellisse di equazione $x^2 + 4y^2 = 40$. Determina gli eventuali punti di intersezione.

$$[\textbf{tangente: } (2; 3)]$$

- Determina l'equazione di un'iperbole che ha i fuochi sull'asse y, asse trasverso lungo 8 e distanza focale uguale a 10.

$$\left[\frac{x^2}{9} - \frac{y^2}{16} = -1\right]$$

- Stabilisci se la retta di equazione $x - y - 3 = 0$ è secante, tangente o esterna all'iperbole di equazione $2x^2 - 5y^2 = 30$. Determina gli eventuali punti di intersezione.

$$[\textbf{tangente: } (5; 2)]$$

- Data una progressione aritmetica in cui $a_1 = 9, a_n = 45, d = 6$, determinare il numero degli elementi.

$$[\textbf{7}]$$

- In una progressione aritmetica si ha $S_n = 232, a_1 = 8, a_n = 50$. Individuare la progressione.

- Calcolare il prodotto dei 5 termini della progressione geometrica limitata: $\frac{1}{4}, \frac{1}{2}, 1, 2, 4$

$$[\textbf{1}]$$

TESI N.5

a. *Funzioni esplicite ed implicite e relativa rappresentazione grafica.*
b. *Monomi, polinomi e operazioni con essi.*
c. *Triangoli, quadrilateri, poligoni regolari, circonferenza e cerchio. Problemi sulle misure, sul perimetro ed area.*
d. *La relazione di equivalenza nel piano. Teorema di Pitagora e sue applicazioni.*

a. Funzioni esplicite ed implicite e relativa rappresentazione grafica.

Come già precedentemente detto, una funzione può essere anche indicata con un'espressione del tipo $f(x; y) = 0$, detta forma implicita, mentre $y = f(x)$ è detta forma esplicita rispetto alla variabile y.
Continuare lo studio di questo argomento dalla Tesi n.3, punto a.

b. Monomi, polinomi e operazioni con essi.

Un **monomio** è un'espressione letterale in cui compaiono soltanto operazioni di moltiplicazione fra numeri e potenze di lettere con numeri naturali per esponenti.
Sono monomi:

$$b^7 y \; ; \frac{1}{5} a \; ; \; 3; \; \sqrt{2} \, ab$$

Non sono monomi:

$$7a^4 b^7 y + b; 15 \, a^{-4}; \; \frac{15 a^4}{b}; \; 12 \, a\sqrt{b}$$

Qualunque numero può essere considerato un monomio. Per esempio, possiamo scrivere il numero 7 anche in tanti altri modi: $7a^0$ (con $a \neq 0$), $7b^0$ (con $b \neq 0$), quindi 7 e un monomio.
In particolare, 0 rappresenta il **monomio nullo**.

Un monomio è ridotto a **forma normale** quando è scritto come prodotto fra un numero e una o più lettere, diverse fra loro, con eventuali esponenti.

- **Monomio in forma normale:** $-15a^4 b^7 y$
- **Monomio non ridotto in forma normale:** $- 3 \cdot 5a^4 b^7 y \; ; - 3 \cdot 5a^2 a^2 b^7 y$

In un monomio ridotto a forma normale, il fattore numerico è il **coefficiente**, le lettere sono la **parte letterale**.
Il **grado di un monomio rispetto a una lettera** è l'esponente che la lettera ha nel monomio.
Il **grado (complessivo) di un monomio** è la somma dei gradi rispetto a tutte le lettere del monomio.
Se un monomio è costituito soltanto da un numero, il suo grado e 0. Per esempio, 8 è un monomio di grado 0. Al monomio nullo non si attribuisce alcun grado.

Addizione e sottrazione di monomi

Consideriamo l'addizione: $2a^2 + 5a^2$. Se raccogliamo a fattore comune a², otteniamo: $(2 + 5)a^2 = 7a^2$.

Il risultato è un monomio.

Invece, l'addizione $2a^2 + 5a$ non può essere semplificata in modo che il risultato sia un monomio.

Si ottiene un monomio solo quando i monomi addendi hanno la stessa parte letterale.

Monomi che hanno la stessa parte letterale si dicono **simili**.

La **somma algebrica** di due o più **monomi simili** è un monomio che ha per coefficiente la somma algebrica dei coefficienti e la stessa parte letterale.

Calcoliamo la somma algebrica di: $4a^2b + 6a^2b - 8a^2b =$

Raccogliamo la parte letterale a fattor comune: $(4 + 6 - 8)a^2b$

Calcoliamo la somma algebrica dei coefficienti: $2a^2b$

Due monomi simili sono **opposti** se sono opposti i loro coefficienti. Per esempio, *2a* e -*2a* sono monomi opposti. La somma di due monomi opposti è 0.

Come per i numeri relativi, anche per i monomi la sottrazione può essere considerata come un'addizione con l'opposto del sottraendo. La differenza fra due monomi e data dalla somma del primo con l'opposto del secondo.

Prodotto fra monomi

Il **prodotto** di due o più monomi è un monomio in cui:
- il coefficiente è il prodotto dei coefficienti;
- nella parte letterale ogni lettera ha per esponente la somma degli esponenti con cui la lettera compare nei fattori.

Il prodotto di due monomi è sempre un monomio.

Consideriamo la moltiplicazione fra monomi: $2a^2 \cdot 7a^3$.

Applicando le proprietà commutativa e associativa della moltiplicazione e la prima proprietà delle potenze, otteniamo:

$$2a^2 \cdot 7a^3 = 2 \cdot 7 \cdot a^2 a^3 = 14a^5.$$

Potenza di un monomio

Per eseguire la **potenza** di un monomio si applicano le proprietà delle potenze relative alla potenza di un prodotto $(ab)^n = a^n b^n$ e alla potenza di potenza $(a^m)^n = a^{mn}$.

$$(7a^3)^2 = 7^2(a^3)^2 = 49a^{3\cdot2} = 49a^6$$

Per calcolare la potenza con esponente n di un monomio:
- eleviamo a esponente n il suo coefficiente;

355

- moltiplichiamo per n ognuno degli esponenti delle sue lettere.

Divisione tra monomi

Dati i monomi A e B, con A divisibile per B e B $\neq$ 0, il **quoziente** di A diviso B è un monomio in cui:

- il coefficiente è il quoziente dei coefficienti;
- nella parte letterale ogni lettera ha per esponente la differenza tra gli esponenti con cui la lettera compare in A e B.

Consideriamo la divisione fra monomi: $4a^2b^3 : 2b^2$.

Applicando la proprietà invariantiva della divisione e la proprietà commutativa della moltiplicazione, $mx : ny = (m:n) \cdot (x:y)$, possiamo eseguire la divisione fra i coefficienti e la divisione fra le parti letterali: $(4:2) \cdot (a^2b^3 : b^2)$.

Utilizzando poi la seconda proprietà delle potenze, $a^m : a^n = a^{m-n}$, si ottiene:

$$(4:2) \cdot (a^2b^3 : b^2) = 2a^2b^{3-2} = 2a^2b.$$

Il risultato è ancora un monomio.

Divisibilità fra monomi

Un monomio (dividendo) è **divisibile** per un altro monomio (divisore) quando in esso compaiono **tutte le lettere del divisore**, ognuna **con esponente maggiore o uguale** a quello con cui compare nel divisore. In questo caso si dice che il monomio dividendo è multiplo del monomio divisore.

Il monomio divisore non può essere il monomio nullo. Per esempio, la divisione $3a^2b : 0$ non ha significato.

Massimo comune divisore e minimo comune multiplo

Il **massimo comune divisore** (**M.C.D.**) di due o più monomi è un monomio che ha:

- come coefficiente:
    - il M.C.D. dei valori assoluti dei coefficienti, se sono tutti interi,
    - il numero 1 se qualche monomio non ha coefficiente intero;
- come parte letterale il prodotto delle lettere comuni a tutti i monomi, ognuna presa una sola volta e con l'esponente minimo.

Il **minimo comune multiplo** (**m.c.m.**) di due o più monomi è un monomio che ha:

- come coefficiente:
    - il m.c.m. dei valori assoluti dei coefficienti, se sono tutti interi,
    - il numero 1 se qualche monomio non ha coefficiente intero;
- come parte letterale il prodotto di tutte le lettere presenti in almeno uno dei monomi, ognuna presa una sola volta e con l'esponente massimo.

I polinomi

Si definisce **polinomio** la somma algebrica di più monomi, detti termini del polinomio.

- $7ab + 11a$ è un polinomio;
- $-27xy^{-3} + 42y^2$ non è un polinomio (perché uno dei due termini non è un monomio);
- $7ab$ è un polinomio.

Un polinomio si dice **ridotto a forma normale** se in esso **non** compaiono termini simili e se tutti i suoi monomi sono scritti in forma normale: $7ab + 11a$

Se il polinomio non è ridotto a forma normale occorre eseguire la **riduzione dei termini simili,** quindi si deve eseguire la somma algebrica (somma o sottrazione) dei monomi simili tra loro: $7ab + 11a + 4ab$ non è ridotto a forma normale, ma, eseguendo la somma algebrica dei termini simili lo diventa: $(7 + 4) ab + 11a = 11ab + 11a$

Un polinomio si dice **intero** se tutti i suoi termini sono monomi interi; si dice **frazionario** (o fratto) se almeno uno dei suoi termini è frazionario.

I polinomi possono essere classificati in base al numero di monomi contenuti al loro interno.

Binomi: sono polinomi formati da due monomi non simili, $7ab + 11a$

Trinomi: sono polinomi formati da tre monomi non simili, $7ab + 11a + c$

Quadrinomi: sono polinomi formati da quattro monomi non simili, $7ab + 11a + c + abc$

Anche per un polinomio si definisce il **grado:**

- Il **grado totale** è il grado maggiore tra quelli dei suoi monomi.
- Il **grado rispetto a una lettera** è l'esponente maggiore con cui compare la lettera considerata.

Un polinomio si dice **omogeneo** se tutti i suoi termini hanno lo stesso grado: $x^3 + 2x^2y - 5xy^2$.

Un polinomio è **ordinato** secondo una lettera se tutti i suoi termini sono in **ordine crescente** rispetto agli esponenti di quella stessa lettera: $+4b^2c^3 + ab^3c - 8b^5$ è ordinato rispetto alla lettera b.

Un polinomio si dice **completo** rispetto ad una lettera se essa figura con tutti gli esponenti dal grado massimo sino allo zero; in caso contrario si dice **incompleto:** $x^3 - x^2 + x + 1$ è un polinomio completo rispetto alla x.

Addizione e sottrazione

Valgono le seguenti regole:

- se un polinomio è racchiuso da una parentesi con davanti un segno +, si può eliminare la parentesi e il segno e scrivere tutti i termini del polinomio così come compaiono:

$+(2a^3b - bc^4) + (-5a^3b - 3bc^4) = $ tolgo il + e le parentesi

$2a^3b - bc^4 - 5a^3b - 3bc^4 = $ somma algebrica tra monomi

$(2 - 5)a^3b + (-1 - 3)bc^4 = $

$-3a^3b + (-4)bc^4 =$
$-3a^3b - 4bc^4$

- se un polinomio è racchiuso da una parentesi con davanti un segno –, si può eliminare la parentesi e il segno e scrivere tutti i termini del polinomio con il segno opposto a quello con cui compaiono:

$+(2a^3b - bc^4) - (-5a^3b - 3bc^4)$
$\qquad\qquad$ = tolgo il
$\qquad\qquad$ – e le parentesi e cambio tutti i segni dentro la parentesi
$2a^3b - bc^4 + 5a^3b + 3bc^4 =$ somma algebrica tra monomi
$(2 + 5)a^3b + (-1 + 3)bc^4 =$
$7a^3b + 2bc^4$

Osservazione: se nella somma algebrica tra polinomi compaiono due termini **opposti**, si annullano a vicenda.

Moltiplicazione di un polinomio per un monomio
Per **moltiplicare un polinomio per un monomio,** o viceversa, si deve moltiplicare ciascun termine del polinomio per il monomio e addizionare i prodotti parziali ottenuti.

Esempio:
$6ab \cdot (a - b) =$
$(6ab \cdot a) + (6ab \cdot (\text{-b})) = 6a^2b - 6ab^2$

Moltiplicazione tra polinomi
Per **moltiplicare un polinomio per un altro polinomio,** si deve moltiplicare ciascun termine di un polinomio per ogni termine dell'altro polinomio e addizionare i prodotti parziali ottenuti.

Esempio:
$(a + b) \cdot (a - b) =$
$a^2 - ab + ab - b^2 =$
$a^2 - b^2$

Divisione tra un polinomio ed un monomio
È un'operazione che calcoliamo dividendo ciascun monomio che compone il polinomio per il monomio divisore e sommando algebricamente i risultati ottenuti, ovvero i quozienti parziali.

$$(2x^2y^2 + 4xy) : xy = 2xy + 4$$

NB: Un polinomio è **divisibile** per un monomio non nullo **se e solo se ognuno dei termini del polinomio è divisibile per quel monomio.**

Divisione tra polinomi

Dati due polinomi A e B in una sola variabile, con il grado di B minore o uguale al grado di A, si può dimostrare che è sempre possibile ottenere due polinomi Q ed R tali che:

$$A = B \cdot Q + R,$$

dove Q e il polinomio quoziente e R il polinomio resto.

$6x^3 + 13x^2 + 5x + 6$ $\mid$ $3x^2 - x + 2$ $2x$ Q_1	$6x^3 + 13x^2 + 5x + 6$ $\mid$ $3x^2 - x + 2$ $-6x^3 + 2x^2 - 4x$ $\quad 2x$ $-Q_1 \cdot B$	$6x^3 + 13x^2 + 5x + 6$ $\mid$ $3x^2 - x + 2$ $-6x^3 + 2x^2 - 4x$ $\quad 2x$ $"\quad 15x^2 + x + 6$ R_1
a. Dividiamo $6x^3$ per $3x^2$ e scriviamo il quoziente parziale $Q_1 = 2x$.	**b.** Moltiplichiamo $2x$ per B e scriviamo con il segno cambiato i risultati incolonnati, rispetto al grado, con i termini di A.	**c.** Sommiamo in colonna i termini, ottenendo un primo resto parziale, R_1.
$6x^3 + 13x^2 + 5x + 6$ $\mid$ $3x^2 - x + 2$ $-6x^3 + 2x^2 - 4x$ $\quad 2x + 5$ $"\quad 15x^2 + x + 6$ $\quad Q_2$	$6x^3 + 13x^2 + 5x + 6$ $\mid$ $3x^2 - x + 2$ $-6x^3 + 2x^2 - 4x$ $\quad 2x + 5$ $"\quad 15x^2 + x + 6$ $-15x^2 + 5x - 10$ $-Q_2 \cdot B$	$6x^3 + 13x^2 + 5x + 6$ $\mid$ $3x^2 - x + 2$ $-6x^3 + 2x^2 - 4x$ $\quad 2x + 5$ $"\quad 15x^2 + x + 6$ $\quad Q$ $-15x^2 + 5x - 10$ $"\quad 6x - 4$ R
d. Ripetiamo il procedimento considerando R_1. Dividiamo $15x^2$ per $3x^2$, ottenendo $Q_2 = 5$.	**e.** Moltiplichiamo 5 per B e scriviamo i prodotti, con il segno cambiato, in colonna sotto R_1.	**f.** Sommiamo in colonna i termini. Il grado di $R = 6x - 4$ è minore del grado di B: la divisione è terminata.

Il grado di Q è la differenza fra il grado di A e il grado di B; il grado di R è minore del grado di B. Nel caso particolare in cui $R = 0$, si ha $A = B \cdot Q$, ossia A è divisibile per B.

I prodotti notevoli

Tra le operazioni con i polinomi ricordiamo i **prodotti notevoli**, ossia delle formule di calcolo che permettono di sviluppare velocemente determinati prodotti e potenze tra polinomi e, viceversa, di scomporre determinati tipi di polinomi. Prendono il nome di prodotti notevoli perché si riferiscono a prodotti ricorrenti nel calcolo polinomiale.

Questo argomento è stato già trattato nella Tesi n. 1, punto b, a proposito della scomposizione in fattori di un polinomio.

c. Triangoli, quadrilateri, poligoni regolari, circonferenza e cerchio. Problemi sulle misure, sul perimetro ed area.

Vedi Tesi n. 3, punto c.

d. La relazione di equivalenza nel piano. Teorema di Pitagora e sue applicazioni.

Vedi Tesi n. 1, punto d.

Per esercitarsi...

- Semplifica le seguenti espressioni tra monomi:

  - $11x + 6x - 8 - 3xx$
  - $12y + 8x^2 + 7x^2 - 12y - 15x^2$
  - $(3a - 4a + 2a)^2 \cdot [3a^2 - 5a \cdot (5a - 4a + 2a)] : (3a^2)$
  - $-7a^3 + 18a^5 : (-6a^2) - 2a^2(-a) + 3a^3 - 20a^3 : (-4)$

- Calcolare i seguenti prodotti notevoli:

  - $(3a - 2b)(3a + 2b)$
  - $(5a + 2b)^2$
  - $(3x - 2)^3$
  - $(2a - b - 3c)^2$
  - $(2a^{3x+1} - 3b^{y-1})^2$
  - $\left(\frac{1}{2}ab^3 + \frac{4}{3}b^2c\right)^3$

- Effettuare le seguenti operazioni con i polinomi:

  - $(3 - a + a^2) - (3 + 2a - 2a^2)$
  - $(x + 3)(x - 4)$
  - $(a^2 - 3x + 2) \cdot 3x$
  - $(12a^4x^5 - 4a^3x^2 + 8ax^4) : (-4ax^2)$

- Calcola il quoziente e il resto della seguente divisione tra polinomi: $(a^5 + 5a^4 - 2a^2 - 7a + 15) : (a + 5)$.

  [Quoziente = a⁴− 2 a + 3, Resto = 0]

- Calcola il quoziente e il resto della seguente divisione tra polinomi: $(a^7 - 3a^6 - 3a^5 + 9a^4 + 2a^2 - 7a + 3) : (a - 3)$

  [Quoziente = a⁶ − 3a⁴ + 2 a − 1, Resto = 0]

- Qual è il M.C.D. dei seguenti monomi: $(16\,x^5y^3, 32, a^4x^3, 37a^7y^2)$?

  [1]

- Dire se la scrittura $x^2 + y^3$ rappresenta un monomio.

L'espressione $x^5 + 7x^4$ è un polinomio?

TESI 6

a. *Caratteristiche degli insiemi numerici ed operazioni con essi. Gli insiemi N, Z, Q, R.*
b. *Funzioni esplicite ed implicite e relativa rappresentazione grafica.*
c. *La relazione di congruenza nel piano. Criteri di congruenza dei triangoli. Applicazioni.*
d. *La relazione di similitudine nel piano. Criteri di similitudine dei triangoli. Teoremi di Euclide. Applicazioni.*

a. Caratteristiche degli insiemi numerici ed operazioni con essi. Gli insiemi N, Z, Q, R.
Vedi Tesi n. 1, punto a.

b. Funzioni esplicite ed implicite e relativa rappresentazione grafica.
Vedi Tesi n. 5, punto a.

c. La relazione di congruenza nel piano. Criteri di congruenza dei triangoli. Applicazioni.
Vedi Tesi n. 2, punto c.

d. La relazione di similitudine nel piano. Criteri di similitudine dei triangoli. Teoremi di Euclide. Applicazioni.
Vedi Tesi n. 3, punto d.

TESI 7

a. *Numeri irrazionali. Radicali ed operazioni con essi.*
b. *Le coniche: definizione, caratteristiche e grafici.*
c. *Triangoli, quadrilateri, poligoni regolari, circonferenza e cerchio. Problemi sulle misure, sul perimetro ed area.*
d. *La relazione di similitudine nel piano. Criteri di similitudine dei triangoli. Teoremi di Euclide. Applicazioni.*

a. Numeri irrazionali. Radicali ed operazioni con essi.
Vedi Tesi n. 2, punto a.

b. Le coniche: definizione, caratteristiche e grafici.
Vedi Tesi n. 4, punto a.

c. Triangoli, quadrilateri, poligoni regolari, circonferenza e cerchio. Problemi sulle misure, sul perimetro ed area.
Vedi Tesi n. 3, punto c.

d. La relazione di similitudine nel piano. Criteri di similitudine dei triangoli. Teoremi di Euclide. Applicazioni.
Vedi Tesi n. 3, punto d.

TESI 8

a. *Funzioni: definizione, classificazione (lineari, quadratiche, logaritmiche ed esponenziali), proprietà e loro rappresentazione grafica.*
b. *Calcoli percentuali. Interesse, sconto, montante semplice e composto.*
c. *La relazione di congruenza nel piano. Criteri di congruenza dei triangoli. Applicazioni.*
d. *Proporzioni tra grandezze. Proporzionalità diretta e inversa. Teorema di Talete e sue conseguenze.*

a. Funzioni: definizione, classificazione (lineari, quadratiche, logaritmiche ed esponenziali), proprietà e loro rappresentazione grafica.
Vedi Tesi n. 3, punto a.

b. Calcoli percentuali. Interesse, sconto, montante semplice e composto.
Vedi Tesi n. 3, punto b.

c. La relazione di congruenza nel piano. Criteri di congruenza dei triangoli. Applicazioni.
Vedi Tesi n. 2, punto c.

d. Proporzioni tra grandezze. Proporzionalità diretta e inversa. Teorema di Talete e sue conseguenze.
Vedi Tesi n. 2, punto d.

TESI 9

a. *Scomposizione di polinomi in fattori. Operazioni con le frazioni algebriche.*
b. *Progressioni aritmetiche e geometriche.*
c. *Gli enti primitivi della geometria euclidea. Semirette, segmenti, angoli: definizioni e proprietà.*
d. *La relazione di equivalenza nel piano. Teorema di Pitagora e sue applicazioni.*

a. Scomposizione di polinomi in fattori. Operazioni con le frazioni algebriche.
Vedi Tesi n. 1, punto b.

b. Progressioni aritmetiche e geometriche.
Vedi Tesi n. 4, punto b.

c. Gli enti primitivi della geometria euclidea. Semirette, segmenti, angoli: definizioni e proprietà.
Vedi Tesi n. 1, punto c.

d. La relazione di equivalenza nel piano. Teorema di Pitagora e sue applicazioni.
Vedi Tesi n. 1, punto d.

TESI 10

a. *Equazioni e disequazioni di 1° e 2° grado e relativi sistemi. Principi di equivalenza. Applicazioni a problemi di 1° e 2° grado.*
b. *Monomi, polinomi e operazioni con essi.*
c. *La relazione di congruenza nel piano. Criteri di congruenza dei triangoli. Applicazioni.*
d. *Triangoli, quadrilateri, poligoni regolari, circonferenza e cerchio. Problemi sulle misure, sul perimetro ed area.*

a. Equazioni e disequazioni di 1° e 2° grado e relativi sistemi. Principi di equivalenza. Applicazioni a problemi di 1° e 2° grado.

Vedi Tesi n. 2, punto b.

b. Monomi, polinomi e operazioni con essi.

Vedi Tesi n. 5, punto b.

c. La relazione di congruenza nel piano. Criteri di congruenza dei triangoli. Applicazioni.

Vedi Tesi n. 2, punto c.

d. Triangoli, quadrilateri, poligoni regolari, circonferenza e cerchio. Problemi sulle misure, sul perimetro ed area.

Vedi Tesi n. 3, punto c.

COSTITUZIONE DELLA REPUBBLICA ITALIANA

PRINCIPI FONDAMENTALI

Art. 1
L'Italia è una Repubblica democratica, fondata sul lavoro.
La sovranità appartiene al popolo, che la esercita nelle forme e nei limiti della Costituzione.

Art. 2
La Repubblica riconosce e garantisce i diritti inviolabili dell'uomo, sia come singolo, sia nelle formazioni sociali ove si svolge la sua personalità, e richiede l'adempimento dei doveri inderogabili di solidarietà politica, economica e sociale.

Art. 3
Tutti i cittadini hanno pari dignità sociale e sono eguali davanti alla legge, senza distinzione di sesso, di razza, di lingua, di religione, di opinioni politiche, di condizioni personali e sociali.
È compito della Repubblica rimuovere gli ostacoli di ordine economico e sociale, che, limitando di fatto la libertà e la uguaglianza dei cittadini, impediscono il pieno sviluppo della persona umana e l'effettiva partecipazione di tutti i lavoratori all'organizzazione politica, economica e sociale del Paese.

Art. 4
La Repubblica riconosce a tutti i cittadini il diritto al lavoro e promuove le condizioni che rendano effettivo questo diritto.
Ogni cittadino ha il dovere di svolgere, secondo le proprie possibilità e la propria scelta, una attività o una funzione che concorra al progresso materiale o spirituale della società.

Art. 5
La Repubblica, una e indivisibile, riconosce e promuove le autonomie locali; attua nei servizi che dipendono dallo Stato il più ampio decentramento amministrativo; adegua i principi ed i metodi della sua legislazione alle esigenze dell'autonomia e del decentramento.

Art. 6
La Repubblica tutela con apposite norme le minoranze linguistiche.

Art. 7
Lo Stato e la Chiesa cattolica sono, ciascuno nel proprio ordine, indipendenti e sovrani.
I loro rapporti sono regolati dai Patti Lateranensi. Le modificazioni dei Patti, accettate dalle due parti, non richiedono procedimento di revisione costituzionale.

Art. 8

Tutte le confessioni religiose sono egualmente libere davanti alla legge.

Le confessioni religiose diverse dalla cattolica hanno diritto di organizzarsi secondo i propri statuti, in quanto non contrastino con l'ordinamento giuridico italiano.

I loro rapporti con lo Stato sono regolati per legge sulla base di intese con le relative rappresentanze.

Art. 9

La Repubblica promuove lo sviluppo della cultura e la ricerca scientifica e tecnica.

Tutela il paesaggio e il patrimonio storico e artistico della Nazione.

Art. 10

L'ordinamento giuridico italiano si conforma alle norme del diritto internazionale generalmente riconosciute.

La condizione giuridica dello straniero è regolata dalla legge in conformità delle norme e dei trattati internazionali.

Lo straniero, al quale sia impedito nel suo paese l'effettivo esercizio delle libertà democratiche garantite dalla Costituzione italiana, ha diritto d'asilo nel territorio della Repubblica, secondo le condizioni stabilite dalla legge.

Non è ammessa l'estradizione dello straniero per reati politici. (*)

NOTE:

(*) La legge costituzionale 21 giugno 1967, n. 1, ha disposto che l'ultimo comma dell'art. 10 e l'ultimo comma dell'art. 26 della Costituzione non si applicano ai delitti di genocidio.

Art. 11

L'Italia ripudia la guerra come strumento di offesa alla libertà degli altri popoli e come mezzo di risoluzione delle controversie internazionali; consente, in condizioni di parità con gli altri Stati, alle limitazioni di sovranità necessarie ad un ordinamento che assicuri la pace e la giustizia fra le Nazioni; promuove e favorisce le organizzazioni internazionali rivolte a tale scopo.

Art. 12

La bandiera della Repubblica è il tricolore italiano: verde, bianco e rosso, a tre bande verticali di eguali dimensioni.

PARTE PRIMA. DIRITTI E DOVERI DEI CITTADINI

Titolo I. Rapporti civili
Art. 13

La libertà personale è inviolabile.

Non è ammessa forma alcuna di detenzione, di ispezione o perquisizione personale, né qualsiasi altra restrizione della libertà personale, se non per atto motivato dall'autorità giudiziaria e nei soli casi e modi previsti dalla legge.

In casi eccezionali di necessità ed urgenza, indicati tassativamente dalla legge, l'autorità di pubblica sicurezza può adottare provvedimenti provvisori, che devono essere comunicati entro quarantotto ore all'autorità giudiziaria e, se questa non li convalida nelle successive quarantotto ore, si intendono revocati e restano privi di ogni effetto.

È punita ogni violenza fisica e morale sulle persone comunque sottoposte a restrizioni di libertà.

La legge stabilisce i limiti massimi della carcerazione preventiva.

Art. 14

Il domicilio è inviolabile.

Non vi si possono eseguire ispezioni o perquisizioni o sequestri se non nei casi e modi stabiliti dalla legge secondo le garanzie prescritte per la tutela della libertà personale.

Gli accertamenti e le ispezioni per motivi di sanità e di incolumità pubblica o a fini economici e fiscali sono regolati da leggi speciali.

Art. 15

La libertà e la segretezza della corrispondenza e di ogni altra forma di comunicazione sono inviolabili.

La loro limitazione può avvenire soltanto per atto motivato dell'autorità giudiziaria con le garanzie stabilite dalla legge.

Art. 16

Ogni cittadino può circolare e soggiornare liberamente in qualsiasi parte del territorio nazionale, salvo le limitazioni che la legge stabilisce in via generale per motivi di sanità o di sicurezza. Nessuna restrizione può essere determinata da ragioni politiche.

Ogni cittadino è libero di uscire dal territorio della Repubblica e di rientrarvi, salvo gli obblighi di legge.

Art. 17

I cittadini hanno diritto di riunirsi pacificamente e senz'armi.

Per le riunioni, anche in luogo aperto al pubblico, non è richiesto preavviso.

Delle riunioni in luogo pubblico deve essere dato preavviso alle autorità, che possono vietarle soltanto per comprovati motivi di sicurezza o di incolumità pubblica.

Art. 18

I cittadini hanno diritto di associarsi liberamente, senza autorizzazione, per fini che non sono vietati ai singoli dalla legge penale.

Sono proibite le associazioni segrete e quelle che perseguono, anche indirettamente, scopi politici mediante organizzazioni di carattere militare.

Art. 19

Tutti hanno diritto di professare liberamente la propria fede religiosa in qualsiasi forma, individuale o associata, di farne propaganda e di esercitarne in privato o in pubblico il culto, purché non si tratti di riti contrari al buon costume.

Art. 20

Il carattere ecclesiastico e il fine di religione o di culto d'una associazione od istituzione non possono essere causa di speciali limitazioni legislative, né di speciali gravami fiscali per la sua costituzione, capacità giuridica e ogni forma di attività.

Art. 21

Tutti hanno diritto di manifestare liberamente il proprio pensiero con la parola, lo scritto e ogni altro mezzo di diffusione.

La stampa non può essere soggetta ad autorizzazioni o censure.

Si può procedere a sequestro soltanto per atto motivato dell'autorità giudiziaria nel caso di delitti, per i quali la legge sulla stampa espressamente lo autorizzi, o nel caso di violazione delle norme che la legge stessa prescriva per l'indicazione dei responsabili.

In tali casi, quando vi sia assoluta urgenza e non sia possibile il tempestivo intervento dell'autorità giudiziaria, il sequestro della stampa periodica può essere eseguito da ufficiali di polizia giudiziaria, che devono immediatamente, e non mai oltre ventiquattro ore, fare denunzia all'autorità giudiziaria. Se questa non lo convalida nelle ventiquattro ore successive, il sequestro si intende revocato e privo d'ogni effetto.

La legge può stabilire, con norme di carattere generale, che siano resi noti i mezzi di finanziamento della stampa periodica.

Sono vietate le pubblicazioni a stampa, gli spettacoli e tutte le altre manifestazioni contrarie al buon costume. La legge stabilisce provvedimenti adeguati a prevenire e a reprimere le violazioni.

Art. 22

Nessuno può essere privato, per motivi politici, della capacità giuridica, della cittadinanza, del nome.

Art. 23

Nessuna prestazione personale o patrimoniale può essere imposta se non in base alla legge.

Art. 24

Tutti possono agire in giudizio per la tutela dei propri diritti e interessi legittimi.

La difesa è diritto inviolabile in ogni stato e grado del procedimento.

Sono assicurati ai non abbienti, con appositi istituti, i mezzi per agire e difendersi davanti ad ogni giurisdizione.

La legge determina le condizioni e i modi per la riparazione degli errori giudiziari.

Art. 25

Nessuno può essere distolto dal giudice naturale precostituito per legge.

Nessuno può essere punito se non in forza di una legge che sia entrata in vigore prima del fatto commesso.

Nessuno può essere sottoposto a misure di sicurezza se non nei casi previsti dalla legge.

Art. 26

L'estradizione del cittadino può essere consentita soltanto ove sia espressamente prevista dalle convenzioni internazionali.

Non può in alcun caso essere ammessa per reati politici. (*)

NOTE:

(*) La legge costituzionale 21 giugno 1967, n. 1, ha disposto che l'ultimo comma dell'art. 10 e l'ultimo comma dell'art. 26 della Costituzione non si applicano ai delitti di genocidio.

Art. 27

La responsabilità penale è personale.

L'imputato non è considerato colpevole sino alla condanna definitiva.

Le pene non possono consistere in trattamenti contrari al senso di umanità e devono tendere alla rieducazione del condannato.

Non è ammessa la pena di morte. (*)

NOTE:

(*) L'art. 27 è stato modificato dall'art. 1 della legge costituzionale 2 ottobre 2007, n. 1.

Il testo originario dell'articolo era il seguente:

«La responsabilità penale è personale.

L'imputato non è considerato colpevole sino alla condanna definitiva.

Le pene non possono consistere in trattamenti contrari al senso di umanità e devono tendere alla rieducazione del condannato.

Non è ammessa la pena di morte, se non nei casi previsti dalle leggi militari di guerra.»

Art. 28

I funzionari e i dipendenti dello Stato e degli enti pubblici sono direttamente responsabili, secondo le leggi penali, civili e amministrative, degli atti compiuti in violazione di diritti. In tali casi la responsabilità civile si estende allo Stato e agli enti pubblici.

Titolo II. Rapporti etico-sociali

Art. 29

La Repubblica riconosce i diritti della famiglia come società naturale fondata sul matrimonio.

Il matrimonio è ordinato sull'eguaglianza morale e giuridica dei coniugi, con i limiti stabiliti dalla legge a garanzia dell'unità familiare.

Art. 30

È dovere e diritto dei genitori, mantenere, istruire ed educare i figli, anche se nati fuori del matrimonio.

Nei casi di incapacità dei genitori, la legge provvede a che siano assolti i loro compiti.

La legge assicura ai figli nati fuori dal matrimonio ogni tutela giuridica e sociale, compatibile con i diritti dei membri della famiglia legittima.

La legge detta le norme e i limiti per la ricerca della paternità.

Art. 31

La Repubblica agevola con misure economiche e altre provvidenze la formazione della famiglia e l'adempimento dei compiti relativi, con particolare riguardo alle famiglie numerose.

Protegge la maternità e l'infanzia e la gioventù, favorendo gli istituti necessari a tale scopo.

Art. 32

La Repubblica tutela la salute come fondamentale diritto dell'individuo e interesse della collettività, e garantisce cure gratuite agli indigenti.

Nessuno può essere obbligato a un determinato trattamento sanitario se non per disposizione di legge. La legge non può in nessun caso violare i limiti imposti dal rispetto della persona umana.

Art. 33

L'arte e la scienza sono libere e libero ne è l'insegnamento.

La Repubblica detta le norme generali sull'istruzione ed istituisce scuole statali per tutti gli ordini e gradi.

Enti e privati hanno il diritto di istituire scuole ed istituti di educazione, senza oneri per lo Stato.

La legge, nel fissare i diritti e gli obblighi delle scuole non statali che chiedono la parità, deve assicurare ad esse piena libertà e ai loro alunni un trattamento scolastico equipollente a quello degli alunni di scuole statali.

È prescritto un esame di Stato per la ammissione ai vari ordini e gradi di scuole o per la conclusione di essi e per l'abilitazione all'esercizio professionale.

Le istituzioni di alta cultura, università ed accademie, hanno il diritto di darsi ordinamenti autonomi nei limiti stabiliti dalle leggi dello Stato.

Art. 34

La scuola è aperta a tutti.

L'istruzione inferiore, impartita per almeno otto anni, è obbligatoria e gratuita.

I capaci e meritevoli, anche se privi di mezzi, hanno diritto di raggiungere i gradi più alti degli studi.

La Repubblica rende effettivo questo diritto con borse di studio, assegni alle famiglie ed altre provvidenze, che devono essere attribuite per concorso.

Titolo III. Rapporti economici
Art. 35
La Repubblica tutela il lavoro in tutte le sue forme ed applicazioni.

Cura la formazione e l'elevazione professionale dei lavoratori.

Promuove e favorisce gli accordi e le organizzazioni internazionali intesi ad affermare e regolare i diritti del lavoro.

Riconosce la libertà di emigrazione, salvo gli obblighi stabiliti dalla legge nell'interesse generale, e tutela il lavoro italiano all'estero.

Art. 36
Il lavoratore ha diritto ad una retribuzione proporzionata alla quantità e qualità del suo lavoro e in ogni caso sufficiente ad assicurare a sé e alla famiglia un'esistenza libera e dignitosa.

La durata massima della giornata lavorativa è stabilita dalla legge.

Il lavoratore ha diritto al riposo settimanale e a ferie annuali retribuite, e non può rinunziarvi.

Art. 37
La donna lavoratrice ha gli stessi diritti e, a parità di lavoro, le stesse retribuzioni che spettano al lavoratore. Le condizioni di lavoro devono consentire l'adempimento della sua essenziale funzione familiare e assicurare alla madre e al bambino una speciale e adeguata protezione.

La legge stabilisce il limite minimo di età per il lavoro salariato.

La Repubblica tutela il lavoro dei minori con speciali norme e garantisce ad essi, a parità di lavoro, il diritto alla parità di retribuzione.

Art. 38
Ogni cittadino inabile al lavoro e sprovvisto dei mezzi necessari per vivere ha diritto al mantenimento e all'assistenza sociale.

I lavoratori hanno diritto che siano preveduti ed assicurati mezzi adeguati alle loro esigenze di vita in caso di infortunio, malattia, invalidità e vecchiaia, disoccupazione involontaria.

Gli inabili ed i minorati hanno diritto all'educazione e all'avviamento professionale.

Ai compiti previsti in questo articolo provvedono organi ed istituti predisposti o integrati dallo Stato.

L'assistenza privata è libera.

Art. 39
L'organizzazione sindacale è libera.

Ai sindacati non può essere imposto altro obbligo se non la loro registrazione presso uffici locali o centrali, secondo le norme di legge.

È condizione per la registrazione che gli statuti dei sindacati sanciscano un ordinamento interno a base democratica.

I sindacati registrati hanno personalità giuridica. Possono, rappresentati unitariamente in proporzione dei loro iscritti, stipulare contratti collettivi di lavoro con efficacia obbligatoria per tutti gli appartenenti alle categorie alle quali il contratto si riferisce.

Art. 40

Il diritto di sciopero si esercita nell'ambito delle leggi che lo regolano.

Art. 41

L'iniziativa economica privata è libera.

Non può svolgersi in contrasto con l'utilità sociale o in modo da recare danno alla sicurezza, alla libertà, alla dignità umana.

La legge determina i programmi e i controlli opportuni perché l'attività economica pubblica e privata possa essere indirizzata e coordinata a fini sociali.

Art. 42

La proprietà è pubblica o privata. I beni economici appartengono allo Stato, ad enti o a privati.

La proprietà privata è riconosciuta e garantita dalla legge, che ne determina i modi di acquisto, di godimento e i limiti allo scopo di assicurarne la funzione sociale e di renderla accessibile a tutti.

La proprietà privata può essere, nei casi preveduti dalla legge, e salvo indennizzo, espropriata per motivi d'interesse generale.

La legge stabilisce le norme ed i limiti della successione legittima e testamentaria e i diritti dello Stato sulle eredità.

Art. 43

A fini di utilità generale la legge può riservare originariamente o trasferire, mediante espropriazione e salvo indennizzo, allo Stato, ad enti pubblici o a comunità di lavoratori o di utenti, determinate imprese o categorie di imprese, che si riferiscano a servizi pubblici essenziali o a fonti di energia o a situazioni di monopolio ed abbiano carattere di preminente interesse generale.

Art. 44

Al fine di conseguire il razionale sfruttamento del suolo e di stabilire equi rapporti sociali, la legge impone obblighi e vincoli alla proprietà terriera privata, fissa limiti alla sua estensione secondo le regioni e le zone agrarie, promuove ed impone la bonifica delle terre, la trasformazione del latifondo e la ricostituzione delle unità produttive; aiuta la piccola e la media proprietà.

La legge dispone provvedimenti a favore delle zone montane.

Art. 45

La Repubblica riconosce la funzione sociale della cooperazione a carattere di mutualità e senza fini di speculazione privata. La legge ne promuove e favorisce l'incremento con i mezzi più idonei e ne assicura, con gli opportuni controlli, il carattere e le finalità.

La legge provvede alla tutela e allo sviluppo dell'artigianato.

Art. 46

Ai fini della elevazione economica e sociale del lavoro e in armonia con le esigenze della produzione, la Repubblica riconosce il diritto dei lavoratori a collaborare, nei modi e nei limiti stabiliti dalle leggi, alla gestione delle aziende.

Art. 47

La Repubblica incoraggia e tutela il risparmio in tutte le sue forme; disciplina, coordina e controlla l'esercizio del credito.

Favorisce l'accesso del risparmio popolare alla proprietà dell'abitazione, alla proprietà diretta coltivatrice e al diretto e indiretto investimento azionario nei grandi complessi produttivi del Paese.

Titolo IV. Rapporti politici
Art. 48

Sono elettori tutti i cittadini, uomini e donne, che hanno raggiunto la maggiore età.

Il voto è personale ed eguale, libero e segreto. Il suo esercizio è dovere civico.

La legge stabilisce requisiti e modalità per l'esercizio del diritto di voto dei cittadini residenti all'estero e ne assicura l'effettività. A tale fine è istituita una circoscrizione Estero per l'elezione delle Camere, alla quale sono assegnati seggi nel numero stabilito da norma costituzionale e secondo criteri determinati dalla legge. (*)

Il diritto di voto non può essere limitato se non per incapacità civile o per effetto di sentenza penale irrevocabile o nei casi di indegnità morale indicati dalla legge.

NOTE:

(*) Comma introdotto dalla legge costituzionale 17 gennaio 2000, n. 1.

L'art. 3 della legge costituzionale 23 gennaio 2001, n. 1, ha, inoltre, disposto, in via transitoria, quanto segue:

"1. In sede di prima applicazione della presente legge costituzionale ai sensi del terzo comma dell'articolo 48 della Costituzione, la stessa legge che stabilisce le modalità di attribuzione dei seggi assegnati alla circoscrizione Estero stabilisce, altresì, le modificazioni delle norme per l'elezione delle Camere conseguenti alla variazione del numero dei seggi assegnati alle circoscrizioni del territorio nazionale.

2. In caso di mancata approvazione della legge di cui al comma 1, si applica la disciplina costituzionale anteriore."

Art. 49

Tutti i cittadini hanno diritto di associarsi liberamente in partiti per concorrere con metodo democratico a determinare la politica nazionale.

Art. 50

Tutti i cittadini possono rivolgere petizioni alle Camere per chiedere provvedimenti legislativi o esporre comuni necessità.

Art. 51

Tutti i cittadini dell'uno o dell'altro sesso possono accedere agli uffici pubblici e alle cariche elettive in condizioni di eguaglianza, secondo i requisiti stabiliti dalla legge. A tale fine la Repubblica promuove con appositi provvedimenti le pari opportunità tra donne e uomini. (*)

La legge può, per l'ammissione ai pubblici uffici e alle cariche elettive, parificare ai cittadini gli italiani non appartenenti alla Repubblica.

Chi è chiamato a funzioni pubbliche elettive ha diritto di disporre del tempo necessario al loro adempimento e di conservare il suo posto di lavoro.

NOTE:

L'art. 1 della legge costituzionale 30 maggio 2003, n. 1 ha aggiunto, in fine, un periodo al primo comma dell'art. 51.

Il testo originario del primo comma era il seguente:

"Tutti i cittadini dell'uno o dell'altro sesso possono accedere agli uffici pubblici e alle cariche elettive in condizioni di eguaglianza, secondo i requisiti stabiliti dalla legge."

Art. 52

La difesa della Patria è sacro dovere del cittadino.

Il servizio militare è obbligatorio nei limiti e modi stabiliti dalla legge. Il suo adempimento non pregiudica la posizione di lavoro del cittadino, né l'esercizio dei diritti politici.

L'ordinamento delle Forze armate si informa allo spirito democratico della Repubblica.

Art. 53

Tutti sono tenuti a concorrere alle spese pubbliche in ragione della loro capacità contributiva.

Il sistema tributario è informato a criteri di progressività.

Art. 54

Tutti i cittadini hanno il dovere di essere fedeli alla Repubblica e di osservarne la Costituzione e le leggi.

I cittadini cui sono affidate funzioni pubbliche hanno il dovere di adempierle, con disciplina ed onore, prestando giuramento nei casi stabiliti dalla legge.

PARTE SECONDA. ORDINAMENTO DELLA REPUBBLICA

Titolo I. Il Parlamento
Sezione I. Le Camere
Art. 55

Il Parlamento si compone della Camera dei deputati e del Senato della Repubblica.

Il Parlamento si riunisce in seduta comune dei membri delle due Camere nei soli casi stabiliti dalla Costituzione.

Art. 56

La Camera dei deputati è eletta a suffragio universale e diretto.

Il numero dei deputati è di seicentotrenta, dodici dei quali eletti nella circoscrizione Estero.

Sono eleggibili a deputati tutti gli elettori che nel giorno delle elezioni hanno compiuto i venticinque anni di età.

La ripartizione dei seggi tra le circoscrizioni, fatto salvo il numero dei seggi assegnati alla circoscrizione Estero, si effettua dividendo il numero degli abitanti della Repubblica, quale risulta dall'ultimo censimento generale della popolazione, per seicentodiciotto e distribuendo i seggi in proporzione alla popolazione di ogni circoscrizione, sulla base dei quozienti interi e dei più alti resti. (*)

NOTE:

(*) L'art. 56 è stato sostituito dapprima dall'art. 1 della legge costituzionale 9 febbraio 1963, n. 2.

Il testo originario dell'articolo era il seguente:

«La Camera dei deputati è eletta a suffragio universale e diretto, in ragione di un deputato per ottantamila abitanti o per frazione superiore a quarantamila.

Sono eleggibili a deputati tutti gli elettori che nel giorno delle elezioni hanno compiuto i venticinque anni di età».

In seguito, l'art. 1 della legge costituzionale 23 gennaio 2001, n. 1, ha modificato l'art. 56. Il testo dell'articolo 56, come sostituito dalla legge costituzionale 9 febbraio 1963, n. 2, era il seguente:

«La Camera dei deputati è eletta a suffragio universale e diretto.

Il numero dei deputati è di seicentotrenta.

Sono eleggibili a deputati tutti gli elettori che nel giorno della elezione hanno compiuto i venticinque anni di età.

La ripartizione dei seggi tra le circoscrizioni si effettua dividendo il numero degli abitanti della Repubblica, quale risulta dall'ultimo censimento generale della popolazione, per seicentotrenta e distribuendo i seggi in proporzione alla popolazione di ogni circoscrizione, sulla base dei quozienti interi e dei più alti resti.»

L'art. 3 della legge costituzionale 23 gennaio 2001, n. 1, ha, inoltre, disposto, in via transitoria, quanto segue:

"1. In sede di prima applicazione della presente legge costituzionale ai sensi del terzo comma dell'articolo 48 della Costituzione, la stessa legge che stabilisce le modalità di attribuzione dei seggi assegnati alla circoscrizione Estero stabilisce, altresì, le modificazioni delle norme per l'elezione delle Camere conseguenti alla variazione del numero dei seggi assegnati alle circoscrizioni del territorio nazionale.

2. In caso di mancata approvazione della legge di cui al comma 1, si applica la disciplina costituzionale anteriore."

Art. 57

Il Senato della Repubblica è eletto a base regionale, salvi i seggi assegnati alla circoscrizione Estero.

Il numero dei senatori elettivi è di trecentoquindici, sei dei quali eletti nella circoscrizione Estero.

Nessuna Regione può avere un numero di senatori inferiore a sette; il Molise ne ha due, la Valle d'Aosta uno.

La ripartizione dei seggi tra le Regioni, fatto salvo il numero dei seggi assegnati alla circoscrizione Estero, previa applicazione delle disposizioni del precedente comma, si effettua in proporzione alla popolazione delle Regioni, quale risulta dall'ultimo censimento generale, sulla base dei quozienti interi e dei più alti resti. (*)

NOTE:

(*) L'art. 57 è stato dapprima sostituito dall'art. 2 della legge costituzionale 9 febbraio 1963, n. 2, poi modificato una prima volta dall'art. 2 della legge costituzionale 27 dicembre 1963, n. 3, e modificato una seconda volta dall'art. 2 dalla legge costituzionale 23 gennaio 2001, n. 1.

Il testo dell'articolo nella versione originaria era il seguente:

«Il Senato della Repubblica è eletto a base regionale.

A ciascuna Regione è attribuito un senatore per duecentomila abitanti o per frazione superiore a centomila.

Nessuna Regione può avere un numero di senatori inferiore a sei. La Valle d'Aosta ha un solo senatore.»

Il testo dell'articolo 57 come sostituito dall'art. 2 della legge n. 2 del 1963 così disponeva:

«Il Senato della Repubblica è eletto a base regionale.

Il numero dei senatori elettivi è di trecentoquindici.

Nessuna Regione può avere un numero di senatori inferiore a sette. La Valle d'Aosta uno.

La ripartizione dei seggi tra le Regioni, previa applicazione delle disposizioni del precedente comma, si effettua in proporzione alla popolazione delle regioni, quale risulta dall'ultimo censimento generale, sulla base di quozienti interi e dei più alti resti.»

Si segnala inoltre che con la legge costituzionale 9 marzo 1961, n. 1, si è provveduto all'assegnazione di tre senatori ai comuni di Trieste, Duino Aurisina, Monrupino, Muggia, San Dorligo della Valle e Sgonico.

L'art. 57 è stato poi modificato dalla legge costituzionale 23 gennaio 2001, n. 1. Il testo dell'art. 57, come modificato dalla legge costituzionale 27 dicembre 1963, n. 3, era il seguente:

«Il Senato della Repubblica è eletto a base regionale.

Il numero dei senatori elettivi è di trecentoquindici.

Nessuna Regione può avere un numero di senatori inferiore a sette; il Molise ne ha due, la Valle d'Aosta uno.

La ripartizione dei seggi fra le Regioni, previa applicazione delle disposizioni del precedente comma, si effettua in proporzione alla popolazione delle Regioni, quale risulta dall'ultimo censimento generale, sulla base dei quozienti interi e dei più alti resti.»

L'art. 3 della legge costituzionale 23 gennaio 2001, n. 1, ha, inoltre, disposto, in via transitoria, quanto segue:

"1. In sede di prima applicazione della presente legge costituzionale ai sensi del terzo comma dell'articolo 48 della Costituzione, la stessa legge che stabilisce le modalità di attribuzione dei seggi assegnati alla circoscrizione Estero stabilisce, altresì, le modificazioni delle norme per l'elezione delle Camere conseguenti alla variazione del numero dei seggi assegnati alle circoscrizioni del territorio nazionale.

2. In caso di mancata approvazione della legge di cui al comma 1, si applica la disciplina costituzionale anteriore."

Art. 58

I senatori sono eletti a suffragio universale e diretto dagli elettori che hanno superato il venticinquesimo anno di età.

Sono eleggibili a senatori gli elettori che hanno compiuto il quarantesimo anno.

Art. 59

È senatore di diritto e a vita, salvo rinunzia, chi è stato Presidente della Repubblica.

Il Presidente della Repubblica può nominare senatori a vita cinque cittadini che hanno illustrato la Patria per altissimi meriti nel campo sociale, scientifico, artistico e letterario.

Art. 60

La Camera dei deputati e il Senato della Repubblica sono eletti per cinque anni.

La durata di ciascuna Camera non può essere prorogata se non per legge e soltanto in caso di guerra. (*)

NOTE:

(*) L'art. 60 è stato sostituito dall'art. 3 della legge costituzionale 9 febbraio 1963, n. 2.

Il testo originario dell'articolo era il seguente:

«La Camera dei deputati è eletta per cinque anni, il Senato della Repubblica per sei.

La durata di ciascuna Camera non può essere prorogata se non per legge e soltanto in caso di guerra.»

Art. 61

Le elezioni delle nuove Camere hanno luogo entro settanta giorni dalla fine delle precedenti. La prima riunione ha luogo non oltre il ventesimo giorno dalle elezioni.

Finché non siano riunite le nuove Camere sono prorogati i poteri delle precedenti.

Art. 62

Le Camere si riuniscono di diritto il primo giorno non festivo di febbraio e di ottobre.

Ciascuna Camera può essere convocata in via straordinaria per iniziativa del suo Presidente o del Presidente della Repubblica o di un terzo dei suoi componenti.

Quando si riunisce in via straordinaria una Camera, è convocata di diritto anche l'altra.

Art. 63

Ciascuna Camera elegge fra i suoi componenti il Presidente e l'Ufficio di presidenza.

Quando il Parlamento si riunisce in seduta comune, il Presidente e l'Ufficio di presidenza sono quelli della Camera dei deputati.

Art. 64

Ciascuna Camera adotta il proprio regolamento a maggioranza assoluta dei suoi componenti.

Le sedute sono pubbliche: tuttavia ciascuna delle due Camere e il Parlamento a Camere riunite possono deliberare di adunarsi in seduta segreta.

Le deliberazioni di ciascuna Camera e del Parlamento non sono valide se non è presente la maggioranza dei loro componenti, e se non sono adottate a maggioranza dei presenti, salvo che la Costituzione prescriva una maggioranza speciale.

I membri del Governo, anche se non fanno parte delle Camere, hanno diritto, e se richiesti obbligo, di assistere alle sedute. Devono essere sentiti ogni volta che lo richiedono.

Art. 65

La legge determina i casi di ineleggibilità e di incompatibilità con l'ufficio di deputato o di senatore.

Nessuno può appartenere contemporaneamente alle due Camere.

Art. 66

Ciascuna Camera giudica dei titoli di ammissione dei suoi componenti e delle cause sopraggiunte di ineleggibilità e di incompatibilità.

Art. 67

Ogni membro del Parlamento rappresenta la Nazione ed esercita le sue funzioni senza vincolo di mandato.

Art. 68

I membri del Parlamento non possono essere chiamati a rispondere delle opinioni espresse e dei voti dati nell'esercizio delle loro funzioni.

Senza autorizzazione della Camera alla quale appartiene, nessun membro del Parlamento può essere sottoposto a perquisizione personale o domiciliare, né può essere arrestato o altrimenti privato della libertà personale, o mantenuto in detenzione, salvo che in esecuzione di una sentenza irrevocabile di condanna, ovvero se sia colto nell'atto di commettere un delitto per il quale è previsto l'arresto obbligatorio in flagranza.

Analoga autorizzazione è richiesta per sottoporre i membri del Parlamento ad intercettazioni, in qualsiasi forma, di conversazioni o comunicazioni e a sequestro di corrispondenza. (*)

NOTE:

(*) L'art. 68 è stato sostituito dall'art. 1 della legge costituzionale 29 ottobre 1993, n. 3.

Il testo originario dell'articolo era il seguente:

«I membri del Parlamento non possono essere perseguiti per le opinioni espresse e per i voti dati

nell'esercizio delle loro funzioni.

Senza autorizzazione della Camera alla quale appartiene, nessun membro del Parlamento può essere sottoposto a procedimento penale; né può essere arrestato, o altrimenti privato della libertà personale, o sottoposto a perquisizione personale o domiciliare, salvo che sia colto nell'atto di commettere un delitto per il quale è obbligatorio il mandato o l'ordine di cattura.

Eguale autorizzazione è richiesta per trarre in arresto o mantenere in detenzione un membro del Parlamento in esecuzione di una sentenza anche irrevocabile.»

Art. 69
I membri del Parlamento ricevono una indennità stabilita dalla legge.

Sezione II. La formazione delle leggi
Art. 70
La funzione legislativa è esercitata collettivamente dalle due Camere.

Art. 71
L'iniziativa delle leggi appartiene al Governo, a ciascun membro delle Camere ed agli organi ed enti ai quali sia conferita da legge costituzionale.

Il popolo esercita l'iniziativa delle leggi, mediante la proposta, da parte di almeno cinquantamila elettori, di un progetto redatto in articoli.

Art. 72
Ogni disegno di legge, presentato ad una Camera è, secondo le norme del suo regolamento, esaminato da una commissione e poi dalla Camera stessa, che l'approva articolo per articolo e con votazione finale.

Il regolamento stabilisce procedimenti abbreviati per i disegni di legge dei quali è dichiarata l'urgenza.

Può altresì stabilire in quali casi e forme l'esame e l'approvazione dei disegni di legge sono deferiti a commissioni, anche permanenti, composte in modo da rispecchiare la proporzione dei gruppi parlamentari. Anche in tali casi, fino al momento della sua approvazione definitiva, il disegno di legge è rimesso alla Camera, se il Governo o un decimo dei componenti della Camera o un quinto della commissione richiedono che sia discusso e votato dalla Camera stessa oppure che sia sottoposto alla sua approvazione finale con sole dichiarazioni di voto. Il regolamento determina le forme di pubblicità dei lavori delle commissioni.

La procedura normale di esame e di approvazione diretta da parte della Camera è sempre adottata per i disegni di legge in materia costituzionale ed elettorale e per quelli di delegazione legislativa, di autorizzazione a ratificare trattati internazionali, di approvazione di bilanci e consuntivi.

Art. 73
Le leggi sono promulgate dal Presidente della Repubblica entro un mese

dall'approvazione.

Se le Camere, ciascuna a maggioranza assoluta dei propri componenti, ne dichiarano l'urgenza, la legge è promulgata nel termine da essa stabilito.

Le leggi sono pubblicate subito dopo la promulgazione ed entrano in vigore il quindicesimo giorno successivo alla loro pubblicazione, salvo che le leggi stesse stabiliscano un termine diverso.

Art. 74

Il Presidente della Repubblica, prima di promulgare la legge, può con messaggio motivato alle Camere chiedere una nuova deliberazione.

Se le Camere approvano nuovamente la legge, questa deve essere promulgata.

Art. 75

È indetto *referendum* popolare per deliberare l'abrogazione, totale o parziale, di una legge o di un atto avente valore di legge, quando lo richiedono cinquecentomila elettori o cinque Consigli regionali.

Non è ammesso il *referendum* per le leggi tributarie e di bilancio, di amnistia e di indulto, di autorizzazione a ratificare trattati internazionali.

Hanno diritto di partecipare al *referendum* tutti i cittadini chiamati ad eleggere la Camera dei deputati.

La proposta soggetta a *referendum* è approvata se ha partecipato alla votazione la maggioranza degli aventi diritto, e se è raggiunta la maggioranza dei voti validamente espressi.

La legge determina le modalità di attuazione del *referendum*.

Art. 76

L'esercizio della funzione legislativa non può essere delegato al Governo se non con determinazione di principi e criteri direttivi e soltanto per tempo limitato e per oggetti definiti.

Art. 77

Il Governo non può, senza delegazione delle Camere, emanare decreti che abbiano valore di legge ordinaria.

Quando, in casi straordinari di necessità e d'urgenza, il Governo adotta, sotto la sua responsabilità, provvedimenti provvisori con forza di legge, deve il giorno stesso presentarli per la conversione alle Camere che, anche se sciolte, sono appositamente convocate e si riuniscono entro cinque giorni.

I decreti perdono efficacia sin dall'inizio, se non sono convertiti in legge entro sessanta giorni dalla loro pubblicazione. Le Camere possono tuttavia regolare con legge i rapporti giuridici sorti sulla base dei decreti non convertiti.

Art. 78

Le Camere deliberano lo stato di guerra e conferiscono al Governo i poteri necessari.

Art. 79

L'amnistia e l'indulto sono concessi con legge deliberata a maggioranza dei due terzi dei componenti di ciascuna Camera, in ogni suo articolo e nella votazione finale.

La legge che concede l'amnistia o l'indulto stabilisce il termine per la loro applicazione.

In ogni caso l'amnistia e l'indulto non possono applicarsi ai reati commessi successivamente alla presentazione del disegno di legge. (*)

NOTE:

(*) L'art. 79 è stato sostituito dall'art. 1 della legge costituzionale 6 marzo 1992, n. 1.

Il testo originario dell'articolo era il seguente:

«L'amnistia e l'indulto sono concessi dal Presidente della Repubblica su legge di delegazione delle Camere. Non possono applicarsi ai reati commessi successivamente alla proposta di delegazione.»

Art. 80

Le Camere autorizzano con legge la ratifica dei trattati internazionali che sono di natura politica, o prevedono arbitrati o regolamenti giudiziari, o importano variazioni del territorio od oneri alle finanze o modificazioni di leggi.

Art. 81

Lo Stato assicura l'equilibrio tra le entrate e le spese del proprio bilancio, tenendo conto delle fasi avverse e delle fasi favorevoli del ciclo economico.

Il ricorso all'indebitamento è consentito solo al fine di considerare gli effetti del ciclo economico e, previa autorizzazione delle Camere adottata a maggioranza assoluta dei rispettivi componenti, al verificarsi di eventi eccezionali.

Ogni legge che importi nuovi o maggiori oneri provvede ai mezzi per farvi fronte.

Le Camere ogni anno approvano con legge il bilancio e il rendiconto consuntivo presentati dal Governo.

L'esercizio provvisorio del bilancio non può essere concesso se non per legge e per periodi non superiori complessivamente a quattro mesi.

Il contenuto della legge di bilancio, le norme fondamentali e i criteri volti ad assicurare l'equilibrio tra le entrate e le spese dei bilanci e la sostenibilità del debito del complesso delle pubbliche amministrazioni sono stabiliti con legge approvata a maggioranza assoluta dei componenti di ciascuna Camera, nel rispetto dei princìpi definiti con legge costituzionale. (*)

NOTE:

(*) L'art. 81 è stato sostituito dall'art. 1 della legge costituzionale 20 aprile 2012, n. 1.

Il testo originario dell'articolo era il seguente:

«Le Camere approvano ogni anno i bilanci e il rendiconto consuntivo presentati dal Governo.

L'esercizio provvisorio del bilancio non può essere concesso se non per legge e per periodi non superiori complessivamente a quattro mesi.

Con la legge di approvazione del bilancio non si possono stabilire nuovi tributi e nuove spese.

Ogni altra legge che importi nuove e maggiori spese deve indicare i mezzi per farvi fronte.»

L'art. 5 della legge costituzionale 20 aprile 2012, n. 1, ha, inoltre, disposto quanto segue:

"1. La legge di cui all'articolo 81, sesto comma, della Costituzione, come sostituito dall'articolo 1 della presente legge costituzionale, disciplina, per il complesso delle pubbliche amministrazioni, in particolare:

a) le verifiche, preventive e consuntive, sugli andamenti di finanza pubblica;

b) l'accertamento delle cause degli scostamenti rispetto alle previsioni, distinguendo tra quelli dovuti all'andamento del ciclo economico, all'inefficacia degli interventi e agli eventi eccezionali;

c) il limite massimo degli scostamenti negativi cumulati di cui alla lettera b) del presente comma corretti per il ciclo economico rispetto al prodotto interno lordo, al superamento del quale occorre intervenire con misure di correzione;

d) la definizione delle gravi recessioni economiche, delle crisi finanziarie e delle gravi calamità naturali quali eventi eccezionali, ai sensi dell'articolo 81, secondo comma, della Costituzione, come sostituito dall'articolo 1 della presente legge costituzionale, al verificarsi dei quali sono consentiti il ricorso all'indebitamento non limitato a tenere conto degli effetti del ciclo economico e il superamento del limite massimo di cui alla lettera c) del presente comma sulla base di un piano di rientro;

e) l'introduzione di regole sulla spesa che consentano di salvaguardare gli equilibri di bilancio e la riduzione del rapporto tra debito pubblico e prodotto interno lordo nel lungo periodo, in coerenza con gli obiettivi di finanza pubblica;

f) l'istituzione presso le Camere, nel rispetto della relativa autonomia costituzionale, di un organismo indipendente al quale attribuire compiti di analisi e verifica degli andamenti di finanza pubblica e di valutazione dell'osservanza delle regole di bilancio;

g) le modalità attraverso le quali lo Stato, nelle fasi avverse del ciclo economico o al verificarsi degli eventi eccezionali di cui alla lettera d) del presente comma, anche in deroga all'articolo 119 della Costituzione, concorre ad assicurare il finanziamento, da parte degli altri livelli di governo, dei livelli essenziali delle prestazioni e delle funzioni fondamentali inerenti ai diritti civili e sociali.

2. La legge di cui al comma 1 disciplina altresì:

a) il contenuto della legge di bilancio dello Stato;

b) la facoltà dei Comuni, delle Province, delle Città metropolitane, delle Regioni e delle Province autonome di Trento e di Bolzano di ricorrere all'indebitamento, ai sensi dell'articolo 119, sesto comma, secondo periodo, della Costituzione, come modificato dall'articolo 4 della presente legge costituzionale;

c) le modalità attraverso le quali i Comuni, le Province, le Città metropolitane, le Regioni e le Province autonome di Trento e di Bolzano concorrono alla sostenibilità del debito del complesso delle pubbliche amministrazioni.

3. La legge di cui ai commi 1 e 2 è approvata entro il 28 febbraio 2013.

4. Le Camere, secondo modalità stabilite dai rispettivi regolamenti, esercitano la funzione di controllo sulla finanza pubblica con particolare riferimento all'equilibrio tra entrate e spese nonché alla qualità e all'efficacia della spesa delle pubbliche amministrazioni."

L'articolo 6 della legge costituzionale 20 aprile 2012, n. 1, stabilisce che le disposizioni della medesima legge costituzionale si applicano a decorrere dall'esercizio finanziario relativo all'anno 2014.

Art. 82

Ciascuna Camera può disporre inchieste su materie di pubblico interesse.

A tale scopo nomina fra i propri componenti una commissione formata in modo da rispecchiare la proporzione dei vari gruppi. La commissione di inchiesta procede alle indagini e agli esami con gli stessi poteri e le stesse limitazioni della autorità giudiziaria.

Titolo II. Il Presidente della Repubblica

Art. 83

Il Presidente della Repubblica è eletto dal Parlamento in seduta comune dei suoi membri.

All'elezione partecipano tre delegati per ogni Regione eletti dal Consiglio regionale in modo che sia assicurata la rappresentanza delle minoranze. La Valle d'Aosta ha un solo delegato.

L'elezione del Presidente della Repubblica ha luogo per scrutinio segreto a maggioranza di due terzi della assemblea. Dopo il terzo scrutinio è sufficiente la maggioranza assoluta.

Art. 84

Può essere eletto Presidente della Repubblica ogni cittadino che abbia compiuto cinquanta anni di età e goda dei diritti civili e politici.

L'ufficio di Presidente della Repubblica è incompatibile con qualsiasi altra carica.

L'assegno e la dotazione del Presidente sono determinati per legge.

Art. 85

Il Presidente della Repubblica è eletto per sette anni.

Trenta giorni prima che scada il termine, il Presidente della Camera dei deputati convoca in seduta comune il Parlamento e i delegati regionali, per eleggere il nuovo Presidente della Repubblica.

Se le Camere sono sciolte, o manca meno di tre mesi alla loro cessazione, la elezione ha luogo entro quindici giorni dalla riunione delle Camere nuove. Nel frattempo sono prorogati i poteri del Presidente in carica.

Art. 86

Le funzioni del Presidente della Repubblica, in ogni caso che egli non possa adempierle, sono esercitate dal Presidente del Senato.

In caso di impedimento permanente o di morte o di dimissioni del Presidente della Repubblica, il Presidente della Camera dei deputati indice la elezione del nuovo Presidente della Repubblica entro quindici giorni, salvo il maggior termine previsto se le Camere sono sciolte o manca meno di tre mesi alla loro cessazione.

Art. 87

Il Presidente della Repubblica è il Capo dello Stato e rappresenta l'unità nazionale.

Può inviare messaggi alle Camere.

Indice le elezioni delle nuove Camere e ne fissa la prima riunione.

Autorizza la presentazione alle Camere dei disegni di legge di iniziativa del Governo.

Promulga le leggi ed emana i decreti aventi valore di legge e i regolamenti.

Indice il *referendum* popolare nei casi previsti dalla Costituzione.

Nomina, nei casi indicati dalla legge, i funzionari dello Stato.

Accredita e riceve i rappresentanti diplomatici, ratifica i trattati internazionali, previa, quando occorra, l'autorizzazione delle Camere.

Ha il comando delle Forze armate, presiede il Consiglio supremo di difesa costituito secondo la legge, dichiara lo stato di guerra deliberato dalle Camere.

Presiede il Consiglio superiore della magistratura.

Può concedere grazia e commutare le pene.

Conferisce le onorificenze della Repubblica.

Art. 88

Il Presidente della Repubblica può, sentiti i loro Presidenti, sciogliere le Camere o anche una sola di esse.

Non può esercitare tale facoltà negli ultimi sei mesi del suo mandato, salvo che essi coincidano in tutto o in parte con gli ultimi sei mesi della legislatura. (*)

NOTE:

(*) Il secondo comma dell'art. 88 è stato sostituito dall'art. 1 della legge costituzionale 4 novembre 1991, n. 1.

Il testo originario del comma era il seguente:

«Non può esercitare tale facoltà negli ultimi sei mesi del suo mandato.»

Art. 89

Nessun atto del Presidente della Repubblica è valido se non è controfirmato dai ministri proponenti, che ne assumono la responsabilità.

Gli atti che hanno valore legislativo e gli altri indicati dalla legge sono controfirmati anche dal Presidente del Consiglio dei ministri.

Art. 90

Il Presidente della Repubblica non è responsabile degli atti compiuti nell'esercizio delle sue funzioni, tranne che per alto tradimento o per attentato alla Costituzione.

In tali casi è messo in stato di accusa dal Parlamento in seduta comune, a maggioranza assoluta dei suoi membri.

Art. 91

Il Presidente della Repubblica, prima di assumere le sue funzioni, presta giuramento di fedeltà alla Repubblica e di osservanza della Costituzione dinanzi al Parlamento in seduta comune.

Titolo III. Il Governo
Sezione I. Il Consiglio dei ministri
Art. 92

Il Governo della Repubblica è composto del Presidente del Consiglio e dei ministri, che costituiscono insieme il Consiglio dei ministri.

Il Presidente della Repubblica nomina il Presidente del Consiglio dei ministri e, su proposta di questo, i ministri.

Art. 93

Il Presidente del Consiglio dei ministri e i ministri, prima di assumere le funzioni, prestano giuramento nelle mani del Presidente della Repubblica.

Art. 94

Il Governo deve avere la fiducia delle due Camere.

Ciascuna Camera accorda o revoca la fiducia mediante mozione motivata e votata per appello nominale.

Entro dieci giorni dalla sua formazione il Governo si presenta alle Camere per ottenerne la fiducia.

Il voto contrario di una o di entrambe le Camere su una proposta del Governo non importa obbligo di dimissioni.

La mozione di sfiducia deve essere firmata da almeno un decimo dei componenti della Camera e non può essere messa in discussione prima di tre giorni dalla sua presentazione.

Art. 95

Il Presidente del Consiglio dei ministri dirige la politica generale del Governo e ne è responsabile. Mantiene l'unità di indirizzo politico ed amministrativo, promovendo e coordinando l'attività dei ministri.

I ministri sono responsabili collegialmente degli atti del Consiglio dei ministri, e individualmente degli atti dei loro dicasteri.

La legge provvede all'ordinamento della Presidenza del Consiglio e determina il numero, le attribuzioni e l'organizzazione dei ministeri.

Art. 96

Il Presidente del Consiglio dei ministri ed i ministri, anche se cessati dalla carica, sono sottoposti, per i reati commessi nell'esercizio delle loro funzioni, alla giurisdizione ordinaria, previa autorizzazione del Senato della Repubblica o della Camera dei deputati, secondo le norme stabilite con legge costituzionale. (*)

NOTE:

(*) L'articolo è stato sostituito dall'art. 1 della legge costituzionale 16 gennaio 1989, n. 1.

Il testo originario era il seguente:

«Il Presidente del Consiglio dei ministri e i ministri sono posti in stato d'accusa dal Parlamento in seduta comune per reati commessi nell'esercizio delle loro funzioni.»

Sezione II. La Pubblica Amministrazione
Art. 97

Le pubbliche amministrazioni, in coerenza con l'ordinamento dell'Unione europea, assicurano l'equilibrio dei bilanci e la sostenibilità del debito pubblico. (*)

I pubblici uffici sono organizzati secondo disposizioni di legge, in modo che siano assicurati il buon andamento e la imparzialità dell'amministrazione.

Nell'ordinamento degli uffici sono determinate le sfere di competenza, le attribuzioni e le responsabilità proprie dei funzionari.

Agli impieghi nelle pubbliche amministrazioni si accede mediante concorso, salvo i casi stabiliti dalla legge.

NOTE:

(*) Al primo comma dell'art. 97 è stato premesso un nuovo comma dall'art. 2 della legge costituzionale 20 aprile 2012, n. 1.

L'articolo 6 della legge costituzionale 20 aprile 2012, n. 1, stabilisce che le disposizioni della medesima legge costituzionale si applicano a decorrere dall'esercizio finanziario relativo all'anno 2014.

Art. 98

I pubblici impiegati sono al servizio esclusivo della Nazione.

Se sono membri del Parlamento, non possono conseguire promozioni se non per anzianità.

Si possono con legge stabilire limitazioni al diritto d'iscriversi ai partiti politici per i magistrati, i militari di carriera in servizio attivo, i funzionari e agenti di polizia, i rappresentanti diplomatici e consolari all'estero.

Sezione III. Gli organi ausiliari
Art. 99

Il Consiglio nazionale dell'economia e del lavoro è composto, nei modi stabiliti dalla legge, di esperti e di rappresentanti delle categorie produttive, in misura che tenga conto della loro importanza numerica e qualitativa.

È organo di consulenza delle Camere e del Governo per le materie e secondo le funzioni che gli sono attribuite dalla legge.

Ha l'iniziativa legislativa e può contribuire alla elaborazione della legislazione economica e sociale secondo i principi ed entro i limiti stabiliti dalla legge.

Art. 100

Il Consiglio di Stato è organo di consulenza giuridico-amministrativa e di tutela della giustizia nell'amministrazione.

La Corte dei conti esercita il controllo preventivo di legittimità sugli atti del Governo, e anche quello successivo sulla gestione del bilancio dello Stato. Partecipa, nei casi e nelle forme stabilite dalla legge, al controllo sulla gestione finanziaria degli enti a cui lo Stato contribuisce in via ordinaria. Riferisce direttamente alle Camere sul risultato del riscontro eseguito.

La legge assicura l'indipendenza dei due istituti e dei loro componenti di fronte al Governo.

Titolo IV. La magistratura
Sezione I. Ordinamento giurisdizionale
Art. 101

La giustizia è amministrata in nome del popolo.

I giudici sono soggetti soltanto alla legge.

Art. 102

La funzione giurisdizionale è esercitata da magistrati ordinari istituiti e regolati dalle norme sull'ordinamento giudiziario.

Non possono essere istituiti giudici straordinari o giudici speciali. Possono soltanto istituirsi presso gli organi giudiziari ordinari sezioni specializzate per determinate materie, anche con la partecipazione di cittadini idonei estranei alla magistratura.

La legge regola i casi e le forme della partecipazione diretta del popolo all'amministrazione della giustizia.

Art. 103

Il Consiglio di Stato e gli altri organi di giustizia amministrativa hanno giurisdizione per la tutela nei confronti della pubblica amministrazione degli interessi legittimi e, in particolari materie indicate dalla legge, anche dei diritti soggettivi.

La Corte dei conti ha giurisdizione nelle materie di contabilità pubblica e nelle altre specificate dalla legge.

I tribunali militari in tempo di guerra hanno la giurisdizione stabilita dalla legge. In tempo di pace hanno giurisdizione soltanto per i reati militari commessi da appartenenti alle Forze armate.

Art. 104

La magistratura costituisce un ordine autonomo e indipendente da ogni altro potere.

Il Consiglio superiore della magistratura è presieduto dal Presidente della Repubblica.

Ne fanno parte di diritto il primo presidente e il procuratore generale della Corte di cassazione.

Gli altri componenti sono eletti per due terzi da tutti i magistrati ordinari tra gli appartenenti alle varie categorie, e per un terzo dal Parlamento in seduta comune tra professori ordinari di università in materie giuridiche ed avvocati dopo quindici anni di esercizio.

Il Consiglio elegge un vicepresidente fra i componenti designati dal Parlamento.

I membri elettivi del Consiglio durano in carica quattro anni e non sono immediatamente rieleggibili.

Non possono, finché sono in carica, essere iscritti, negli albi professionali, né far parte del Parlamento o di un Consiglio regionale.

Art. 105

Spettano al Consiglio superiore della magistratura, secondo le norme dell'ordinamento giudiziario, le assunzioni, le assegnazioni ed i trasferimenti, le promozioni e i provvedimenti disciplinari nei riguardi dei magistrati.

Art. 106

Le nomine dei magistrati hanno luogo per concorso.

La legge sull'ordinamento giudiziario può ammettere la nomina, anche elettiva, di magistrati onorari per tutte le funzioni attribuite a giudici singoli.

Su designazione del Consiglio superiore della magistratura possono essere chiamati all'ufficio di consiglieri di cassazione, per meriti insigni, professori ordinari di università in materie giuridiche e avvocati che abbiano quindici anni di esercizio e siano iscritti negli albi speciali per le giurisdizioni superiori.

Art. 107

I magistrati sono inamovibili. Non possono essere dispensati o sospesi dal servizio né destinati ad altre sedi o funzioni se non in seguito a decisione del Consiglio superiore della magistratura, adottata o per i motivi e con le garanzie di difesa stabilite dall'ordinamento giudiziario o con il loro consenso.

Il Ministro della giustizia ha facoltà di promuovere l'azione disciplinare.

I magistrati si distinguono fra loro soltanto per diversità di funzioni.

Il pubblico ministero gode delle garanzie stabilite nei suoi riguardi dalle norme sull'ordinamento giudiziario.

Art. 108

Le norme sull'ordinamento giudiziario e su ogni magistratura sono stabilite con legge.

La legge assicura l'indipendenza dei giudici delle giurisdizioni speciali, del pubblico ministero presso di esse, e degli estranei che partecipano all'amministrazione della giustizia.

Art. 109

L'autorità giudiziaria dispone direttamente della polizia giudiziaria.

Art. 110

Ferme le competenze del Consiglio superiore della magistratura, spettano al Ministro della giustizia l'organizzazione e il funzionamento dei servizi relativi alla giustizia.

Sezione II. Norme sulla giurisdizione
Art. 111

La giurisdizione si attua mediante il giusto processo regolato dalla legge.

Ogni processo si svolge nel contraddittorio tra le parti, in condizioni di parità, davanti a giudice terzo e imparziale. La legge ne assicura la ragionevole durata.

Nel processo penale, la legge assicura che la persona accusata di un reato sia, nel più breve tempo possibile, informata riservatamente della natura e dei motivi dell'accusa elevata a suo carico; disponga del tempo e delle condizioni necessari per preparare la sua difesa; abbia la facoltà, davanti al giudice, di interrogare o di far interrogare le persone che rendono dichiarazioni a suo carico, di ottenere la convocazione e l'interrogatorio di persone a sua difesa nelle stesse condizioni dell'accusa e l'acquisizione di ogni altro mezzo di prova a suo favore; sia assistita da un interprete se non comprende o non parla la lingua impiegata nel processo.

Il processo penale è regolato dal principio del contraddittorio nella formazione della prova. La colpevolezza dell'imputato non può essere provata sulla base di dichiarazioni rese da chi, per libera scelta, si è sempre volontariamente sottratto all'interrogatorio da parte dell'imputato o del suo difensore.

La legge regola i casi in cui la formazione della prova non ha luogo in contraddittorio per consenso dell'imputato o per accertata impossibilità di natura oggettiva o per effetto di provata condotta illecita.

Tutti i provvedimenti giurisdizionali devono essere motivati.

Contro le sentenze e contro i provvedimenti sulla libertà personale, pronunciati dagli organi giurisdizionali ordinari o speciali, è sempre ammesso ricorso in cassazione per violazione di legge. Si può derogare a tale norma soltanto per le sentenze dei tribunali militari in tempo di guerra.

Contro le decisioni del Consiglio di Stato e della Corte dei conti il ricorso in cassazione è ammesso per i soli motivi inerenti alla giurisdizione. (*)

NOTE:

(*) I primi cinque commi dell'art. 111 sono stati introdotti dalla legge costituzionale 23 novembre 1999, n. 2.

Si riporta di seguito l'art. 2 della legge costituzionale 23 novembre 1999, n. 2:

«1. La legge regola l'applicazione dei principi contenuti nella presente legge costituzionale ai procedimenti penali in corso alla data della sua entrata in vigore.»

Art. 112

Il pubblico ministero ha l'obbligo di esercitare l'azione penale.

Art. 113

Contro gli atti della pubblica amministrazione è sempre ammessa la tutela giurisdizionale dei diritti e degli interessi legittimi dinanzi agli organi di giurisdizione ordinaria o amministrativa.

Tale tutela giurisdizionale non può essere esclusa o limitata a particolari mezzi di impugnazione o per determinate categorie di atti.

La legge determina quali organi di giurisdizione possono annullare gli atti della pubblica amministrazione nei casi e con gli effetti previsti dalla legge stessa.

Titolo V. Le Regioni, le Province, i Comuni
Art. 114

La Repubblica è costituita dai Comuni, dalle Province, dalle Città metropolitane, dalle Regioni e dallo Stato.

I Comuni, le Province, le Città metropolitane e le Regioni sono enti autonomi con propri statuti, poteri e funzioni secondo i principi fissati dalla Costituzione.

Roma è la capitale della Repubblica. La legge dello Stato disciplina il suo ordinamento. (*)
NOTE:

(*) L'art. 114 è stato sostituito dall'art. 1 della legge costituzionale 18 ottobre 2001, n. 3.

Il testo originario dell'articolo era il seguente:

«La Repubblica si riparte in Regioni, Provincie e Comuni.»

Art. 115

(Abrogato) (*)
NOTE:

(*) L'art. 115 è stato abrogato dall'art. 9, comma 2, della legge costituzionale 18 ottobre 2001, n. 3.

Il testo originario dell'articolo era il seguente:

«Le Regioni sono costituite in enti autonomi con propri poteri e funzioni secondo i principi fissati nella Costituzione.»

Art. 116

Il Friuli Venezia Giulia, la Sardegna, la Sicilia, il Trentino-Alto Adige/Südtirol e la Valle d'Aosta/Vallée d'Aoste dispongono di forme e condizioni particolari di autonomia, secondo i rispettivi statuti speciali adottati con legge costituzionale.

La Regione Trentino-Alto Adige/Südtirol è costituita dalle Province autonome di Trento e di Bolzano.

Ulteriori forme e condizioni particolari di autonomia, concernenti le materie di cui al terzo comma dell'articolo 117 e le materie indicate dal secondo comma del medesimo articolo alle lettere *l)*, limitatamente all'organizzazione della giustizia di pace, *n)* e *s)*, possono essere attribuite ad altre Regioni, con legge dello Stato, su iniziativa della Regione interessata, sentiti gli enti locali, nel rispetto dei principi di cui all'articolo 119. La legge è approvata dalle Camere a maggioranza assoluta dei componenti, sulla base di intesa fra lo Stato e la Regione interessata. (*)
NOTE:

(*) L'art. 116 è stato sostituito dall'art. 2 della legge costituzionale 18 ottobre 2001, n. 3.

Il testo originario dell'articolo era il seguente:

«Alla Sicilia, alla Sardegna, al Trentino-Alto Adige, al Friuli-Venezia Giulia e alla Valle d'Aosta sono attribuite forme e condizioni particolari di autonomia, secondo statuti speciali adottati con leggi costituzionali.»

Si riporta di seguito l'art. 10, recante disposizioni transitorie, della legge costituzionale 18 ottobre 2001, n. 3:

«1. Sino all'adeguamento dei rispettivi statuti, le disposizioni della presente legge costituzionale si

applicano anche alle Regioni a statuto speciale ed alle province autonome di Trento e di Bolzano per le parti in cui prevedono forme di autonomia più ampie rispetto a quelle già attribuite.»

Art. 117

La potestà legislativa è esercitata dallo Stato e dalle Regioni nel rispetto della Costituzione, nonché dei vincoli derivanti dall'ordinamento comunitario e dagli obblighi internazionali.

Lo Stato ha legislazione esclusiva nelle seguenti materie:

a) politica estera e rapporti internazionali dello Stato; rapporti dello Stato con l'Unione europea; diritto di asilo e condizione giuridica dei cittadini di Stati non appartenenti all'Unione europea;

b) immigrazione;

c) rapporti tra la Repubblica e le confessioni religiose;

d) difesa e Forze armate; sicurezza dello Stato; armi, munizioni ed esplosivi;

e) moneta, tutela del risparmio e mercati finanziari; tutela della concorrenza; sistema valutario; sistema tributario e contabile dello Stato; armonizzazione dei bilanci pubblici; perequazione delle risorse finanziarie;

f) organi dello Stato e relative leggi elettorali; *referendum* statali; elezione del Parlamento europeo;

g) ordinamento e organizzazione amministrativa dello Stato e degli enti pubblici nazionali;

h) ordine pubblico e sicurezza, ad esclusione della polizia amministrativa locale;

i) cittadinanza, stato civile e anagrafi;

l) giurisdizione e norme processuali; ordinamento civile e penale; giustizia amministrativa;

m) determinazione dei livelli essenziali delle prestazioni concernenti i diritti civili e sociali che devono essere garantiti su tutto il territorio nazionale;

n) norme generali sull'istruzione;

o) previdenza sociale;

p) legislazione elettorale, organi di governo e funzioni fondamentali di Comuni, Province e Città metropolitane;

q) dogane, protezione dei confini nazionali e profilassi internazionale;

r) pesi, misure e determinazione del tempo; coordinamento informativo statistico e informatico dei dati dell'amministrazione statale, regionale e locale; opere dell'ingegno;

s) tutela dell'ambiente, dell'ecosistema e dei beni culturali.

Sono materie di legislazione concorrente quelle relative a:

- rapporti internazionali e con l'Unione europea delle Regioni;
- commercio con l'estero;
- tutela e sicurezza del lavoro;
- istruzione, salva l'autonomia delle istituzioni scolastiche e con esclusione della istruzione e della formazione professionale;
- professioni;
- ricerca scientifica e tecnologica e sostegno all'innovazione per i settori produttivi;
- tutela della salute;
- alimentazione;

- ordinamento sportivo;
- protezione civile;
- governo del territorio;
- porti e aeroporti civili;
- grandi reti di trasporto e di navigazione;
- ordinamento della comunicazione;
- produzione, trasporto e distribuzione nazionale dell'energia;
- previdenza complementare e integrativa;
- coordinamento della finanza pubblica e del sistema tributario;
- valorizzazione dei beni culturali e ambientali e promozione e organizzazione di attività culturali;
- casse di risparmio, casse rurali, aziende di credito a carattere regionale;
- enti di credito fondiario e agrario a carattere regionale.

Nelle materie di legislazione concorrente spetta alle Regioni la potestà legislativa, salvo che per la determinazione dei principi fondamentali, riservata alla legislazione dello Stato. Spetta alle Regioni la potestà legislativa in riferimento ad ogni materia non espressamente riservata alla legislazione dello Stato.

Le Regioni e le Province autonome di Trento e di Bolzano, nelle materie di loro competenza, partecipano alle decisioni dirette alla formazione degli atti normativi comunitari e provvedono all'attuazione e all'esecuzione degli accordi internazionali e degli atti dell'Unione europea, nel rispetto delle norme di procedura stabilite da legge dello Stato, che disciplina le modalità di esercizio del potere sostitutivo in caso di inadempienza. La potestà regolamentare spetta allo Stato nelle materie di legislazione esclusiva, salva delega alle Regioni. La potestà regolamentare spetta alle Regioni in ogni altra materia. I Comuni, le Province e le Città metropolitane hanno potestà regolamentare in ordine alla disciplina dell'organizzazione e dello svolgimento delle funzioni loro attribuite.

Le leggi regionali rimuovono ogni ostacolo che impedisce la piena parità degli uomini e delle donne nella vita sociale, culturale ed economica e promuovono la parità di accesso tra donne e uomini alle cariche elettive. La legge regionale ratifica le intese della Regione con altre Regioni per il migliore esercizio delle proprie funzioni, anche con individuazione di organi comuni. Nelle materie di sua competenza la Regione può concludere accordi con Stati e intese con enti territoriali interni ad altro Stato, nei casi e con le forme disciplinati da leggi dello Stato. (*)

NOTE:

(*) L'art. 117 è stato sostituito dapprima dall'art. 3 della legge costituzionale 18 ottobre 2001, n. 3. Il testo originario dell'articolo era il seguente:

«La Regione emana per le seguenti materie norme legislative nei limiti dei principi fondamentali stabiliti dalle leggi dello Stato, sempreché le norme stesse non siano in contrasto con l'interesse nazionale e con quello di altre Regioni:

- *ordinamento degli uffici e degli enti amministrativi dipendenti dalla Regione;*
- *circoscrizioni comunali;*

- *polizia locale urbana e rurale;*
- *fiere e mercati;*
- *beneficenza pubblica ed assistenza sanitaria ed ospedaliera;*
- *istruzione artigiana e professionale e assistenza scolastica;*
- *musei e biblioteche di enti locali;*
- *urbanistica;*
- *turismo ed industria alberghiera;*
- *tranvie e linee automobilistiche di interesse regionale;*
- *viabilità, acquedotti e lavori pubblici di interesse regionale;*
- *navigazione e porti lacuali;*
- *acque minerali e termali;*
- *cave e torbiere;*
- *caccia;*
- *pesca nelle acque interne;*
- *agricoltura e foreste;*
- *artigianato;*
- *altre materie indicate da leggi costituzionali.*

Le leggi della Repubblica possono demandare alla Regione il potere di emanare norme per la loro attuazione.»

Si riporta di seguito l'art. 11, recante disposizioni transitorie, della legge costituzionale 18 ottobre 2001, n. 3:

«1. Sino alla revisione delle norme del titolo I della parte seconda della Costituzione, i regolamenti della Camera dei deputati e del Senato della Repubblica possono prevedere la partecipazione di rappresentanti delle Regioni, delle Province autonome e degli enti locali alla Commissione parlamentare per le questioni regionali.

2. Quando un progetto di legge riguardante le materie di cui al terzo comma dell'articolo 117 e all'articolo 119 della Costituzione contenga disposizioni sulle quali la Commissione parlamentare per le questioni regionali, integrata ai sensi del comma 1, abbia espresso parere contrario o parere favorevole condizionato all'introduzione di modificazioni specificamente formulate, e la Commissione che ha svolto l'esame in sede referente non vi si sia adeguata, sulle corrispondenti parti del progetto di legge l'Assemblea delibera a maggioranza assoluta dei suoi componenti.»

In seguito, l'art. 3 della legge costituzionale 20 aprile 2012, n. 1, ha modificato l'art. 117 come segue:

a) al secondo comma, lettera e), dopo le parole: «sistema tributario e contabile dello Stato;» sono inserite le seguenti: «armonizzazione dei bilanci pubblici;»;

b) al terzo comma, primo periodo, le parole: «armonizzazione dei bilanci pubblici e» sono soppresse.

L'articolo 6 della legge costituzionale 20 aprile 2012, n. 1, stabilisce che le disposizioni della medesima legge costituzionale si applicano a decorrere dall'esercizio finanziario relativo all'anno 2014.

Art. 118

Le funzioni amministrative sono attribuite ai Comuni salvo che, per assicurarne l'esercizio unitario, siano conferite a Province, Città metropolitane, Regioni e Stato, sulla base dei principi di sussidiarietà, differenziazione ed adeguatezza.

I Comuni, le Province e le Città metropolitane sono titolari di funzioni amministrative proprie e di quelle conferite con legge statale o regionale, secondo le rispettive competenze.

La legge statale disciplina forme di coordinamento fra Stato e Regioni nelle materie di cui alle lettere *b)* e *h)* del secondo comma dell'articolo 117, e disciplina inoltre forme di intesa e coordinamento nella materia della tutela dei beni culturali.

Stato, Regioni, Città metropolitane, Province e Comuni favoriscono l'autonoma iniziativa dei cittadini, singoli e associati, per lo svolgimento di attività di interesse generale, sulla base del principio di sussidiarietà. (*)

NOTE:

(*) L'art. 118 è stato sostituito dall'art. 4 della legge costituzionale 18 ottobre 2001, n. 3.

Il testo originario dell'articolo era il seguente:

«Spettano alla Regione le funzioni amministrative per le materie elencate nel precedente articolo, salvo quelle di interesse esclusivamente locale, che possono essere attribuite dalle leggi della Repubblica alle Province, ai Comuni o ad altri enti locali.

Lo Stato può con legge delegare alla Regione l'esercizio di altre funzioni amministrative.

La Regione esercita normalmente le sue funzioni amministrative delegandole alle Province, ai Comuni o ad altri enti locali, o valendosi dei loro uffici.»

Art. 119

I Comuni, le Province, le Città metropolitane e le Regioni hanno autonomia finanziaria di entrata e di spesa, nel rispetto dell'equilibrio dei relativi bilanci, e concorrono ad assicurare l'osservanza dei vincoli economici e finanziari derivanti dall'ordinamento dell'Unione europea.

I Comuni, le Province, le Città metropolitane e le Regioni hanno risorse autonome. Stabiliscono e applicano tributi ed entrate propri, in armonia con la Costituzione e secondo i principi di coordinamento della finanza pubblica e del sistema tributario. Dispongono di compartecipazioni al gettito di tributi erariali riferibile al loro territorio.

La legge dello Stato istituisce un fondo perequativo, senza vincoli di destinazione, per i territori con minore capacità fiscale per abitante.

Le risorse derivanti dalle fonti di cui ai commi precedenti consentono ai Comuni, alle Province, alle Città metropolitane e alle Regioni di finanziare integralmente le funzioni pubbliche loro attribuite.

Per promuovere lo sviluppo economico, la coesione e la solidarietà sociale, per rimuovere gli squilibri economici e sociali, per favorire l'effettivo esercizio dei diritti della persona, o per provvedere a scopi diversi dal normale esercizio delle loro funzioni, lo Stato destina risorse aggiuntive ed effettua interventi speciali in favore di determinati Comuni, Province, Città metropolitane e Regioni.

I Comuni, le Province, le Città metropolitane e le Regioni hanno un proprio patrimonio, attribuito secondo i princìpi generali determinati dalla legge dello Stato. Possono ricorrere all'indebitamento solo per finanziare spese di investimento, con la contestuale definizione di piani di ammortamento e a condizione che per il complesso degli enti di ciascuna Regione sia rispettato l'equilibrio di bilancio. È esclusa ogni garanzia dello Stato sui prestiti dagli stessi contratti. (*)

NOTE:

(*) L'art. 119 è stato sostituito dapprima dall'art. 5 della legge costituzionale 18 ottobre 2001, n. 3. Il testo originario dell'articolo era il seguente:

«Le Regioni hanno autonomia finanziaria nelle forme e nei limiti stabiliti da leggi della Repubblica, che la coordinano con la finanza dello Stato, delle Provincie e dei Comuni.

Alle Regioni sono attribuiti tributi propri e quote di tributi erariali, in relazione ai bisogni delle Regioni per le spese necessarie ad adempiere le loro funzioni normali.

Per provvedere a scopi determinati, e particolarmente per valorizzare il Mezzogiorno e le Isole, lo Stato assegna per legge a singole Regioni contributi speciali.

La Regione ha un proprio demanio e patrimonio, secondo le modalità stabilite con legge della Repubblica.»

Si riporta di seguito l'art. 11, recante disposizioni transitorie, della legge costituzionale 18 ottobre 2001, n. 3:

«1. Sino alla revisione delle norme del titolo I della parte seconda della Costituzione, i regolamenti della Camera dei deputati e del Senato della Repubblica possono prevedere la partecipazione di rappresentanti delle Regioni, delle Province autonome e degli enti locali alla Commissione parlamentare per le questioni regionali.

2. Quando un progetto di legge riguardante le materie di cui al terzo comma dell'articolo 117 e all'articolo 119 della Costituzione contenga disposizioni sulle quali la Commissione parlamentare per le questioni regionali, integrata ai sensi del comma 1, abbia espresso parere contrario o parere favorevole condizionato all'introduzione di modificazioni specificamente formulate, e la Commissione che ha svolto l'esame in sede referente non vi si sia adeguata, sulle corrispondenti parti del progetto di legge l'Assemblea delibera a maggioranza assoluta dei suoi componenti.»

In seguito, l'art. 4 della legge costituzionale 20 aprile 2012, n. 1, ha modificato i commi primo e sesto dell'art. 119. Il testo del primo comma dell'art. 119, come modificato dalla legge costituzionale 18 ottobre 2001, n. 3, era il seguente:

«I Comuni, le Province, le Città metropolitane e le Regioni hanno autonomia finanziaria di entrata e di spesa.»

Il testo del sesto comma dell'art. 119, come modificato dalla legge costituzionale 18 ottobre 2001, n. 3, era il seguente:

«I Comuni, le Province, le Città metropolitane e le Regioni hanno un proprio patrimonio, attribuito secondo i principi generali determinati dalla legge dello Stato. Possono ricorrere all'indebitamento solo per finanziare spese di investimento. È esclusa ogni garanzia dello Stato sui prestiti dagli stessi contratti.»

L'articolo 6 della legge costituzionale 20 aprile 2012, n. 1, stabilisce che le disposizioni della medesima legge costituzionale si applicano a decorrere dall'esercizio finanziario relativo all'anno 2014.

Art. 120

La Regione non può istituire dazi di importazione o esportazione o transito tra le Regioni, né adottare provvedimenti che ostacolino in qualsiasi modo la libera circolazione delle persone e delle cose tra le Regioni, né limitare l'esercizio del diritto al lavoro in qualunque parte del territorio nazionale.

Il Governo può sostituirsi a organi delle Regioni, delle Città metropolitane, delle Province e dei Comuni nel caso di mancato rispetto di norme e trattati internazionali o della normativa comunitaria oppure di pericolo grave per l'incolumità e la sicurezza pubblica, ovvero quando lo richiedono la tutela dell'unità giuridica o dell'unità economica e in particolare la tutela dei livelli essenziali delle prestazioni concernenti i diritti civili e sociali, prescindendo dai confini territoriali dei governi locali. La legge definisce le procedure atte a garantire che i poteri sostitutivi siano esercitati nel rispetto del principio di sussidiarietà e del principio di leale collaborazione. (*)

NOTE:

(*) L'art. 120 è stato sostituito dall'art. 6 della legge costituzionale 18 ottobre 2001, n. 3.
Il testo originario dell'articolo era il seguente:
«La Regione non può istituire dazi d'importazione o esportazione o transito fra le Regioni.
Non può adottare provvedimenti che ostacolino in qualsiasi modo la libera circolazione delle persone e delle cose fra le Regioni.
Non può limitare il diritto dei cittadini di esercitare in qualunque parte del territorio nazionale la loro professione, impiego o lavoro.»

Art. 121

Sono organi della Regione: il Consiglio regionale, la Giunta e il suo Presidente.

Il Consiglio regionale esercita le potestà legislative attribuite alla Regione e le altre funzioni conferitegli dalla Costituzione e dalle leggi. Può fare proposte di legge alle Camere.

La Giunta regionale è l'organo esecutivo delle Regioni.

Il Presidente della Giunta rappresenta la Regione; dirige la politica della Giunta e ne è responsabile; promulga le leggi ed emana i regolamenti regionali; dirige le funzioni amministrative delegate dallo Stato alla Regione, conformandosi alle istruzioni del Governo della Repubblica. (*)

NOTE:

(*) L'art. 121 è stato modificato dall'art. 1 della legge costituzionale 22 novembre 1999, n. 1.
Il testo originario dell'articolo era il seguente:
«Sono organi della Regione: il Consiglio regionale, la Giunta e il suo presidente.
Il Consiglio regionale esercita le potestà legislative e regolamentari attribuite alla Regione e le altre funzioni conferitegli dalla Costituzione e dalle leggi. Può fare proposte di legge alle Camere.
La Giunta regionale è l'organo esecutivo delle Regioni.
Il Presidente della Giunta rappresenta la Regione; promulga le leggi ed i regolamenti regionali, dirige le funzioni amministrative delegate dallo Stato alla Regione, conformandosi alle istruzioni del Governo centrale.»

Art. 122

Il sistema di elezione e i casi di ineleggibilità e di incompatibilità del Presidente e degli altri componenti della Giunta regionale nonché dei consiglieri regionali sono disciplinati con legge della Regione nei limiti dei principi fondamentali stabiliti con legge della Repubblica, che stabilisce anche la durata degli organi elettivi.

Nessuno può appartenere contemporaneamente a un Consiglio o a una Giunta regionale e ad una delle Camere del Parlamento, ad un altro Consiglio o ad altra Giunta regionale, ovvero al Parlamento europeo.

Il Consiglio elegge tra i suoi componenti un Presidente e un ufficio di presidenza.

I consiglieri regionali non possono essere chiamati a rispondere delle opinioni espresse e dei voti dati nell'esercizio delle loro funzioni.

Il Presidente della Giunta regionale, salvo che lo statuto regionale disponga diversamente, è eletto a suffragio universale e diretto. Il Presidente eletto nomina e revoca i componenti della Giunta. (*)

NOTE:

(*) L'art. 122 è stato sostituito dall'art. 2 della legge costituzionale 22 novembre 1999, n. 1.

Il testo originario dell'articolo era il seguente:

«Il sistema d'elezione, il numero e i casi di ineleggibilità e di incompatibilità dei consiglieri regionali sono stabiliti con legge della Repubblica.

Nessuno può appartenere contemporaneamente a un Consiglio regionale e ad una delle Camere del Parlamento o ad un altro Consiglio regionale.

Il Consiglio elegge nel suo seno un presidente e un ufficio di presidenza per i propri lavori.

I consiglieri regionali non possono essere chiamati a rispondere delle opinioni espresse e dei voti dati nell'esercizio delle loro funzioni.

Il Presidente ed i membri della Giunta sono eletti dal Consiglio regionale tra i suoi componenti.»

Si riporta di seguito l'art. 5, recante disposizioni transitorie, della legge costituzionale 22 novembre 1999, n. 1:

«1. Fino alla data di entrata in vigore dei nuovi statuti regionali e delle nuove leggi elettorali ai sensi del primo comma dell'articolo 122 della Costituzione, come sostituito dall'articolo 2 della presente legge costituzionale, l'elezione del Presidente della Giunta regionale è contestuale al rinnovo dei rispettivi Consigli regionali e si effettua con le modalità previste dalle disposizioni di legge ordinaria vigenti in materia di elezione dei Consigli regionali. Sono candidati alla Presidenza della Giunta regionale i capilista delle liste regionali. È proclamato eletto Presidente della Giunta regionale il candidato che ha conseguito il maggior numero di voti validi in ambito regionale. Il Presidente della Giunta regionale fa parte del Consiglio regionale. È eletto alla carica di consigliere il candidato alla carica di Presidente della Giunta regionale che ha conseguito un numero di voti validi immediatamente inferiore a quello del candidato proclamato eletto Presidente. L'Ufficio centrale regionale riserva, a tal fine, l'ultimo dei seggi eventualmente spettanti alle liste circoscrizionali collegate con il capolista della lista regionale proclamato alla carica di consigliere, nell'ipotesi prevista al numero 3) del tredicesimo comma dell'articolo 15 della legge 17 febbraio 1968, n. 108, introdotto dal comma 2 dell'articolo 3 della legge 23 febbraio 1995, n. 43; o, altrimenti, il seggio attribuito con il resto o con la cifra elettorale minore, tra quelli delle stesse liste, in sede di collegio unico regionale per la ripartizione dei seggi circoscrizionali residui. Qualora tutti i seggi spettanti alle liste collegate siano stati assegnati con quoziente intero in sede circoscrizionale, l'Ufficio centrale regionale procede all'attribuzione di un seggio aggiuntivo, del quale si deve tenere conto per la determinazione della conseguente quota percentuale di seggi spettanti alle liste di maggioranza in seno al

Consiglio regionale.

2. Fino alla data di entrata in vigore dei nuovi statuti regionali si osservano le seguenti disposizioni:

a) entro dieci giorni dalla proclamazione, il Presidente della Giunta regionale nomina i componenti della Giunta, fra i quali un Vicepresidente, e può successivamente revocarli;

b) nel caso in cui il Consiglio regionale approvi a maggioranza assoluta una mozione motivata di sfiducia nei confronti del Presidente della Giunta regionale, presentata da almeno un quinto dei suoi componenti e messa in discussione non prima di tre giorni dalla presentazione, entro tre mesi si procede all'indizione di nuove elezioni del Consiglio e del Presidente della Giunta. Si procede parimenti a nuove elezioni del Consiglio e del Presidente della Giunta in caso di dimissioni volontarie, impedimento permanente o morte del Presidente.»

Art. 123

Ciascuna Regione ha uno statuto che, in armonia con la Costituzione, ne determina la forma di governo e i principi fondamentali di organizzazione e funzionamento. Lo statuto regola l'esercizio del diritto di iniziativa e del *referendum* su leggi e provvedimenti amministrativi della Regione e la pubblicazione delle leggi e dei regolamenti regionali.

Lo statuto è approvato e modificato dal Consiglio regionale con legge approvata a maggioranza assoluta dei suoi componenti, con due deliberazioni successive adottate ad intervallo non minore di due mesi. Per tale legge non è richiesta l'apposizione del visto da parte del Commissario del Governo. Il Governo della Repubblica può promuovere la questione di legittimità costituzionale sugli statuti regionali dinanzi alla Corte costituzionale entro trenta giorni dalla loro pubblicazione.

Lo statuto è sottoposto a *referendum* popolare qualora entro tre mesi dalla sua pubblicazione ne faccia richiesta un cinquantesimo degli elettori della Regione o un quinto dei componenti il Consiglio regionale. Lo statuto sottoposto a *referendum* non è promulgato se non è approvato dalla maggioranza dei voti validi.

In ogni Regione, lo statuto disciplina il Consiglio delle autonomie locali, quale organo di consultazione fra la Regione e gli enti locali. (*)

NOTE:

(*) L'art. 123 è stato sostituito dapprima dall'art. 3 della legge costituzionale 22 novembre 1999, n. 1. Il testo originario dell'articolo era il seguente:

«Ogni Regione ha uno statuto il quale, in armonia con la Costituzione e con le leggi della Repubblica, stabilisce le norme relative all'organizzazione interna della Regione. Lo statuto regola l'esercizio del diritto di iniziativa e del referendum su leggi e provvedimenti amministrativi della Regione e la pubblicazione delle leggi e dei regolamenti regionali.

Lo statuto è deliberato dal Consiglio regionale a maggioranza assoluta dei suoi componenti, ed è approvato con legge della Repubblica.»

In seguito, l'art. 7 della legge costituzionale 18 ottobre 2001, n. 3, ha aggiunto, in fine, un comma.

Art. 124

(Abrogato) (*)

NOTE:

(*) L'art. 124 è stato abrogato dall'art. 9, comma 2, della legge costituzionale 18 ottobre 2001, n. 3.
Il testo originario dell'articolo era il seguente:
«Un commissario del Governo, residente nel capoluogo della Regione, sopraintende alle funzioni amministrative esercitate dallo Stato e le coordina con quelle esercitate dalla Regione.»

Art. 125

Nella Regione sono istituiti organi di giustizia amministrativa di primo grado, secondo l'ordinamento stabilito da legge della Repubblica. Possono istituirsi sezioni con sede diversa dal capoluogo della Regione. (*)
NOTE:
(*) Il primo comma dell'art. 125 è stato abrogato dall'art. 9, comma 2, della legge costituzionale 18 ottobre 2001, n. 3.
Il testo originario dell'articolo era il seguente:
«Il controllo di legittimità sugli atti amministrativi della Regione è esercitato, in forma decentrata, da un organo dello Stato, nei modi e nei limiti stabiliti da leggi della Repubblica. La legge può in determinati casi ammettere il controllo di merito, al solo effetto di promuovere, con richiesta motivata, il riesame della deliberazione da parte del Consiglio regionale.
Nella Regione sono istituiti organi di giustizia amministrativa di primo grado, secondo l'ordinamento stabilito da legge della Repubblica. Possono istituirsi sezioni con sede diversa dal capoluogo della Regione.»

Art. 126

Con decreto motivato del Presidente della Repubblica sono disposti lo scioglimento del Consiglio regionale e la rimozione del Presidente della Giunta che abbiano compiuto atti contrari alla Costituzione o gravi violazioni di legge. Lo scioglimento e la rimozione possono altresì essere disposti per ragioni di sicurezza nazionale. Il decreto è adottato sentita una Commissione di deputati e senatori costituita, per le questioni regionali, nei modi stabiliti con legge della Repubblica.
Il Consiglio regionale può esprimere la sfiducia nei confronti del Presidente della Giunta mediante mozione motivata, sottoscritta da almeno un quinto dei suoi componenti e approvata per appello nominale a maggioranza assoluta dei componenti. La mozione non può essere messa in discussione prima di tre giorni dalla presentazione.
L'approvazione della mozione di sfiducia nei confronti del Presidente della Giunta eletto a suffragio universale e diretto, nonché la rimozione, l'impedimento permanente, la morte o le dimissioni volontarie dello stesso comportano le dimissioni della Giunta e lo scioglimento del Consiglio. In ogni caso i medesimi effetti conseguono alle dimissioni contestuali della maggioranza dei componenti il Consiglio. (*)
NOTE:
(*) L'art. 126 è stato sostituito dall'art. 4 della legge costituzionale 22 novembre 1999, n. 1.
Il testo originario dell'articolo era il seguente:
«Il Consiglio regionale può essere sciolto, quando compia atti contrari alla Costituzione o gravi violazioni di legge, o non corrisponda all'invito del Governo di sostituire la Giunta o il Presidente, che abbiano compiuto analoghi atti o violazioni.

Può essere sciolto quando, per dimissioni o per impossibilità di formare una maggioranza, non sia in grado di funzionare.

Può essere altresì sciolto per ragioni di sicurezza nazionale.

Lo scioglimento è disposto con decreto motivato del Presidente della Repubblica, sentita una Commissione di deputati e senatori costituita, per le questioni regionali, nei modi stabiliti con legge della Repubblica.

Col decreto di scioglimento è nominata una Commissione di tre cittadini eleggibili al Consiglio regionale, che indice le elezioni entro tre mesi e provvede all'ordinaria amministrazione di competenza della Giunta e agli atti improrogabili, da sottoporre alla ratifica del nuovo Consiglio.»

Si riporta di seguito l'art. 11, recante disposizioni transitorie, della legge costituzionale 18 ottobre 2001, n. 3:

«1. Sino alla revisione delle norme del titolo I della parte seconda della Costituzione, i regolamenti della Camera dei deputati e del Senato della Repubblica possono prevedere la partecipazione di rappresentanti delle Regioni, delle Province autonome e degli enti locali alla Commissione parlamentare per le questioni regionali.

2. Quando un progetto di legge riguardante le materie di cui al terzo comma dell'articolo 117 e all'articolo 119 della Costituzione contenga disposizioni sulle quali la Commissione parlamentare per le questioni regionali, integrata ai sensi del comma 1, abbia espresso parere contrario o parere favorevole condizionato all'introduzione di modificazioni specificamente formulate, e la Commissione che ha svolto l'esame in sede referente non vi si sia adeguata, sulle corrispondenti parti del progetto di legge l'Assemblea delibera a maggioranza assoluta dei suoi componenti.»

Art. 127

Il Governo, quando ritenga che una legge regionale ecceda la competenza della Regione, può promuovere la questione di legittimità costituzionale dinanzi alla Corte costituzionale entro sessanta giorni dalla sua pubblicazione.

La Regione, quando ritenga che una legge o un atto avente valore di legge dello Stato o di un'altra Regione leda la sua sfera di competenza, può promuovere la questione di legittimità costituzionale dinanzi alla Corte costituzionale entro sessanta giorni dalla pubblicazione della legge o dell'atto avente valore di legge. (*)

NOTE:

(*) L'art. 127 è stato sostituito dall'art. 8 della legge costituzionale 18 ottobre 2001, n. 3.

Il testo originario dell'articolo era il seguente:

«Ogni legge approvata dal Consiglio regionale è comunicata al Commissario che, salvo il caso di opposizione da parte del Governo, deve vistarla nel termine di trenta giorni dalla comunicazione.

La legge è promulgata nei dieci giorni dalla apposizione del visto ed entra in vigore non prima di quindici giorni dalla sua pubblicazione. Se una legge è dichiarata urgente dal Consiglio regionale, e il Governo della Repubblica lo consente, la promulgazione e l'entrata in vigore non sono subordinate ai termini indicati.

Il Governo della Repubblica, quando ritenga che una legge approvata dal Consiglio regionale ecceda la competenza della Regione o contrasti con gli interessi nazionali o con quelli di altre Regioni, la rinvia al Consiglio regionale nel termine fissato per l'apposizione del visto.

Ove il Consiglio regionale la approvi di nuovo a maggioranza assoluta dei suoi componenti, il Governo della Repubblica può, nei quindici giorni dalla comunicazione, promuovere la questione di legittimità davanti alla Corte costituzionale, o quella di merito per contrasto di interessi davanti alle Camere. In caso di dubbio, la Corte decide di chi sia la competenza.»

Art. 128

(Abrogato) (*)

NOTE:

(*) L'art. 128 è stato abrogato dall'art. 9, comma 2, della legge costituzionale 18 ottobre 2001, n. 3. Il testo originario dell'articolo era il seguente:

«Le Provincie e i Comuni sono enti autonomi nell'ambito dei principi fissati da leggi generali della Repubblica, che ne determinano le funzioni.»

Art. 129

(Abrogato) (*)

NOTE:

(*) L'art. 129 è stato abrogato dall'art. 9, comma 2, della legge costituzionale 18 ottobre 2001, n. 3. Il testo originario dell'articolo era il seguente:

«Le Provincie e i Comuni sono anche circoscrizioni di decentramento statale e regionale.

Le circoscrizioni provinciali possono essere suddivise in circondari con funzioni esclusivamente amministrative per un ulteriore decentramento.»

Art. 130

(Abrogato) (*)

NOTE:

(*) L'art. 130 è stato abrogato dall'art. 9, comma 2, della legge costituzionale 18 ottobre 2001, n. 3. Il testo originario dell'articolo era il seguente:

«Un organo della Regione, costituito nei modi stabiliti da legge della Repubblica, esercita, anche in forma decentrata, il controllo di legittimità sugli atti delle Provincie, dei Comuni e degli altri enti locali.

In casi determinati dalla legge può essere esercitato il controllo di merito, nella forma di richiesta motivata agli enti deliberanti di riesaminare la loro deliberazione.»

Art. 131

Sono costituite le seguenti Regioni:
Piemonte;
Valle d'Aosta;
Lombardia;
Trentino-Alto Adige;
Veneto;
Friuli-Venezia Giulia;
Liguria;
Emilia-Romagna;

Toscana;

Umbria;

Marche;

Lazio;

Abruzzi;

Molise;

Campania;

Puglia;

Basilicata;

Calabria;

Sicilia;

Sardegna. (*)

NOTE:

(*) *L'art. 131 è stato modificato dalla legge costituzionale 27 dicembre 1963, n. 3, che ha disposto la costituzione del Molise come regione a sé stante.*

Art. 132

Si può, con legge costituzionale, sentiti i Consigli regionali, disporre la fusione di Regioni esistenti o la creazione di nuove Regioni con un minimo di un milione di abitanti, quando ne facciano richiesta tanti Consigli comunali che rappresentino almeno un terzo delle popolazioni interessate, e la proposta sia approvata con *referendum* dalla maggioranza delle popolazioni stesse. Si può, con l'approvazione della maggioranza delle popolazioni della Provincia o delle Province interessate e del Comune o dei Comuni interessati espressa mediante *referendum* e con legge della Repubblica, sentiti i Consigli regionali, consentire che Province e Comuni, che ne facciano richiesta, siano staccati da una Regione e aggregati ad un'altra. (*)

NOTE:

(*) *L'art. 132 è stato modificato dall'articolo 9, comma 1, della legge costituzionale 18 ottobre 2001, n. 3.*

Il testo originario dell'articolo era il seguente:

«Si può, con legge costituzionale, sentiti i Consigli regionali, disporre la fusione di Regioni esistenti o la creazione di nuove Regioni con un minimo di un milione di abitanti, quando ne facciano richiesta tanti Consigli comunali che rappresentino almeno un terzo delle popolazioni interessate, e la proposta sia approvata con referendum *dalla maggioranza delle popolazioni stesse.*

Si può, con referendum *e con legge della Repubblica, sentiti i Consigli regionali, consentire che Provincie e Comuni, che ne facciano richiesta, siano staccati da una Regione ed aggregati ad un'altra.»*

Art. 133

Il mutamento delle circoscrizioni provinciali e la istituzione di nuove Province nell'ambito di una Regione sono stabiliti con leggi della Repubblica, su iniziativa dei Comuni, sentita la stessa Regione.

La Regione, sentite le popolazioni interessate, può con sue leggi istituire nel proprio territorio nuovi Comuni e modificare le loro circoscrizioni e denominazioni.

Titolo VI. Garanzie costituzionali
Sezione I. La Corte costituzionale
Art. 134

La Corte costituzionale giudica:

sulle controversie relative alla legittimità costituzionale delle leggi e degli atti, aventi forza di legge, dello Stato e delle Regioni;

sui conflitti di attribuzione tra i poteri dello Stato e su quelli tra lo Stato e le Regioni, e tra le Regioni; sulle accuse promosse contro il Presidente della Repubblica, a norma della Costituzione. (*)

NOTE:

(*) L'ultimo capoverso è stato così modificato dall'art. 2 della legge costituzionale 16 gennaio 1989, n. 1.

Il testo originario era il seguente: «sulle accuse promosse contro il Presidente della Repubblica ed i Ministri, a norma della Costituzione».

Art. 135

La Corte costituzionale è composta di quindici giudici nominati per un terzo dal Presidente della Repubblica, per un terzo dal Parlamento in seduta comune e per un terzo dalle supreme magistrature ordinaria ed amministrative.

I giudici della Corte costituzionale sono scelti fra i magistrati anche a riposo delle giurisdizioni superiori ordinaria ed amministrative, i professori ordinari di università in materie giuridiche e gli avvocati dopo venti anni di esercizio.

I giudici della Corte costituzionale sono nominati per nove anni, decorrenti per ciascuno di essi dal giorno del giuramento, e non possono essere nuovamente nominati.

Alla scadenza del termine il giudice costituzionale cessa dalla carica e dall'esercizio delle funzioni.

La Corte elegge tra i suoi componenti, secondo le norme stabilite dalla legge, il Presidente, che rimane in carica per un triennio, ed è rieleggibile, fermi in ogni caso i termini di scadenza dall'ufficio di giudice.

L'ufficio di giudice della Corte è incompatibile con quello di membro del Parlamento, di un Consiglio regionale, con l'esercizio della professione di avvocato e con ogni carica ed ufficio indicati dalla legge.

Nei giudizi d'accusa contro il Presidente della Repubblica intervengono, oltre i giudici ordinari della Corte, sedici membri tratti a sorte da un elenco di cittadini aventi i requisiti per l'eleggibilità a senatore, che il Parlamento compila ogni nove anni mediante elezione con le stesse modalità stabilite per la nomina dei giudici ordinari. (*)

NOTE:

(*) L'art. 135 è stato sostituito dall'art. 1 della legge costituzionale 22 novembre 1967, n. 2. L'ultimo

comma, inoltre, è stato modificato dall'art. 2 della legge costituzionale 16 gennaio 1989, n. 1.

Il testo dell'articolo nella versione originaria era il seguente:

«La Corte costituzionale è composta di quindici giudici nominati per un terzo dal Presidente della Repubblica, per un terzo dal Parlamento in seduta comune e per un terzo dalle supreme magistrature ordinaria ed amministrativa.

I giudici della Corte costituzionale sono scelti tra i magistrati anche a riposo delle giurisdizioni superiori ordinaria ed amministrative, i professori ordinari di università in materie giuridiche e gli avvocati dopo venti anni d'esercizio.

La Corte elegge il presidente fra i suoi componenti.

I giudici sono nominati per dodici anni, si rinnovano parzialmente secondo le norme stabilite dalla legge e non sono immediatamente rieleggibili.

L'ufficio di giudice della Corte è incompatibile con quello di membro del Parlamento o d'un Consiglio regionale, con l'esercizio della professione d'avvocato e con ogni carica ed ufficio indicati dalla legge.

Nei giudizi d'accusa contro il Presidente della Repubblica e contro i Ministri intervengono, oltre i giudici ordinari della Corte, sedici membri eletti, all'inizio di ogni legislatura, dal Parlamento in seduta comune tra i cittadini aventi i requisiti per l'eleggibilità a senatore.»

Il testo dell'articolo 135 come sostituito dalla legge costituzionale 22 novembre 1967, n. 2, identico per i primi sei commi al testo vigente, all'ultimo comma così disponeva:

«Nei giudizi d'accusa contro il Presidente della Repubblica e contro i Ministri intervengono, oltre i giudici ordinari della Corte, sedici membri tratti a sorte da un elenco di cittadini aventi i requisiti per l'eleggibilità a senatore, che il Parlamento compila ogni nove anni mediante elezione con le stesse modalità stabilite per la nomina dei giudici ordinari.»

Art. 136

Quando la Corte dichiara l'illegittimità costituzionale di una norma di legge o di un atto avente forza di legge, la norma cessa di avere efficacia dal giorno successivo alla pubblicazione della decisione.

La decisione della Corte è pubblicata e comunicata alle Camere ed ai Consigli regionali interessati, affinché, ove lo ritengano necessario, provvedano nelle forme costituzionali.

Art. 137

Una legge costituzionale stabilisce le condizioni, le forme, i termini di proponibilità dei giudizi di legittimità costituzionale, e le garanzie d'indipendenza dei giudici della Corte.

Con legge ordinaria sono stabilite le altre norme necessarie per la costituzione e il funzionamento della Corte.

Contro le decisioni della Corte costituzionale non è ammessa alcuna impugnazione.

Sezione II. Revisione della Costituzione. Leggi costituzionali
Art. 138

Le leggi di revisione della Costituzione e le altre leggi costituzionali sono adottate da ciascuna Camera con due successive deliberazioni ad intervallo non minore di tre mesi, e sono approvate a maggioranza assoluta dei componenti di ciascuna Camera nella seconda votazione.

Le leggi stesse sono sottoposte a referendum popolare quando, entro tre mesi dalla loro pubblicazione, ne facciano domanda un quinto dei membri di una Camera o cinquecentomila elettori o cinque Consigli regionali. La legge sottoposta a referendum non è promulgata se non è approvata dalla maggioranza dei voti validi.

Non si fa luogo a referendum se la legge è stata approvata nella seconda votazione da ciascuna delle Camere a maggioranza di due terzi dei suoi componenti.

Art. 139

La forma repubblicana non può essere oggetto di revisione costituzionale.

DISPOSIZIONI TRANSITORIE E FINALI

I

Con l'entrata in vigore della Costituzione il Capo provvisorio dello Stato esercita le attribuzioni di Presidente della Repubblica e ne assume il titolo.

II

Se alla data della elezione del Presidente della Repubblica non sono costituiti tutti i Consigli regionali, partecipano alla elezione soltanto i componenti delle due Camere.

III

Per la prima composizione del Senato della Repubblica sono nominati senatori, con decreto del Presidente della Repubblica, i deputati dell'Assemblea Costituente che posseggono i requisiti di legge per essere senatori e che:

sono stati presidenti del Consiglio dei ministri o di Assemblee legislative;

hanno fatto parte del disciolto Senato;

hanno avuto almeno tre elezioni compresa quella all'Assemblea Costituente;

sono stati dichiarati decaduti nella seduta della Camera dei deputati del 9 novembre 1926;

hanno scontato la pena della reclusione non inferiore a cinque anni in seguito a condanna del tribunale speciale fascista per la difesa dello Stato.

Sono nominati altresì senatori, con decreto del Presidente della Repubblica, i membri del disciolto Senato che hanno fatto parte della Consulta Nazionale.

Al diritto di essere nominati senatori si può rinunciare prima della firma del decreto di nomina. L'accettazione della candidatura alle elezioni politiche implica rinuncia al diritto di nomina a senatore.

IV

Per la prima elezione del Senato il Molise è considerato come Regione a sé stante, con il numero dei senatori che gli compete in base alla sua popolazione.

V

La disposizione dell'articolo 80 della Costituzione, per quanto concerne i trattati internazionali che importano oneri alle finanze o modificazioni di legge, ha effetto dalla data di convocazione delle Camere.

VI

Entro cinque anni dall'entrata in vigore della Costituzione si procede alla revisione degli organi speciali di giurisdizione attualmente esistenti, salvo le giurisdizioni del Consiglio di Stato, della Corte dei conti e dei Tribunali militari.

Entro un anno dalla stessa data si provvede con legge al riordinamento del Tribunale supremo militare in relazione all'articolo 111.

VII

Fino a quando non sia emanata la nuova legge sull'ordinamento giudiziario in conformità con la Costituzione, continuano ad osservarsi le norme dell'ordinamento vigente.

Fino a quando non entri in funzione la Corte costituzionale, la decisione delle controversie indicate nell'articolo 134 ha luogo nelle forme e nei limiti delle norme preesistenti all'entrata in vigore della Costituzione. (*)

NOTE:

(*) L'art. 7 della legge costituzionale 22 novembre 1967, n. 2, ha abrogato l'ultimo comma della VII disposizione transitoria e finale che così recitava: «I giudici della Corte costituzionale nominati nella prima composizione della Corte stessa non sono soggetti alla parziale rinnovazione e durano in carica dodici anni.»

VIII

Le elezioni dei Consigli regionali e degli organi elettivi delle amministrazioni provinciali sono indette entro un anno dall'entrata in vigore della Costituzione.

Leggi della Repubblica regolano per ogni ramo della pubblica amministrazione il passaggio delle funzioni statali attribuite alle Regioni. Fino a quando non sia provveduto al riordinamento e alla distribuzione delle funzioni amministrative fra gli enti locali, restano alle Provincie ed ai Comuni le funzioni che esercitano attualmente e le altre di cui le Regioni deleghino loro l'esercizio.

Leggi della Repubblica regolano il passaggio alle Regioni di funzionari e dipendenti dello Stato, anche delle amministrazioni centrali, che sia reso necessario dal nuovo ordinamento. Per la formazione dei loro uffici le Regioni devono, tranne che in casi di necessità, trarre il proprio personale da quello dello Stato e degli enti locali.

IX

La Repubblica, entro tre anni dall'entrata in vigore della Costituzione, adegua le sue leggi alle esigenze delle autonomie locali e alla competenza legislativa attribuita alle Regioni.

X

Alla Regione del Friuli-Venezia Giulia, di cui all'articolo 116, si applicano provvisoriamente le norme generali del Titolo V della parte seconda, ferma restando la tutela delle minoranze linguistiche in conformità con l'articolo 6.

XI

Fino a cinque anni dall'entrata in vigore della Costituzione si possono, con leggi costituzionali, formare altre Regioni, a modificazione dell'elenco di cui all'articolo 131, anche senza il concorso delle condizioni richieste dal primo comma dell'articolo 132, fermo rimanendo tuttavia l'obbligo di sentire le popolazioni interessate. (*)
NOTE:
(*) Il termine di cui alla XI disposizione transitoria e finale è stato prorogato al 31 dicembre 1963 dalla legge costituzionale 18 marzo 1958, n. 1.

XII

È vietata la riorganizzazione, sotto qualsiasi forma, del disciolto partito fascista.

In deroga all'articolo 48, sono stabilite con legge, per non oltre un quinquennio dalla entrata in vigore della Costituzione, limitazioni temporanee al diritto di voto e alla eleggibilità per i capi responsabili del regime fascista.

XIII

I membri e i discendenti di Casa Savoia non sono elettori e non possono ricoprire uffici pubblici né cariche elettive.

Agli ex re di Casa Savoia, alle loro consorti e ai loro discendenti maschi sono vietati l'ingresso e il soggiorno nel territorio nazionale.

I beni, esistenti nel territorio nazionale, degli ex re di Casa Savoia, delle loro consorti e dei loro discendenti maschi, sono avocati allo Stato. I trasferimenti e le costituzioni di diritti reali sui beni stessi, che siano avvenuti dopo il 2 giugno 1946, sono nulli. (*)
NOTE:
(*) La legge costituzionale 23 ottobre 2002, n. 1 ha stabilito che i commi primo e secondo della XIII disposizione transitoria e finale della Costituzione esauriscono i loro effetti a decorrere dalla data di entrata in vigore della stessa legge costituzionale (10 novembre 2002).

XIV

I titoli nobiliari non sono riconosciuti.

I predicati di quelli esistenti prima del 28 ottobre 1922 valgono come parte del nome.

L'Ordine mauriziano è conservato come ente ospedaliero e funziona nei modi stabiliti dalla legge.

La legge regola la soppressione della Consulta araldica.

XV

Con l'entrata in vigore della Costituzione si ha per convertito in legge il decreto legislativo luogotenziale 25 giugno 1944, n. 151, sull'ordinamento provvisorio dello Stato.

XVI

Entro un anno dalla entrata in vigore della Costituzione si procede alla revisione e al coordinamento con essa delle precedenti leggi costituzionali che non siano state finora esplicitamente o implicitamente abrogate.

XVII

L'Assemblea Costituente sarà convocata dal suo Presidente per deliberare, entro il 31 gennaio 1948, sulla legge per la elezione del Senato della Repubblica, sugli statuti regionali speciali e sulla legge per la stampa.

Fino al giorno delle elezioni delle nuove Camere, l'Assemblea Costituente può essere convocata, quando vi sia necessità di deliberare nelle materie attribuite alla sua competenza dagli articoli 2, primo e secondo comma, e 3, comma primo e secondo, del decreto legislativo 16 marzo 1946, n. 98.

In tale periodo le Commissioni permanenti restano in funzione. Quelle legislative rinviano al Governo i disegni di legge, ad esse trasmessi, con eventuali osservazioni e proposte di emendamenti.

I deputati possono presentare al Governo interrogazioni con richiesta di risposta scritta.

L'Assemblea Costituente, agli effetti di cui al secondo comma del presente articolo, è convocata dal suo Presidente su richiesta motivata del Governo o di almeno duecento deputati.

XVIII

La presente Costituzione è promulgata dal Capo provvisorio dello Stato entro cinque giorni dalla sua approvazione da parte dell'Assemblea Costituente, ed entra in vigore il 1° gennaio 1948.

Il testo della Costituzione è depositato nella sala comunale di ciascun Comune della Repubblica per rimanervi esposto, durante tutto l'anno 1948, affinché ogni cittadino possa prenderne cognizione.

La Costituzione, munita del sigillo dello Stato, sarà inserita nella Raccolta ufficiale delle leggi e dei decreti della Repubblica.

La Costituzione dovrà essere fedelmente osservata come legge fondamentale della Repubblica da tutti i cittadini e dagli organi dello Stato.

Printed by Amazon Italia Logistica S.r.l.
Torrazza Piemonte (TO), Italy

51000380R00230